Instructor's edition

Qu'est-ce qui se passe?

CONVERSATION / RÉVISION DE GRAMMAIRE
SECOND EDITION

Robert Balas   *Western Washington University*

Donald Rice   *Hamline University*

D0878906

HOUGHTON MIFFLIN COMPANY • BOSTON
Dallas   Geneva, Illinois   Hopewell, New Jersey   Palo Alto

ACKNOWLEDGEMENTS

We are very grateful to all of our colleagues and students who have used *Qu'est-ce qui se passe?* in the past. Their comments, praise, criticism, and encouragement have been invaluable in the preparation of this second edition.

We would like to thank the following reviewers who participated in the formal review of the first edition:

Judith G. Frommer, Harvard University
Gilberte Furstenberg, Massachusetts Institute of Technology
Jeanine M. Goldman, S.U.N.Y. at Stony Brook
Kelton Knight, Oregon State University
Brenda G. McCullough, Oregon State University
Jane T. Mitchell, The University of North Carolina
Roslyn Spector, Pine Manor College

Finally, our very personal thanks to Liz and Charles Balas and Mary Callahan, whose understanding and support have kept us going during the revision process.

R.B.
D.R.

Illustrations
Robert Balas

Cover Illustration
Dorothea Sierra

Photographs
Page 39, © Henri Cartier-Bresson/Magnum Photos, Inc.
Page 79, Photo Lipnitzki-Viollet.
Page 140, © Charles Steiner/Sygma.
Page 187, © Robert Doisneau/Photo Researchers, Inc.
Page 237, Jacques Charon/Photo Lipnitzki-Viollet.
Page 284, Huchette/Photo Lipnitzki-Viollet.
Page 336, The Bettmann Archive, Inc.
Page 338, © Robert Doisneau/Photo Researchers, Inc.
Page 381, © J. Pavlovsky/Sygma.

Table des matières

Introduction

Qu'est-ce qui se passe? is a transitional text designed to fill the gap between beginning and advanced courses in French at the college level. It can be used as a complete second-year course or as an intermediate conversation and composition text. Its purpose is to present a solid review and expansion of grammar, as well as to provide a broad range of conversational situations and writing topics. Each chapter is developed around a basic language function (how to recount a story in the past, how to ask questions, how to describe things and people, etc.) and concentrates on those grammar points relevant to that function. Each language function is ultimately linked to an 8–10 "picture story" at the end of the chapter that provides a visual context for communication activities.

The components of the program include a student text, an Instructor's Edition, a workbook/laboratory manual, a tape program, and a tapescript (for the instructor's use). The tape program is available in reel-to-reel format (for institutional purchase or loan-for-duplication) and on cassettes (for student purchase).

Philosophy and objectives

Second-year language texts have been a problem over the years. Some texts have tended to emphasize grammar and/or pattern drills while sacrificing conversation and reading; other texts have accentuated conversation and/or reading to the detriment of writing and grammar; and there are still other texts that make such a leap forward that students have difficulty making the transition to second-year learning.

Qu'est-ce qui se passe? aims at striking a balance between the various language skills and asks the student to work at a level that is both challenging and realistic. To bring added life and new direction to language learning at the intermediate level, the authors base their approach on the following considerations:

1. College students at the second-year level need a given context, suggested and shared vocabulary, and carefully directed grammatical information to develop their speaking skills. The aural/oral methods in vogue for two decades made significant contributions to language teaching. However, most college-age students were unwilling to accept continually the admonition to "repeat after me" without adequate explanation of grammatical structures to help them understand "why it should be said that way." At the same time, a grammatical approach based essentially on complex rules and formal vocabulary also tended to discourage the student. To dispel any feelings of frustration or resentment, *Qu'est-ce qui se passe?* takes great care to give, along with clear grammar rules and examples, rational, theoretical explanations of grammar usage, and thereby stimulate interest not only in *what* should be said and *how* it should be phrased but also in *why* language operates as it does.

2. To learn to speak a language, one must spend time speaking. One of the difficulties in language learning at the college level is the limited number of contact hours per week, a problem compounded by the necessity for instructors to use much of the class period in speaking themselves. To help maximize the speaking time on the part of the student, instructors are encouraged to use many small group activities and to vary group size. In adopting such a technique, you may inevitably have to sacrifice some control over the correctness of what the student says, but the loss in student accuracy will generally be compensated by the increase in confidence and oral facility of the individual student.

3. In order to spend time speaking, one must have something to speak about. A major concern at the intermediate level is finding the most effective way to elicit personal expression. The problem is two-fold. The first is the selection of

topics in which students have a shared interest, and the second, the use of language that the students can handle with ease. One solution, frequently used at level one, has been to ask students for autobiographical information and anecdotes. An equally popular device is that of soliciting personal opinions concerning "relevant" social and political issues. However, even in those cases where students would like to talk about their lives or their opinions, they are often frustrated by a lack of adequate control of vocabulary and structures needed to work with a specific topic.

Qu'est-ce qui se passe? deals with this dual aspect of the problem by means of the picture story culminating each chapter. Designed to present a story associated with the grammar function in the chapter, the picture stories have several advantages: they offer a precise context for discussion which can be easily recalled through visualization; the entire class shares the context; they offer practical vocabulary; the pictures allow for much flexibility and individual interpretation. Moreover, given the unity and coordination of the various sections of each chapter, the grammatical structures, idiomatic expressions, dialogue, and reading text all contribute directly to developing the linguistic base needed to exploit the picture stories.

4. <u>The use of visual stimuli in language learning has been greatly underestimated</u>. Many textbooks with visual stimuli seem to use it for one of the following reasons: 1) as ornamentation or visual diversion from the written text; 2) as a brief digression from work based upon written drills and exercises; 3) as an occasional means of illustrating vocabulary or a grammar point; 4) as a brief introduction to a larger unit of study.

Visual stimuli, however, can accomplish much more when fully integrated into the text. They can provide an immediate, shared and rather extensive context for an entire class. Like events in reality, they encourage group discussion and attention since they are subject to interpretation which must be developed and communicated through the creative use of language. They are readily recalled to memory, thus providing a substantive basis to aid in the recall of vocabulary,

idiomatic expressions and grammatical structures. They speak to most everyone whereas the traditional word-dominated text addresses itself exclusively to the verbally-oriented student. Finally, they reduce the interference of the native language while permitting the development of the necessary vocabulary and comprehensible conversation based on a shared context. Consequently, the visual materials provide the opportunity to establish a direct and immediate link between the target language and reality, between words (written or spoken) and objects, people, events, and feelings.

5. <u>Language learning is not always fun, but it is possible to have fun while learning a language</u>. In an effort to enliven some of the drudgery often associated with language learning, *Qu'est-ce qui se passe?* offers a generous supply of humorous materials, each with its own challenges—word games, cartoons, dramatic activities, and humorous situations. Much of this material is in keeping with the "off-beat" humor reflected in today's antic novel and in the theater of the absurd. Its purpose—to capture student interest and encourage students to greater achievement in all the language skills.

Guided by these principles, the authors have created a substantial, complete second-year French textbook flexible enough to permit use by teachers of varying philosophies. Whatever skills the instructor may wish to stress (speaking, listening, writing, reading), whatever aspects of language learning (practical conversation, fluency, accuracy, preparation for literature) he or she may believe most important, *Qu'est-ce qui se passe?* offers a sound point of departure for the instructor's personal creative imagination.

Changes in the second edition

Although the basic concept of the text has not changed, the authors have made significant revisions in the second edition of *Qu'est-ce qui se qui se passe?* with a view to increasing its effectiveness and usefulness to students. The major changes are in the following areas:

1. A new, preliminary chapter has been provided at the beginning of the text for use during the first two days of the term, at the instructor's discretion. This *Chapitre préliminaire* offers a succinct review of some of the basic structures and vocabulary from first-year French. It is designed to help students recall the French they may have forgotten during vacation and to allow the instructor to get a feel for the level of the class.

2. Grammar. Some of the grammar topics have been rearranged for easier handling, and some of the grammar explanations revised for clarity. In addition, many new exercises have been provided to increase student practice. To help students who may have difficulty with grammatical explanations in French, more Helpful Hints and Special Problems have been added as well as Summary sections in English.

3. Reading selections. With the exception of an excerpt from *La Modification* by Michel Butor, all of the reading selections are new, and the accompanying exercises expanded to widen student interest, improve reading comprehension, and provide topics for discussion.

4. Idiomatic expressions. The number of exercises based on idiomatic expressions has been doubled in order to give students a greater opportunity to use the expressions in a personal and creative manner.

5. Picture stories. Three new picture stories have been created for the second edition—*Le Bourgeois gentilhomme*, *Pas de chance* (old title, new plot), and *La France à bicyclette*. The four picture stories retained from the first edition—*Le Paradis perdu*, *Le Château dans le bois*, *Les Amateurs d'art*, *Le Ménager*, and *Le Dragueur*—have been revised and redrawn. The drawings of all the stories offer an authentic cultural view of contemporary French life. To facilitate student preparation, a series of questions accompanies each drawing and is designed to guide the use of the drawing and help the student utilize pertinent new vocabulary.

Chapter organization and suggestions for teaching

The text contains one preliminary chapter and eight regular chapters. The preliminary chapter consists of a dialogue and grammatical structures with related exercises for review. The preliminary chapter serves to review some of the basic grammar of the first year which students may have forgotten over the summer. Each of the regular chapters consists of six major sections: *Dialogue* (core material), *Structures grammaticales* (grammatical explanations, helpful hints, and special problems, with related exercises for practice and review), *Expressions idiomatiques* (vocabulary building section), *Lecture* (literary selection with comprehension exercises and topics for discussion), *Histoire en images* (picture story with lists of key vocabulary and leading questions), and *Activités* (communication activities).

Dialogue

The dialogue at the beginning of the chapter has a dual purpose: to illustrate the grammatical structure(s) presented in the chapter and to provide a model of conversational speech patterns for student-initiated conversations. It may be used in one or more of the following ways.

1. *Introduction to the chapter.* The instructor reads the dialogue (in animated fashion) and then questions the students for comprehension; or the instructor plays the recorded version of the dialogue from the laboratory tape and then asks questions for comprehension.

2. *Preparation for conversation.* The instructor asks two students to dramatize the dialogue (using their books); then the instructor guides the class in inventing a parallel dialogue based on different characters and/or situations (see the first suggestion in each *Activités* section); finally, the class is divided into groups of two to create their own parallel dialogues.

3. *Review of grammatical structures.* The instructor prepares two versions of the dialogue: one alternates French and English responses; the other, English and French. The instructor divides the class in pairs; the students work through the dialogues, each student providing the French equivalent for the set of stimuli in English and using the French version to correct his or her partner's response.

The laboratory tapes for each chapter include a dramatized reading of the dialogue and a set of true/false questions on the dialogue designed to test comprehension.

Structures Grammaticales

This section provides the grammatical theme of the chapter and deals with structural problems related to a general language function (how to tell a story in the past, how to ask questions, how to describe people and things, etc.). It is possible to present the material of this section as an isolated block, or to include not only grammatical structures but also other kinds of activity (vocabulary building, work on idiomatic expressions, reading, dialogue exploitation, etc.) in each class period. To facilitate the division of class time, the structure section consists of a series of self-contained units, each with its own set of drills, followed by a summary and review exercises designed to tie together all the structures presented in the chapter.

Explanations intended to allow students to read and prepare the grammatical topic(s) before coming to class precede the exercises in each unit. These explanations are in French. In addition, the text provides occasional "Helpful Hints" or "Special Problems" in English to aid the student in working through the more difficult grammatical concepts. The exercises accompanying each grammar point progress from mechanical drills requiring a controlled student response to exercises involving more creativity; they also move from teacher-directed class drills to exercises designed to be done in small groups. When prepared in advance, the drills of the first type (mechanical, teacher-controlled) lend themselves

to additional variations of tense, subject, verb, etc. In addition, the instructor may well wish to have certain exercises prepared in written form.

Expressions Idiomatiques

This section contains seven or eight groups of idiomatic expressions, each with appropriate exercises which relate, whenever possible, to either the grammatical theme or the reading selection of the chapter. Again, it is possible to assign the entire section all at once. However, it is suggested that students learn one or two idioms each day in conjunction with work on the grammatical structure and/or the picture story vocabulary. The instructor can change at will the order of presentation to fit class needs.

The short exercises following each expression are aimed at pointing out the grammatical and semantic problem(s) associated with the idiom and then at encouraging students to use the idioms in sentences. In order to reinforce the work done with idioms in each chapter, students may be asked to use a certain number of idiomatic expressions (chosen by the instructor) each time they give an oral presentation or submit a written composition.

Lecture

The selections are primarily from twentieth century French authors (Camus, Sartre, Robbe-Grillet, Butor, Ionesco, Prévert, and Simone de Beauvoir) with two exceptions: selections from Molière and Baudelaire. Each *lecture* relates directly to the grammatical problem presented in the chapter. The exercises following the selection are divided into two sections—*Comprehension* and *Discussion*. The comprehension section consists of a few general questions to elicit comprehension of the main topic of the passage; several linguistic and grammatical exercises designed to help the student recognize some of the difficult constructions in the selection and to exemplify the linguistic problem addressed in the chapter; and a number of more specific questions aimed at elucidating the details of the text. The discussion section contains two kinds of activities: a literary-type question dealing with the subject and/or the technique of the text, and a topic for oral or written work relating the literary selection to the students' personal experience.

The classroom use of these selections will depend on the amount of time available and on the level of the class. In some cases, they may be used only as optional material to be done outside of class. In other cases, the instructor may wish to devote a class hour to the reading of the passage and the working out of the exercises. They can also be used as a springboard for a more extensive reading project (either in or out of class). Suggested texts for reading: *Huis clos, La Cantatrice chauve, Le Bourgeois gentilhomme, L'Etranger,* and additional poems by Prévert and Baudelaire.

Histoire en Images

The focal point of each chapter is the picture story. It consists of a series of illustrations that suggest rather than tell a story: the motives, characteristics, thoughts and feelings of the characters are to be supplied by the students. Each drawing is accompanied by a vocabulary list containing words and expressions useful for telling the story. The vocabulary for each picture is arranged in topical groups in order to suggest possible story developments. Each drawing is also accompanied by a set of questions designed to encourage the student to use the vocabulary provided. At the beginning of the course, instructors may wish to go over the answers to the questions in class. However, students should eventually be encouraged to prepare résumés of the story, using the questions as guides. In either case, the preparation by the students may be best if they are asked to write either the answers to the questions or short summaries of the pictures.

There are at least two ways to use the pictures stories. Some instructors may wish to combine within a single class session a short grammar unit, a couple of idioms, and one or two pictures. Others may prefer to complete the grammar and idioms before devoting two or three days to the picture story. In either case, the following techniques can be used to work with individual pictures:

1. The instructor goes through the questions accompanying the picture, eliciting more details with additional questions of his/her own.

2. The instructor makes statements about the pictures; students agree or disagree with his/her remarks and offer support for their responses.

3. The instructor asks each student to make a limited number of statements (at first, one; then, two or three) about the picture.

4. The instructor asks each student to make a limited number of statements about a particular aspect of the picture: a character, an object, a situation.

5. The instructor does a variation of suggestions 3 and 4: the student is asked to say as much as he/she can, either about the picture as a whole or about a particular aspect of the picture.

Once the students have worked with the individual pictures, the instructor can exploit the story as a whole, encouraging the students to integrate the vocabulary with grammatical structures learned in the current and previous chapters.

Activités

The activities proposed at the end of each chapter suggest ways to make creative use of the material dealt with in that chapter and also of structures, vocabulary, etc. presented in previous chapters. In addition, this section contains ideas for games aimed at adding variety and enjoyment to the class period.

The final activity for each chapter is a composition topic. Usually it asks the student to work with a particular narrative structure or technique in order to produce a story (or dialogue) based on the vocabulary and situation from one of the chapters. To maximize the value of this exercise, that students may be given certain constraints within which to operate. A sample assignment for Chapter V might be:

Inventez un dialogue où le mari et la femme du *Ménager* (Chapitre IV) entrent en une discussion animée au sujet de leur mariage.
1. Utilisez les expressions interrogatives *qu'est-ce qui, qu'est-ce que, quoi*.
2. Employez les pronoms *moi, toi, eux* (ou *elles*), *y, en*.
3. Faites des phrases avec:

vouloir que	avant de	bien que
falloir	avant que	tandis que
il est probable	après	sans

4. Utilisez cinq des expressions idiomatiques suivantes:

prétendre	s'occuper de	avoir beau
rendre	s'amuser à	venir de
les gens	ressembler à	faire de son mieux

Ancillary items

Workbook/Lab Manual

The Workbook/Lab Manual contains supplemental written exercises that correspond to the grammar points in each chapter of the student text, as well as exercises on the *Expressions idiomatiques* and the *Histoires en images*. The Lab Manual pages contain the work sheets for students to use in conjunction with certain activities on the tape program that require written answers or visual cues.

Tape Program

The tape program consists of 8 hours of recorded activities. Each chapter in the text has two ½-hour sessions, the first containing a reading of the dialogue, phonetic practice, and grammar drills, while the second part contains more phonetic practice, exercises on the *Expressions idiomatiques* and on the *Histoires en images*.

The tapescript is a complete transcript of the tape program and is available to instructors upon adoption of the text.

Planning the course

Qu'est-ce que se passe? is constructed to be suitable for courses being taught within a variety of time schedules and emphases. Courses meeting for two semesters or two or three quarters can cover the material in the text as it is presented. Courses meeting for only one quarter or one semester will probably want to stress either conversation or grammar review. This section of the *Instructor's Edition* offers some specific suggestions for adapting *Qu'est-ce qui se passe?* to various calendars and emphases.

Full-Year Course

The Preliminary Chapter can be done in one or two class sessions. Each of the other chapters requires a minimum of eight days (not including testing time).

Two Semester Course, Three Meetings Per Week

First semester	Preliminary Chapter	1 or 2 classes
	Chapter I	8 classes
	Chapter II	8 classes
	Chapter III	8 classes
	Chapter IV	8 classes
	Testing, etc.	4 classes
	Total	37–38 days (minimum)

Second semester	Chapter V	8 classes
	Chapter VI	8 classes
	Chapter VII	8 classes
	Chapter VIII	8 classes
	Testing, etc.	4 classes
	Total	36 days (minimum)

Most schools will probably have semesters that allow additional days for activities, outside reading, etc.

THREE-QUARTER COURSES, THREE MEETINGS PER WEEK

First quarter	Preliminary Chapter	1 or 2 classes
	Chapter I	8 classes
	Chapter II	8 classes
	Chapter III	8 classes
	Testing, etc.	3 classes
	Total	28 or 29 classes (minimum)

Second quarter	Chapter IV	8 classes
	Chapter V	8 classes
	Chapter VI	8 classes
	Testing, etc.	3 classes
	Total	27 classes (minimum)

Third quarter	Chapter VII	8 classes
	Chapter VIII	8 classes
	Reading	8 classes
	Testing, etc.	3 classes
	Total	27 classes (minimum)

COURSES MEETING FOUR TIMES PER WEEK

In situations where classes meet more than three times per week at the intermediate level, there will certainly be ample time to follow the above schedules while increasing the number of activities and the amount of reading.

POSSIBLE ORGANIZATION OF WORK IN A CHAPTER

Below are two suggested models of organizing material within a chapter. The first model has class sessions concentrating first on grammatical structures and then on the picture story; the second model works with grammatical units and drawings in a parallel organization. Instructors may wish to use both models in order to vary the rhythm of class sessions. The models are based on Chapter I.

Model 1

Day One Preparation: First part of *Structures grammaticales*

In class: (1) Have students listen to tape of dialogue. Check general comprehension by discussing in French (or English). Then have students read and repeat dialogue.
(2) Review briefly the uses of *passé composé* and *imparfait* along with the Helpful Hint.
(3) Go over ex. A, B, C, E with class; have students work in groups to do ex. D.
(4) Introduce idiomatic expressions 1 and 2; do ex. A and C.

Assignment: Idiomatic expressions, ex. B and D; second part of grammar section.

Day Two In class: (1) Review briefly the uses of the *passé composé* and the *imparfait* in the same sentence as well as the role of the *plus-que-parfait*.
(2) Go over ex. F, G, I, J with class; have students work in groups to do ex. H.

(3) Go over ex. B and D of Idioms; introduce idioms 3, 4, 5; do ex. E, F, H, J.

Assignment: Idioms, ex. G, I, K; third part of grammar section

Day Three In class: (1) Review comparison of theater with narrative in past.
(2) Go over ex. K, L, M with class.
(3) Have students work in groups to do ex. N.
(4) Go over idioms, ex. G, I, K; introduce idioms 6, 7, 8; do L, N, O, Q.

Assignment: Idioms, ex. M, P, R; tape 1; prepare *Lecture* (including *Compréhension*).

Day Four In class: (1) Do comprehension ex. A, B, C.
(2) Respond to student questions about difficulties in text.
(3) Do comprehension ex. D.
(4) Do discussion ex. A with class or in small groups.
Spot check tape 1 exercises.

Assignment: Pictures 1, 2 (answer questions); ex. O or discussion ex. B.

Day Five In class: (1) Have students repeat vocabulary words for picture 1 (some instructors may wish to do this automatically with every picture; others may prefer to have students ask about difficult words).

(2) Go over questions with class; elicit details.
(3) Have students repeat vocabulary words for picture 2.
(4) Have small groups of students go over answers to questions; then check answers with class.
(5) Return to picture 1; have students, chosen at random, begin and continue telling story. Do the same for picture 2.

Assignment: Pictures 3, 4, 5 (answer questions).

Day Six In class: (1) Describe picture 3 to the class; have students correct erroneous statements and/or add details to incomplete statements.
(2) Have students, working in small groups, compare written answers to questions on pictures 4 and 5.
(3) Reorganize students into new groups; have one person ask questions, others answer without looking at vocabulary or written answers.
(4) Review pictures 3 through 5 with class; have students, chosen at random, make two or three statements about the story.

Assignment: Pictures 6, 7, 8 (answer questions).

Day Seven In class: (1) Have students, working in small groups, recap the story as seen in pictures 1–5; suggestion: put time limit (one minute) on each drawing.
(2) Go over the questions.
(3) Give the students, working in small groups, some general questions (ex. *Pourquoi André n'est-il pas content de quitter l'hôpital?*) or statements (*André s'est bien amusé au Club Med.*). Have students prepare answers or comments, giving details to support what they say.
(4) Go over questions and statements with entire class, comparing responses from different groups.

Assignment: Tape 2; prepare Activité A.

Day Eight In class: (1) Go over comprehension exercises on tape 2.
(2) Divide the class into groups of two; do Activité A, with one person playing the wife, the other taking point of view of husband.
(3) Have students play the role of André; review the picture story by interviewing André about his experiences. Or begin Activité E, showing students how to *generate* their narratives.

Assignment: Activité E or exam on Ch. I or additional activities.

Model 2

The in-class activities and homework assignments are similar to Model 1; however, the rhythm of the work is different.

Day One In class: Dialogue; picture 1.
Assignment: Picture 2; first part of grammar section.

Day Two In class: Ex. A–E; picture 2.
Assignment: Pictures 3, 4; second part of grammar section.

Day Three In class: Ex. F–J; pictures 3, 4.
Assignment: Pictures 5, 6; third part of grammar section.

Day Four In class: Ex. K, L; pictures 5, 6.
Assignment: Pictures 7, 8.

Day Five In class: Ex. M, N; pictures 7, 8
Assignment: Lecture; tape 1.

Day Six In class: Lecture (including Compréhension).
Assignment: Idioms, 1–4.

Day Seven In class: Idioms 1–4; review of picture story; Activité A.
Assignment: Idioms, 5–8; tape 2.

Day Eight In class: Idioms 5–8; activités B or E.
Assignment: Activité E or exam on Ch. I or additional activités.

Conversation (or Conversation/Composition) Course

The main goal of a conversation course is obviously to encourage each student to speak. This objective is more readily attained if study is based on a specific language problem and a shared context and vocabulary. Once these essential criteria are met, the student will be better able to move into more creative uses of the language.

When *Qu'est-ce qui se passe?* is used as a conversational text, it is assumed that students will have already studied most of the grammar it presents and that the instructor will wish to downplay this material while emphasizing the many oral possibilities. Nevertheless, the *grammar and accompanying exercises* might well be used selectively for review and reinforcement of the general language problem each chapter poses. In addition, the instructor may wish to refer specific students with individual problems or weaknesses to those sections of the text that will provide needed review and supplementary practice.

The section on *idiomatic expressions* may either be reviewed rapidly in class or assigned for at-home study. It is strongly recommended that the instructor require their use and reuse in subsequent oral work.

The *dialogue* that introduces each chapter contains essential grammar structures and should be incorporated into the program through memorized or paraphrased dramatic presentations.

The *lecture* may be selectively used for class discussion and to provide the focus for some general presentation of cultural and/or literary discussion.

The *Histoires en images* and the *activités* sections of the text will provide the major focus of the course. Since the *Histoires en images* are not limited to any specific level of language ability, their utilization in class will be dependent upon the level and verbal skill of the students.

If the instructor finds it necessary to limit the number of chapters to be covered, the following four chapters are essential for review and/or reinforcement purposes: Chapters I (narration in the past), II (interrogation), V (compound and complex sentences), and VII (replacement of nouns). It would also be useful to consider using other picture stories than those found in a specific chapter as a basis for oral presentations. For instance, *Les Amateurs d'art* (Chapter III) or *Le Dragueur* (Chapter VII) lend themselves equally well to the work in Chapter V on compound and complex sentences. Or one might wish to save *Le Château dans le bois* (Chapter II) for a final

course project in which students would provide their own solutions or create their own mystery story.

The following two suggestions for utilizing Chapter I of the text will demonstrate the rich and varied ways in which *Qu'est-ce qui se passe?* may be adapted to suit the instructor's specific goals. The first of these models is designed so that the students will work closely with the text and is most applicable for those students whose ability and level of conversational skills still require careful control and direction. The second model aims at using the text as a springboard to more imaginative and unrestrained use of the language.

Model 1

Day One In class: (1) Have students listen to dialogue, then practice in pairs.
(2) Review briefly grammar of chapter, suggesting what students should study.
(3) Present pictures 1 and 2.

Assignment: Prepare dialogue for presentation in class (day three); study idiomatic expressions; do ex. C and F; study vocabulary for pictures 3–5.

Day Two In class: (1) Have students present orally ex. C and F.
(2) Present pictures 3–5.

Assignment: Prepare ex. G; study vocabulary for pictures 6–8.

Day Three In class: (1) Have students dramatize dialogue.
(2) Have students present orally ex. G.
(3) Present pictures 6–8.

	Assignment:	Prepare oral presentation of the picture story narrated in the past. (Variation: imagine André on telephone explaining his absence to the boss.)
Day Four	In class:	(1) Have students present narratives of picture story.
	Assignment:	Read *Lecture* and do exercises.
Day Five	In class:	(1) Go over reading.
		(2) Do *Exercices de compréhension.*
		(3) Have a discussion based on ex. A (p. 41).
	Assignment:	Prepare Activités A and B.
Day Six	In class:	(1) Have students make oral presentations of Activités A and B.

Model 2

Day One	Preparation:	Study vocabulary for pictures 1–4.
	In class:	(1) Present vocabulary for pictures 1–4.
		(2) Drill vocabulary, having students talk about a character, answer your questions, ask each other questions.
	Assignment:	Read pp. 16–25; prepare ex. F, G, H.
Day Two	In class:	(1) Go over ex. F, G, H.
		(2) Have students recount story in pictures 1–4.
	Assignment:	Study vocabulary for parts 5–8.
Day Three	In class:	(1) Present and drill vocabulary as on Day One.

	Assignment:	Study idiomatic expression 1–8; read pp. 25, 26, 28; prepare ex. K, L, N.
Day Four	In class:	(1) Go over idiomatic expressions.
		(2) Go over ex. K, L, N.
		(3) Have students recount story in pictures 5–8.
	Assignment:	Study dialogue; prepare Activité A.
Day Five	In class:	(1) Have students present ex. A.
		(2) Have students, working in groups, prepare and present ex. B.
	Assignment:	Write Activité E.
Day Six	In class:	(1) Have students prepare and present scenes on topics such as: *Deux vacanciers au Club Med; André et son patron dans la salle de convalescence; Un dénouement plus heureux;* etc.

The exercises and drills in the *Cahier d'exercices et de laboratoire* could be used for review and/or remedial purposes; many of the exercises in the text could be done in written form as well as some of the *activités* at the end of each chapter. Once again it is recommended that the picture stories and/or dialogues serve as a point of departure for the creative written work assigned to the students. Along this line, the picture stories lend themselves to the study of various narrative techniques while the dialogues can be used as the stimuli for descriptions and dramatic scenes. As a result, the student can have direct experience with many literary conventions before or simultaneous with the study of literature.

Grammar Review and/or Composition Course

To use *Qu'est-ce qui se passe?* for a grammar review course, a composition course, or a grammar review/composition course, we recommend that the grammar units be studied first in conjunction with the written exercises in the *Cahier d'exercices et de laboratoire* and that the picture stories and the activities sections be exploited for writing and composition practice.

It is suggested that first the grammar be discussed and explained in class. Assignments should then be made to do the written exercises in the *Cahier* so that these exercises may be discussed in class. Next, oral reinforcement of the grammar could be accomplished by practicing the oral drills in the book and by sending students to the lab to use the tape program. The reading selection in each chapter should be studied for its relationship to the language problem addressed in the chapter. Finally, assignments should be made utilizing the picture story. Suggestions for such assignments may be found in the *Activités* section and throughout the *Instructor's Edition*. Also the *Cahier d'exercices et de laboratoire* contains a suggested *composition dirigée* at the end of each chapter. It is recommended that class time not be used to learn vocabulary for the picture stories, but rather that students be required to restrict their written work to the idiomatic expressions and the vocabulary given for each story. Students should also be well aware that this vocabulary will be used for drill exercises and for workbook exercises throughout the program.

While the grammar presented in the chapter should be emphasized in the composition work, it is hoped that the instructor would also require the students to use some sort of stylistic or narrative problem in the writing of compositions, such as third-person narrative, omniscient narrator, first-person narrator, description, dramatic dialogue, etc. Such activities should be done keeping in mind the fact that students may eventually be working with similar stylistic problems in literature courses. These stylistic exercises allow students to practice literary techniques before they actually begin to analyse or theorize about them.

Shorter written exercises may be assigned by selecting one or two pictures in the *histoires en images* and having students solve some specific language problem or practice a particular grammar point.

One technique that has been found effective and stimulating in compositon work where a shared context and vocabulary is available to the students is the group composition. First, form groups of three or four students and allow each group to discuss the picture story and divide up the pictures so that each member of the group has a section of the story to write. The members of the group will then correct each other's work before submitting the composition for correction. All papers should be double-spaced to allow the instructor to underline any errors found in the work. After all the errors have been pointed out, the paper is returned to the group for discussion and corrected answers are written beneath the underlined errors. Papers are then resubmitted for final correction. Such an activity promotes discussion of the grammar and the language problem of the chapter under study and permits the students to question and to teach each other grammar and vocabulary. Such discussions should be done in French.

In whatever sequence the text is used (and in this case since the picture story vocabulary will not be emphasized, it is recommended that the text be used chronologically), it is hoped that instructors will rigidly control assignments and thoroughly correct the grammar while giving the students the freedom necessary to use their imagination creatively in the invention of their stories and compositions.

Evaluation

Methods of testing are so varied and criteria of evaluation so diverse that we believe instructors should develop and use testing and grading techniques that suit their personal goals and philosophies. Nevertheless, some ideas for testing and evaluation that seem particularly adaptable to *Qu'est-ce qui se passe?* are suggested below.

Testing

The testing of specific grammatical structures and idiomatic expressions should pose little problem for the instructor. However, if one agrees that a major goal of second-year language study should be the development of the student's ability to use structures, idioms, and vocabulary in order to communicate a sequence of ideas (that is, more than just isolated responses), the evaluation of this ability may present more difficulty. The picture stories (and accompanying activities at the end of each chapter) provide the best opportunity to examine how well the students communicate orally and/or in writing. Testing need not always be done individually; the careful use or group testing can add both variety and validity to a testing program. The four examples of testing techniques given below include both individual and group procedures for written and oral exams. They make no claim to exhaust the possibilities; the instructor will undoubtedly invent other equally valid testing methods.

INDIVIDUAL ORAL TESTING

One method that has proven successful consists of having the student recount the picture story to another person (for example, a colleague not teaching the course, a native speaker, or an advanced student serving as a course assistant). After the student has spoken for a couple of minutes, the listener begins to interrupt from time to time in order to ask questions. To facilitate the questioning, the instructor can ask the student to speak directly about only a limited number of pictures; the questioner would then elicit from the student the missing links in the action. The instructor of the course listens to the interchange and takes notes on certain definite skills: vocabulary exploitation, pronunciation, use of grammatical structures, etc. After the conversation, the instructor and the listener-questioner discuss the student's fluency, ccomprehension, and ability to respond to questions not necessarily anticipated in advance.

GROUP ORAL TESTING

Role playing of characters in a picture story provides an excellent means of group testing. For instance, to test Chapter II, the instructor divides the class into groups of three students. Each student plays the role of one of the murder suspects. The time is midnight (the evening of the crime) and each character alternately defends his or her innocence and accuses the others. For Chapter IV, the students could play the roles of the husband, the wife, and a divorce counselor; for Chapter VI, three students might be the victims of the *dragueur* or three *dragueurs.* In each case, the students are given 15–30 minutes to work out the basic outline of their skit. The instructor must take care to present situations in which all students in the group have an equal opportunity to speak.

INDIVIDUAL WRITTEN TESTING

It is of course possible simply to have students write their version of the story being studied. However, if one wishes to add variety and to test the amount of transferable learning that has gone on, one might well propose topics that are parallel to (yet different from) the picture story. For example, a personal variation of the story topic— for Chapter II, *Le jour où je me suis libéré*; for Chapter VII, *Je n'ai pas de chance non plus*—or a new picture story using pictures found in magazines, newspapers, comic books such as *Astérix,* etc. This method is particularly successful when students are rewarded for trying to utilize as many grammatical structures and idiomatic expressions as possible.

GROUP WRITTEN TESTING

The instructor has groups of students (three or four of roughly equal ability) collaborate on a composition. Each student is responsible for reading over the composition and making corrections before a double-spaced final draft is submitted. The instructor underlines all errors and then returns the composition to the group. Again working together, the group resubmits the composition with the corrections written in the spaces between the lines. Since each member of the group receives the same grade, there is group pressure exerted on any member who does not fully participate. In addition, this kind of testing has the double value of showing students they can learn from each other and, if the class is very large, reducing the number of papers the instructor must correct.

Suggestions for teaching each chapter

Chapitre Préliminaire: RAPPELEZ-VOUS

The preliminary chapter is designed to ease the transition from beginning to intermediate French for the student. At the same time, it will give the instructor the opportunity to get to know the class as well as to familiarize the students with procedures for large and small group exercises. The material reviewed includes: the present tense of regular, reflexive and the most common irregular verbs; yes-no and information questions; negative expressions. The grammatical "explanations" are brief reminders of verb conjugations and of basic interrogative and negative structures. Instructors will probably wish to proceed immediately to the exercises, referring students to the explanations only in case of problems.

The review is structured so as to be done in two days (including the first day of class, if one desires). For classes with very tight time schedules, there is a suggested abridged review requiring only one day of class.

TWO-DAY REVIEW

Day 1 Dialogue (p. 3)
　　　　Present tense (p. 4, Exercises A, B)
　　　　Interrogatives (p. 7, Exercises D, E)
　　　　　Assign: p. 7, Exercise C

Day 2 Present tense (p. 9, Exercises F, G)
　　　　Negatives (p. 11, Exercises I, J)
　　　　　Assign: p. 10, ex. H

ONE-DAY MINI-REVIEW

Dialogue (p. 3)
Present tense (p. 4, Exercise A)
Interrogatives (p. 7, Exercise D)
Present tense (p. 9, Exercise F)
Negatives (p. 11, Exercise J)
　Assign: p. 6, Exercise B-1 or p. 10, Exercise H

Chapitre I: LA NARRATION DU PASSÉ

One of the basic components of conversation is storytelling—that is, recounting anecdotes based on what one has done, seen, read, or heard. These anecdotes are normally narrated using the past tenses. Most students' problems in this area arise from the fact that in a great many enumerations either the *passé composé* or the imperfect can be used, depending on the immediate context and on the nuance the speaker wishes to communicate. As a consequence, the use of these tenses ultimately depends on a "feel" for the language, which can only be developed through practice. The "rules" we present will offer the student a reference point; however, much work will be required and many "exceptions" encountered before narration in the past is no longer a problem.

SUGGESTED GRAMMATICAL UNITS

A. Single verb
B. Two or more verbs
C. Paragraph
D. General review exercises

The division of work, the choice and number of activities, and the order of presentation should and must depend on the discretion of the instruction with focus on areas that seem most useful to the class. (See earlier for two suggested three-week sequences.)

Supplemental Grammar Topics

In the exercises for this chapter, it is assumed that students are familiar with the basic rules for agreement of the past participle. A concise explanation of these rules can be found in the Appendix. For additional written practice of grammar topics, use the appropriate exercises in the accompanying workbook/lab manual.

Historie En Images

Le Paradis perdu is designed to allow for narration in the past via a flashback (see dates on the calendar in pictures 1, 2, and 8.) It is suggested that the present tense be used for picture 1 and picture 8 and that past tenses be used for pictures 2 through 7.

1. Stress the use of the imperfect for background explanation vs. the *passé composé* for narrative progression.
2. Remind students that the present tense is often used to describe conditions that are not limited to the narrative situation (ex.: "His bedroom looks out on the city.").
3. Discourage students from using a dictionary to look up additional vocabulary. Freedom of interpretation should basically take place within the common vocabulary of the entire class unless the instructor wishes to amplify the vocabulary and provide all students with a list of the terms.

Activités

The narration (*Activité* E) is presented here with certain suggested constraints. In succeeding chapters, the selection of material to be used for emphasis is left to the individual instructor.

Chapitre II: POSER DES QUESTIONS

We reiterate the importance of this chapter: by making it possible for the students to initiate questions for other students, the instructor can increase the amount of small-group work and concomitantly the amount of time each student speaks during the class hour.

Suggested Grammatical Units

A. Yes-no and general information questions
B. Questions about people
C. Questions about things
D. Definitions, explanations, choices
E. General review exercises

Histoire En Images

The picture story *Le Château dans le bois* encourages students to develop multiple hypotheses concerning the crime: the pictures are *not* ordered chronologically (notice the watch or clock in all but two of the drawings); *each* character apparently has a motive or an opportunity; *the final picture does not propose a solution.* Some hints and suggestions:

1. Due to the scrambled chronology, students could sometimes be forced to use the *plus-que-parfait*; a full grammatical presentation of that tense is found in Chapter IV.
2. Divide the class into groups and have each group defend one of the characters; each group must build a defense for its character while preparing to cross-examine other groups.
3. Divide the class into groups and ask each group to work out a solution to the crime; after presenting its solution, the group must defend it in the face of questions from other groups.
4. Use *Le Château dans le bois* as a springboard for a discussion of the essential characteristics associated with a mystery story.
5. Divide the class into groups of four and assign a role to each member of the group: the inspector, the maid, the gardener, and the old woman. The "inspector" should prepare questions ahead of time to ask the other characters. Each of the other members of the group answers based on the pictures in which his or her character appears. Note that the interrogation is more interesting if the inspector bases his or her questions on the first scene only so that an attempt is made to *discover* the events, opinions and feelings of the witnesses. The "inspector" takes notes of the responses

throughout the interrogation. When the interrogation is completed and roleplay is over, each group uses the notes of its inspector to develop its own version as to who committed the crime, how it was executed, and what the motives were. Finally, each group presents its version to the rest of the class. The presentation can be made in various ways. One way is by chronological blocks of time. Thus, the "maid" recounts the events that took place between early morning and noon. The "gardener" continues the narration up through five o'clock or so, and the "old woman" tells the final events up to the crime. Finally, the "inspector" gives the group's solution of the crime. It may take two or three class sessions to complete the entire activity.

Chapitre III: DESIGNER ET DECRIRE

This chapter on noun markers and adjectives is necessarily long due to the great number of details and *exceptions* involved in these topics. Instructors will have to decide on the degree of accuracy they will demand in the manipulation of these structures. In later chapters students might be required, as a matter of course, to describe the characters and objects found in the picture stories; such a requirement will provide automatic reinforcement of much of this chapter's work.

SUGGESTED GRAMMATICAL UNITS

A. Articles, negations, and other exceptions
B. Demonstratives, possessives, parts of the body
C. Review exercises on noun markers
D. Description of objects and persons
E. Adjective position

If the class is going to be pressed for time, it would be possible to begin with units E and F. Exploitation of this descriptive vocabulary could then be integrated with the initial vocabulary learning for the picture story—that is, one could begin the picture study with descriptions of people and objects.

SUPPLEMENTAL GRAMMAR TOPIC

The workbook/lab manual offers exercises on adverbs, the comparison of adjectives and adverbs, the use of prepositions and articles with geographical names. These topics, although not dealt with in the chapter, are explained in the Appendix.

PICTURE STORY

Les Amateurs d'art lends itself to cultural expansion. One possibility is a class hour devoted to French painting: slides of the paintings in the story and of other paintings could serve as a basis for a survey of French painting from the seventeenth century to the present. A briefer activity involves using the paintings in the story as the point of departure for a comparison of styles (for example, classical vs. romantic, cubist vs. surrealist). To require even more participation on the students' part, divide the class into groups that are each responsible for discussing a different painting by one of the artists represented in the story; then redivide the class so that the new groups consist of one person familiar with each of the new paintings. Encourage description, discussion, and question asking.

ACTIVITÉS

The *cadavre exquis* (*Activité* F) was invented by the surrealists who practiced this kind of activity in two forms—drawing and writing. The "game"—which received its name from the sentence produced the first time the surrealists played (*Le cadavre exquis boira du vin nouveau.*)—involves the progressive formation of a sentence in the ignorance of the preceding word(s). To begin, the instructor sets up the syntactical structure of the sentence; for example:

nom, m. sing. / verbe transitif, 3^e personne sing. / nom, f. pl.

The class is divided into groups according to the number of words in the sentence (here, three). One student in each group writes on a piece of paper a word fitting the first syntactical category (in this case, a masculine singular noun). This student then folds the paper and hands it to another member of the group who, without looking at the first word, writes a word fitting the second category (a transitive verb, third person singular form, any tense). He or she then folds the paper, gives it to a third student, etc. When the sentence is complete, someone unfolds the paper and reads the results to the class. The instructor can vary the syntactical structure according to the grammar patterns being studied. In this chapter, for example, one would probably want to include adjectives and determinants in the sentence structure:

adj. dém. pl. / nom m. pl. / adj. m. pl. / verbe trans.—3ᵉ pers. pl. / adj. poss. f. sing. / nom f. sing. / adj. f. sing.

Another activity might be to have students select one of the more complicated drawings from another chapter and to describe it in detail to a small group or to the entire class.

Chapter IV: LE TEMPS

This chapter contains a systematic presentation of the relationship between *time* and *tense*. The use of verb tenses and of time markers is stressed as the point of reference shifts from present to past to future.

Possible Grammatical Units

A. Present point of view
B. Past point of view
C. Future point of view
D. Literary language and general review

Histoire En Images

Le Ménager consists of eight pictures: the first three represent one day (Monday); the second two, another day (Wednesday); the final three depict the weekend (Friday evening, Saturday, and Sunday). It is suggested that the instructor designate Wednesday as the present; students would then be required to discuss Monday's activities in the past and the weekend in the future.

Chapitre V: LA LIAISON

In this chapter, we present the notion of linking major sentence elements (that is, phrases and clauses) as a coherent whole. For example, rather than organizing explanations around such topics as relative pronouns or the subjunctive, these subjects are placed in the general context of how to connect two parts of a sentence. In this way the student will see the structures involved as parts of a limited number of basic sentence patterns.

Suggested Grammatical Units

A. Coordination
   Subordination (direct linking of two verbs)
B. Subordination (indirect linking of two verbs)
C. General review exercises
Time recommended: two full days for units A and B.

Histoire en Images

It is important that students be familiar with the general outline of the Molière play before starting to work on the picture story. At the very least, the Lecture section should be completed by the time students start working on picture 4. Other suggestions: a) show the film of the Comédie Française production of the play; b) if time permits, have students read (and act out) the play.

Chapitre VI: LES VOIX

English-speaking students traditionally have great difficulty with recognizing and using (or avoiding) passive constructions in French. Most textbooks treat the passive in isolation. Similarly, reflexive verbs are usually dealt with as primarily a problem in conjugation. By studying passive and reflexive constructions together and by placing them both in the context of the active voice students may acquire a clearer understanding of how to use these three voices more successfully. The final topic of this chapter is indirect discourse. Because of the similarities between French and English in this area, students will probably have little difficulty with the topic.

DIALOGUE

The dialogue *Qui se ressemble s'assemble* consists almost exclusively of proverbs and clichés. As a change of pace, the instructor might wish to begin the study of this chapter by presenting the dialogue without prior preparation by the students and having the class try to guess the English equivalents. In addition, the dialogue offers a springboard for a discussion of the problems of translating from one language into another.

POSSIBLE GRAMMATICAL UNITS

A. Pronominal voice
B. Passive voice
C. Avoiding the passive voice
D. General review exercises
E. Indirect discourse

Chapitre VII: LA SUBSTITUTION

Our experience has shown that one reason students have difficulty with pronouns is that the different kinds are often presented separately. In other words, one learns the direct object pronouns, then the indirect object pronouns, then those two "anomalies" *y* and *en*, followed later by the disjunctive pronouns, and so on. Consequently, the student functions quite adequately within each set but encounters real problems in less structured situations when the type of pronoun needed is not specified. To alleviate the problem all the pronouns are presented in the same chapter along with general review exercises that combine all of the various pronoun types.

DIALOGUE

Les Conspirateurs, which illustrates all of the pronoun categories, is intentionally vague—that is, the pronouns have *no* definite referent. *Activité* A, suggests a way in which the instructor might exploit the dialogue's ambiguity.

SUGGESTED GRAMMATICAL UNITS

A. Subject pronouns, direct and indirect object pronouns
B. *Y* and *en*, position of pronouns, double object pronouns
C. Disjunctive pronouns
D. Possessive pronouns, demonstrative pronouns
E. General review of pronouns

Many relatively mechanical drills are included for those instructors who wish to develop the students' "instinctual" pronoun reactions.

HISTOIRE EN IMAGES

Some additional suggestions for class activities:
1. Divide the class into groups of two (the blond and the brunette), or three (the two girls and the *dragueur*) or four (see *activité* C); after having each group recount the story reminiscences of last summer, use the incongruities in perspective which result as a springboard for a discussion of narrative point of view.
2. Discuss with the class the problem of stereotyping; ask the students to determine to what degree the characters of *Le Dragueur* are stereotypes and to what degree the artist has or has not managed to avoid such a situation.
3. Invite an advanced French major who has studied in France (or in another French-speaking country) to come to class and recount his or her experiences, show slides, respond to questions, etc.

This picture story also affords an excellent opportunity for reviewing Ch. III; students can be asked to compare the appearance and personality of the four main characters.

Chapter VIII: L'EXPANSION PAR RELATION

Relative pronouns traditionally present one of the thornier problems for students of French. One reason for the difficulty is that these structures are usually presented in a non-functional way: i.e., students are asked either to fill in blanks or to connect two complete sentences (activities which have no counterpart in "real" speech). For this reason, the adjectival function of relative clauses is stressed; students are asked to clarify the nouns about which they are speaking by adding relative clauses. In some cases, this activity results in students producing phrases rather than complete sentences; such constructions occur frequently in conversation.

DIALOGUE

Tout va bien is based on a traditional French folk song.

SUGGESTED GRAMMATICAL UNITS

A. Direct relative *(qui/que)*
B. Indirect relatives *(qui/lequel/dont)*
C. Special problems; indefinite relatives
D. General review exercises

HISTOIRE EN IMAGES

The final picture story gives the opportunity to review the geography of France and the various parts of the country outside of Paris. Instructors may wish to supplement the story by showing slides of the regions represented in the drawings (the château country, the Garonne, the Camargue, wine country, the Rhone valley) as well as other parts of France. Advanced students who have travelled in France might well be invited to class to show slides and discuss their experiences.

The final story also offers the possibility for a review of vocabulary from previous picture stories. Characters from the other chapters reappear in the drawings of *La France en bicyclette*: picture 3 (the family of *Les Amateurs d'art*), picture 4 *(Le dragueur)*, picture 5 (the brother-in-law from *Le Château dans le bois*), picture 7 (the American students from *Le Dragueur*), picture 8 (the Tiger family from *Le Ménager*), picture 9 (Didier from *Pas de chance*).

Cahier d'exercices

This is a sample of Chapter 2 of the Workbook. Please note that the following exercises have been abbreviated to save you reading time.

Structures grammaticales

Exercice A. Transformez les phrases suivantes en questions. Utilisez l'inversion.

1. Marie vient de changer de robe.

_____

2. Elles ne se sont pas fait mal en tombant.

_____

3. Vous auriez pu vous enfuir si vous aviez voulu.

_____

4. On a mis sa jambe dans le plâtre.

_____

Exercice B. Complétez les questions ci-dessous en employant une des expressions interrogatives suivantes: **où, quand, combien (de), comment, depuis combien de temps, pourquoi, à quelle heure.** Il y aura parfois plus d'une réponse possible.

1. _____ est-ce que tu as pu passer près de l'accident sans le voir?

2. _____ est-ce que l'autobus s'arrête?

3. _____ est-ce que Maurice a promené ses chiens? A minuit? A deux heures?

4. _____ ont-ils décidé de reprendre leur travail? Hier?

5. _____ fois t'ai-je demandé de ne pas fumer de cigare dans le salon?

Exercice C. Posez des questions qui ont pour réponse une personne. Employez **qui, qui est-ce qui** ou **qui est-ce que.**

1. _____ tamponne les passeports?

2. _____ tu cherches?

3. _____ te cherche?

4. Par _____ êtes-vous accompagné?

5. Avec _____ André s'est embarqué en avion?

Exercice D. Posez des questions qui ont pour réponse une chose. Employez **qu'est-ce qui, qu'est-ce que, que, quoi** ou **quoi est-ce que**.

1. _____ est arrivé à André?

2. _____ André a jeté dans la Seine?

3. Par _____ ils ont commencé leur dîner?

4. _____ va faire André quand il sera guéri?

5. A _____ pensait-il sur l'île?

Exercice E. Posez des questions qui demande une définition ou qui posent un choix. Employez **que, qu'est-ce que c'est que, quel est,** etc. ou une forme de **quel** ou de **lequel**.

1. _____ cherches-tu dans sa valise?

2. _____ les chemises que tu as achetées?

3. _____ un tuyau?

4. _____ veut dire *tuyau?*

5. A _____ de ces deux tableaux pensiez-vous?

6. _____ le pyjama que tu préfères?

7. _____ un réveille-matin?

8. Il a mis un de ses vestons. _____ a-t-il choisi?

Exercice F. Trouvez les questions qui provoquent les réponses suivantes. Le ou les mots en italique correspondent à l'objet spécifique de la question.

1. M. Dufort est le conservateur du musée *Grévin.*

_____?

2. *Le comte de Guitot* est le maître du château.

_____?

3. Maurice est le beau-frère du *maître du château.*

_____?

4. On a tué le maître du château avec *un verre de poison.*

_____?

5. Elle tenait *un revolver* dans la main.

_____?

6. Il était étendu *sur le canapé.*

_____?

Exercice G. Traduisez les phrases suivantes en français. Le vocabulaire utilisé provient des expressions idiomatiques et de l'histoire en images, *Le Château dans le bois*.

1. How many people were in the arms room when the inspector arrived? _____

_____

2. What time did the murder occur (take place)? _____

_____

3. Who was whispering at the other end of the hall? _____

_____

4. With whom was the maid chatting in the dining room? _____

_____

Expressions idiomatiques

Exercice H. Complétez les phrases suivantes en utilisant une expression idiomatique choisie de la liste ci-dessous.

il s'agit de	être fâché	le moment
s'asseoir	être tué	non plus
aussi	se fâcher	s'occuper de
l'époque	la fois	le temps
être assis	se mettre en colère	tuer

1. Entrez, Monsieur. _____, je vous prie. Non, non. Prenez cette chaise-ci. (*impératif*)

2. En effet, je _____ contre mon frère. Ça fait deux mois qu'il n'a pas téléphoné. (*présent*)

3. Si tu _____ tes affaires, tu n'aurais pas ces difficultés. (*imparfait*)

4. Quand Michelle a téléphoné, je ne savais pas quoi lui dire. La prochaine _____ je saurai lui parler.

Exercice I. Pour chaque expression idiomatique ci-dessous, écrivez une phrase au sujet de l'image du *Château dans le bois* indiquée entre parenthèses.

1. être tué (*image 1 p. 83*) _____

_____

2. le moment (*image 2*) _____

_____

3. se mettre en colère (*image 3*) _____

_____

Exercice J. Ecrivez plusieurs phrases à propos du *Château dans le bois* en utilisant les expressions idiomatiques suivantes.

1. tuer _____

_____

2. aussi _____

_____

3. (la) fois _____

_____

Composition dirigée: Le Château dans le bois

Exercice K. Reportez-vous aux images 1, 2 et 9 dans votre livre. Dans la scène suivante, vous jouez le rôle de l'inspecteur et vous interrogez la maîtresse du château sur les événements qu'elle a vécus et qui ont précédé le meurtre. Complétez le dialogue en posant les questions qui provoquent les réponses de la maîtresse du château. N'oubliez pas les transitions entre chaque réplique. **I** = l'inspecteur et **M** = maîtresse du château.

I: _____

M: Non, je préfère rester debout, merci.

I: _____

M: Hier? Je suis restée presque toute la journée dans ma chambre à lire.

I: _____

M: Je lis *Les Liaisons dangereuses* de Choderlos de Laclos. Avez-vous lu ce livre, Monsieur l'Inspecteur?

I: _____

M: Rien que des romans policiers? Eh bien, oui, en y pensant, je comprends que cela vous passionne!

I: _____

M: Non, personne n'est venu me voir. Je suis restée seule. D'ailleurs, je hais les interruptions et j'avais donné l'ordre qu'on ne vienne pas me déranger.

I: _____

M: A ma bonne, bien sûr. Ah! Celle-là! Je vais m'en débarrasser au plus vite!

I: _____

M: Contre elle? Vous pouvez le dire! Elle est insupportable!

Cahier de laboratoire

This is a sample of Chapter 2 of the Lab Manual which coordinates with the sample cassette. Please note that the following activities have been abbreviated to save you time.

Bande 1

Activité 1: Phonétique—L'intonation interrogative

Explication: Les questions auxquelles on peut répondre *oui* ou *non* sont caractérisées par une intonation ascendante: on fait monter le ton de la voix à la fin de la question. Par exemple:

Elles sont parties.   Elles sont parties?

Est-ce qu'elles sont parties?

Sont-elles parties?

Tous les autres types de questions sont caractérisés par une intonation descendante. Cette fois, on fait descendre la voix en mettant l'accent, comme d'habitude, sur la dernière syllabe. Par exemple:

Où vas-tu?

Quelle est ton adresse?

Avec qui est-ce que tu déjeunes?

Répétez les phrases que vous entendez.

A chaque numéro que vous entendrez, lisez à haute voix les phrases que vous voyez, puis répétez la réponse-modèle qui suit.

1. C'est possible?
2. Qu'est-ce qui se passe?
3. Est-ce qu'il est d'accord?
4. A-t-elle téléphoné?
5. Qu'est-ce qu'ils ont dit?

Activité 2: Dialogue—*L'interrogatoire*
Ecoutez la lecture du dialogue.

Activité 3: Compréhension

Vous allez entendre quelques phrases ayant rapport au dialogue. Déterminez si chaque phrase est vraie ou fausse et marquez V ou F dans votre cahier. Vous entendrez chaque phrase deux fois.

1. _____   5. _____   9. _____

2. _____   6. _____   10. _____

3. _____   7. _____

4. _____   8. _____

Activité 4: Les expressions interrogatives *qui est-ce que, qu'est-ce que* et *qu'est-ce qui*

Un de vos camarades vous annonce quelque chose. Vous désirez plus de détails à ce sujet et vous lui posez une question spécifique. Avant de continuer, écoutez la confirmation.

▶ —J'ai vu quelqu'un derrière le pilier.
   —**Vraiment? Qui est-ce que tu as vu derrière le pilier?**

   (2 items)

▶ —J'ai trouvé quelque chose.
   —**Vraiment? Qu'est-ce que tu as trouvé?**

   (2 items)

▶ —Il y a quelque chose qui sent bon.
   —**Ah, oui? Qu'est-ce qui sent bon?**

   (2 items)

Activité 5: Les pronoms interrogatifs *qui* et *quoi*

Une de vos camarades vous dit quelque chose de vague. Réagissez en lui posant une question avec *qui* précédé d'une préposition. Puis écoutez la confirmation.

▶ —Hier j'ai parlé de nos projets.
   —**A qui est-ce que tu as parlé de nos projets?**

   (3 items)

Maintenant, continuez en utilisant **quoi** précédé d'une préposition.

▶ —Hier nous parlions…
   —**De quoi est-ce que vous parliez?**

   (3 items)

Activité 6: Les expressions interrogatives *quel* et *qu'est-ce que c'est que*

Un de vos camarades vous annonce quelque chose. Réagissez en lui posant une question avec *quel(le)(s)* ou *qu'est-ce que c'est que* selon le cas, et le mot suggéré dans votre cahier. Puis, écoutez la confirmation et la réponse de votre camarade.

Utilisez une forme de *quel*.

▶ —Nous allons voir ma cousine. [nom]
  —**Quel est son nom?**
  —Elle s'appelle Joëlle.

1. adresse
2. numéro de téléphone

Maintenant, utilisez *qu'est-ce que c'est que*.

▶ —Mon oncle a vu un mille-pattes. [mille-pattes]
  —**Qu'est-ce que c'est qu'un mille-pattes?**
  —C'est un insecte.

3. foire
4. tournevis

Activité 7: Dialogue avec questions

Vous parlez avec Christine. Ecoutez d'abord votre première réplique et la réponse de Christine. Puis continuez le dialogue en posant des questions à l'aide des mots suggérés dans votre cahier. A chaque question, écoutez la confirmation, puis la réponse de Christine.

▶ —Salut, Christine. Ça fait longtemps qu'on ne t'a pas vue.
  —Oui, je viens de rentrer de voyage.

  [Ah bon / faire un voyage]

  —**Ah bon, tu as fait un voyage?**
  —Oui, j'ai passé une semaine en Angleterre.

Maintenant, continuez. Après chaque numéro, posez votre question.

1. où / être en Angleterre
2. avec qui est-ce que / faire ce voyage
3. prendre l'avion

Activité 8: Encore des questions

Vous n'avez pas bien entendu ce qu'on vous a dit. Posez la question nécessaire pour obtenir ce que vous n'avez pas compris, puis écoutez la confirmation.

▶ —Le professeur ne sera pas content. _____ n'a pas fini ses exercices.
  —**Qui n'a pas fini ses exercices?**

     (6 items)

Bande 2

Activité 1: Phonétique—La consonne **r**

Explication: Le **r** français est un son très courant dans la langue française. Il se prononce dans le fond de la bouche avec la pointe de la langue (*tongue*) baissée (*lowered*), alors que l'**r** américain se prononce avec la langue relevée (*raised*). Ecoutez la différence entre l'anglais et le français:

anglais	français
port	porte
race	race
zero	zéro

Répétez les mots et la phrase que vous entendez.

A chaque numéro que vous entendrez, dites les mots et la phrase correspondants. Ensuite, répétez la réponse-modèle qui suit.

1. vert
2. tarte
3. rose
4. Le garçon va se mettre en colère.

Activité 2: Histoire en images—*Le Château dans le bois*

Reportez-vous à l'image 5 dans votre livre. Vous allez jouer le rôle du gendarme qui a accompagné le conservateur au château pour assurer la sécurité de la caisse. Répondez aux questions de l'inspecteur en utilisant les mots suggérés dans votre cahier. Puis, écoutez la confirmation.

1. huit heures et demie
2. devoir assurer la sécurité de la caisse
3. Je ne sais pas. / la caisse / être / bien fermée
4. un quart d'heure
5. non / une vieille dame

Activité 3: L'inspecteur interroge la bonne.

Reportez-vous à l'image 2 dans *Le Château dans le bois*. Vous allez jouer le rôle de l'inspecteur. Interrogez la bonne suivant chaque déclaration que vous entendrez. Puis, écoutez la confirmation.

▶ —L'inspecteur veut savoir où était la bonne vers deux heures et demie.
   —**Où étiez-vous vers deux heures et demie?**

1. Il lui demande ce qu'elle faisait là.
2. Il veut savoir à qui elle a téléphoné.
3. Il demande si elle a vu quelqu'un au bout du couloir.
4. Il veut savoir si elle connaissait ces deux hommes-là.

Activité 4: L'inspecteur interroge la vieille dame

Maintenant, posez des questions à la vieille dame. A chaque numéro que vous entendrez, écoutez d'abord le sujet de la question à poser. Puis, posez la question en utilisant l'expression interrogative suggérée dans votre cahier. Enfin, écoutez la confirmation.

▶ —L'identité de la personne que la vieille dame a vu dans la bibliothèque.

   [qui est-ce que]

   —**Qui est-ce que vous avez vu dans la bibliothèque?**

1. qu'est-ce que
2. quel
3. pourquoi est-ce que
4. qu'est-ce que

Activité 5: L'inspecteur interroge le jardinier

Reportez-vous à l'image 11 dans *Le château dans le bois*. Cette fois, vous posez des questions au jardinier. Ecoutez d'abord la déclaration du jardinier, puis posez-lui une question spécifique en utilisant les mots suggérés dans votre cahier. Ensuite, écoutez la confirmation.

1. où / être / le maître
2. combien de personnes / il y avait
3. qu'est-ce que / sortir
4. quelle / être
5. qui / s'intéresser

Activité 6: Exercice de compréhension—La réalité dans le roman

Vous allez entendre une série de courts paragraphes, chacun suivi de deux questions à réponses multiples. Dans votre cahier, entourez d'un cercle la lettre correspondant à la réponse correcte. Après chaque groupe de questions, vous voudrez peut-être écouter une deuxième fois le paragraphe pour vérifier vos réponses. Maintenant, écoutez bien.

Maintenant, répondez aux questions à l'aide des réponses dans votre cahier.

1. Dans cette histoire, vous êtes comparable à l'inspecteur parce que...
   a. vous et l'inspecteur savez quelque chose sur le crime.
   b. vous vous posez les mêmes questions que l'inspecteur.
   c. vous savez déjà qui a tué la victime.

2. Les personnages du Château dans le bois...
   a. connaissent quelque chose au sujet du crime.
   b. ne peuvent pas aider l'inspecteur.
   c. ont tous la même réaction devant le meurtre.

Maintenant, écoutez le deuxième paragraphe.

Maintenant, répondez aux questions suivantes.

1. Dans un roman réaliste, l'histoire est racontée...
   a. sans aucune logique.
   b. sans respecter la chronologie des événements.
   c. d'une façon directe et chronologique.

2. La lecture d'un roman policier nous satisfait car...
   a. tout finit par être clair et ordonné.
   b. la solution n'est jamais claire.
   c. nous aimons les histoires qui finissent bien.

Qu'est-ce qui se passe?

CONVERSATION / RÉVISION DE GRAMMAIRE
SECOND EDITION

Robert Balas   *Western Washington University*

Donald Rice   *Hamline University*

HOUGHTON MIFFLIN COMPANY · BOSTON
Dallas   Geneva, Illinois   Hopewell, New Jersey   Palo Alto

ACKNOWLEDGEMENTS

We are very grateful to all of our colleagues and students who have used *Qu'est-ce qui se passe?* in the past. Their comments, praise, criticism, and encouragement have been invaluable in the preparation of this second edition.

We would like to thank the following reviewers who participated in the formal review of the first edition:

Judith G. Frommer, Harvard University
Gilberte Furstenberg, Massachusetts Institute of Technology
Jeanine M. Goldman, S.U.N.Y. at Stony Brook
Kelton Knight, Oregon State University
Brenda G. McCullough, Oregon State University
Jane T. Mitchell, The University of North Carolina
Roslyn Spector, Pine Manor College

Finally, our very personal thanks to Liz and Charles Balas and Mary Callahan, whose understanding and support have kept us going during the revision process.

R.B.
D.R.

Student's edition ISBN: 0-395-34448-4
Instructor's edition ISBN: 0-395-34449-2
Library of Congress Catalog Card Number: 83-82362

ABCDEFGHIJ-A-89876543

Illustrations
Robert Balas

Cover Illustration
Dorothea Sierra

Photographs
Page 39, © Henri Cartier-Bresson/Magnum Photos, Inc.
Page 79, Photo Lipnitzki-Viollet.
Page 140, © Charles Steiner/Sygma.
Page 187, © Robert Doisneau/Photo Researchers, Inc.
Page 237, Jacques Charon/Photo Lipnitzki-Viollet.
Page 284, Huchette/Photo Lipnitzki-Viollet.
Page 336, The Bettmann Archive, Inc.
Page 338, © Robert Doisneau/Photo Researchers, Inc.
Page 381, © J. Pavlovsky/Sygma.

Table des matières

Preface

Qu'est-ce qui se passe? Conversation/Révision de grammaire is a transitional text designed to fill the gap between beginning and advanced courses in French at the college level. It can be used for a second-year course or as an intermediate conversation and composition text. Its purpose is to present a solid review and expansion of grammar, as well as to provide a broad range of conversational situations and writing topics. Except for the preliminary review, each chapter is developed around a basic function in the use of language (how to recount a story in the past; how to ask questions; how to describe things and people, etc.) and concentrates on those points of grammar relevant to that function. Each language function is ultimately linked to an 8–10 page "picture story" at the end of the chapter that provides a context for communication activities. The use of visual stimuli throughout the text aids in vocabulary retention and reinforces grammatical structures without English-language interference, and provides an effective means of establishing a direct and immediate relation between words and the ideas they express.

To The Student

You will find in the following program an effort to help you overcome the difficulties of moving from a basic knowledge of French to the utilization of the language in advanced situations, be they scholastic or cultural. It has been our desire to allow you to develop your oral skills while providing a reinforced survey of French grammar. Therefore, you will find that each chapter begins with presentation methods with which you are probably already familiar—grammar explanations, examples, and exercises. We have also explained theoretically certain aspects of the French language in the hope that your natural intellectual curiosity will be satisfied concerning not only *how* the language operates, but *why* it functions as it does.

As you progress, you will discover that the structural rigidity that underlies the grammar practice becomes increasingly more free and that an ever greater responsibility is shifted to you in preparing the required work. However, we have provided constraints to this freedom. It has been our experience both as students and as teachers that people who have completed one year of foreign language study wish to begin speaking

and utilizing the language immediately. Although the desire is admirable and sincere, students soon realize the frustration of these efforts while not often recognizing the causes that thwart their attempts. It is not because intermediate students lack the fundamental knowledge for utilizing the language, but rather that they are missing two essential ingredients for transforming this knowledge into satisfying, workable French. The first is oral practice (conversation, description, recounting), and the second, which often hinders the first, is the lack of adequate vocabulary to speak about a given topic. As a result, the discussion frequently falls into a strained banality and ultimately an embarrassed silence.

To compensate for this disheartening frustration, we have provided you with three ingredients we believe essential in permitting you to practice conversation and acquire writing skills. First, we have developed our chapters around basic grammatical areas or problems one must master for sustained conversation. After adequate study of the basic grammar associated with these areas, you will find the following: a reading selection, a picture story, and suggested activities. All of these provide you with a *shared context* in which to practice your oral and written skills. We have also provided you with the essential vocabulary and certain selected idiomatic expressions that may be used in an endless variety of ways according to your own imagination. You are urged to be as creative as possible when using this text. The somewhat humorous attitude taken in most of the exercises will help to lighten the burden of the very serious work that those exercises entail. It is with the idea that Work Can Be Fun that this text, *Qu'est-ce qui se passe?*, was developed.

To The Teacher

In *Qu'est-ce qui se passe?* the authors have attempted to create a conversation and grammar review text with substance, variety, and humor for intermediate grammar and/or conversation courses. The complete program includes a student text, a workbook/laboratory manual, a tape program (available on reel-to-reel and cassettes), an Instructor's Edition, and a tapescript.

Whatever your own approach to language learning may be, it is suggested that you read carefully the preface of the instructor's edition, which presents a more detailed description of the concept of the book, the changes in the second edition, the features of each chapter, and suggestions concerning lesson plans and teaching techniques. While these in no way try to impose a particular method of teaching, much of the information in the Instructor's Edition will be useful in order to make full use of the materials provided in *Qu'est-ce qui se passe?*

Chapitre Préliminaire
RAPPELEZ-VOUS

Une Rentrée difficile

C'est la rentrée des classes. A la première réunion du cours moyen de français, le professeur veut faire connaissance avec ses étudiants.

Le professeur: Monsieur, comment vous appelez-vous?

L'étudiant: Moi...euh...je vais très bien, merci. Et vous?

Le professeur: ?

Le professeur: Euh...Mademoiselle, est-ce que vous travaillez?

L'étudiante: Oh, oui, Monsieur. Je suis allée à New York, à Chicago et à Boston. J'adore travailler.

Le professeur: ??

Le professeur: Et vous, Mademoiselle, conjuguez le verbe *être*.

Une autre étudiante: Euh...je...je...j'ai!

Le professeur: Le verbe *être*, Mademoiselle!

L'étudiante: Oh, pardon. Je...suis.

Le professeur: Très bien. Et ensuite?

L'étudiante: Euh...je suis...tu...

Le professeur: Oui, oui. Tu...

L'étudiante: Tu...as, elle fait, nous allons, vous pouvez, ils...

Le professeur: ???

Structures grammaticales

Heureusement que la mémoire de la plupart des étudiants est bien meilleure. Cependant, après les vacances, il est utile de faire une courte révision des connaissances de base du français. Ce chapitre préliminaire vous permettra de revoir le présent des verbes réguliers et de quelques verbes irréguliers ainsi que les formes interrogatives et négatives. En même temps, vous aurez l'occasion de retrouver des mots et des expressions que vous avez appris au cours élémentaire de français.

Le présent

Rappelez-vous!

1. Les verbes réguliers se divisent en plusieurs groupes:

   a. Les verbes en **-er** comme **parler**

je parl**e**	nous parl**ons**
tu parl**es**	vous parl**ez**
il/elle parl**e**	ils/elles parl**ent**

   b. Les verbes en **-ir** comme **finir**

je fin**is**	nous fin**issons**
tu fin**is**	vous fin**issez**
il/elle fin**it**	ils/elles fin**issent**

   c. Les verbes en **-ir** comme **partir**

je par**s**	nous part**ons**
tu par**s**	vous part**ez**
il/elle par**t**	ils/elles part**ent**

   d. Les verbes en **-re** comme **répondre**

je répond**s**	nous répond**ons**
tu répond**s**	vous répond**ez**
il/elle répond	ils/elles répond**ent**

2. Certains verbes n'entrent pas dans ces catégories. Voici quelques verbes irréguliers fréquemment employés:

avoir		être	
j'**ai**	nous **avons**	je **suis**	nous **sommes**
tu **as**	vous **avez**	tu **es**	vous **êtes**
il/elle **a**	ils/elles **ont**	il/elle **est**	ils/elles **sont**

aller		faire	
je **vais**	nous **allons**	je **fais**	nous **faisons**
tu **vas**	vous **allez**	tu **fais**	vous **faites**
il/elle **va**	ils/elles **vont**	il/elle **fait**	ils/elles **font**

prendre	
je **prends**	nous **prenons**
tu **prends**	vous **prenez**
il/elle **prend**	ils/elles **prennent**

3. La plupart des verbes réfléchis se conjuguent comme **parler.** N'oubliez pas que le pronom réfléchi s'accorde avec le sujet.

se coucher	
je me couche	**nous nous** couchons
tu te couches	**vous vous** couchez
il/elle se couche	**ils/elles se** couchent

Voici une liste de quelques verbes réfléchis très courants:

s'amuser	se couper	se lever
s'appeler	se dépêcher	se maquiller
s'arrêter	s'embrasser	se raser
se brosser	s'habiller	se reposer
se coucher	se laver	se réveiller

A. Faites connaissance avec un(e) étudiant(e) en lui posant les questions suivantes. Votre interlocuteur/interlocutrice répondra à vos questions.

1. Moi, je m'appelle… Et toi?
2. Quel âge as-tu?

3. Où est-ce que ta famille habite? Et toi, habites-tu avec ta famille pendant l'année universitaire? Et l'été?

4. Combien de frères et de sœurs as-tu? Sont-ils étudiants aussi?

5. C'est ta première année à l'université? Quels autres cours est-ce que tu prends (biologie, chimie, histoire, anglais, sociologie)?

6. Qu'est-ce que tu fais pour t'amuser? Est-ce que tu t'intéresses à la politique? à la musique? aux sports?

7. Est-ce que tu travailles? Où? Combien d'heures par semaine? Aimes-tu ton travail?

8. Est-ce que tu vas souvent au cinéma? Quels genres de films est-ce que tu aimes?

9. A quelle heure est-ce que tu te réveilles d'habitude? Est-ce que tu te lèves tout de suite ou est-ce que tu restes au lit? Est-ce que tu prends un petit déjeuner d'habitude?

10. A quelle heure est-ce que tu te couches d'habitude? Est-ce qu'en général tu dors bien?

B. Racontez les activités habituelles de la journée pour chaque sujet indiqué en utilisant l'infinitif donné et en vous inspirant des dessins.

▶ Jean-Pierre
D'habitude Jean-Pierre se réveille à 9 heures. Mais il reste au lit pendant une demi-heure. A 9h30 …

1. je
2. les étudiants
3. mon frère (ma sœur) et moi, nous

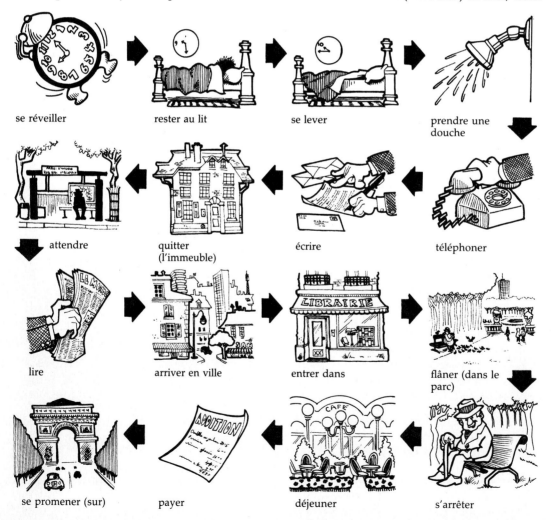

se réveiller

rester au lit

se lever

prendre une douche

attendre

quitter (l'immeuble)

écrire

téléphoner

lire

arriver en ville

entrer dans

flâner (dans le parc)

se promener (sur)

payer

déjeuner

s'arrêter

RAPPELEZ-VOUS

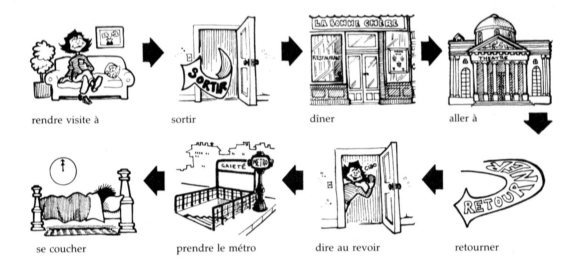

rendre visite à   sortir   dîner   aller à

se coucher   prendre le métro   dire au revoir   retourner

C. En vous inspirant du vocabulaire de l'exercice B, racontez les activités que vous avez pendant la semaine.

Les questions

Rappelez-vous!

1. Pour poser une question qui a pour réponse *oui* ou *non*, il y a quatre possibilités:

— *l'intonation:*	Tu aimes le fromage?
— **est-ce que:**	Est-ce que tu aimes le fromage?
— *l'inversion*:	Aimes-tu le fromage?
— **n'est-ce pas**?:	Tu aimes le fromage, n'est-ce pas?

Dans la conversation, on emploie généralement l'intonation ou **est-ce que.** Dans la langue écrite, on utilise fréquemment l'inversion.

2. Pour poser une question qui demande un renseignement, il y a deux possibilités:

— expression interrogative + **est-ce que**:	**Où est-ce que** le directeur habite?
— expression interrogative + *inversion*:	**Où** le directeur **habite-t-il?**

Quelques expressions interrogatives souvent employées:

à quelle heure	**comment**	**pourquoi**
combien de	**où**	**quand**

D. Posez des questions en utilisant la forme interrogative indiquée.

▶ J'habite à Avignon. Et toi? *(où est-ce que)*
   Et toi, où est-ce que tu habites?

▶ Je me couche de bonne heure. Et toi? (inversion)
Et toi, te couches-tu de bonne heure?

1. Nous allons à la piscine tous les jeudis. Et vous? *(quand est-ce que)*
2. Gérard a deux frères. Et Suzanne? *(combien de* + inversion)
3. Je n'aime pas la bière. Et toi? (inversion)
4. Mes parents habitent au Mexique. Et tes parents? *(où* + inversion)
5. Ma sœur sort souvent le samedi soir. Et votre sœur? *(est-ce que)*

6. Je ne mange pas le matin parce que je me lève trop tard. Et toi? *(pourquoi est-ce que)*
7. Nous sommes très heureux. Et Michel? (inversion)
8. Mon père va très bien. Et votre père? *(comment* + inversion)
9. Jacqueline est suisse. Et Jean? (inversion)
10. Nous nous couchons à 11 heures. Et vous? *(à quelle heure est-ce que)*

E. Posez une question à propos de chaque dessin.

▶ *A quelle heure est-ce que Marie s'habille?*

s'habiller

se maquiller

fermer à clef

conduire

se regarder

s'arrêter devant

aller à

stationner

acheter

avoir rendez-vous

bavarder

se quitter

aller chez

recevoir une contravention

visiter (une galerie)

faire des courses

RAPPELEZ-VOUS

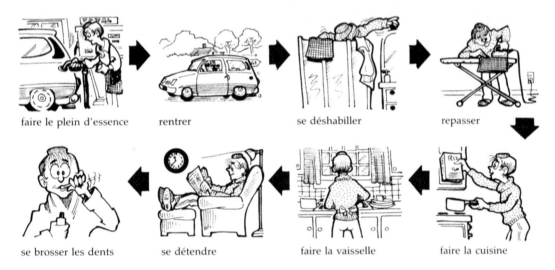

faire le plein d'essence   rentrer   se déshabiller   repasser

se brosser les dents   se détendre   faire la vaisselle   faire la cuisine

Le présent (suite)

Voici d'autres verbes irréguliers au présent:

lire		écrire	
je **lis**	nous **lisons**	j'**écris**	nous **écrivons**
tu **lis**	vous **lisez**	tu **écris**	vous **écrivez**
il/elle **lit**	ils/elles **lisent**	il/elle **écrit**	ils/elles **écrivent**

dire		venir	
je **dis**	nous **disons**	je **viens**	nous **venons**
tu **dis**	vous **dites**	tu **viens**	vous **venez**
il/elle **dit**	ils/elles **disent**	il/elle **vient**	ils/elles **viennent**

pouvoir		vouloir	
je **peux**	nous **pouvons**	je **veux**	nous **voulons**
tu **peux**	vous **pouvez**	tu **veux**	vous **voulez**
il/elle **peut**	ils/elles **peuvent**	il/elle **veut**	ils/elles **veulent**

voir		mettre	
je **vois**	nous **voyons**	je **mets**	nous **mettons**
tu **vois**	vous **voyez**	tu **mets**	vous **mettez**
il/elle **vois**	ils/elles **voient**	il/elle **met**	ils/elles **mettent**

F. Interrogez un(e) étudiant(e) au sujet d'un(e) troisième. Si l'étudiant(e) à qui vous posez la question ne sait pas la réponse, il/elle peut demander directement au (à la) troisième.

▶ — *Quel âge Martine a-t-elle?*
— *Je ne sais pas. Martine, quel âge as-tu?*
— *J'ai dix-neuf ans.*
— *Elle a dix-neuf ans.*

1. Est-ce que ... veut aller en France? A-t-il/elle assez d'argent pour faire le voyage?
2. Est-ce que ... aime lire? Est-ce qu'il/elle lit le journal tous les jours? Combien de livres lit-il/elle par an?
3. Est-ce que ... aime nager? Est-ce qu'il/elle peut traverser la Manche (*English Channel*) à la nage?
4. Est-ce que ... écrit beaucoup de lettres? Est-ce qu'il/elle écrit souvent à ses parents?

5. Est-ce que ... voit souvent ses parents? Ses parents, viennent-ils souvent à l'université?
6. Est-ce que ... et ses amis font toujours leurs devoirs?[1] Est-ce qu'il/elle dit toujours la vérité?
7. Est-ce que ... et ses amis se mettent au travail tout de suite après le dîner? A quelle heure se mettent-ils au travail d'habitude?
8. Est-ce que ... et ses amis veulent aller en France? Pourquoi (pas)?

G. Racontez un samedi typique pour chaque sujet indiqué. Inspirez-vous des dessins et utilisez les verbes suggérés.

1. Christian
2. je
3. les étudiantes

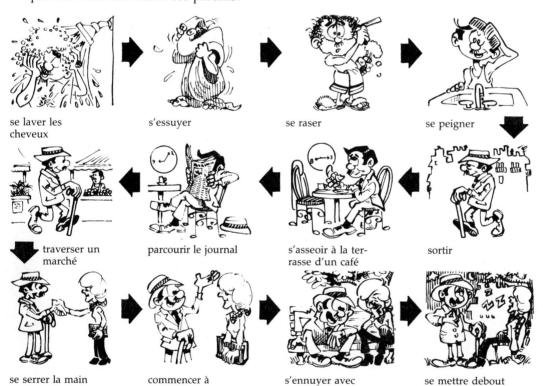

se laver les cheveux

s'essuyer

se raser

se peigner

traverser un marché

parcourir le journal

s'asseoir à la terrasse d'un café

sortir

se serrer la main

commencer à

s'ennuyer avec

se mettre debout

H. En vous inspirant du vocabulaire de l'exercice G, racontez un de vos week-ends.

[1] Pour poser directement cette question, dites: *Toi et tes amis, est-ce que vous...?*

La négation

Rappelez-vous!

1. L'expression négative de base est **ne ... pas**:

   > Je **n**'aime **pas** le vin.
   > Nous **n**'avons **pas** de voiture[2].
   > Elle **ne** veut **pas** travailler.

2. Il y a aussi d'autres expressions négatives qui fonctionnent de la même manière que **ne ... pas.** Il est souvent utile d'associer ces expressions à leur contraire:

affirmatif	négatif
quelque chose (*something*)	**ne ... rien**
quelqu'un (*someone*)	**ne ... personne**
quelquefois (*sometimes*) ⎫	
toujours (*always*) ⎭	**ne ... jamais**
encore (*again*) ⎫	
toujours (*still*) ⎭	**ne ... plus**

   > Tu désires quelque chose? Non, je **ne** désire **rien**.
   > Elle connaît quelqu'un? Non, elle **ne** connaît **personne**.
   > Vous allez quelquefois à la boucherie Roger? Non, nous **n**'y allons **jamais**.
   > Ils sont encore à Rome? Non, ils **ne** sont **plus** à Rome; ils sont maintenant à Paris.

   a. Lorsque **rien** et **personne** sont le sujet de la phrase, ils précèdent **ne**:

      > **Rien ne** les intéresse.
      > **Personne ne** veut me parler.

   b. Lorsque le verbe se construit avec une préposition, **rien** et **personne** suivent la préposition:

      > Elle **n**'a peur **de rien**.
      > Nous **ne** parlons **à personne**.

   c. L'expression **ne ... que** (*only*) ressemble aux expressions négatives, mais elle n'a pas vraiment un sens négatif. Elle exprime la restriction

---

[2] Après une expression négative, l'article indéfini (**un, une, des**) et l'article partitif (**du, de la, de l', des**) sont remplacés par **de** (**d'** devant une voyelle).

et la limitation. C'est un synonyme de *seulement*. **Que** précède directement le mot ou l'expression qui indiquent la restriction.

Tu as quatre frères?—Non, je **n'**ai **que** deux frères.
Elles **ne** vont en France **qu'**une fois tous les cinq ans.
Georges **ne** fait **que** jouer de la guitare.

I. Répondez aux questions en utilisant les expressions négatives entre parenthèses:

1. Qui vous attend? *(personne)*
2. Qui est-ce que vous attendez? *(personne)*
3. Quand est-ce que vous regardez la télévision? *(jamais)*
4. Vous êtes toujours au lycée? *(plus)*
5. Qu'est-ce que vous cherchez? *(rien)*
6. A qui pensez-vous? *(personne)*
7. De quoi avez-vous besoin? *(rien)*
8. Vous avez encore des devoirs à faire? *(plus)*

J. Contredisez les déclarations suivantes en utilisant des expressions négatives:

▶ Jean-Luc a deux frères.
Non, il a des sœurs, mais il n'a pas de frères.

1. Il y a quelque chose sur la table.

2. Il y a quelqu'un derrière Philippe.

all he does is...
il ne fait que ----

3. Mathieu va souvent à la bibliothèque.

4. Gérard a encore des bonbons.

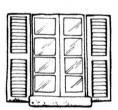

5. Hélène est à la fenêtre.

6. Jacques étudie toujours.

7. Suzanne a un chat et un chien.

8. Nicole a une clarinette et Mireille a un violon.

Premier Chapitre

LA NARRATION DU PASSÉ

Dialogue

Les Bons Souvenirs

— Cinquante ans de mariage! Ce n'est pas possible, Virginie!

— Mais si, Paul. Nous nous sommes mariés il y a cinquante ans.

— Je me souviens° bien du jour où je t'ai rencontrée, mon amour.

— Je me le rappelle bien aussi, mon trésor°.

— C'était un jour de printemps. Il faisait du soleil, le ciel était si bleu...

— Mais non, mon chéri. C'était en automne. Il faisait froid, le ciel était couvert°.

— Ah, oui... Je descendais les Champs-Elysées...

— C'était la rue Mouffetard, mon chou°.

— En effet... Je pensais à autre chose. Tout d'un coup° je t'ai vue. Tu pleurais. Tu avais l'air si triste...

— C'est que mes chaussures étaient trop petites. Elles me faisaient mal aux pieds.

— J'ai couru vers toi, je t'ai donné mon mouchoir...

— Ce qu'il était sale!

— Tu m'as remercié°, ma biche°, je t'ai invitée à prendre un café, tu as accepté...

— J'étais très pauvre à l'époque°, je n'avais pas un sou°. En plus, tu étais vraiment marrant°.

— Comment «marrant»?

— Tu portais ton complet vert, ton chapeau bleu...

— Il était violet, ma chatte.

— Au café tu as commandé deux express°...

— Et nous avons commencé à parler. Tous les autres clients nous regardaient, nous souriaient...

— Mais non, mon cœur, ils se moquaient de nous. Nous étions si jeunes, si naïfs.

— Moi, j'avais dix-neuf ans!

— Puis tu as voulu m'embrasser, mais tu es tombé par terre.

— Euh... la table n'était pas très solide, ma biche.

— Finalement le garçon nous a demandé de payer.

— Je lui ai laissé un gros pourboire°.

— Mais non, mon amour, rappelle-toi! Tu étais aussi pauvre que moi, et nous avons fini par filer° sans payer.

— Ah, oui, je m'en souviens bien, mon trésor.

se souvenir de: *to remember*

mon trésor: *"honey" (lit., treasure)*

le ciel ... couvert: *the sky was cloudy*

mon chou: *"sweetheart" (lit., cabbage)*

tout d'un coup: *suddenly*

remercier: *to thank*

ma biche: *"darling" (lit., doe)*

à l'époque *(f.):* *at the time;*
le sou: *cent*

marrant: *amusant, drôle (slang)*

l'express *(m.):* *black coffee*

le pourboire: *tip*

filer: *partir très vite*

Comment raconter une histoire au passé

Généralement un récit—une narration que nous faisons d'une expérience réelle ou imaginaire—a pour sujet ce que nous avons déjà fait, vu, entendu ou imaginé; c'est-à-dire que la plupart du temps nous racontons nos histoires au passé. Le problème principal qui se pose est donc le choix du temps verbal, car c'est le temps du verbe qui (1) complète le sens du verbe et qui (2) situe l'action (ou la situation) exprimée par rapport aux autres actions (et situations) de l'histoire. En français il faut d'ordinaire choisir entre l'**imparfait** et le **passé composé.**

Pour étudier ce problème, nous allons considérer trois situations fondamentales: (1) un seul verbe isolé; (2) deux ou plusieurs verbes qui se trouvent dans la même phrase; (3) un paragraphe (ou une narration plus longue) où on trouve un nombre important de verbes[1].

Un seul verbe

Il faut distinguer entre les verbes qui désignent une *action* et ceux qui désignent une *condition* (physique ou mentale) ou une *situation*.

KEY

Present		Continued action	
Condition		Repeated action	
Change of condition		Definite time	
Definite action			

Les actions

1. Le **passé composé** désigne une action qui s'est accomplie *entièrement dans le passé*. On associe au **passé composé** la notion de *limite*.

   a. L'action a eu lieu *une fois* pendant un *temps limité:*

[1] Voir l'Appendice, pour un tableau raisonné de la conjugaison de l'imparfait et du passé composé.

Elle **est arrivée** à cinq heures trente.
Je **suis allé** à l'église dimanche dernier.
Ils **ont fait** un voyage en Europe en 1972.
Où **as-tu acheté** ce pantalon?
J'**ai étudié** pendant deux heures hier soir.

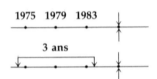

b. L'action a été répétée, mais le nombre de fois est *déterminé* (i.e., limité) ou la période pendant laquelle l'action a été répétée est *précisée*:

Elle **a été** en France en 1975, en 1979 et en 1983.

Je l'**ai vu** plusieurs fois.
Ils **sont allés** au cinéma tous les samedis pendant trois ans.
En 1980, j'**ai acheté** un nouveau pantalon tous les mois.

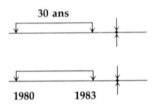

c. L'action a duré une longue période de temps, mais elle est présentée comme s'étant *accomplie* pendant un certain *temps limité*:

Ils **ont vécu** en Allemagne pendant trente ans.
Les Romains **ont occupé** la Gaule pendant plus de trois cents ans.
Elle **a séjourné** en France de 1980 à 1983.

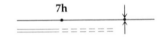

2. L'**imparfait** aussi désigne une *action passée*. Mais on associe à l'imparfait les notions de *continuité* et d'*habitude*.

a. L'action était en train de se passer à un moment donné mais ne s'était *pas entièrement accomplie*:

A sept heures il **étudiait**.	*In each case, the action was not*
Au moment de l'explosion je **travaillais** dans la cuisine.	*necessarily completed—he probably continued to study, the explosion*
Les spectateurs **attendaient** le lever du rideau.	*interrupted the work, and the spectators still had to wait for the play to begin.*

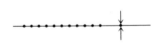

b. L'action a été répétée un nombre *indéterminé* de fois; il s'agit donc d'une action *habituelle*:

Tous les samedis nous **faisions** une promenade à la campagne.
Elle **oubliait** toujours son argent.
Il **allait** souvent en France pour acheter du vin.

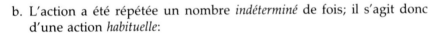

Les conditions ou les situations

1. Généralement on emploie l'**imparfait** pour faire les *descriptions*, car on décrit d'habitude une condition ou une situation:

Elle **était** très sympathique.
J'**avais** peur des chiens.
Il **portait** un pantalon noir et une chemise bleue.
La neige **recouvrait** les champs.

2. Dans certains cas très limités, on emploie le **passé composé** pour désigner une *condition.*

    a. La condition a existé pendant *une période de temps limitée et précisée*:

> Jusqu'à l'âge de cinq ans, il **a eu** peur des chiens.
> Il **a fait** beau hier.

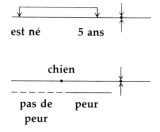

    b. La condition *a commencé à exister* au moment dont on parle.

> En voyant le chien, il **a eu** peur. *(He became afraid when he saw the dog.)*
> Elle **a été** très surprise de nous voir. *(She was surprised by the sight of us at that precise moment.)*

Mais on peut dire qu'en général le temps de la *description* est l'**imparfait.**

HELPFUL HINTS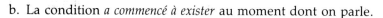

1. Both the imperfect and the **passé composé** describe events or situations that existed *completely* in the past. If the action or condition began in the past but still exists, the present tense is used:

> Elle **travaille** depuis trois heures. *(She is still working.)*
> Il y a cinq ans que nous **habitons** à Lille. *(We live there now.)*

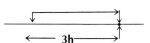

2. Most actions involve some continuation; i.e., there are very few actions that require only a second or two. What is important is to consider how the action is presented: (a) as a *completed* fact regardless of how long it took (**passé composé**) or (b) as an action which was *in the process of taking place* but wasn't completed (**imperfect**):

> Il **a lu** le livre. *(It may have taken hours or days, but he read the book and finished it.)*
> Il **lisait** le livre. *(He had not finished the book; he was reading it—and probably something else was about to interrupt him.)*

3. Be aware of key words which clearly underline the temporal meaning of the verb—for example, words which suggest a *limit* (**pendant, en, fois;** time expressions); words which suggest an *habitual action* (**tous, chaque, toujours, souvent**); verbs which are usually (but not always) *descriptive* (**avoir, être, sembler**). These will not be foolproof; however, they can be very helpful.

4. Distinguish carefully between mental states (**imparfait**) and mental actions or reactions (**passé composé**).

> Elle **pensait** qu'il était vieux. *(Mental state: this was an idea she carried with her.)*
> En le voyant ce matin, elle **a pensé** qu'il était vieux. *(Mental reaction: at the moment she saw him, the idea came to her—perhaps for the first time.)*

Notice that in using the same verb and clause one can suggest two somewhat different reactions simply by changing the verb tense.

LA NARRATION DU PASSÉ

Elle **était** désagréable avec nous. *(Mental state: this sentence suggests that she was usually unpleasant whenever she was with us.)*

Elle **a été** désagréable avec nous. *(Mental action: this sentence suggests that on one particular occasion she acted disagreeably towards us.)*

The distinction between mental states and mental actions is also important with the verbs **savoir, pouvoir,** and **vouloir** (see p. 31, *Expression idiomatique #2*).

5. The following chart summarizes the basic uses of the imperfect and the **passé composé**:

PASSÉ COMPOSÉ	IMPARFAIT
Specific Completed Actions	Descriptions of a Condition or State
Je **suis sorti.** Il **a écrit** une lettre.	Il **faisait** beau. Ils **avaient** faim.
Actions of Limited Duration	Continuing Uncompleted Actions
Elle **a dormi** huit heures. Nous **avons passé** six ans en France.	Elle **dormait.** Je **cherchais** mes livres. *(These actions leave the listener with the expectation that something happened to prevent their completion.)*
Limited Repeated Actions	Habitual Repeated Actions
J'y **suis allé** trois fois. Pendant un an j'**ai visité** le musée tous les dimanches.	Je **me levais** toujours à six heures et demie. D'ordinaire on ne **travaillait** pas pendant le week-end.

A. Justifiez l'emploi de l'*imparfait* ou du *passé composé* dans les phrases suivantes en indiquant la sorte de condition ou d'action dont il s'agit.

1. Ils ont quitté la maison à 8h30.
2. Les arbres étaient couverts de neige.
3. Le lundi soir nous allions tous au concert.
4. J'ai passé six mois dans le Midi.
5. Il a fait très froid hier.

6. Nous écoutions souvent la radio.
7. Nous sommes allés voir notre mère trois fois la semaine dernière.
8. Je me suis brossé les dents après le déjeuner.
9. Ils avaient seulement trois chaises et une petite table.
10. J'ai été surpris en la voyant arriver.

B. Mettez l'infinitif à l'*imparfait* ou au *passé composé*.

▶ L'année dernière il *(vendre)* trois tableaux.
 L'année dernière il a vendu trois tableaux.

1. Ma mère *(être)* très petite.
2. Aïe! Je *(se couper)* la main!
3. Papa nous *(lire)* un conte presque tous les soirs.
4. A quelle heure est-ce que Marie *(sortir)* hier soir?
5. Nous *(aller)* à l'église le dimanche.
6. Picasso *(peindre)* le tableau intitulé *Guernica*.
7. Les autres *(avoir)* mal à l'estomac.
8. Une fois j' *(oublier)* de fermer ma porte.
9. Autrefois les jeunes gens *(s'intéresser)* aux études.
10. Une tapisserie *(décorer)* le mur du palais.
11. Je *(faire)* un voyage en avion.
12. Il *(être)* trois heures quand ils sont arrivés.
13. Ils *(commander)* trois verres de vin.
14. Mes parents ne *(ressembler)* pas à mes grands-parents.
15. Et le beau M. Philippe? Qu'est-ce qu'il *(faire)* à trois heures du matin? Il *(dormir)*.
16. Le père *(punir)* le petit garçon.
17. En 1965 elle *(acheter)* plus de 200 livres d'histoire.
18. Il y *(avoir)* trois copies de son tableau en Russie.
19. Poussin *(travailler)* pendant plusieurs années sur ce tableau.

C. Construisez des phrases au passé selon les indications suivantes.

Une action simple limitée

▶ je / aller
 L'année dernière je suis allé au Portugal.

1. nous / acheter

2. la dame / tomber
3. hier / il / pleuvoir

Une action habituelle
4. d'habitude / nous / se coucher
5. autrefois / elle / habiter
6. mes parents / aller / toujours

Une condition ou une situation
7. ils / avoir / l'air
8. elle / savoir
9. il / porter / toujours

Une action répétée limitée
10. nous / voir / fois
11. je / aller / samedi(s) / l'année dernière
12. chaque / elle / oublier / de

Une action continue limitée
13. elles / dormir / heures
14. nous / vivre / ans
15. tu / passer / mois / à

D. Posez les questions suivantes à un(e) camarade. Il/elle vous répondra selon sa propre expérience.

1. A quelle heure t'es-tu réveillé(e) ce matin?
 Etais-tu de bonne humeur? Pourquoi (pas)?
 Ta chambre était-elle en désordre? Explique.
 Pendant combien de temps es-tu resté(e) au lit avant de te lever?
 Pourquoi t'es-tu levé(e)?

2. Quand as-tu été à l'hôpital?
 Etais-tu blessé(e)?
 Qu'est-ce que le médecin a fait?
 Les infirmières étaient-elles gentilles?
 Combien de temps es-tu resté(e) à l'hôpital?

3. Où as-tu fait tes études avant de venir à l'université?
 Combien de temps as-tu passé à...?
 Est-ce que tu aimais tes professeurs?
 Est-ce qu'ils te donnaient beaucoup de travail?
 En quelle année as-tu quitté...?

4. As-tu fait un voyage récemment?
 Où es-tu allé(e)?
 Est-ce que tu as pris l'avion?
 Ton voyage était-il agréable?
 Qu'est-ce que tu as fait à...?

SPECIAL PROBLEM

1. When a negative expression is used with a verb in the imperfect, it occupies the same position as with a verb in the present:

> Elle **ne** voulait **pas** aller chez le dentiste.
> Ils **n'**avaient **rien** à faire.
> Nous **ne** connaissions **personne**.
> On **ne** voyait les Goidin **qu'**une ou deux fois par an.

2. However, when a negative expression is used with a verb in the **passé composé**, its position varies. **Ne...pas, ne...rien, ne...jamais,** and **ne...plus** are placed around the auxiliary verb:

> Je **n'**ai **pas** fini mon déjeuner.
> Ils **n'**ont **rien** acheté cet après-midi.
> Elle **n'**a **jamais** quitté les Etats-Unis.
> Nous **n'**avons **plus** parlé à Philippe depuis ce temps-là.

With **ne...personne** and **ne...que**, the second part of the negative follows the past participle:

> Je **n'**ai vu **personne**.
> Elle **n'**a voyagé **qu'**en Chine.

3. When two or more negative expressions are used with one verb, a single **ne** suffices. If the verb is in the **passé composé,** the second part of each expression is placed in its normal position.

> Elle **ne** disait **jamais rien.**
> Il **n'**a **plus rien** voulu entendre.
> Tu **n'**as **jamais** écouté **personne.**

E. Mettez les phrases suivantes au *passé composé* en vous préoccupant de l'ordre des mots.

> ▶ Tu ne comprends pas le problème.
> *Tu n'as pas compris le problème.*

1. Je ne vais jamais au théâtre.
2. Nous ne regardons que les films étrangers.
3. Elle ne dit rien en classe.
4. On ne voit personne par ici.
5. Il ne pleut pas.
6. Elles ne sortent jamais.
7. Ils ne choisissent rien.
8. Nous n'achetons que du sucre et des fraises.
9. Je n'entends personne à la porte.
10. Tu ne fais plus rien.
11. Elle n'aide jamais personne.

Deux ou plusieurs verbes

Lorsqu'il y a deux (ou plusieurs) verbes au passé *dans la même phrase*, le temps des verbes sert à *préciser le rapport temporel* entre les actions désignées par ces verbes. On trouve souvent les situations suivantes:

1. *Des actions successives*: avec des actions limitées qui se succèdent en suivant l'*ordre chronologique*, on utilise le **passé composé**:

   Il **a téléphoné**; ensuite j'**ai quitté** la maison.
   Ce matin je **me suis levée** à sept heures, je **me suis lavée**, je **me suis habillée**, j'**ai pris** le petit déjeuner et je **suis allée** au bureau.

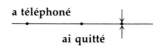

2. *Des actions simultanées*: avec des actions limitées qui ont lieu *au même moment*, on utilise le **passé composé**:

   Quand elle s'**est retournée**, il **a sorti** son revolver.
   Lorsque nous **avons ouvert** la porte, ils **ont cessé** de parler.

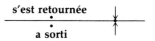

3. *Des actions parallèles*: avec des actions non accomplies qui se déroulent *en même temps* (i.e., qui étaient parallèles l'une à l'autre), on emploie l'**imparfait**:

   Pendant que je **regardais** la télévision, mes parents **parlaient**.
   Les acteurs **se maquillaient**, les spectateurs **s'installaient** dans le théâtre, les musiciens **accordaient** leurs instruments: la pièce **allait** commencer.

4. *Des actions inégales*—avec une action qui sert *de fond* (background) à une autre, on met l'*action principale* au **passé composé** et on utilise l'**imparfait** pour désigner les *conditions* (les actions secondaires) qui se déroulent en même temps que l'action principale:

   Je **lisais** quand le téléphone **a sonné**.
   Elle **a vu** dans la rue des enfants qui **jouaient** au football.
   Pendant que nous **voyagions** en France, Paul **a eu** un accident.

HELPFUL HINT

1. When the imperfect and the **passé composé** are used together in the same sentence, there is usually a quantitative time difference between the two actions, i.e., one action (imperfect) is longer than the other (**passé composé**):

   Quand elle **est entrée**, j'**écoutais** la radio. *(I had been listening to the radio for a while when I was interrupted by a shorter action—she entered.)*
   Il **neigeait** quand nous **sommes partis**. *(The snow had been falling before the moment of our departure.)*

2. On the other hand, when both verbs are in the same tense, this indicates that the times of both actions are equal:

   Quand elle **est entrée**, je **me suis levé**. *(The two actions occurred at the same moment and required roughly the same amount of time.)*

Pendant que la vieille femme **montait** l'escalier, je lui **portais** ses valises.
  (The two actions were going on parallel to one another.)

F. Mettez l'infinitif à *l'imparfait* ou au *passé composé*. Justifiez votre choix en faisant un schéma temporel de la phrase.

▶ Le réveil a sonné et il *(se lever)*.
  Le réveil a sonné et il s'est levé.

1. Pendant que nous dînions, elle *(travailler)* dans le jardin.
2. Quand le meurtrier *(arriver)*, l'inspecteur l'a arrêté.
3. Quand la jeune fille est rentrée, son père l'*(interroger)*.
4. Quand la jeune fille est rentrée, son père l'*(attendre)*.
5. Le monsieur s'est levé de table, *(mettre)* son chapeau et *(quitter)* le restaurant.
6. Il *(pleuvoir)* au moment où nous avons quitté la maison.
7. Quelle scène tragique! La neige *(tomber)*, les agents de police *(courir)* partout et les victimes *(pleurer)*.
8. Elle dormait quand tu *(téléphoner)*.

G. Utilisez les mots donnés pour décrire les activités de Gaspar. Il faut employer une des expressions suivantes pour faire la liaison entre les deux verbes: *quand, pendant que, ensuite.*

▶ Gaspar / dormir / soleil / se lever
  Gaspar dormait quand le soleil s'est levé.

1. Gaspar / se réveiller / arrêter la sonnerie du réveil /

2. Gaspar / se regarder / dire

3. Gaspar / prendre le petit déjeuner / le téléphone /sonner

4. Gaspar / prendre une douche / se brosser les dents / s'habiller

7. Gaspar / attendre l'autobus / tomber /

5. Gaspar / s'habiller / penser à

H. Engagez la conversation avec un(e) étudiant(e) en lui posant les questions suivantes. Il/elle y répondra en phrases complètes selon son expérience personnelle.

▶ Qu'est-ce que tu as fait hier soir quand tu es rentré(e)?
Je me suis déshabillé(e), je me suis brossé les dents et je me suis couché(e).

1. Qu'est-ce que tu faisais ce matin quand le réveil a sonné?
2. Qu'est-ce que tu as fait quand le réveil a sonné?
3. Quel temps faisait-il quand tu t'es levé(e)?
4. Quelle heure était-il quand tu t'es levé(e)?
5. A quoi pensais-tu pendant que tu te lavais?
6. Qu'est-ce que tu as dit quand tu t'es regardé(e) dans le miroir?
7. Est-ce que tu as pris le petit déjeuner ce matin? Pourquoi (pas)?

6. Gaspar / sortir / neiger

SPECIAL PROBLEM

The most common way of narrating a sequence of events in the past is chronological: events are told according to the order in which they occurred in the past. In French, the basic tense for narrating the chronology is the **passé composé**.

> Lundi nous **avons visité** le Louvre, mardi nous **sommes allés** à Montmartre et hier nous **avons passé** l'après-midi à Beaubourg.

However, it is sometimes necessary to refer to an event which happened before another event already stated in the past. In such cases, the **plus-que-parfait** is used. It designates a past action that happened before another action in the past. In other words, the **plus-que-parfait** expresses "the past of the past".

Hier j'**ai perdu** la montre que mon grand-père m'**avait donnée** pour mon anniversaire.

(**ai perdu** = *past*, **avait donné** = *past of the past. The later action is mentioned first in the sentence; the* **plus-que-parfait** *shows which action occurred first.*)

(anniversaire)	(hier)
← - - - - - - -	
avait donné	ai perdu

Ils **étaient** déjà **partis** quand nous **sommes arrivés**.

(**sommes arrivés** = *past*, **étaient partis** = *past of the past. If both verbs were in the* **passé composé**, *one might think they occurred at the same time and were causally linked;* **déjà** *reinforces the chronological relationship.*)

← - - - - - - - - -	
étaient partis	sommes arrivés

I. Répondez aux questions suivantes en utilisant les éléments donnés et le *plus-que-parfait*.

▶ Quel train as-tu pris pour aller à Bordeaux? *(que / je / prendre / la dernière fois)*
Celui que j'avais pris la dernière fois.

1. Quel film avez-vous vu? *(que / mon professeur / recommander)*
2. Quel livre a-t-elle acheté? *(dont / nous / parler / la semaine précédente)*
3. Quelle porte s'est ouverte? *(que / tu / fermer)*
4. Quels billets ont-ils perdus? *(que / vous / acheter)*
5. Quelles lettres a-t-elle lues? *(que / ma grand-mère / écrire)*
6. Quel monsieur a téléphoné? *(qui / téléphoner / mardi dernier)*
7. Quelle robe a-t-elle choisie? *(que / tu / trouver joli)*

J. Répondez négativement aux questions en utilisant les mots entre parenthèses et le *plus-que-parfait*.

▶ Est-ce que tu as accepté l'invitation d'aller à Londres? *(promettre à Yvonne d'aller à Rome avec elle)*
Non, j'avais déjà promis à Yvonne d'aller à Rome avec elle.

1. Est-ce que tu étais au lit quand j'ai téléphoné? *(se lever / déjà)*
2. Est-ce que tu étais à table quand je suis arrivée? *(manger / déjà)*
3. Est-ce que tu as vu ton père ce matin? *(il / partir / déjà)*
4. Est-ce que tu as fini tes devoirs avant d'aller à l'université? *(oublier de faire les devoirs d'anglais)*
5. As-tu aidé ta mère à préparer le dîner hier soir quand tu es rentré(e)? *(elle / finir de le préparer)*

Un paragraphe ou une narration plus longue

On peut comparer la narration d'une histoire à une pièce de théâtre. Lorsque le rideau se lève (c'est-à-dire, au début de la narration), le spectateur (le lecteur) voit le décor (la description du lieu, des personnages, de la situation temporelle). Puis les acteurs commencent à parler, à se déplacer, à entrer et à sortir (l'action avance). Il est possible, bien entendu, que les scènes et les décors changent plusieurs fois au cours de la pièce (encore des descriptions de lieux et de personnages différents, de situations nouvelles). Après chaque changement de scène, l'action reprend et continue. C'est ainsi qu'à l'intérieur d'une narration le **passé composé** et l'**imparfait** peuvent alterner.

Dans une narration plus longue qu'une seule phrase, il faut distinguer entre les verbes qui font avancer l'action de l'histoire et les verbes qui ne font pas avancer l'action. On met les premiers (qui répondent à la question *qu'est-ce qui s'est passé?*) au **passé composé** et les derniers (qui répondent aux questions *quelle était la situation? comment était-ce?*) à l'**imparfait.** En plus, lorsqu'il y a deux ou plusieurs actions qui ont lieu au même moment de l'histoire, il faut considérer les questions que nous avons discutées plus haut—i.e., *deux actions parallèles qui continuent, deux actions qui ont lieu au même moment et qui continuent pendant un temps limité, et deux actions inégales.*

Regardez l'exemple suivant d'une courte narration au passé: on peut représenter de façon schématique la structure temporelle de ce paragraphe. Sur la ligne horizontale, nous indiquons les verbes (au passé composé) qui font avancer l'histoire; sur l'axe vertical, nous indiquons les descriptions et les conditions (à l'imparfait).

Il **était**[1] sept heures du matin. Il **faisait**[2] froid et la neige **tombait**[3]. Je **suis descendu**[4] du lit et **me suis habillé**[5] à toute vitesse. Maman **préparait**[6] déjà le petit déjeuner et papa **se rasait**[7] dans la salle de bains. Lorsque je **suis entré**[8] dans la cuisine, maman m'**a donné**[9] une tartine et j'**ai bu**[10] mon café au lait. Deux minutes plus tard papa **est descendu.**[11] Il **portait**[12] son nouveau costume bleu et il **sentait**[13] très bon. Je **me suis demandé**[14]: «Où va-t-il ce matin? Ne va-t-il pas travailler?» Je lui **ai lancé**[15] un regard plein de curiosité, mais il n'**a rien dit**[16]. A sept heures trente je **suis parti**[17] pour le lycée. Je ne **savais**[18] pas du tout ce qui **se passait**[19].

Les verbes inscrits sur l'axe horizontal désignent des *actions précises et limitées* qui se sont succédées selon l'*ordre chronologique*. Les verbes qui se trouvent au-dessous de l'axe horizontal désignent des *descriptions* (l'heure: «il **était** sept heures»; le temps: «il **faisait** froid», «la neige **tombait**», un personnage: «il **portait**», «il **sentait**»), des *conditions mentales non limitées* («je ne **savais** pas»), des *situations* («ce qui **se passait**») ou des *actions parallèles non limitées* qui servent de fond à l'action («maman **préparait**», «papa **se rasait**»).

K. Dans les passages suivants, mettez les infinitifs à l'*imparfait* ou au *passé composé*. Ensuite, faites un schéma du paragraphe en vous inspirant du schéma ci-dessus.

1. Balzac, le grand romancier du 19ᵉ siècle, *(avoir)* l'habitude de travailler tard dans la nuit. La plupart du temps il ne *(fermer)* pas la porte de sa maison à clé. Une nuit, pendant que Balzac *(dormir)*, un voleur *(entrer)* dans la maison et *(ouvrir)* la porte de la chambre de l'écrivain. Celui-ci *(sembler)* dormir profondément. Le voleur, rassuré, *(aller)* au bureau de Balzac et *(se mettre)* à fouiller dans les tiroirs. Soudain, il *(entendre)* rire très fort. Il *(se retourner)* et *(voir)*

l'écrivain, qui *(rire)* de tout cœur. Le voleur *(avoir)* peur mais il *(demander)* à Balzac ce qu'il *(trouver)* si amusant. L'écrivain lui *(répondre)* que ça l'*(amuser)* beaucoup de voir un voleur dans le noir chercher de l'argent dans des tiroirs où lui-même n'en *(trouver)* pas en plein jour.

2. Au Brésil, un groupe de jeunes terroristes *(décider)* d'enlever l'ambassadeur français, M. d'Albo. D'abord ils *(envoyer)* une camarade, nommée Vera Monteiro, en reconnaissance à l'ambassade. Elle *(être)* très belle et *(réussir)* à obtenir l'itinéraire que l'ambassadeur *(suivre)* tous les jours pour rentrer chez lui. Le groupe *(être)* surpris d'apprendre que l'ambassadeur *(prendre)* très peu de précautions.

   Le jour de l'enlèvement, les terroristes *(aller)* dans le quartier de Botafogo, où *(se trouver)* la résidence de l'ambassadeur. Il y *(avoir)* trois groupes qui *(prendre)* place vers 13h50 dans la rue Sao Paolo. Quand l'automobile de l'ambassadeur *(entrer)* dans la rue, le premier groupe *(faire)* un signe pour annoncer le commencement de l'action. Tout de suite après, le deuxième groupe, qui *(attendre)* dans une Volkswagen, *(se mettre)* en travers de la rue pour bloquer le passage à la Citroën de l'ambassadeur. Les hommes du troisième groupe,

armés de revolvers, *(monter)* dans la Citroën et *(conduire)* celle-ci jusqu'à une autre Volkswagen. Quand ils *(ordonner)* à l'ambassadeur d'y monter, il *(vouloir)* s'enfuir, mais sans succès.

Le chauffeur de la Citroën *(avoir)* heureusement une autre clé de la voiture. Par conséquent, il *(pouvoir)* immédiatement *(téléphoner)* à l'ambassade. Au moment où Mme d'Albo *(apprendre)* la nouvelle de l'enlèvement de son mari, elle *(jouer)* aux cartes avec des amies. Elle *(appeler)* immédiatement le ministère des Affaires étrangères et sa longue attente *(commencer)*. Pendant qu'elle *(essayer)* de rester calme, la police *(faire)* des recherches. Enfin, vers minuit, on *(retrouver)* la première Volkswagen. Dans la voiture il y *(avoir)* une lettre qui *(préciser)* les conditions requises pour la libération de l'ambassadeur.

Bien entendu, les généraux de la junte brésilienne ne *(vouloir)* pas traiter avec les terroristes, mais ils n' *(avoir)* pas le choix. A 9h30 le lendemain matin, le gouvernement *(libérer)* quinze prisonniers politiques; à 13h30, vingt-quatre heures après le commencement de son aventure, l'ambassadeur *(être)* de retour chez lui.

SPECIAL PROBLEM

When telling a story in the past, it is often helpful to clarify the sequence of or relationship between events by the use of connecting words[2].

1. Adverbs—such as **d'abord** *(first)*, **ensuite** *(then, next)*, **puis** *(then, next)*, **enfin** *(finally, at last)*—pose little problem. They provide temporal information without affecting the grammatical structure of the sentence. They are usually placed at the beginning of the sentence.

   D'abord je suis allée à l'hôtel. **Ensuite** j'ai téléphoné à une amie. Nous nous sommes retrouvées à un café où nous avons parlé pendant deux heures. **Puis** nous sommes allées dîner au Quartier Latin. **Enfin** je suis rentrée et je me suis couchée vers minuit.

2. Prepositions, on the other hand, do modify the grammatical structure of the

[2] The connecting words discussed here (**d'abord, ensuite, avant de, en, après,** etc.) are also used to underline sequences of events occurring in the future: *D'abord nous irons au musée, ensuite nous déjeunerons chez des amis. Avant de venir, ils téléphoneront.*

sentence. Each of the following prepositions—**avant de** *(before)*, **en** *(while)*, **après** *(after)*—is followed by a different form of the verb. (Notice that in all three cases, the subject of both of the verbs being connected is the same. In Chapter 5 you will study other constructions that must be used when the subject of each verb is different.)

a. **Avant de:** the preposition **avant de** is always followed by an infinitive. Note that the pronoun agrees with the subject when the verb is reflexive.

> Je me suis habillée. Ensuite j'ai pris mon petit déjeuner.
> **Avant de prendre** mon petit déjeuner, je me suis habillée.

> J'ai fini mes devoirs. Puis je me suis couché.
> J'ai fini mes devoirs **avant de me coucher.**

b. **En:** when the preposition **en** is followed by a verb, the form required is the present participle (**le participe présent**)[3]. Notice that the pronoun agrees with the subject when the verb is reflexive.

> Pendant que j'attendais, je lisais le journal.
> **En attendant,** je lisais le journal.

> Nous nous sommes dépêchés et nous avons cassé deux verres.
> Nous avons cassé deux verres **en nous dépêchant.**

c. **Après:** when followed by a verb, the preposition **après** requires the past infinitive (**passé de l'infinitif: avoir** or **être** + past participle). Notice that the past participle agrees with the preceding direct object (the reflexive pronoun) when the verb is reflexive.

> Nous avons fini. Puis nous sommes sortis.
> **Après avoir fini,** nous sommes sortis.

> Elle est arrivée et elle a dit bonjour à tout le monde.
> **Après être arrivée,** elle a dit bonjour à tout le monde.

> Ils se sont habillés. Puis, ils sont descendus prendre leur petit déjeuner.
> **Après s'être habillés,** ils sont descendus prendre leur petit déjeuner.

L. Donnez la forme convenable du passé de l'infinitif.

1. Après *(visiter)* le Louvre, nous sommes allés au Jeu de Paume.
2. Après *(aller)* à Madrid, nous avons visité Lisbonne.
3. Après *(se coucher)*, nous avons essayé de dormir.
4. Après *(finir)* mes devoirs, j'ai téléphoné à un ami.
5. Après *(se lever)*, j'ai fait mes devoirs de français.
6. Après *(rentrer)*, elle s'est lavé les cheveux.

M. Combinez les deux phrases en utilisant l'expression entre parenthèses. Faites tous les changements nécessaires.

1. Tu as fini tes devoirs. Puis tu es sortie. *(avant de)*
2. Pendant qu'il attendait le retour de sa femme, il a regardé la télévision. *(en)*
3. Elle s'est couchée et elle a lu un roman policier. *(après)*
4. Je me suis réveillé. Ensuite je suis resté au lit pendant une demi-heure. *(après)*
5. Je me suis rasé, puis je me suis habillé. *(avant de)*
6. Ils ont visité le musée. Ils ont vu des tableaux de Matisse. *(en)*
7. D'abord nous avons mangé; ensuite nous avons joué aux cartes. *(avant de)*
8. J'ai fait un voyage en Angleterre. J'ai revu mes grands-parents. *(en)*

---

[3] Voir l'Appendice, pour une explication de la formation du **participe présent.**

Exercices de révision

N. Racontez *au passé* l'histoire suggérée par les bandes dessinées en utilisant les verbes donnés. Attention aux choix du temps verbal.

Personnages: la femme-médecin, son mari
la jeune révolutionnaire
l'inspecteur de la police secrète

1. être une nuit de décembre /
lire / tricoter

2. sonner à la porte / ouvrir / être blessé / perdre du sang

3. s'étendre sur le divan / examiner / chercher de l'eau chaude

4. le lendemain matin / prendre le petit déjeuner / sonner à la porte / (se) cacher

5. montrer une carte d'identité / être l'inspecteur / chercher / être gêné

6. lier et bâillonner / s'enfuir / être en colère

O. Vous racontez à un(e) étudiant(e) ce qui vous est arrivé(e) «le jour où vous avez décidé de vous libérer». Inspirez-vous du vocabulaire du «Paradis perdu» (surtout des sept premières images). Faites attention à l'emploi du *passé composé* et de l'*imparfait*.

P. En vous inspirant du vocabulaire des exercices B et G du chapitre préliminaire, racontez les activités des sujets indiqués en employant l'*imparfait* ou le *passé composé*.

Expressions Idiomatiques

Qu'est-ce qui **est arrivé** à Gaspar?

1. se passer: to happen, to be going on
arriver à + *quelqu'un*: to happen to someone

Qu'est-ce qui **se passe**?
Qu'est-ce qui **se passera**?
Qu'est-ce qui vous **est arrivé**?
Qu'est-ce qui lui **est arrivé**?

Avec **arriver,** on peut remplacer **à** + *quelqu'un*
par un pronom complément d'objet indirect
(**me, te, nous, vous, lui, leur**).

Ne confondez pas **se passer** et **arriver à** avec
l'expression **avoir lieu** (*to happen, to take place*):
Quand aura lieu ce concert?

Exercices

A. Remplacez le tiret par la forme indiquée de
l'expression convenable (*se passer* ou *arriver à*).

1. Tiens! Qu'est-ce qui _____? (*présent*)
2. Qu'est-ce qui _____ Marie? (*passé composé*)
3. Oh, là là. Qu'est-ce qui _____? (*passé composé*)
4. Mais qu'est-ce qui vous _____? (*passé composé*)
5. Qu'est-ce qui _____ s'ils ne viennent pas?
   (*futur*)

B. Réagissez aux situations suivantes en posant
une question avec *se passer* ou *arriver à*.

1. Salut, les copains! _____?
2. La pauvre Suzanne. Elle a la tête entourée de
   bandes. _____?
3. Je n'ai pas vu l'accident. _____?
4. Oh, mon pauvre ami. Tu as mal aux pieds?
   _____?

Gaspar **a voulu** traverser en dansant, mais il **n'a pas pu** le faire.

2. **savoir** + *infinitif*: to know, to know how to (*présent, imparfait, futur*)[4]
   + *nom* ou *s* + *v*: to find out, to learn (*passé composé*)

   pouvoir + *infinitif*: to be able to (*présent, imparfait, futur*); to succeed in (*passé composé*)[4]

   vouloir + *infinitif*: to want (*présent, imparfait, futur*); to try to (*passé composé*); to refuse to (*passé composé au négatif*)[4]

Est-ce que tu **sais** faire du ski nautique?
Elle **ne savait pas** quoi faire.
Quand a-t-elle **su** que vous aviez eu un accident?

Je **ne peux pas** vous aider.
Après beaucoup d'efforts elle **a pu** traverser la Manche à la nage mais elle **n'a pas pu** faire l'aller-retour.

Elle **veut** vous voir.
Elle **voulait** acheter la maison, mais les propriétaires **n'ont pas voulu** la vendre.

---

[4] Il faut distinguer entre des *conditions* ou des *états* mentaux (**présent, futur, imparfait**) et des *actions* physiques ou mentales (**passé composé**). Voir la page 18, paragraphe 4.

Exercices

C. Mettez le verbe au *présent*, à l'*imparfait* ou au *passé composé* selon le contexte.

1. Mme Dufour a un cancer! Oh, je ne le (*savoir*) pas!
2. Moi, je ne (*vouloir*) pas aller au cinéma. Je trouve que les films sont ennuyeux.
3. Le pauvre Maurice! Il ne (*pouvoir*) pas terminer l'examen. C'était trop difficile pour lui.
4. Nous (*vouloir*) vous voir, mais quand nous sommes arrivés à l'hôtel, vous étiez déjà partis.
5. Est-ce qu'ils (*savoir*) taper à la machine?
6. Il aurait pu y aller, mais il (*ne pas vouloir*).
7. Quand il (*savoir*) ce qu'elle disait à son sujet, il a ri.
8. Quand nous étions petits, nous (*vouloir*) devenir champions de football.
9. Je ne (*pouvoir*) pas vous le dire. J'ai promis de garder le secret.

D. Construisez des phrases équivalentes aux phrases suivantes en utilisant *savoir, pouvoir* ou *vouloir* au temps qui convient.

► Elle a refusé de répondre.
   Elle n'a pas voulu répondre.

1. Il n'était pas possible qu'ils attendent.
2. Je désirais visiter le tombeau de Napoléon, mais nous n'avions pas le temps.
3. Ils n'ont pas réussi à l'avoir au téléphone.
4. J'ai appris la nouvelle ce matin.
5. Elle a essayé de finir avant 6 heures.
6. Il s'est noyé parce qu'il n'avait pas appris à nager.

Le petit chaperon rouge ne **se souvient** pas
de son chemin dans le bois.

3. se rappeler + *quelqu'un ou quelque chose*: to
remember
se souvenir de + *quelqu'un ou quelque chose*:
to remember

Je ne **me rappelle**[5] pas son nom.
Je ne **me souviens** pas **de** son nom.

Vous **rappelez-vous** sa sœur? Oui, **je me** la
rappelle.
Vous **souvenez-vous de** sa sœur? Oui, je **me**
souviens d'elle.
T'**es**-tu **rappelé** son adresse? Oui, je **me** la **suis**
rappelée.
T'**es**-tu **souvenu de** son adresse? Oui, je **m**'en
suis souvenu.

Attention à l'emploi des pronoms. **Se rappeler**
exige un complément direct **(le, la, les).** Avec **se**
souvenir, on emploie *en* pour parler d'une *chose*
et un pronom accentué **(moi, toi, lui, elle,**
nous, vous, eux, elles) pour parler d'une
personne.

Exercices

E. Remplacez le tiret par la forme indiquée de
l'expression convenable (*se rappeler* ou *se souvenir*
de):
1. Je _____ bien de notre voyage en France.
   (*présent*)

[5] Voir l'Appendice, pour la conjugaison de ce verbe.

2. Elle ne _____ pas notre première rencontre.
   (*présent*)
3. _____ -ils _____ le nom de l'hôtel? (*passé composé*)
4. _____ -ils de nous? (*futur*)

F. Remplacez le tiret par un complément d'objet
direct (*le, la, les*), par un pronom accentué (*moi,
toi, lui, etc.*) ou par *en.*

1. Vous souvenez-vous de mes promesses? Oui,
   je m'_____ souviens.
2. Tu souviens-tu de Jean-Pierre? Non, je ne me
   souviens pas de _____ .
3. Est-ce qu'il s'est souvenu de nous? Non, il ne
   s'est pas souvenu de _____ .
4. Est-ce qu'elle s'est rappelé son numéro de téléphone? Non, elle ne se _____ est pas rappelé.
5. Vous rappelez-vous toujours les noms? Non,
   je ne me _____ rappelle jamais.

G. Répondez *négativement* aux questions suivantes en utilisant le verbe entre parenthèses.

1. Comment s'appelle le monsieur qui travaille à
   la librairie? (*se souvenir*)
2. Quel est le titre du livre que vous lisiez la
   semaine dernière? (*se rappeler*)
3. Vous connaissez Marie Daubrun, n'est-ce pas?
   Vous avez fait sa connaissance à Biarritz. (*se
   souvenir*)
4. Où est-ce que Jean-François habite? Rue Rey-
   naud, n'est-ce pas? (*se rappeler*)
5. Vous avez été chez les Gonthier, n'est-ce pas?
   Ils ont la jolie maison blanche au coin de la
   rue. (*se souvenir*)

Il **vient de** gagner le tiercé à la loterie
nationale.

4. venir de + *infinitif*: have just *(au présent)*
had just *(à l'imparfait)*

Où est ton père? Il n'est pas ici; il **vient de**
sortir.
Quand vous êtes arrivé, nous **venions de**
commencer à dîner.

L'expression **venir de** est employée seulement
au **présent** ou à l'**imparfait**. De plus, la forme
négative n'existe pas.

Exercices

H. Remplacez le tiret par la forme convenable de
l'expression *venir de*.

1. Georges est-il arrivé la semaine dernière?
   Non, il _____ arriver ce matin.

2. Ils _____ s'asseoir quand Marie a commencé
   à jouer du piano.
3. As-tu écrit à Jean-Pierre? Non, je _____ apprendre son adresse.
4. Allez-vous sortir avec Annette? Non, elle
   _____ se marier.
5. Je _____ me mettre à table quand le téléphone
   a sonné.

I. Réagissez aux phrases suivantes en utilisant
venir de et l'expression entre parenthèses.

1. Comment! Tu n'es pas prête à partir? *(finir mes
   devoirs)*
2. Pourquoi est-ce que tu n'étais pas habillée
   quand nous sommes arrivés? *(prendre une
   douche)*
3. Mais tu sais déjà ce qui s'est passé? *(voir
   Philippe qui m'a tout raconté)*
4. Pourquoi est-ce que les Molina n'étaient pas
   contents de gagner une voiture à la loterie?
   (acheter une voiture toute neuve)
5. Ta sœur et ses amies ne sont pas là? *(partir)*

Gaspar **commence par** travailler, mais il **finit par** s'endormir.

5. commencer à + *infinitif*: to begin to do something
   finir de + *infinitif*: to finish doing something
   commencer par + *infinitif* ou *nom*: to begin by doing something, to begin with something
   finir par + *infinitif* ou *nom*: to end up by doing something, to end up with something

Il **commence à** pleuvoir.
Nous **avons fini d'**étudier.
J'**ai commencé par** donner mon nom et mon adresse.
Ils **ont fini par** perdre tout leur argent.

Exercices

J. Remplacez le tiret par les prépositions *à, de* ou *par* selon le cas.

1. Nous pouvons partir; ils ont fini _____ discuter.

2. L'orchestre a commencé _____ jouer à huit heures précises.
3. Commençons _____ visiter la cathédrale; nous irons au musée après.
4. Il est vraiment très généreux; il finit toujours _____ payer.
5. L'inspecteur va commencer _____ faire une liste de tous les témoins; ensuite il les interrogera.
6. As-tu fini _____ travailler avant dix heures hier soir?
7. Le dîner était merveilleux; nous avons fini _____ prendre un cognac.
8. Je vais commencer _____ étudier sérieusement demain; ce soir je veux sortir.
9. Ils finissaient toujours _____ se disputer, même si le sujet de discussion était des plus banaux.
10. Quand nous sommes sortis, il commençait _____ faire nuit.

K. Réagissez aux situations suivantes en utilisant *commencer* ou *finir* et l'expression entre parenthèses.

1. Est-ce que vous avez passé l'après-midi au parc? *(neiger)*
2. Est-ce que tu t'es bien amusée au golf? *(non / se fâcher)*
3. Vous avez beaucoup de travail. Est-ce que vous allez d'abord écrire des lettres? *(non / mettre de l'ordre sur le bureau)*
4. Il est 7 heures. Tu travailles toujours? *(non / travailler)*

Le dessinateur **se sert** d'un crayon pour dessiner. Mais **à quoi sert** le couteau de son fils?

6. servir à + *infinitif*: to be used for + *verb*
   se servir de + *quelque chose* pour + *infinitif*:
      to use − to + *verb*

A quoi **sert** un couteau? Ça **sert à** couper.
De quoi vous **servez-vous** pour couper la
   viande? Je **me sers d**'un couteau.

Le sujet de **se servir de** est toujours une
personne; on emploie le pronom *en* avec cette
expression:

Ce tire-bouchon? Je m'**en** sers pour ouvrir les
   bouteilles.

Après **se servir de** on emploie d'habitude *un* ou
une au singulier, *de* au pluriel.

Exercices

L. Remplacez le tiret par la forme indiquée de
servir à ou de *se servir de*.

1. Un stylo _____ écrire. (*présent*)
2. Je _____ une serviette pour m'essuyer les
   mains. (*passé composé*)
3. _quoi _____-on d'habitude pour se réveiller? (*présent*)
4. _quoi _____ les palmes? _____ faire de la
   plongée sous-marine. (*présent*)

M. Répondez aux questions.

1. A quoi sert un rasoir?
2. A quoi sert une valise?
3. A quoi sert un parachute?
4. De quoi est-ce que vous vous servez pour
   écrire?
5. Est-ce que vous vous servez d'un peigne ou
   d'une brosse à cheveux?
6. Est-ce que vous vous servez beaucoup du téléphone?

— Que **penses**-tu **de** ma sculpture?
— J'essaie de ne pas **y penser.**

7. **penser à**: to think about, to have one's mind on

  penser de: to think about, to have an opinion of

  penser + *infinitif*: to intend (to do something)

A quoi **penses**-tu? Je **pense à** tout ce que je dois faire demain.
Penses-tu **à** ta femme? Oui, je **pense à** elle.
Penses-tu **à** tes devoirs? Oui, j'**y pense.**
Qu'**as**-tu **pensé de** ce film? Je l'ai trouvé très intéressant.
Que **pense**-t-elle **de** lui? Elle **pense** qu'il est très gentil.
Qu'est-ce qu'il **pense** faire? Il **pense** partir jeudi.

Il faut employer les pronoms accentués (**moi, toi,** etc.) après **penser à** et **penser de** pour parler de *personnes*. On emploie *y* après **penser à** et *en* après **penser de** pour parler de *choses*.

Exercices

N. Remplacez le tiret par *à* ou par *de* selon le cas.

1. Il est triste. Il pense _____ ses parents qui sont morts.
2. Que pensez-vous _____ M. François Mitterrand?
3. Dites-moi ce qu'ils pensent _____ Lyon.
4. _____ quoi pensiez-vous quand vous avez eu votre accident?
5. Elle pense _____ toi.

O. Remplacez le tiret par un pronom accentué (*moi, toi, lui*, etc.), par *y* ou par *en*.

1. Il pense à ses examens? Oui, il _____ pense.
2. Il pense à ses parents? Oui, il pense à _____.
3. Voici un nouveau journal. Qu'est-ce que vous _____ pensez?
4. Voilà le nouveau professeur, Mme Thomas. Qu'est-ce que vous pensez d'_____?

P. Répondez aux questions suivantes selon votre expérience personnelle.

1. A quoi pensez-vous beaucoup ces temps-ci?
2. A qui pensez-vous quand on parle de la ville où vous êtes né(e)?
3. A quoi pensez-vous avant de vous coucher?
4. Qu'est-ce que vous pensez faire demain?
5. Que pensez-vous du président de votre université?

Gaspar laisse son amie au café et **s'en va**
avant que l'addition n'arrive.

8. **quitter:** to leave, to leave behind
   laisser: to leave behind in a certain place
   s'en aller: to leave, to go away
   partir: to leave, to go away
   sortir: to leave, to go out of a building, to go
   out on a date

J'**ai quitté** la maison à sept heures.
Nous devons vous **quitter** maintenant.
Elle **a laissé** la clé sur la table.
Laissez les vêtements sales dans la salle de
bains.

Quitter et **laisser** ont toujours un complément
d'objet direct; ils se conjuguent donc avec **avoir.**
Employez **quitter** pour parler d'un endroit ou
d'une personne: J'**ai quitté** *la maison à 8h.* J'**ai
quitté** *mes amis devant la bibliothèque.* Employez
laisser pour parler d'une chose ou d'une
personne qui restent dans l'endroit mentionné:
J'**ai laissé** *mon sac sur la table.* J'**ai laissé** *mes amis
au café.*

Elle **s'en est allée.**
Va-t'**en.**

Lorsqu'on emploie **s'en aller,** ni l'endroit qu'on
quitte ni l'endroit où on va ne sont *jamais*
indiqués. Le participe passé s'accorde avec le
pronom réfléchi: *Ils s'en sont allés.*

Elle **est partie** ce matin.
Ils vont **partir pour** la France.
Sortez tout de suite.
Elle **est sortie de** son bureau.

Partir et **sortir** n'ont pas de complément d'objet
direct; ils sont donc conjugués avec *être.* Il faut
employer une préposition si l'endroit qu'on
quitte *(de)* ou l'endroit où on va *(pour)* sont
indiqués.

Exercices

Q. Remplacez le tiret par la forme indiquée du
verbe convenable *(quitter, laisser, s'en aller, partir
ou sortir).* Pour certaines phrases, il y a plus
d'une réponse possible.

1. Nous allons _____ demain. *(infinitif)*
2. Quand je les ai vus, ils _____ du restaurant.
   (imparfait)
3. Où est-ce que tu _____ ta serviette? *(passé
   composé)*
4. Je ne veux pas vous parler. _____! *(impératif)*
5. Ils _____ la France le 3 juillet. *(futur)*
6. Demain elle va _____ pour le Maroc. *(infinitif)*
7. Ma sœur _____ avec Jean-Jacques hier soir.
   (passé composé)
8. _____ la clé sur la porte! *(impératif)*
9. Nous _____ nos amis vers une heure. *(passé
   composé)*

R. Contredisez les phrases suivantes en utilisant
quitter, laisser, s'en aller, partir ou *sortir.* Attention
aux prépositions.

1. Elle est arrivée à six heures précises.
2. Nous sommes entrés dans la boulangerie.
3. Viens ici tout de suite!
4. J'ai pris le livre à la bibliothèque.
5. Ils sont rentrés à la maison avant nous.
6. Entrez!
7. Il est arrivé de Londres.
8. Nous avons retrouvé nos amis au restaurant.

L'Etranger

L'Etranger occupe une place de premier plan dans l'œuvre littéraire d'Albert Camus (1913–1960). Ce roman illustre la philosophie de l'absurde telle que l'a conçue son auteur. Meursault, le narrateur, est un petit employé de bureau à Alger. C'est un homme ordinaire, sensible aux sensations primaires—la faim, la fatigue, la chaleur, la couleur—et qui mène une vie monotone, l'image même de son indifférence au monde: il travaille, sort avec une amie, assiste aux funérailles de sa mère—sans aucune émotion. Sa vie est soudain bouleversée quand un dimanche, à la suite d'une bagarre, il tue un Arabe et est condamné à mort. Aux yeux de la société son crime n'est pas d'avoir tué l'Arabe, mais d'avoir été un «étranger», celui qui ne joue pas le jeu, qui refuse de dire ce qu'il ne sent pas. Camus a résumé ainsi son roman: «Dans notre société tout homme qui ne pleure pas à l'enterrement de sa mère risque d'être condamné à mort.» Voici les premières pages du livre.

Aujourd'hui, maman est morte. Ou peut-être hier, je ne sais pas. J'ai reçu un télégramme de l'asile: «Mère décédée°. Enterrement° demain. Sentiments distingués.» Cela ne veut rien dire. C'était peut-être hier.

L'asile de vieillards° est à Marengo, à quatre-vingts kilomètres d'Alger.
5 Je prendrai l'autobus à deux heures et j'arriverai dans l'après-midi. Ainsi, je pourrai veiller° et je rentrerai demain soir. J'ai demandé deux jours de congé° à mon patron et il ne pouvait pas me les refuser avec une excuse pareille°. Mais il n'avait pas l'air content. Je lui ai même dit: «Ce n'est pas de ma faute.» Il n'a pas répondu. J'ai pensé alors que je n'aurais pas dû
10 lui dire cela. En somme, je n'avais pas à m'excuser. C'était plutôt à lui° de me présenter ses condoléances. Mais il le fera sans doute après-demain, quand il me verra en deuil°. Pour le moment, c'est un peu comme si maman n'était pas morte. Après l'enterrement, au contraire, ce sera une affaire classée° et tout aura revêtu° une allure plus officielle.
15 J'ai pris l'autobus à deux heures. Il faisait très chaud. J'ai mangé au restaurant, chez Céleste, comme d'habitude. Ils avaient tous beaucoup de peine° pour moi et Céleste m'a dit: «On n'a qu'une mère.» Quand je suis parti, ils m'ont accompagné à la porte. J'étais un peu étourdi° parce qu'il a fallu que je monte chez Emmanuel pour lui emprunter une cravate noire
20 et un brassard°. Il a perdu son oncle, il y a quelques mois.

J'ai couru pour ne pas manquer° le départ. Cette hâte, cette course°, c'est à cause de tout cela sans doute, ajouté aux cahots°, à l'odeur d'essence°, à la réverbération de la route et du ciel, que je me suis assoupi°. J'ai dormi pendant presque tout le trajet°. Et quand je me suis réveillé,
25 j'étais tassé° contre un militaire qui m'a souri et qui m'a demandé si je venais de loin. J'ai dit «oui» pour n'avoir plus à parler.

L'asile est à deux kilomètres du village. J'ai fait le chemin à pied. J'ai voulu voir maman tout de suite. Mais le concierge° m'a dit qu'il fallait que je rencontre le directeur. Comme il était occupé, j'ai attendu un peu.

décédée: *deceased*
l'enterrement (m.): *burial*
l'asile (m.) de vieillards: *old people's home*
veiller: *to sit up all night (as part of a wake)*
un jour de congé: *day off*
pareille: *like that*
C'était...à lui: *Rather it was up to him*
en deuil: *in mourning*

classée: *definitely filed (over and done with)*
revêtir: *to take on*
avoir de la peine: *to grieve*
étourdi: *light-headed*

le brassard: *arm-band (sign of mourning)*
manquer: *to miss*
la course: *running*
les cahots (m.): *bumps, jolts*
l'essence (f.): *gas*
s'assoupir: *to doze off*
le trajet: *trip*
tassé: *huddled*
le concierge: *door-keeper*

Albert Camus

30 Pendant tout ce temps, le concierge a parlé et ensuite, j'ai vu le directeur:
il m'a reçu dans son bureau. C'était un petit vieux, avec la Légion d'hon-
neur°. Il m'a regardé de ses yeux clairs. Puis il m'a serré la main qu'il a
gardée si longtemps que je ne savais trop comment la retirer. Il a consulté
un dossier et m'a dit: «Mme Meursault est entrée ici il y a trois ans. Vous
35 étiez son seul soutien°.» J'ai cru qu'il me reprochait quelque chose et j'ai
commencé à lui expliquer. Mais il m'a interrompu: «Vous n'avez pas à
vous justifier, mon cher enfant. J'ai lu le dossier de votre mère. Vous ne
pouviez subvenir à° ses besoins. Il lui fallait une garde. Vos salaires sont
modestes. Et tout compte fait°, elle était plus heureuse ici.» J'ai dit: «Oui,
40 monsieur le Directeur.» Il a ajouté: «Vous savez, elle avait des amis, des
gens de son âge. Elle pouvait partager° avec eux des intérêts qui sont d'un
autre temps. Vous êtes jeune et elle devait s'ennuyer avec vous.»

   C'était vrai. Quand elle était à la maison, maman passait son temps à
me suivre des yeux en silence. Dans les premiers jours où elle était à
45 l'asile, elle pleurait souvent. Mais c'était à cause de l'habitude. Au bout
de quelques mois, elle aurait pleuré si on l'avait retirée de l'asile. Toujours
à cause de l'habitude. C'est un peu pour cela que dans la dernière année
je n'y suis presque plus allé. Et aussi parce que cela me prenait mon
dimanche—sans computer l'effort pour aller à l'autobus, prendre des ti-
50 ckets et faire deux heures de route.

la Légion d'honneur: *ribbon signifying membership in French national honor society*
le soutien: *support*

subvenir à: *to provide for*
tout compte fait: *all things considered*
partager: *to share*

Le directeur m'a encore parlé. Mais je ne l'écoutais presque plus. Puis il m'a dit: «Je suppose que vous voulez voir votre mère.» Je me suis levé sans rien dire et il m'a précédé vers la porte. Dans l'escalier, il m'a expliqué: «Nous l'avons transportée dans notre petite morgue. Pour ne pas impres-
55 sionner les autres. Chaque fois qu'un pensionnaire° meurt, les autres sont nerveux pendant deux ou trois jours. Et ça rend le service difficile.» Nous avons traversé une cour où il y avait beaucoup de vieillards, bavardant° par petits groupes. Ils se taisaient° quand nous passions. Et derrière nous, les conversations reprenaient°…

60 Je suis entré. C'était une salle très claire, blanchie à la chaux° et recouverte d'une verrière°. Elle était meublée° de chaises et de chevalets° en forme de X. Deux d'entre eux, au centre, supportaient une bière° recouverte de son couvercle°. On voyait seulement des vis brillantes, à peine enfoncées, se détacher sur les planches passées au brou de noix°. Près de
65 la bière, il y avait une infirmière arabe en sarrau° blanc, un foulard° de couleur vive sur la tête.

A ce moment, le concierge est entré derrière mon dos. Il avait dû courir. Il a bégayé° un peu: «On l'a couverte, mais je dois dévisser° la bière pour que vous puissiez la voir.» Il s'approchait de la bière quand je l'ai arrêté.
70 Il m'a dit: «Vous ne voulez pas?» J'ai répondu: «Non.» Il s'est interrompu et j'étais gêné° parce que je sentais que je n'aurais pas dû dire cela. Au bout d'un moment, il m'a regardé et il m'a demandé: «Pourquoi?» mais sans reproche, comme s'il s'informait. J'ai dit: «Je ne sais pas.» Alors tortillant° sa moustache blanche, il a déclaré sans me regarder: «Je com-
75 prends.»

Albert Camus, *L'Etranger* © Editions Gallimard

le pensionnaire: *resident*
bavarder: *to chat*
se taire: *to stop talking*
reprendre: *to start up again*
blanchie à la chaux: *white-washed*
la verrière: *glass roof*
meublée: *furnished*
les chevalets (*m.*): *saw-horses*
la bière: *coffin*
le couvercle: *cover, top*
des vis…noix: *shiny screws, barely screwed in, stand out against the walnut-stained boards*
le sarrau: *smock*
le foulard: *scarf*
bégayer: *to stammer*
dévisser: *to unscrew*
gêné: *embarrassed*
tortiller: *to twist up*

Compréhension

A. Répondez aux questions suivantes portant sur l'ensemble du passage.

1. Quelle nouvelle Meursault vient-il d'apprendre?
2. Où va-t-il aller? Pourquoi? Par quel moyen?
3. Que fait-il avant de partir?
4. Qui voit-il à l'asile?
5. Est-ce que Meursault voit finalement sa mère? Pourquoi pas?

B. Relisez le passage en faisant attention aux temps des verbes. La plupart des verbes sont au *passé composé*; d'autres sont à l'*imparfait*. Trouvez dans le texte des exemples d'emplois différents de l'*imparfait*:

1. un verbe à l'imparfait qui exprime une action habituelle

2. un verbe à l'imparfait qui exprime une action progressive
3. trois verbes différents à l'imparfait qui décrivent quelqu'un ou quelque chose

Le choix de l'*imparfait* ou du *passé composé* peut exprimer une nuance particulière. Regardez les groupes de phrases suivantes. Quelle différence de sens discernez-vous entre la phrase du texte et la même phrase écrite à un temps verbal différent?

4. «J'ai voulu voir maman tout de suite.» (l. 28)
   Je voulais voir maman.
5. «Ils se taisaient quand nous passions. Et derrière nous, les conversations reprenaient.» (ll. 59–60)
   Ils se sont tus quand nous sommes passés. Et derrière nous, les conversations ont repris.

C. Le verbe *devoir* peut changer de sens selon le temps verbal employé dans la phrase. Voici des équivalents anglais de *devoir* à des temps différents: *had to, was supposed to, must have, should have, probably.* Indiquez le sens de *devoir* dans les phrases suivantes.

1. «J'ai pensé alors que je n'*aurais* pas *dû* lui dire cela.» (ll. 9–10)
2. «Elle *devait* s'ennuyer avec vous.» (l. 42)
3. «Il *avait dû* courir.» (l. 68)

D. Maintenant répondez aux questions suivantes en précisant vos réponses.

1. Quand la mère de Meursault est-elle morte? Pourquoi Meursault ne sait-il pas au juste?
2. Qu'est-ce que Meursault a demandé à son patron? De quoi s'excusait Meursault quand il a dit que ce n'était pas de sa faute? Est-ce que le patron a présenté ses condoléances à Meursault?
3. Où Meursault a-t-il mangé avant de prendre l'autobus? Qu'est-ce que Céleste lui a dit? Qu'est-ce que Meursault a emprunté à Emmanuel?
4. Qui Meursault a-t-il vu dans l'autobus à son réveil? Qu'est-ce que le militaire lui a demandé? Qu'est-ce que Meursault a répondu? Pourquoi?
5. Comment Meursault a-t-il fait le chemin entre le village et l'asile? Pourquoi le concierge ne l'a-t-il pas laissé voir sa mère dès son arrivée?
6. Décrivez le directeur. Quel est le détail qui dénote son importance? Comment montre-t-il sa sympathie? Quelle est la réaction de Meursault?

7. Combien de temps Mme Meursault avait-elle vécu à l'asile? Y était-elle heureuse—au début? ensuite? Pourquoi?
8. Comment était la salle où se trouvait la morte? Décrivez l'infirmière qui était près de la bière. Est-ce qu'elle produit une impression particulière? Pourquoi ou pourquoi pas?
9. Pour quelle raison le concierge vient-il dans la salle? Pourquoi ne dévisse-t-il pas la bière? Le concierge comprend-il Meursault? Comment le savez-vous?

Discussion

A. Meursault sera condamné pour n'avoir pas eu les réactions d'une personne "normale." Examinez les actions et les réactions d'autres personnages à la mort de Mme Meursault: le patron de Meursault, Céleste, le directeur, le concierge. Quelles sont les réactions "anormales" de Meursault? Quelle aurait été une réaction normale?

B. Sujet d'exposé ou de rédaction: Racontez la mort de quelqu'un (un membre de votre famille, un ami, une personne célèbre). Comment avez-vous appris la nouvelle de sa mort? Quelles ont été vos réactions? Comment d'autres personnes que vous connaissez ont-elles réagi?

VOCABULARY IN *HISTOIRE EN IMAGES* SECTIONS

In general, we have observed the following practices in listing the vocabulary:

1. Nouns are accompanied by the kind of article (definite, indefinite, partitive) they would most frequently require in the context of the picture—for example: **le** jardinier, **une** chaise, **du** vin.
2. Adjectives agree with the noun under which they are listed.
3. Verbs are listed in a way to illustrate the kind of structure(s) they govern—for example:

travailler to work (verb that can be used without an object)

exprimer *qqch.*[6] to express (verb that must have a thing as direct object)

distraire *qqn*[7] to distract (verb that must have a person as direct object)

plaire à *qqn* to please (verb that must have a person as indirect object)

donner *qqch.* **à** *qqn* to give (verb that has both a direct and an indirect object)

se diriger vers to head for (verb that must have a preposition before a following noun—person or thing)

se plaindre (**de** *qqch. ou* **de** *qqn*) to complain (about) (verb that can be used by itself or with a preposition)

se mettre à + *inf.* to begin to (verb that must have a preposition before a following infinitive)

s'étonner que + *subj.* to be surprised (verb that is followed by a second subject and a verb in the subjunctive)

---

[6] **qqch.** = quelque chose
[7] **qqn** = quelqu'un

Le Paradis perdu

1. A l'hôpital

1. Où est le calendrier?
2. Quel jour est-on?
3. Où est André, l'employé de bureau?
4. Qu'est-ce qui lui est arrivé?
5. Où est-ce qu'il a mal?
6. Qu'est-ce qu'on a fait à sa jambe?
7. Par quoi est-elle soutenue?
8. Avec quoi peut-on faire monter ou descendre son lit?
9. Comment savez-vous qu'il a perdu du sang?
10. Que fait l'infirmière?
11. Que fait le médecin? Que va-t-il faire avec le stéthoscope? avec la seringue?
12. Qu'est-ce qu'on peut voir dans le corridor?

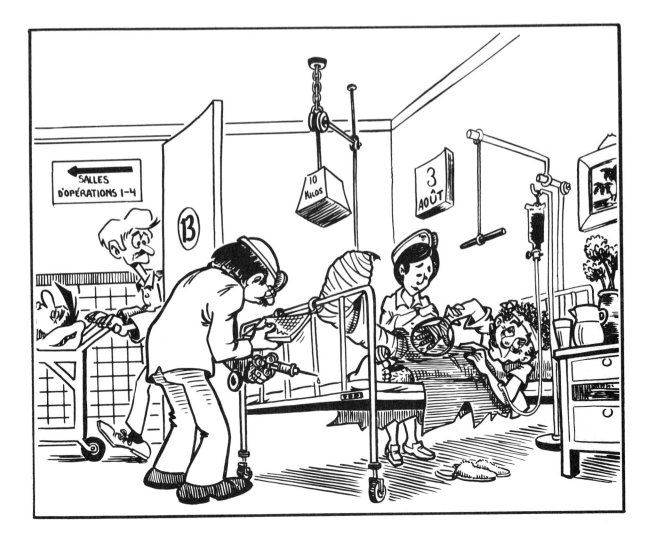

A l'hôpital

une chambre (d'hôpital)
  un calendrier
    au mur
  un lit d'hôpital
  une manivelle
    faire monter (descendre) le lit
    soutenir sa jambe to support his leg
      un poids weight
        attaché à
        une poulie pulley

André, l'employé de bureau
  le malade
  avoir un accident
        des contusions bruises
        une fracture du crâne skull fracture
  avoir mal au bras (à la jambe, à la tête)
  un bandage
  avoir la jambe dans le plâtre
  se casser le bras (la jambe)
  être blessé
    couché
    malade
  perdre connaissance to lose consciousness
  reprendre connaissance to regain
    consciousness
  souffrir *souffert*

l'infirmier (*m.*) nurse, attendant
    pousser une table (d'opération) roulante

l'infirmière (*f.*) nurse
    faire une transfusion de sang à *qqn*
    prendre le pouls de *qqn* to take someone's
      pulse
    prendre la température de *qqn*
      un thermomètre

le médecin
    consulter la feuille du malade to look at the
      patient's chart
    une seringue syringe
      faire une piqûre à *qqn* to give an injection
      to someone
    un stéthoscope
      écouter battre le cœur de *qqn* to listen to
      someone's heartbeat

2. Quelques jours avant... André se lève

1. Cette scène a-t-elle lieu avant ou après la scène de l'hôpital?
2. Quelle heure était-il quand le réveil a sonné?
3. Qu'est-ce qu'André a fait?
4. A votre avis, s'est-il levé tout de suite? Pourquoi?
5. Comment était la chambre ce matin-là?
6. Qu'est-ce qu'André avait fait de ses vêtements avant de se coucher?
7. Qu'est-ce qu'il avait oublié de faire avant de se coucher?
8. Comment savez-vous qu'il avait l'habitude de travailler à la maison? qu'il fumait beaucoup? qu'il n'avait pas nettoyé sa chambre depuis longtemps? qu'il avait envie de voyager? *Par terre*
9. Comment sa chambre est-elle décorée?
10. Sur quoi donne la fenêtre de sa chambre?

Quelques jours avant... André se lève

la chambre (à coucher)
    une brochure touristique
    un bureau
    un cendrier ashtray
    des chaussures *(f. pl.)*
    une chemise
    une corbeille à papier wastebasket
    une cravate
    donner sur to look out on, face (subject is
      never a person)
      le lever du soleil sunrise
      la ville
    un dossier
    une lampe
    une machine à calculer
    une machine à écrire typewriter
    un pantalon
    des pantoufles *(f. pl.)* slippers
    des papiers *(m. pl.)*
    un paquet de cigarettes
      une cigarette
      un mégot cigarette butt
    le parquet floor ~~par terre~~
    une peinture
    un réveille-matin (un réveil) alarm clock
      sonner to ring
    une serviette briefcase
    une table de chevet nightstand
    un téléviseur (la télé)
      éteindre to turn off
      allumer to turn on
    un tiroir drawer
    des vêtements *(m. pl.)*

André
    avoir le cafard to be "blue"
    être de mauvaise humeur to be in a bad
      mood
      déprimé depressed
    arrêter le réveil (le réveille-matin)
    jeter *qqch.* **par terre**
    se lever
    un pyjama pajamas
    rester au lit to stay in bed
    se réveiller
      de bonne heure ⎫
      tôt ⎬ early

3. Les rites du matin

1. André a fini par se lever. Où est-il allé pour faire sa toilette?
2. Qu'est-ce qu'il a fait en premier?
3. Après cela, pourquoi a-t-il fait couler de l'eau chaude dans le lavabo?
4. Qu'est-ce qu'il a vu en se regardant dans le miroir?
5. Qu'est-ce qu'il a fait avant de s'habiller?
6. Qu'est-ce qu'il a utilisé pour faire sa toilette?
7. Ensuite il est allé dans la cuisine. Qu'est-ce qu'il y avait au mur? sur la cuisinière? sur la table?
8. Qu'est-ce qu'il a fait pendant qu'il prenait son petit déjeuner?
9. Qu'est-ce qu'il n'a pas fait? Pourquoi pas?
10. A votre avis, de quoi en avait-il marre ce matin-là?
11. Comment savez-vous qu'il était distrait?

Les rites du matin

la salle de bains
  une baignoire bathtub
  une douche shower
  un tapis de bain bathmat

André
  se brosser les dents
    une brosse à dents
    du dentifrice toothpaste
  s'essuyer to dry himself
    une serviette towel
  faire couler de l'eau (chaude, froide) to run (hot, cold) water
  s'habiller
  se laver la figure (les mains / la tête / les cheveux)
  se peigner (les cheveux) to comb his hair
  prendre un bain (une douche)
  se raser
    mettre de la mousse à raser sur sa barbe
    une lame de rasoir razor blade
    un rasoir
  se sécher les cheveux to dry his hair
    un séchoir à cheveux hairdryer

la cuisine
  une abeille bee
  du beurre
  du café au lait
    une tasse de café
  une cafetière coffee pot
  un couteau
  une crémaillère pot rack
    une casserole pot
    une poêle frying pan
    pendu(e)(s) à hanging from
  un croissant crescent-shaped roll
  une cuillère (cuiller)
  une cuisinière électrique (à gaz) electric (gas) stove
  une fourchette
  du miel
  un pot de confiture jar of jam
    de la confiture

André
  en avoir marre de *qqch.* ou **de** + *inf.* to be fed up with
  déborder to boil over, run over *(subject is a liquid)*
  être à table
  faire chauffer *qqch.* to heat up
  lire son journal
  prendre le petit déjeuner
  rêvasser to daydream

4. Une journée comme toutes les autres

1. Quand André a quitté la maison, la ville s'animait déjà. Où était l'agent de police?
2. Que faisait-il?
3. Qu'est-ce que les gens faisaient à l'arrêt d'autobus?
4. Pourquoi le piéton a-t-il fait signe au camionneur?
5. Quelle a été la réaction du camionneur?
6. Et André regardait-il toute cette activité dans la rue?
7. Que portait-il ce matin-là?
8. Quel air avait-il? Expliquez.
9. Pourquoi ne s'est-il pas arrêté devant le kiosque à journaux?
10. A votre avis, la rue était-elle un endroit agréable? Pourquoi (pas)?
11. Où travaillait-il?
12. Qu'est-ce qu'il y faisait?
13. A votre avis, comment trouvait-il son travail? Pourquoi?

Une journée comme toutes les autres

un agent de police
   diriger la circulation to direct traffic
   une guérite shelter

un camion truck
   un camionneur, un routier truck driver
   engueuler *qqn* to yell at *(familiar)*
   se mettre en colère (contre)

un arbre
un arrêt d'autobus
le trottoir sidewalk
un kiosque à journaux newsstand

la pollution
   des gaz gases, emissions
     s'échapper (de) to escape (from)
     polluer l'air

André
   avoir l'air abattu to look downcast
   ne pas avoir le cœur à l'ouvrage to not have
    his heart in it
   passer devant to pass by
   passer sans voir to go by without seeing
   porter to wear, carry
     une chemise
     un costume suit
     une cravate
     une serviette

le piéton pedestrian
   attraper l'autobus to catch the bus
   courir (pour + *inf.*) to run (to)
   se dépêcher to hurry
   faire signe à *qqn* **de** + *inf.* to signal
    someone to
   un imperméable *raincoat*
   manquer *qqch.* ⎫
   rater *qqch.* ⎭ to miss
   traverser
     en courant running
     dans le passage clouté in the crosswalk

au bureau
   un ordinateur computer
     un clavier informatique keyboard
     un écran screen

André
   un analyste programmeur
   s'ennuyer to be bored
   un programme
     insérer (dans)
     prévoir to plan
     vérifier to check
   un travail
     ennuyeux boring
     monotone

5. Une décision importante

1. Quand André a quitté son travail ce jour-là, où est-il allé?
2. Qu'est-ce qu'on pouvait voir au fond? sur le pont?
3. Quelle décision a-t-il prise? Pourquoi?
4. Quel geste symbolique a-t-il fait?
5. Qu'est-ce qui passait sous le pont à ce moment-là?
6. Où est-il allé ensuite?
7. Qu'est-ce qu'il a acheté?
8. Que faisaient les autres clients?
9. Comment savez-vous qu'ils perdaient patience?
10. Où André est-il allé ensuite?
11. Comment le douanier l'-a-t-il regardé? Pourquoi?
12. A votre avis, où André allait-il? (Donnez plusieurs possibilités.)

Une décision importante

sur le pont
    les amoureux lovers
    une balustrade railing
    un bateau mouche excursion boat
      passer sous
    un lampadaire lamppost
    une péniche flat riverboat
    la silhouette de Paris
      au fond in the background

André
    s'appuyer contre to lean against
    s'arrêter sur
    décider de + *inf.*
    laisser tomber *qqch.* to drop
    se libérer de *qqch.*

à la caisse at the cash register
    la caissière cashier
      calculer le montant to add up the total
    les clients
      faire la queue to stand in line
      froncer les sourcils to frown
      perdre patience
      se plaindre to complain

André
    acheter
    avoir les bras chargés de *qqch.* to have one's arms full of
    faire des achats to go shopping
      un achat purchase
      une crosse de golf
        en solde on sale
      un masque sous-marin
      une raquette de tennis

à l'aéroport
    au contrôle des passeports at passport control
      un douanier customs officer
      un passeport
      regarder *qqn* ou *qqch.*
        d'un air méfiant in a mistrustful manner
      tamponner to stamp

André
    commencer une nouvelle vie
    se dépêcher de + *inf.*
    s'essuyer le front to wipe his brow
      un mouchoir
    faire un voyage
    prendre des vacances
    transpirer to sweat
    ses affaires belongings, possessions
      un blouson en cuir leather jacket
      un jean
      un sac de tennis
      un sac de voyage
      des tennis sneakers
      une valise

6. Au Club Méditerranée

1. Où André est-il parti?
2. Qu'est-ce qu'il a fait le lendemain matin de son arrivée?
3. S'est-il bien amusé? Pourquoi (pas)?
4. Où a-t-il passé l'après-midi?
5. Quels sports est-ce qu'on y pratiquait?
6. Pourquoi André n'a-t-il pas aimé l'ambiance de la plage?
7. Le soir, avec qui a-t-il dîné?
8. De quoi parlaient-elles?
9. A quoi songeait-il?
10. Après le dîner, quelle nouvelle décision a-t-il prise?
11. Où a-t-il mis ses affaires?
12. Pourquoi voulait-il s'enfuir?
13. A votre avis, où se dirigeait-il?

Au Club Méditerranée

au tennis
  jouer pour le plaisir
  son partenaire
    agressif
    gagner à tout prix to win at all costs
    prendre *qqch.* au sérieux
  le tennis
    jouer à
    un jeu game
    une manche set

à la plage
  les activités
    faire de la planche à voile to wind-surf
    nager
    prendre le soleil to get some sun
    se bronzer to get a tan
    se boucher les oreilles to plug up his ears
    se reposer to rest

  une radio
    casser les oreilles à *qqn* to be so loud it
     hurts the ears
    déranger ⎫
           ⎬ to bother
    embêter ⎭
    puissant(e) strong, loud

à table
  des compagnons *(m.)* de table *convives*
    bavarder to chat
    parler de

un sujet de conversation
  les actions de bourse stocks
  l'argent *(m.)*
  la politique
  les soldes *(m.pl.)* sales

André
  s'ennuyer
  songer à *qqch.* to dream about
    une île déserte
    l'océan *(m.)*
    un palmier
    le paradis
  se trouver entre

un départ imprévu unexpected departure
  un canot pneumatique rubber raft
    ramer to row
    des rames *(f.pl.)* oars

André
  se diriger vers
  s'enfuir ⎫
          ⎬ to flee
  fuir *qqch.* ⎭

7. Une surprise désagréable

1. Imaginez le voyage d'André. Son canot avait-il un moteur?
2. Qu'est-ce qu'il a été obligé de faire?
3. Combien de temps le voyage a-t-il duré?
4. A quel moment de la journée a-t-il abordé dans l'île?
5. Qu'est-ce qu'il a d'abord vu?
6. Comment se sentait-il?
7. A quoi s'amusait-il?
8. Qu'est-ce qu'il portait?
9. En quoi cette île ressemblait-elle à un paradis?
10. A quelle sorte de vie s'attendait-il?
11. Quels signes de la vie moderne n'avait-il pas encore vus?
12. Qu'est-ce qu'on se préparait à faire ce matin-là?
13. A votre avis, qu'est-ce qui allait se passer dans le chantier?

Une surprise désagréable

l'île
 des champignons *(m.)* mushrooms
 des fleurs tropicales *(f.)*
 une jungle
 des nénuphars *(m.)* water lilies
 un palmier palm tree
 un paradis
 un papillon butterfly
 des plantes exotiques *(f.)*

le chantier de construction construction site
 un bulldozer
 une grue crane
 un hôtel touristique
 des matériaux *(m.)* materials
 une ouvrier/une ouvrière worker
 un casque helmet
 faire sauter à la dynamite to blow up
 une explosion
 blesser to wound
 préparer le terrain to prepare the site
 un panneau sign
 défense d'entrer no entrance
 indiquer (que)

André
 aborder dans une île to land on an island
 aller pieds nus to go barefoot
 s'amuser à + *inf.*
 courir
 explorer l'île
 poursuivre *qqch.* to chase after
 s'attendre à *qqch.* ou **à** + *inf.* to expect
 avoir l'air heureux
 ignorer *qqch.* ou **que** to be unaware of
 porter
 une couronne de fleurs
 un maillot de bain bathing suit

LA NARRATION DU PASSÉ

8. Plus ça change, plus c'est la même chose

1. Cette scène a-t-elle lieu avant ou après la scène dans l'île? avant ou après la première scène à l'hôpital?
2. Où est l'employé de bureau maintenant?
3. Pourquoi n'est-il plus dans son lit?
4. Où est-il assis?
5. Comment savez-vous qu'il va bientôt quitter l'hôpital?
6. Qui est venu lui rendre visite? Décrivez le visiteur.
7. Qu'est-ce qu'il va demander à André?
8. Qu'est-ce qu'André sera obligé de faire? Pourquoi?
9. Est-ce qu'il a l'air content? Pourquoi?
10. Sur quoi la salle de convalescence donne-t-elle?
11. En quoi cette vue est-elle ironique?
12. Expliquez le proverbe: "Plus ça change, plus c'est la même chose."

Plus ça change, plus c'est la même chose

la salle de convalescence
    une bibliothèque bookcase
        un rayon shelf
    donner sur

André
    avoir l'air mécontent to look unhappy
    devoir *qqch.* **à** *qqn* to owe
    un fauteuil roulant wheelchair
    reprendre son travail to go back to work
        à contre-cœur against his wishes

l'infirmière
    apporter *qqch.* **à** *qqn*
    la note de l'hôpital hospital bill
        coûter à *qqn* **les yeux de la tête** to cost an arm and a leg

le patron boss
    accueillir *qqn*
    demander à *qqn* **de** + *inf.* to ask someone to
    fumer un cigare
    rendre visite à *qqn* to visit a person

Communication

Activités

A. Racontez en forme de récit la première rencontre du couple qui célèbre son cinquantième anniversaire de mariage. Choisissez le point de vue du mari ou de la femme pour faire votre narration. Ajoutez des détails, si vous voulez.

B. Vous et un(e) camarade vous préparez à jouer une scène pareille à celle du dialogue. Suggestions: (1) deux ami(e)s se souviennent d'un voyage qu'ils (elles) ont fait ensemble; (2) un couple marié se souvient du jour où le mari (la femme) a fait la connaissance des parents de la femme (du mari); (3) deux ami(e)s se rappellent un jour où ils (elles) se sont disputé(e)s.

C. Le jeu du récit enchaîné: Divisez-vous en groupes de trois étudiant(e)s. Vous allez inventer une histoire en utilisant les verbes donnés ci-dessous. L'étudiant(e) numéro un commence par faire une phrase avec le premier verbe de sa liste (ex.: *Il était minuit.*); l'étudiant(e) numéro deux fait avancer l'histoire en se servant du premier verbe de sa liste (ex.: *Il faisait très froid.*). Et ainsi de suite. Après le premier tour, il n'est pas nécessaire de suivre l'ordre de la liste, mais il ne faut pas employer un verbe plus d'une fois.

I	II	III
être	faire	avoir
aller	voir	entendre
s'approcher	demander	répondre
quitter	rencontrer	porter
avoir	sembler	commencer
trouver	finir	prendre
partir	être	laisser

D. Faites le même jeu sans choisir les verbes à l'avance; chaque étudiant(e) devra faire avancer l'histoire en employant un verbe de son choix.

E. Narration: C'est le 1er août et le héros du «Paradis perdu» écrit une lettre à son patron pour expliquer son absence. Rédigez *(write)* cette lettre en suivant les indications données ci-dessous:

1. Racontez votre histoire **au passé.**
2. Utilisez les formules de politesse suivantes: *Cher monsieur* au début et *Veuillez croire, cher monsieur, à mes sentiments les plus distingués* à la fin.
3. Employez au moins dix des expressions suivantes:

se passer	savoir
arriver	pouvoir
jouer à	vouloir
se rappeler	penser à
se souvenir de	penser de
venir de	quitter
commencer à	laisser
finir de	s'en aller
commencer par	partir
finir par	sortir

Deuxième Chapitre

POSER DES QUESTIONS

Dialogue

L'Interrogatoire

— Ah, te voilà enfin, ma fille!

— Oui, papa.

— Quelle heure est-il, ma fille?

— Il est trois heures du matin, papa.

— Où es-tu allée ce soir, ma fille?

— Je suis allée au cinéma, papa.

— Avec qui es-tu allée au cinéma, ma fille?

— Avec mon ami Peter, papa.

— Et ce garçon, d'où vient-il, ma fille?

— Il vient des Etats-Unis, papa.

— Comment as-tu fait la connaissance de cet Amerloque°, ma fille?

l'**Amerloque** *(m.,f.)*: *American (pejorative)*

— Il est étudiant comme moi, papa.

— Hmm… Qu'est-ce que vous avez fait au cinéma, vous deux?

— Nous avons regardé le film, papa.

— Combien de fois l'avez-vous vu, ma fille?

— Une seule fois, papa.

— Et après le film, ma fille, qu'est-ce qui s'est passé?

— On a parlé, papa.

— De quoi, ma fille?

— De… choses, papa.

— De choses, ma fille! Que me racontes-tu? Tu es allée au cinéma avec un garçon, tu as vu un film et après tu as parlé de… choses!

— Mais pourquoi te fâches°-tu, papa? Nous nous sommes bien amusés.

se fâcher: *to get angry*

— Et qui t'a donné la permission de parler de choses? Ah, non, ce n'est pas la peine de protester, ma fille. Tu vas monter dans ta chambre, tu vas te coucher et tu ne sortiras pas pendant une semaine. Tu as bien compris, ma fille?

— Oui, papa. *(Le père sort.)* Dieu merci! Dans huit jours j'aurai trente ans et enfin j'aurai la paix°!

la paix: *peace*

Comment poser une question

Si on pose une question, c'est d'ordinaire pour apprendre quelque chose qu'on ne sait pas encore. Pourtant, dans la plupart des cas, la réponse à la question n'est pas entièrement inconnue de la personne qui pose la question. C'est-à-dire que cette personne sait déjà *le type d'information* qu'elle désire obtenir, si c'est une confirmation, une explication ou un renseignement *(piece of information)*; en plus, elle sait si la question doit avoir pour réponse une personne, une chose ou une idée, si la réponse va représenter un choix fait parmi des possibilités déjà indiquées ou s'il va s'agir de *(to be a question of)* quelque chose de neuf. Bref, il est rare (sinon impossible) qu'une question soit vraiment générale; le fait même d'articuler la question implique déjà une limite imposée à la réponse.

C'est pour cette raison que nous allons étudier les expressions interrogatives d'après les différentes sortes de réponses qu'elles suscitent *(provoke)*. On peut les diviser en six catégories: (1) les expressions qui ont *oui* ou *non* pour réponse; (2) celles qui demandent un renseignement temporel ou spatial ou causal; (3) celles qui ont une personne pour réponse; (4) celles qui ont une chose pour réponse; (5) celles qui demandent une définition ou une explication et (6) celles qui posent un choix. Dans le chapitre préliminaire, nous avons déjà étudié les deux premiers groupes de questions. Par conséquent, après quelques exercices sur les expressions interrogatives ayant pour réponse *oui* ou *non* et sur les expressions demandant un renseignement temporel, spatial ou causal, nous allons étudier plus longuement les quatre autres groupes.

Questions auxquelles on peut répondre *oui* ou *non* Questions qui demandent un renseignement

Pour vous rappeler les différentes façons de poser une question à laquelle la réponse est *oui* ou *non* ou une question qui demande un renseignement, reportez-vous au tableau à la page 7 dans le chapitre préliminaire.

A. Formez des questions du type *oui/non* ou utilisez les expressions interrogatives données et posez des questions au sujet du *Paradis perdu*.

A l'hôpital (image 1: p. 43)

▶ André / se casser la jambe *(comment)*
Comment André s'est-il cassé la jambe?
ou: *Comment est-ce qu'André s'est cassé la jambe?*

▶ l'infirmière / porter des lunettes *(oui/non)*
L'infirmière porte-t-elle des lunettes?
ou: *Est-ce que l'infirmière porte des lunettes?*

1. le médecin / consulter la feuille de température *(oui/non)*
2. André / avoir un accident *(oui/non)*

Quelques jour avant... André se lève (image 2)
3. le réveil / sonner *(à quelle heure)*
4. André / se lever tout de suite *(oui/non)*
5. André / être de mauvaise humeur *(pourquoi)*
6. la chambre / avoir / fenêtres *(combien de)*

Les rites du matin (image 3)
7. André / aller *(où)*
8. André / se laver la figure *(oui/non)*
9. André / faire sa toilette *(quand)*
10. André / avoir faim *(oui/non)*

B. Continuez à poser des questions au sujet du *Paradis perdu* en utilisant les expressions interrogatives données.

Une journée comme toutes les autres (image 4)
1. où
2. pourquoi
3. comment

Une décision importante (image 5)
4. oui/non
5. quand
6. combien de

Au Club Méditerranée (image 6)
7. oui/non
8. pourquoi

Une surprise désagréable (image 7)
9. quand
10. oui/non

Plus ça change, plus c'est la même chose (image 8)
11. où
12. comment

Questions qui ont pour réponse une personne

Pour poser des questions qui ont pour réponse une personne, on emploie toujours le pronom interrogatif **qui** ou la longue formule interrogative **qui + est-ce qui** ou **est-ce que.** Le choix de la longue formule dépend des autres éléments de la phrase, c'est-à-dire de la fonction grammaticale de la formule.

1. Questions à propos du sujet du verbe:

Qui + verbe? *ou* **Qui est-ce qui** + verbe?

Qui t'a donné la permission de parler?[1]
Qui est-ce qui parle?
Qui est-ce qui est sorti?

2. Questions à propos du complément d'objet direct du verbe:

Qui + verbe + sujet? *ou* **Qui est-ce que** + sujet + verbe?

---

[1] Les pronoms interrogatifs **qui** et **qui est-ce qui** ont le même sens et la même fonction grammaticale. En général, on emploie **qui est-ce qui** si le groupe verbal est relativement court; on emploie **qui** si le groupe verbal comprend plusieurs mots.

Qui attendez-vous?
Qui Marie a-t-elle vu?

Qui est-ce que vous attendez?
Qui est-ce que Marie a vu?

3. Questions à propos de l'objet d'une préposition:

---

préposition + **qui** + verbe + sujet?[2]

ou

préposition + **qui est-ce que** + sujet + verbe?

Contrairement à l'anglais, s'il y a une préposition, elle est toujours au commencement de la question.

A qui parliez-vous?
Chez qui votre frère est-il allé hier soir?

A qui est-ce que vous parliez?
Chez qui est-ce que votre frère est allé hier soir?

C. Vous n'êtes pas sûr(e) d'avoir bien entendu ce qu'on vous a dit. Posez des questions à votre interlocuteur/interlocutrice en utilisant les expressions interrogatives qui sollicitent les mots en italique.

▶ Mon oncle parle de *Marie*.
  De qui parle ton oncle?

1. *Madeleine* a dit non.
2. Nous attendons *Jean-Claude*.
3. Elle ressemble à *son père*.
4. J'ai envie de faire la connaissance de *Julie*.
5. *Mon professeur de français* parle espagnol.
6. Ils ont rencontré *Suzanne Verdier* en ville.
7. J'ai vu *les Renaud* à l'Opéra.
8. Jean-Luc est allé au cinéma avec *Isabelle*.

D. En utilisant les éléments suivants, construisez des questions qui ont pour réponse *une personne*.

▶ (présent) tu / attendre
  Qui attends-tu?
  ou: *Qui est-ce que tu attends?*

1. (présent) aimer faire la cuisine
2. (passé composé) Jean-Pierre / montrer son passeport / à
3. (présent) ton frère / ressembler / à
4. (imparfait) elles / chercher
5. (futur immédiat) tu / aller au cinéma / avec
6. (passé composé) les autres / voir
7. (imparfait) votre oncle / parler / de
8. (passé composé) écrire cette lettre

E. En variant les formes de questions, demandez à un(e) de vos camarades:

▶ qui il/elle cherche
  Qui cherches-tu?
  ou: *Qui est-ce que tu cherches?*

1. chez qui il/elle va passer la soirée
2. qui va poser la prochaine question
3. qui il/elle a vu ce matin
4. pour qui il/elle a du respect
5. qui a jeté les papiers par terre
6. à qui il/elle ressemble le plus dans sa famille
7. de qui il/elle aime parler avec ses ami(e)s
8. qui il/elle admire
9. avec qui il/elle fait ses devoirs

---

[2] Après une préposition, le nom sujet peut suivre le verbe si le verbe n'a pas de complément autre que le pronom interrogatif lui-même: *A qui parle* **ton cousin?** Dans la conversation courante, un nom sujet peut suivre la question: *Avec qui est-il allé au cinéma,* **ton frère?**

Questions qui ont pour réponse une chose

Pour poser des questions qui ont pour réponse une chose, on emploie les pronoms interrogatifs **que** ou **quoi** (**quoi** est précédé d'une préposition). On peut aussi employer les longues formules interrogatives **qu'est-ce qui**, **qu'est-ce que** ou une préposition suivie de **quoi est-ce que**. Le choix de la longue formule dépend des autres éléments de la phrase, c'est-à-dire de la fonction grammaticale de la formule.

1. Questions à propos du sujet du verbe:

Qu'est-ce qui + verbe?

   Qu'est-ce qui se passe?
   Qu'est-ce qui vous intéresse?

2. Questions à propos du complément d'objet direct du verbe:

Que + verbe + sujet? *ou* **Qu'est-ce que** + sujet + verbe?

   Que voulez-vous?
   Que font les enfants, cet après-midi?

   Qu'est-ce que vous voulez?
   Qu'est-ce que les garçons ont fait hier?[3]

3. Questions à propos de l'objet d'une préposition:

---
préposition + **quoi** + verbe + sujet?

                          ou

préposition + **quoi est-ce que** + sujet + verbe

   Contrairement à l'anglais, s'il y a une préposition, il faut qu'elle soit au début de la phrase.

   A quoi pensez-vous?
   De quoi ton frère a-t-il besoin pour son voyage?

   A quoi est-ce que vous pensez?
   De quoi est-ce que ton frère a besoin pour son voyage?

---

[3] Si le groupe verbal est simple, on emploie **que**. Mais en général, si le groupe verbal comprend plusieurs mots et surtout si le sujet est un nom, on préfère utiliser **qu'est-ce que**.

F. Vous n'êtes pas sûr(e) d'avoir bien entendu ce qu'on vous a dit. Posez des questions à votre interlocuteur/interlocutrice, en utilisant les expressions interrogatives qui sollicitent les mots en italique.

▶ Mon oncle parle *de son travail*.
De quoi parle ton oncle?

1. Elle cherche *une pharmacie*.
2. Je pense à *mon examen*.
3. Mon oncle et ma tante vont préparer *un gigot d'agneau*.
4. Nous avons besoin d'*une nouvelle voiture*.
5. *La cafetière* est tombée.
6. Il va s'occuper du *dessert*.
7. Elles ont perdu *leurs billets*.
8. *C'est un train qui* fait ce bruit.

G. En utilisant les éléments suivants, construisez des questions qui ont pour réponse *une chose*.

▶ *(présent)* Marie / chercher
Qu'est-ce que Marie cherche?
ou: *Que cherche Marie?*

1. *(présent)* se passer

2. *(imparfait)* tu / regarder
3. *(présent)* Hervé / boire son café le matin
4. *(passé composé)* vous / oublier
5. *(présent)* on / mettre de la confiture
6. *(passé composé)* le cuisinier / faire chauffer
7. *(imparfait)* polluer l'air
8. *(présent)* elle / écrire / avec
9. *(passé composé)* ton père / faire

H. Demandez à un(e) autre étudiant(e):

▶ ce qu'il/elle cherche
Que cherches-tu?
ou: *Qu'est-ce que tu cherches?*

1. avec quoi on fait une omelette
2. ce qu'il/elle aime faire le dimanche matin
3. ce qu'il/elle a jeté par terre ce matin
4. sur quoi il/elle travaille le plus
5. ce qui s'est passé hier
6. à quoi il/elle pense souvent
7. à propos de quoi il/elle aime discuter
8. ce qu'il/elle fait le dimanche
9. ce qu'il/elle a acheté récemment

SPECIAL PROBLEM

1. In conversational English, prepositions are allowed to "dangle" at the end of questions:

   Who(m) are you talking *to*?
   What did she fix the radio *with*?

   Formal English requires that the prepositions begin the question:

   To whom are you talking?
   With what did she fix the radio?

   French usage follows formal English word order: i.e., the preposition precedes the question word (even in informal usage).

   A qui parlais-tu? **A qui est-ce que** tu parlais? Tu parlais **à qui**?
   Avec quoi a-t-elle réparé la radio? **Avec quoi est-ce qu'**elle a réparé la radio? Elle a réparé la radio **avec quoi**?

2. In some cases, a French verb requires a preposition, whereas the English equivalent does not. Note, for example, the following French constructions and their English equivalents:

ressembler à: to resemble   **avoir besoin de:** to need
obéir à: to obey   **se servir de:** to use
jouer à: to play (a game)   **se souvenir de:** to remember

The interrogative forms used with these verbs are therefore **à qui/à quoi** or
de qui/de quoi.

3. In other cases, a French verb does not require a preposition, whereas the
English equivalent does. Note the following constructions:

demander: to ask for   **regarder:** to look at
chercher: to look for   **écouter:** to listen to

The interrogative forms used with these verbs are therefore **que, qu'est-ce
que, qui** and **qui est-ce que.**

I. En utilisant les mots donnés, posez des questions
qui ont pour réponse *une personne.*

1. tu / chercher
2. ton frère / ressembler
3. elle / regarder
4. ils / écouter
5. il faut / obéir

En utilisant les mots donnés, posez des questions qui
ont pour réponse *une chose.*

6. tu / regarder
7. ils / se servir
8. vous / avoir besoin
9. elle / jouer
10. elles / se souvenir

SUMMARY

Role of interrogative expression in sentence	Type of answer: person short form long form	Type of answer: thing short form long form
Subject	qui + v qui est-ce qui + v	— qu'est-ce qui + v
Object	qui + v + s qui est-ce que + s + v	que + v + s qu'est-ce que + s + v
Object of preposition	à, de, devant, avec, chez, derrière, etc. qui + v + s qui est-ce que + s + v	à, de, sur, avec, dans, près de, etc. quoi + v + s quoi est-ce que + s + v

Questions qui demandent une définition ou une explication

1. Si vous cherchez la définition d'un mot, utilisez **que veut dire** ou **que signifie**:

   Que veut dire le mot *paresseux*?   **Que signifie** le mot *paresseux*?
   Que veut dire *trinquer?*   **Que signifie** *trinquer?*

2. Si vous cherchez l'explication d'une chose, utilisez **qu'est-ce que c'est que**[4]:

   Qu'est-ce que c'est qu'une épée?
   Qu'est-ce que c'est que l'Arc de Triomphe?

J. Choisissez l'expression interrogative *que veut dire/que signifie* ou *qu'est-ce que c'est que* qui convient et posez des questions à partir des mots suivants:

1. superstitieux
2. le socialisme
3. l'urbanisation
4. en avoir marre
5. un ordinateur
6. des palmes
7. bâiller
8. rater
9. une poêle
10. à contre-cœur

Questions qui posent un choix

Lorsqu'on utilise les expressions interrogatives **quel** et **lequel,** on sait déjà quelle est la personne ou la chose dont on parle; il s'agit de *préciser* la qualité, la nature ou l'identité de cette chose. Par exemple, dans la question *Quel livre cherchez-vous?*, on sait qu'on parle d'un *livre,* mais il faut préciser si c'est *ce livre-ci* ou *le livre de Paul* ou *le livre qui était sur la table,* etc. Ces expressions ont des formes variables.

1. Si la personne ou la chose est mentionnée dans la même phrase, utilisez la forme convenable de **quel**:

   Quel âge avez-vous?
   Quelle heure est-il?
   Quels sont vos **livres** préférés?
   Quelles sont les plus grandes **villes** de France?

   Quel s'accorde avec le nom qu'il accompagne: c'est un adjectif interrogatif.

2. Si la personne ou la chose est *mentionnée dans la phrase précédente* ou si elle est *séparée* de l'expression interrogative *par une préposition,* utilisez la forme convenable de **lequel**:

---

[4] Il existe dans la langue écrite une forme courte de cette expression, **qu'est-ce que**: *Qu'est-ce qu'une poulie?* Par contre, dans la conversation on emploie parfois la forme longue sans **que**: *Qu'est-ce que c'est, la toxicomanie?*

Voici deux **stylos. Lequel** préférez-vous?
Laquelle de ces **robes** veux-tu porter?
Aimez-vous ces **chiens? Lesquels?**
Lesquelles de mes **réponses** sont bonnes?

Lequel s'accorde avec le nom qu'il remplace: c'est un pronom interrogatif.

3. Après **à** et **de,** certaines formes de **lequel** changent:

à + lequel = **auquel**	de + lequel = **duquel**
à + lesquels = **auxquels**	de + lesquels = **desquels**
à + lesquelles = **auxquelles**	de + lesquelles = **desquelles**
Mais:	
à + laquelle = **à laquelle**	de + laquelle = **de laquelle**

Voici quelques idées intéressantes. **Auxquelles** avez-vous pensé?
Duquel de mes frères as-tu fait la connaissance?

K. Posez des questions à partir des éléments suivants. Faites attention à la forme.

Présent

▶ quel / être / la question
Quelle est la question?

1. quel / ligne aérienne / vous / préférer
2. lequel / de ces pantalons / tu / aller essayer
3. quel / être / votre chambre
4. lequel / de ces cannes à pêche / être / en solde
5. quel / être / votre métier

Passé composé

6. lequel / de ces casseroles / vous / utiliser
7. quel / tiroirs / l'avocate / mettre / les dossiers / dans
8. quel / pont / la péniche / passer / sous
9. quel / raisons / tu / quitter / ton travail /pour
10. quel / réponse / il / donner / à votre question

L. Remplacez le tiret par la forme convenable de *lequel*.

▶ Tu veux fumer une de ses pipes? _____?
Laquelle?

1. Tu as besoin de trois livres? _____?
2. Deux de ces placards sont vides. _____?
3. Une des caissières est très gentille. _____?
4. Ils pensent à un de vos frères. _____?
5. Vos amis vont venir aussi? _____?
6. Tu veux te servir d'un de mes outils? _____?
7. Il ressemble à une de tes sœurs? _____?
8. Vous avez visité plusieurs pays? _____?

M. Posez des questions à un(e) camarade à propos des choses suivantes.

▶ la capitale de la France
Quelle est la capitale de la France?

1. le sport qu'il/elle préfère
2. l'heure de son lever ce matin
3. son adresse
4. le journal qu'il/elle lit
5. le prénom de son père
6. le nom de famille de sa mère
7. son numéro de téléphone

N. Employez les verbes *vouloir, préférer* ou *aimer* et demandez à un(e) camarade:

1. de choisir entre deux maillots de bain
2. de choisir entre deux chansons
3. de choisir deux ou trois pyjamas
4. de choisir deux ou trois photos

English speakers tend to confuse **quel (+ être)**, **qu'est-ce que c'est que**, and **qu'est-ce qui (+ être)** because they all are the equivalent of "what is?" Remember that if you know *what kind of person or thing* the answer involves (i.e., you are only trying to discover more specific information about the person or thing mentioned), you must use **quel(le)(s)** before **être**. If all you know about the answer is that *it is a thing*, then use **qu'est-ce qui**. **Qu'est-ce que c'est que** is used when you are seeking an *explanation*:

Quelle est la date aujourd'hui? *(The answer is necessarily a date of some kind.)*

Qu'est-ce qui est sur la table? *(The answer could be anything—a book, a flower, pencils, etc.)*

Qu'est-ce que c'est qu'un brouhaha? *(The answer calls for an explanation—what a brouhaha is, when and where it might occur, etc.)*

O. Remplacez le tiret par *qu'est-ce qui, qu'est-ce que c'est que* ou la forme convenable de *quel*:

1. _____ est votre nom?
2. _____ est arrivé?
3. _____ un fumiste?
4. _____ la douleur?
5. _____ est derrière la maison?
6. _____ un stupéfiant?
7. _____ est la capitale de la France?
8. _____ sont tes disques préférés?
9. _____ un égout?
10. _____ étaient les causes principales de la Révolution française?
11. _____ vous fait peur?
12. _____ est le titre de ce livre?

Exercices de révision

P. Remplacez les mots en italique par l'expression interrogative entre parenthèses pour former la question qui aurait pu provoquer une telle réponse.

▶ Je cherche *Marie*. *(qui)*
Qui cherchez-vous?
ou: *Qui est-ce que vous cherchez?*

1. Je pense *à ma fille*. *(à qui)*
2. Ils ont vu *une péniche*. *(qu'est-ce que)*
3. Marie est partie *parce qu'elle était déprimée*. *(pourquoi)*
4. J'habite *au 20 rue Daru*. *(quelle/adresse)*
5. *Un vase* est tombé. *(qu'est-ce qui)*
6. Nous cherchons *un restaurant*. *(que)*
7. Mon frère a peur *des requins*. *(de quoi)*
8. *Camus* a écrit ce roman. *(qui)*
9. *Marseille* est le plus grand port de France. *(quel)*
10. Sa mère habite *à Bordeaux*. *(où)*

Q. Trouvez des questions qui sollicitent les renseignements donnés.

1. Posez des questions à votre mère qui vient de rentrer.

Elle est allée en ville faire des courses. Elle a quitté la maison vers 10h. Elle a pris l'autobus. Elle est allée à la boucherie, à la boulangerie et à la poste. Elle a envoyé une lettre à sa sœur qui habite à Bordeaux et elle a téléphoné à sa sœur qui habite à Lyon. Elle a acheté un rôti de porc, deux baguettes et des croissants. Elle a rencontré deux amies en ville et elles ont déjeuné ensemble. Elle a dépensé plus de 100 francs.

▶ *Où est-ce que tu es allée? A quelle heure est-ce que tu as quitté la maison? etc.*

2. Posez des questions à vos parents qui font des projets de voyage.

Ils vont faire un voyage en Amérique du Sud l'année prochaine. Ils partiront début février. Ils prendront l'avion. Ils visiteront le Vénézuela, le Brésil et l'Argentine. Ils espèrent passer huit jours au Brésil, parce qu'ils voudraient voir la fête du Mardi Gras. Ils demanderont à leurs amis de s'occuper de la maison pendant leur absence.

3. Posez des questions à un professeur.

Elle est française. Elle a fait ses études à l'université de Lille. Elle est venue aux Etats-Unis en 1975. Elle travaille sur un livre. Son livre traite des rapports entre la littérature française et la littérature américaine. Elle s'intéresse particulièrement aux auteurs américains, Faulkner et Hemingway. Elle ne sait pas encore qui publiera son livre. Quand elle n'est pas en train d'écrire, elle aime jouer au tennis.

R. Un(e) étudiant(e) joue le rôle d'André dans le *Paradis perdu*. Interrogez-le (la) au sujet de ses aventures. Il/elle répondra à vos questions.
Utilisez au moins une fois chacune des expressions interrogatives suivantes.

qui	quel
qui est-ce qui	lequel
que	qu'est-ce que c'est que
qu'est-ce qui	où
quoi	pourquoi
prép. + qui	comment

Expressions idiomatiques

Gaspar indique à son ami où il peut
s'asseoir. Sa femme **est** déjà **assise.**

1. **s'asseoir:** to sit down *(action)*
   être assis: to be sitting down *(description)*

Asseyez-vous. ⎫
Elle **s'est assise.** ⎬ *action*

Elle **est assise.** ⎫
Nous **étions assis.** ⎬ *description*

Dans l'expression **être assis,** le mot **assis** est
utilisé comme adjectif; il s'accorde avec le *sujet*
du verbe. Avec le verbe pronominal **s'asseoir,** le
participe passé s'accorde avec le sujet. (Voir
l'Appendice pour la conjugaison de **s'asseoir.**)

Exercices

A. Remplacez le tiret par la forme indiquée de
l'expression convenable *(s'asseoir* ou *être assis).*

1. Où sont Marie et Hélène? Elles _____
   derrière M. Dufour. *(présent)*
2. _____ -nous! *(impératif)*
3. Quand on a tiré le coup de feu, étais-tu debout, Marie? Non, _____. *(imparfait)*
4. Elle m'a dit de _____. *(infinitif)*
5. Mes parents sont entrés et puis _____.
   (passé composé)

B. Répondez aux questions en utilisant une
forme convenable de *s'asseoir* ou *d'être assis.*

1. Où étiez-vous quand le professeur a commencé à parler?
2. Qu'est-ce que vous avez fait quand le président vous a dit de vous asseoir?
3. Qu'est-ce que vous faites quand vous êtes
   fatigué(e)?
4. Etes-vous debout quand vous mangez?

Il ne veut pas essayer de sauter la barre, ni
moi **non plus.**

2. *sujet* + *verbe* + **aussi** ⎫
   nom ou pronom + **aussi** ⎬ also, too

   sujet + **ne** + *verbe* + ⎫
   pas + **non plus** ⎪ neither
   nom ou pronom + **non** ⎬ not either +
   plus ⎭ negative verb

Paul va à Aix; j'y vais **aussi.**
Moi aussi, j'adore la mousse au chocolat.
Elle ne parle pas anglais; je ne le parle pas **non
plus.**
Toi non plus, tu ne sais pas chanter.

Non plus est la forme *négative* de **aussi.**

Exercices

C. Remplacez le tiret par l'expression (*aussi* ou *non plus*) qui convient.

Nous allons regarder la télévision _____.
Il n'est jamais malade et moi _____.
Lui _____, il ne veut pas regarder la télévision.
Tu as perdu ta montre? Elle _____.
Tu ne veux pas le faire? Ni Jacques ni sa sœur
_____.

D. Réagissez aux situations suivantes en indiquant que vous êtes pareil(le).

1. Gilles adore la glace.
2. Marguerite n'aime pas attendre.
3. Eric n'est pas très fort en mathématiques.
4. Pascale travaille très dur.
5. Xavier ne veut rien acheter.

Il **se charge des** valises de la dame pendant qu'elle **s'occupe de** ses chiens.

3. prendre soin de: to take care of, to care for
   s'occuper de: to take care of, to look after
   se charger de: to take care of, to take responsibility for

Elle **prend soin** des enfants.
Il **s'occupait du** ménage.
Ils **se chargeront de** notre éducation.

Ces expressions s'emploient avec le pronom **en** quand on parle de *choses* et avec un pronom accentué (**moi, toi,** etc.) quand on parle de *personnes.*
Ces expressions sont interchangeables.
Toutefois, elles ont des connotations légèrement différentes. **Prendre soin:** *to care for someone's comfort or well-being;* **se charger:** *to take on an obligation or load;* **s'occuper:** *to be busy with.*

Exercices

E. Répondez aux questions suivantes d'après le modèle.

▶ Prends-tu soin de ta santé? (*oui*)
  Oui, j'en prends soin.

1. Qui va s'occuper de nos affaires? (*mon père*)
2. Qui s'est chargé des valises? (*moi, je*)
3. Prenais-tu soin de ton petit frère? (*oui*)
4. Vous êtes-vous occupé des malades? (*oui*)
5. Qui s'est chargé des enfants après la mort de leur père? (*nous*)

F. Répondez aux questions suivantes selon votre propre expérience:

1. Qui s'occupe du ménage chez vous?
2. Qui se charge de votre éducation?
3. Qui s'occupait de vous quand vous étiez petit(e)?
4. Qui prenait soin de vous quand vous étiez malade?

Il **se met en colère** contre elle.

4. se mettre en colère
   (*contre + qqn*):
   se fâcher (*contre + qqn*): } to get angry (*at somebody*)
   être en colère (*contre + qqn*): } to be angry
   être fâché (*contre + qqn*): } (*at somebody*)
   être fâché avec: to be on bad terms with
   somebody

Nous allons **nous mettre en colère.**
Elle **s'est fâchée** contre eux.

Je **suis en colère** contre lui.
Ils **seront** bien **fâchés.**

Il **est fâché avec** sa famille.

Après ces expressions, utilisez les pronoms accentués (**moi, toi,** etc.)

Exercices

G. Remplacez le tiret par la forme indiquée de *se mettre en colère* ou d'*être en colère*; ensuite refaites l'exercice en utilisant *se fâcher* ou *être fâché.*

1. Est-ce que les garçons _____ facilement? (*présent*)
2. Elles _____ contre nous. (*imparfait*)
3. Je vais _____ dans un instant. (*infinitif*)
4. Pourquoi est-ce que tu _____ contre moi? (*passé composé*)

H. Répondez aux questions selon votre situation personnelle:

1. Est-ce que vous vous fâchez facilement?
2. Etes-vous fâché(e) avec quelqu'un en ce moment?
3. Dans quelles circonstances vous êtes-vous mis(e) en colère récemment?
4. Pourquoi votre mère était-elle en colère l'autre jour?

A **cette époque**-là il perdait sa montre **une fois** par semaine; d'**un moment** à l'autre, il ne savait plus **l'heure.**

5. le temps: time, as duration; weather
   l'heure (*f.*): time, as on clock
   la fois: time, as occasion
   le moment: time, as moment
   l'époque (*f.*): time, as period

Le temps passe vite.
Je n'ai pas **le temps** de vous aider.
Quel **temps** fait-il aujourd'hui? Il fait très chaud.

Quelle **heure** est-il? Il est six **heures** et demie.
Pour les Anglais tout s'arrête à **l'heure** du thé.

Ils sont allés au cinéma trois **fois** la semaine
  dernière.
Est-ce **la** première **fois** que vous êtes en France?

A **ce moment**-là il était déjà de retour chez lui.
Nous avons passé **un** mauvais **moment**
  ensemble.

A **cette époque**-là nous habitions au Sénégal.
A **l'époque** des Romains, Paris s'appelait
  Lutèce.

Exercice

I. Remplacez le tiret par le mot qui convient
(*temps, heure, fois, moment, époque*).

1. Avant l'_____ de la Révolution française, la
   monarchie était un système gouvernemental
   stable en France.

2. La dernière _____ que je les ai vus, ils étaient
   sur le point de partir pour l'Amérique du
   Sud.
3. On peut faire Nantes-Paris en trois _____ si
   on prend un train rapide.
4. Au _____ de l'accident, il ne regardait pas
   la route.
5. Aurez-vous le _____ d'y aller?
6. Ma montre n'est jamais à l'_____.
7. Qu'est-ce que vous faites pour passer le
   _____?
8. Les gens de notre _____ ne semblent accorder beaucoup d'importance ni à l'histoire ni
   aux traditions.
9. A quel _____ vont-ils annoncer leur décision—avant ou après la réception?
10. Cette _____-ci, c'est toi qui vas jouer la pre-
    mière carte.

Il s'agit de faire pousser des fleurs dans le
désert.

6. il s'agit de + *nom ou infinitif:* it's a question
  of; it deals with, it's a matter of

Il s'agira de trois ou quatre heures de travail
  par jour.

Il s'agit de penser avant de répondre.
De quoi s'agit-il dans ce livre? **Il s'agit d'**une
  histoire d'amour entre une journaliste et un
  officier de marine.

Le sujet grammatical de **s'agir** est toujours **il**
(*it*).

Exercice

J. Donnez l'équivalent français des phrases
suivantes.

1. What is this film about?
2. *Casablanca* is about a man and a woman who
   meet again (*se retrouver*) in North Africa.
3. *War and Peace* deals with Napoleon's war
   against Russia.
4. It's a matter of writing two or three letters.

Gaspar n'**a tué** qu'un insecte. Celui qui
attaque n'**a** pas encore **été tué.**

7. tuer: to kill
   être tué: to be killed

Des assassins **ont tué** le président.
La femme du président **a été tuée** par un
  ennemi de son mari.

Dans l'expression *être tué*, le mot *tué* est un
adjectif; il faut *l'accorder avec le sujet* de la
phrase.

Exercices

K. Remplacez le tiret par la forme indiquée de
l'expression convenable *(tuer* ou *être tué):*

1. Je _____ mes ennemis. *(futur)*
2. Qui _____ le pasteur Martin Luther King?
   (passé composé)
3. Ma sœur _____ dans un accident de voiture.
   (passé composé)
4. De nombreux résistants _____ pendant la
   Deuxième Guerre mondiale. *(passé composé)*

L. Ecrivez deux phrases—l'une qui utilise le
verbe *tuer,* l'autre, l'expression *être tué*—pour
chacune des situations suivantes.

1. John Wilkes Booth / Abraham Lincoln
2. les frères Kennedy / des assassins
3. Marat / Charlotte Corday

L'enfer

Un salon style Second Empire. Trois personnages après leur mort se trouvent réunis: Estelle qui, de son vivant, a tué sa fille illégitime et a causé la mort de son amant; Garcin qui a maltraité sa femme et a été fusillé comme déserteur; et Inès qui est responsable du meurtre de son cousin et du suicide de la femme qu'elle aimait. Au début de la pièce, les trois personnages se présentent l'un à l'autre sous de fausses couleurs et refusent de se dire la vérité. Mais peu à peu ils sont amenés à avouer leurs crimes et à regarder leur situation en face: ils sont condamnés à rester éternellement ensemble, à se torturer mutuellement. Voilà l'enfer, tel que l'imagine Jean-Paul Sartre (1905–1981) dans sa pièce, *Huis Clos*. Dans l'extrait de la scène que vous allez lire, Estelle, qui en arrivant a eu peur pendant un court moment que Garcin ne soit son amant, fait connaissance avec les deux autres habitants de cet enfer existentialiste.

Estelle *les regarde tous deux avec stupeur:* Mais pourquoi, *pourquoi* nous a-t-on réunis°?

Inès, *avec un éclat étouffé°:* Qu'est-ce que vous dites?

Estelle: Je vous regarde tous deux et je pense que nous allons demeurer
5   ensemble... Je m'attendais à retrouver des amis, de la famille.

Inès: Un excellent ami avec un trou° au millieu de la figure°.

Estelle: Celui-là aussi. Il dansait le tango comme un professionnel. Mais nous, *nous*, pourquoi nous a-t-on réunis?

Garcin: Eh bien, c'est le hasard. Ils casent° les gens où ils peuvent, dans
10   l'ordre de leur arrivée. (*A Inès.*) Pourquoi riez-vous?

Inès: Parce que vous m'amusez avec votre hasard. Avez-vous tellement besoin de vous rassurer? Ils ne laissent rien au hasard.

Estelle, *timidement:* Mais nous nous sommes peut-être rencontrés autrefois?

15 **Inès:** Jamais. Je ne vous aurais pas oubliée.

Estelle: Ou alors, c'est que nous avons des relations communes? Vous ne connaissez pas les Dubois-Seymour?

Inès: Ça m'étonnerait.

Estelle: Ils reçoivent le monde entier.

20 **Inès:** Qu'est-ce qu'ils font?

Estelle, *surprise:* Ils ne font rien. Ils ont un château en Corrèze° et...

Inès: Moi, j'étais employée des Postes.

Estelle, *avec un petit recul°:* Ah? alors en effet?... (*Un temps.*) Et vous, monsieur Garcin?

25 **Garcin:** Je n'ai jamais quitté Rio.

Estelle: En ce cas vous avez parfaitement raison : c'est le hasard qui nous a réunis.

Inès: Le hasard. Alors ces meubles sont là par hasard. C'est par hasard si le canapé° de droite est vert épinard et si le canapé de gauche est
30   bordeaux. Un hasard, n'est-ce pas? Eh bien, essayez donc de les changer

réunir: *to bring together*
avec...étouffé: *stifling a burst of laughter*

le trou: *hole*
la figure: *face*

caser: *to find accommodations for*

la Corrèze: region in western part of the Massif Central
le recul: *stand back*

le canapé: *couch*

de place et vous m'en direz des nouvelles°. Et le bronze°, c'est un hasard aussi? Et cette chaleur? Et cette chaleur? *(Un silence.)* Je vous dis qu'ils ont tout réglé°. Jusque dans les moindres détails, avec amour. Cette chambre nous attendait.

35 **Estelle:** Mais comment voulez-vous? Tout est si laid, si dur, si anguleux. Je détestais les angles.

Inès: *haussant les épaules:* Croyez-vous que je vivais dans un salon Second Empire?

Un temps.

40 **Estelle:** Alors tout est prévu°?

Inès: Tout. Et nous sommes assortis°.

Estelle: Ce n'est pas par hasard que *vous*, vous êtes en face de *moi?* *(Un temps.)* Qu'est-ce qu'ils attendent?

Inès: Je ne sais pas. Mais ils attendent.

45 **Estelle:** Je ne peux pas supporter qu'on attende quelque chose de moi. Ça me donne tout de suite envie de faire le contraire.

Inès: Eh bien, faites-le! Faites-le donc! Vous ne savez même pas ce qu'ils veulent.

Estelle, *frappant du pied:* C'est insupportable. Et quelque chose doit m'ar-
50 river par vous deux? *(Elle les regarde.)* Par vous deux. Il y avait des visages qui me parlaient tout de suite. Et les vôtres ne me disent rien.

Garcin, *brusquement à Inès:* Allons, pourquoi sommes-nous ensemble? Vous en avez trop dit : allez jusqu'au bout°.

Inès, *étonnée:* Mais je n'en sais absolument rien.

55 **Garcin:** Il *faut* le savoir.

Il réfléchit un moment.

Inès: Si seulement chacun de nous avait le courage de dire…

Garcin: Quoi?

Inès: Estelle!

60 **Estelle:** Plaît-il°?

Inès: Qu'avez-vous fait? Pourquoi vous ont-ils envoyée ici?

Estelle, *vivement:* Mais je ne sais pas, je ne sais pas du tout! Je me demande même si ce n'est pas une erreur. *(A Inès.)* Ne souriez pas. Pensez à la quantité de gens qui… qui s'absentent chaque jour. Ils viennent ici par
65 milliers et n'ont affaire qu'à des subalternes°, qu'à des employés sans instruction. Comment voulez-vous qu'il n'y ait pas d'erreur. Mais ne souriez pas. *(A Garcin.)* Et vous, dites quelque chose. S'ils se sont trompés dans mon cas, ils ont pu se tromper dans le vôtre. *(A Inès.)* Et dans le vôtre aussi. Est-ce qu'il ne vaut pas mieux croire que nous
70 sommes là par erreur?

Inès: C'est tout ce que vous avez à nous dire?

Estelle: Que voulez-vous savoir de plus? Je n'ai rien à cacher. J'étais orpheline° et pauvre, j'élevais mon frère cadet°. Un vieil ami de mon père m'a demandé ma main. Il était riche, et bon, j'ai accepté. Qu'auriez-
75 vous fait à ma place? Mon frère était malade et sa santé réclamait° les plus grands soins°. J'ai vécu six ans avec mon mari sans un nuage. Il y a deux ans, j'ai rencontré celui que je devais aimer. Nous nous sommes reconnus tout de suite, il voulait que je parte avec lui et j'ai refusé.

vous…nouvelles: *you'll be surprised*

le bronze: *statue (of bronze)*

régler: *to arrange*

prévu: *provided for in advance*

assortis: *matched up*

le bout: *end*

Plaît-il?: *I beg your pardon?*

les subalternes (m): *subordinates*

l'orpheline (f): *orphan*
cadet: *younger*
réclamer: *to clamour for, require*
les soins (m): *care*

POSER DES QUESTIONS

Après cela, j'ai eu ma pneumonie. C'est tout. Peut-être qu'on pourrait,
80 au nom de certains principes, me reprocher d'avoir sacrifié ma jeunesse
à un vieillard. *(A Garcin.)* Croyez-vous que ce soit une faute?

Garcin: Certainement non. *(Un temps.)* Et, vous, trouvez-vous que ce soit
une faute de vivre selon ses principes?

Estelle: Qui est-ce qui pourrait vous le reprocher?

85 **Garcin:** Je dirigeais un journal pacifiste. La guerre éclate°. Que faire? Ils
avaient tous les yeux fixés sur moi. «Osera°-t-il?» Eh bien, j'ai osé. Je
me suis croisé les bras et ils m'ont fusillé°. Où est la faute? Où est la
faute?

Estelle *lui pose la main sur le bras:* Il n'y a pas de faute. Vous êtes…

90 **Inès** *achève° ironiquement:* Un Héros. Et votre femme, Garcin?

Garcin: Eh bien, quoi? Je l'ai tirée du ruisseau°.

Estelle, *à Inès:* Vous voyez! vous voyez!

Inès: Je vois. *(Un temps.)* Pour qui jouez-vous la comédie? Nous sommes
entre nous.

95 **Estelle,** *avec insolence:* Entre nous?

Inès: Entre assassins. Nous sommes en enfer°, ma petite, il n'y a jamais
d'erreur et on ne damne jamais les gens pour rien.

Estelle: Taisez-vous.

éclater: *to break out*
oser: *to dare*
fusiller: *to execute (with a firing squad)*

achever: *to complete*
tirer du ruisseau: *to pull out of the gutter (lit.: stream)*

l'enfer *(m): hell*

Inès: En enfer! Damnés! Damnés!

100 **Estelle:** Taisez-vous. Voulez-vous vous taire? Je vous défends d'employer des mots grossiers.

Inès: Damnée, la petite sainte. Damné, le héros sans reproche. Nous avons eu notre heure de plaisir, n'est-ce pas? Il y a des gens qui ont souffert pour nous jusqu'à la mort et cela nous amusait beaucoup. A
105 présent, il faut payer.

Garcin, *la main levée:* Est-ce que vous vous tairez?

Inès, *le regarde sans peur, mais avec une immense surprise:* Ha! *(Un temps.)* Attendez! J'ai compris, je sais pourquoi ils nous ont mis ensemble!

Garcin: Prenez garde à ce que vous allez dire.

110 **Inès:** Vous allez voir comme c'est bête. Bête comme chou°! Il n'y a pas de torture physique, n'est-ce pas? Et cependant, nous sommes en enfer. Et personne ne doit venir. Personne. Nous resterons jusqu'au bout seuls ensemble. C'est bien ça? En somme, il y a quelqu'un qui manque ici : c'est le bourreau°.

bête comme chou: *it's simplicity itself*

115 **Garcin,** *à mi-voix:* Je le sais bien.

Inès: Eh bien, ils ont réalisé une économie de personnel. Voilà tout. Ce sont les clients qui font le service eux-mêmes, comme dans les restaurants coopératifs.

le bourreau: *executioner, torturer*

Estelle: Qu'est-ce que vous voulez dire?

120 **Inès:** Le bourreau, c'est chacun de nous pour les deux autres.

Jean-Paul Sartre, *Huis Clos* © Editions Gallimard

Compréhension

A. Répondez aux questions suivantes qui portent sur l'ensemble du passage.

1. Que veut savoir Estelle?
2. Quelle explication Garcin propose-t-il?
3. Comment Estelle explique-t-elle le fait qu'ils sont ensemble?
4. En quoi Inès est-elle différente des deux autres?
5. Quel rôle chacun jouera-t-il pour les deux autres?

B. Relisez le passage et trouvez dans le texte:

1. quatre exemples de questions à réponses *oui* ou *non*
2. trois questions qui demandent un renseignement
3. deux questions qui ont pour réponse une chose

4. une question qui a pour réponse une personne

Il arrive que des mots que vous employez souvent aient un sens particulier dans un contexte particulier. Dans chaque phrase, donnez le sens exact des mots en italique.

5. «Ils *reçoivent* le monde entier.» (l. 19)
6. «Je ne peux pas supporter qu'on *attende* quelque chose de moi.» (l. 45)
7. «Et quelque chose doit m'*arriver* par vous deux?» (ll. 49–50)
8. «Et les vôtres ne me *disent* rien.» (l. 51)
9. «*Voulez*-vous vous taire?» (l. 99)

C. Relisez le passage, puis répondez aux questions suivantes.

1. Pourquoi Estelle est-elle surprise de se trouver avec Inès et Garcin? Qui est l'«ami avec un trou au milieu de la figure» (l. 6) dont parle

Inès? Qu'est-ce que Garcin veut dire quand il parle du «hasard» (l. 9)? Quelles autres explications Estelle propose-t-elle? Pour quelles raisons Inès n'accepte-t-elle pas l'idée du hasard?

2. Quand Estelle dit «ils» (l. 43), de qui parle-t-elle? Pourquoi n'est-elle pas à l'aise? Pourquoi n'aime-t-elle pas être avec Inès et Garcin? Qu'est-ce que Garcin veut savoir?

3. Qu'est-ce qu'Inès propose? Quelle est la réaction d'Estelle? Dites ce que nous apprenons sur son enfance, son mariage, sa vie sentimentale et sa mort.

4. Dites ce que nous apprenons sur la vie de Garcin.

5. Pourquoi Inès ne croit-elle pas leurs histoires? Comment se moque-t-elle d'Estelle? de Garcin? Quelle explication propose-t-elle?

6. Qu'est-ce qu'Inès finit par comprendre? Où sont-ils? Pourquoi sont-ils réunis? Expliquez son interprétation de la situation.

Discussion

A. Sartre, existentialiste athée, ne croit ni en Dieu ni à l'enfer tel qu'il est représenté dans la religion chrétienne. Pourquoi situe-t-il sa pièce en enfer? Quelle est la signification de cette image? Quel effet la présence de chaque personnage a-t-elle sur les deux autres? Pourquoi Sartre a-t-il mis *trois* personnes ensemble?

B. Sujet d'exposé ou de rédaction: Imaginez une situation où vous êtes enfermé(e) avec deux autres personnes. Précisez la situation, puis écrivez un dialogue en insistant sur les questions que vous vous posez. Votre scène peut être comique ou sérieuse. Suggestions: vous et vos parents, vous et vos frères (sœurs), vous et vos camarades de chambre.

Les personnages du Château dans le bois

Le maître du château   **La maîtresse
du château**   **La bonne**   **Le beau-frère**

**Le conservateur
du musée**   **La vieille dame**   **Le jardinier**

Le Château dans le bois

1. Dix heures du soir: sur les lieux du crime

1. Quelle heure est-il d'après l'horloge? Et selon la pendule qui est par terre? Comment peut-on expliquer cette différence?
2. Où est le maître du château? Qu'est-ce qui lui est arrivé?
3. Que fait la maîtresse du château? À votre avis, quels sont ses sentiments?
4. Que peut-on voir derrière le conservateur? Quelle est son expression?
5. Pourquoi y a-t-il des valises dans la pièce?
6. Où est la vieille dame? Que fait-elle?
7. Et la bonne?
8. Qu'est-ce que le jardinier regarde? Comment regarde-t-il le mort?
9. Qui vient d'arriver sur les lieux du crime? Que va-t-il faire sans doute?
10. Quels sont les témoins qui d'après vous sont suspects? Pourquoi?

Dix heures du soir: sur les lieux du crime

la salle d'armes
  accroché(e)(s) au mur hanging on the wall
    des blasons *(m. pl.)* coats of arms
    la tête d'un sanglier
    une boîte de bonbons
    une épée sword
    un pistolet
    des poignards *(m. pl.)* daggers
  une bouteille
  une horloge de parquet grandfather clock
  une pendule small clock (with pendulum)
    cassée broken
  un tableau
  des valises *(f. pl.)*
  un verre renversé overturned glass

les personnages *(m. pl.)* characters (in a drama)
  avoir l'air attentif to look attentive
        coupable guilty
        désolé very sorry
        indifférent
        innocent
        malin clever, sly
        navré brokenhearted
        satisfait
        surpris
        suspect suspicious
  regarder *qqn* **avec intérêt**
        avec indifférence
        d'un air satisfait
        d'une façon distraite
          absentmindedly

le beau-frère brother-in-law
  s'asseoir
  venir de + *inf.*

la bonne maid
  consoler *qqn*
  être assise sur un banc

le conservateur du musée museum curator
  avoir *qqch.* **à la main**
  boire
  laisser des traces *(f. pl.)* to leave footprints

l'inspecteur *(m.)*
  arriver sur les lieux du crime
  contempler la scène
  fumer
  interroger *qqn* to question
  une pipe

le jardinier gardener
  regarder d'un air stupéfait

le maître owner of the chateau
  avoir été tué to have been killed
  être étendu par terre to be stretched out on
    the floor
    entouré de surrounded by
    mort
  un meurtre murder
    le meurtrier, la meurtrière
  le mort the dead man
  la poitrine
  un revolver
    tuer *qqn* **d'un coup de revolver**
  la victime

la maîtresse lady of the house
  être debout
  fumer une cigarette
    un porte-cigarette

la vieille dame
  une canne cane
  pleurer

2. Aux deux bouts du couloir, cet après-midi-là...

1. Quelle heure était-il?
2. Où était la bonne?
3. Qu'est-ce qu'elle essayait de faire?
4. Pourquoi est-ce que se ça ne marchait pas?
5. Pendant ce temps-là, que se passait-il à l'autre bout du couloir?

6. L'inconnu est-il entré dans la maison? Pourquoi (pas)?
7. Comment se parlaient-ils?
8. Comment ont-ils terminé leur conversation?
9. A votre avis, qui avait écrit le mot sur la table?

Aux deux bouts du couloir, cet après-midi-là...

l'entrée *(f.)* entrance
    le couloir hall
        à l'autre bout de at the other end of
        un tapis carpet

le beau-frère
    accepter *qqch.*
    des billets *(m. pl.)* notes; bills (money)
    chuchoter to whisper
    clandestinement
    recevoir *qqch.*

la bonne
    un chignon bun (of hair)
    couper
        le fil (téléphonique) wire
    décrocher to pick up (telephone receiver)
        l'appareil *(m.)* **(de téléphone)** receiver
        l'écouteur
    essayer de + *inf.* to try to
    un mot a written note
    observer *qqn ou qqch.*
    un tablier apron

l'inconnu *(m.)* stranger
    donner *qqch.* **à** *qqn*
    un paquet package
    rester dehors to stay outside

3. Une entrée fâcheuse en plein jour, cet après-midi-là

1. Quelle heure était-il à ce moment-là?
2. Où cette scène se situe-t-elle? Décrivez l'endroit.
3. Dans quelles circonstances la maîtresse du château est-elle entrée dans la salle à manger? Faites sa description.
4. Qui a-t-elle vu en entrant?
5. Que faisaient-ils?
6. Pourquoi étaient-ils debout devant la cheminée? A votre avis, de quoi parlaient-ils?
7. Quelle a été la réaction de la bonne quand la maîtresse du château est entrée dans la pièce?
8. Le maître avait-il l'air gêné?
9. Que portait-il?
10. Que pensez-vous de lui?

Une entrée fâcheuse en plein jour, cet après-midi-là

la salle à manger
des bougies *(f. pl.)* (wax) candles
une cheminée fireplace
un feu
un lustre chandelier
  suspendu au plafond
un plateau de fruits et de fromages
un vase
du vin rouge
  une bouteille de (vin)
  déboucher to uncork
  un tire-bouchon corkscrew

avoir une liaison amoureuse
bavarder ⎫
causer ⎬ to chat
être amoureux(se) de *qqn*
être découvert(e)(s) to be caught (doing something)
être en train de + *inf.* to be in the act of
se réchauffer to get warm
trinquer to clink glasses
tromper *qqn* to deceive, cheat on

la bonne
être gênée to be embarrassed
laisser tomber *qqch.*
rougir to blush

le maître
une chemise à col ouvert être de bonne humeur
  fumer un cigare
une veste sport
faire la cour à *qqn* to court

la maîtresse
avoir les mains sur les hanches to have one's hands on one's hips
des boucles d'oreilles
un collier
une entrée fâcheuse unfortunate entrance
entrer
sans bruit noiselessly
soudain suddenly
être fâchée contre *qqn* to be mad at
être fardée ⎫ to be made up (with
être maquillée ⎬ cosmetics)
être jalouse (de *qqn***)** to be jealous (of)
haïr *qqn* to hate
lancer un regard plein de colère à *qqn*
se mettre en colère to get angry
un porte-cigarette cigarette holder
regarder *qqn* **fixement** to stare at
une robe longue

4. Où allait le maître ce soir-là?

1. Quelle heure la pendule indiquait-elle?
2. Cette scène a-t-elle eu lieu longtemps avant le meurtre? Expliquez.
3. Où était la bonne? Que faisait-elle? Pourquoi?
4. A votre avis, est-ce qu'elle se cachait? Si oui, de qui?
5. Que faisait le maître du château?
6. Comment marchait-il?
7. Pourquoi a-t-on l'impression qu'il agit de manière furtive?
8. Portait-il son veston et son pantalon à carreaux à ce moment-là?
9. Qu'est-ce qu'il tenait dans les mains?
10. A votre avis, où allait-il? Pourquoi? (Donnez plusieurs possibilités.)

Où allait le maître à ce moment-là?

être debout
porter des gants

la cuisine
    la batterie de cuisine set of kitchen utensils
    la cuisinière

l'escalier
    une masse d'armes   mace
    une rampe en fer forgé wrought iron railing
    une pendule
        les aiguilles *(f. pl.)* hands (of clock)
        indiquer l'heure
    au premier étage on (to) the second floor
    au rez-de-chaussée on (to) the first floor

la bonne
    se cacher derrière
        être cachée
    épier *qqn* to spy on
    s'occuper de *qqch.* to take care of

le chat
    descendre l'escalier *(conj. avec avoir)*

le maître
    avoir envie de + *inf.* to feel like
    avoir l'habitude de + *inf.*
    avoir l'intention de + *inf.*
    changer de vêtements
        des pantoufles *(f. pl.)*
        un pyjama
        une robe de chambre
    monter l'escalier *(conj. avec avoir)*
        à pas feutrés softly, with noiseless tread
    regarder du coin de l'œil
        furtivement
    se reposer to rest
    sourire
    tenir *qqch.*
        une boîte de bonbons
        un bouchon cork
        une bouteille de cognac
    venir de + *inf.*

5. Ce matin-là, la vieille dame observe…

1. Quelle heure était-il? Le maître était-il déjà mort?
2. Où était la vieille dame?
3. Qu'est-ce qu'elle faisait semblant de faire? Que faisait-elle vraiment?
4. Qu'est-ce qu'elle a vu sur la terrasse?
5. A qui le conservateur allait-il livrer la caisse?
6. Au même moment, que faisait le beau-frère?
7. A votre avis, que cherchait-il? (Donnez plusieurs possibilités.)
8. A-t-il l'air calme?
9. A votre avis, que pensait la vieille dame de tout cela?
10. Comment savez-vous qu'elle a des goûts macabres?
11. D'après cette scène, qui soupçonne-t-on le plus?

Ce matin-là, la vieille dame observe…

la salle de séjour living or family room
   une bergère wing chair
   un bureau
   donner sur
     la terrasse
   un fauteuil
   une lampe
   une porte fenêtre French door
   des rideaux *(m. pl.)*

le beau-frère
   s'affoler to panic
   contracter des dettes *(f. pl.)* to acquire debts
   être préoccupé de + *qqch.* to be concerned with
   fouiller dans *qqch.* **pour** + *inf.* to search in, ransack
   jeter *qqch.* **en l'air**
     nerveusement
   perdre
     un billet doux love note
     une enveloppe
     une facture bill (for payment)
     une lettre

le conservateur du musée
   apporter *qqch.*
   une cravate à pois polka dot tie
   livrer *qqch.* to deliver
     une caisse box
     un objet de valeur something valuable
   des lunettes *(f. pl.)*
   recevoir *qqch.*

le maître
   accepter *qqch.*
   donner *qqch.*
   ignorer

le gendarme
   accompagner
   assurer

la vieille dame
   avoir des soupçons *(m. pl.)* **(à l'égard de** *qqn)* to be suspicious (of someone)
     un complice accomplice
     un complot plot, conspiracy
     comploter ⎱ to plot
     conspirer ⎰
   se demander to wonder
   faire semblant de + *inf.* to pretend to
   des goûts *(m. pl.)* **macabres** gruesome tastes
   Barbe-Bleue Bluebeard (Gilles de Rais)
   une imagination active
   s'intéresser à *qqch.*
   lire
     un roman policier detective novel
   regarder par to look through
   surveiller *qqn ou qqch.* to watch over, observe
   la toxicologie science of poisons
     étudier
     faire des recherches *(f. pl.)* **sur** to do research on

6. Tard dans l'après-midi, dans la cave…

1. Où se trouvait la vieille dame?
2. Décrivez la cave.
3. Que faisait-elle? Pourquoi? (Donnez plusieurs possibilités.)
4. Qu'est-ce qu'elle avait fait avant de descendre l'escalier?
5. Qui se trouvait à la cave à ce moment-là? Pourquoi?
6. Quel a été son réflexe, quand il a entendu la vieille dame?
7. Est-ce qu'elle savait qu'il était là?
8. A votre avis, à quel moment de la journée cette scène se passe-t-elle?

Tard dans l'après-midi, dans la cave...

la cave wine cellar
    une bougie
    il fait noir, obscur, sombre
    une lampe à huile oil lamp
        éclairer
        illuminer } to light
    obscur(e) dark
    un pilier pillar
    un porte-bouteilles wine rack
    dans les ténèbres *(f. pl.)* in the dark
    une toile d'araignée spider web
    des tonneaux *(m. pl.)* **(de vin)** casks

le jardinier
    dans l'obscurité *(f.)*
    un panier
    voler *qqch.* to steal

la vieille dame
    ajouter to add
        un liquide
        un médicament medicine
        un poison
    un châle shawl
    se croire seule to believe she is alone
    descendre l'escalier
    marcher à l'aide d'une canne
    préparer *qqch.*
    verrouiller la porte to bolt the door
    verser to pour

7. Des activités suspectes cet après-midi-là

1. Où était le beau-frère vers cinq heures?
2. Etait-il habillé? Expliquez.
3. Comment savez-vous qu'il avait l'intention de s'en aller?
4. Avait-il l'air heureux?
5. A votre avis, qu'est-ce qu'il se préparait à faire? Pourquoi?
6. Qui était en train de l'observer? Où se trouvait-il?
7. A la même heure où était le conservateur du musée?
8. Qu'est-ce qu'il y avait dans la bibliothèque?
9. Que faisait le conservateur? (Donnez plusieurs possibilités.)
10. Qui l'a surpris? Comment? Pourquoi?
11. Quelle a été la réaction du conservateur?
12. A votre avis, la vieille dame avait-elle raison de se méfier de lui? Expliquez.

Des activités suspectes cet après-midi-là

la chambre
    un lit
    une table de chevet

le beau-frère
    un caleçon undershorts
    se déshabiller to undress
    faire sa valise to pack his suitcase
    faire un voyage
    filer à l'anglaise to leave without notice (to take French leave)
    un sous-vêtement (un tricot de corps) undershirt

le jardinier
    monter sur une échelle
    regarder par la fenêtre

la bibliothèque library
    un coffre-fort safe
        une serrure de sûreté lock
        la combinaison
    une chaîne stéréo
        des haut-parleurs *(m. pl.)* loudspeakers
        un tourne-disque record player
        des disques *(m. pl.)*
    une étagère set of shelves
    des masques africains
    des rayons *(m. pl.)*

le conservateur du musée
    éviter le regard de *qqn* to avoid someone's look
    faire l'innocent to act innocent
    feuilleter (un livre) to browse in
    grincer des dents to gnash his teeth
    une lampe de poche flashlight

la vieille dame
    s'approcher de *qqn* **ou de** *qqch.* to approach
        à pas déterminés determinedly
    être exaspérée
    interroger *qqn*
    se méfier de *qqn* to mistrust
    surprendre *qqn* **en train de** + *inf.*
    traverser *qqch.*

8. Ce jour-là, dans la cour

1. Décrivez la cour.
2. Qu'est-ce qui poussait dans la cour?
3. Quels outils mettait-on dans la cabane?
4. Qu'est-ce que le jardinier était en train de faire?
5. Qui s'est approché du jardinier?
6. Celui-ci a-t-il continué à travailler?
7. Pourquoi le conservateur l'a-t-il interrompu?
8. A votre avis, qu'est-ce que le conservateur de musée lui a demandé?
9. D'après vous, qu'est-ce que le jardinier a répondu?
10. Pourquoi le beau-frère les observait-il sans vouloir se montrer?
11. A votre avis, à quel moment de la journée cette scène a-t-elle lieu?

Ce jour-là, dans la cour

le jardin
   du bois à brûler firewood
   une cabane à outils toolshed
    des outils *(m. pl.)*
    une fourche (à foin) pitchfork
    une hache ax
    une pelle shovel
    un râteau rake
   une chaise longue
   la cour courtyard
   un parasol
   la pelouse lawn
   des rosiers *(m. pl.)* rosebushes
    pousser to grow
   une souche tree stump
   une table de jardin
   le toit roof

le conservateur du musée
   demander des renseignements à *qqn* to ask
   for information
   interrompre *qqn ou qqch.* to interrupt

le jardinier
   s'arrêter de + *inf.*
   écouter *qqn*
   être à genoux to be kneeling
   faire du jardinage to garden
    cultiver
    planter
    tailler to trim
   indiquer *qqch.* **à** *qqn*
    le chemin road, way
   travailler

le beau-frère
   se cacher
   se méfier de
   suivre

9. Midi: les conspirateurs

1. Quelle heure était-il à ce moment-là?
2. Où étaient le maître, la maîtresse du château et le beau-frère?
3. Décrivez le maître du château.
4. Quelles semblent être ses intentions?
5. Où était sa femme? Que faisait-elle?
6. Où se trouvait le beau-frère? Qu'est-ce qu'il était en train de faire?
7. Où avaient-ils trouvé la statuette?
8. Pourquoi avaient-ils pris ce risque? (Donnez plusieurs possibilités.)
9. Qui les regardait? D'où?

Midi: les conspirateurs

les conspirateurs
    admirer une statuette
    célébrer
    être à l'aise to be at ease
        décontracté(e)(s) relaxed
    faire entrer *qqch.* **en contrebande** to smuggle in
        de la contrebande smuggled goods
        un contrebandier, une contrebandière
    forcer la caisse
    déclouer *qqch.* to pull nails out from
        des clous *(m. pl.)* nails
        un levier crowbar
        un marteau hammer
        des pinces *(f. pl.)* pliers
        un tournevis screwdriver
    se réunir (pour + *inf.*) to meet (to)
    réussir à + *inf.* to succeed in

le beau-frère
    s'accouder sur to lean on (with elbows)
    croiser les jambes to cross his legs

le maître
    s'accouder sur to lean on (with elbows)
    être debout

la maîtresse
    boire un verre
        des boucles d'oreille
    un collier
    une robe du soir evening gown

10. Huit heures: l'inconnu dans le bois

1. Et à ce moment-là, quelle heure était-il?
2. Faisait-il jour? Expliquez.
3. Le maître était-il toujours en vie?
4. Comment l'inconnu était-il vêtu? Pourquoi?
5. Qu'est-ce qu'il avait dans la main gauche?
6. Pourquoi pénétrait-il dans le bois?
7. A votre avis, qu'est-ce qu'il avait dans son sac? (Donnez plusieurs possibilités.)
8. Pourquoi le jardinier était-il dans le bois?
9. Comment savait-il l'heure exacte?
10. A votre avis, qui était l'inconnu? Expliquez.

Huit heures: l'inconnu dans le bois

le bois woods
    des arbres *(m. pl.)*
    des arbustes *(m. pl.)* bushes
    une chauve-souris bat
    un crapaud
    un hibou owl
    un papillon de nuit moth
    une souris mouse
    l'herbe *(f.)*
    le sentier path
dans le ciel
    des étoiles *(f. pl.)*
    la lune
    il fait nuit
    l'herbe *(f.)*
    le sentier path

l'inconnu *(m.)* stranger, unknown person
    un capuchon hood
    chercher un lieu isolé pour + *inf.*
    se déguiser to disguise himself
    enterrer *qqch. ou qqn* to bury
    laisser des traces *(f. pl.)*
    une pelle
    pénétrer dans to go into
    un sac
      jeté sur l'épaule

le jardinier
    reconnaître *qqn* to recognize
    suivre *qqn* to follow
    vérifier l'heure *(f.)* to check the time
      à sa montre by his watch

Activités

A. Vous et un(e) camarade préparez une scène inspirée du dialogue. Suggestions: (1) un mari (une femme), et son épouse (époux) qui est rentré(e) très tard; (2) un professeur et un(e) étudiant(e) qui n'a pas fait ses devoirs; (3) André et son patron (*Paradis perdu,* Chapitre 1) à l'hôpital.

B. L'inspecteur va interroger la bonne, le jardinier et la vieille femme au sujet du meurtre. Préparez des questions qu'il pourrait poser à chacun des témoins; préparez-vous également à répondre à ses questions.

C. Une scène de confrontation: Il est onze heures et demie le soir du meurtre. L'inspecteur vient de partir. Dans la salle d'armes, le beau-frère, la bonne et la maîtresse du château s'accusent l'un l'autre du crime. Préparez-vous à jouer cette scène en groupes de trois.

D. Le jeu des anagrammes: Il s'agit d'utiliser les lettres d'un mot donné pour former d'autres mots—par exemple, *rencontrer = contre, entrer, rentrer, conter, trône, terre, tronc, note,* etc. Quelques suggestions pour le mot de départ: *anniversaire, accidentellement, aventures, révolutionnaire.*

E. Narration: De retour chez lui, l'inspecteur rédige un rapport destiné au commissaire de police. Ce faisant, il essaie de rétablir la chronologie des événements de la journée et il donne ses idées sur l'identité du coupable. Suggestions: racontez l'histoire au passé; faites la description de chaque personnage important; décrivez le lieu du crime; utilisez des expressions idiomatiques.

Troisième Chapitre
DÉSIGNER ET DÉCRIRE

Le Marché aux maris

— Bonjour, mademoiselle. Vous désirez quelque chose?

— Oui, madame. Avez-vous des maris?

— Certainement, mademoiselle. Nous avons beaucoup de maris.

— J'ai besoin d'un bon mari.

— Tous nos maris sont de très haute qualité, mademoiselle.

— Très bien. Qu'est-ce que vous me recommandez?

— Eh bien, nous avons des maris grands, des maris minces, de gros maris, de petits maris, des maris sportifs, des maris intellectuels…

— Moi, je cherche le mari parfait.

— Eh bien, permettez-moi de vous proposer Jean-Pierre. Le voici. Il a les yeux bleus, les cheveux blonds, il porte une petite moustache ravissante°…

ravissant: *lovely*

— Non, il ressemble à mon frère. Je voudrais voir un autre jeune homme plus…

— Plus…? Ah, oui… un petit moment, s'il vous plaît… Voilà, je vous donne Bruno.

— Pas mal. Il a du charme, du chic…

— Et il est rudement° bien bâti, n'est-ce pas?

rudement: *very (slang)*

— En effet. Est-il français?

— Mais oui, mademoiselle. C'est un Français vraiment extraordinaire.

— Comment… extraordinaire?

— Il fait la cuisine, il aime nettoyer la maison…

— Ce n'est pas possible!

— Il adore s'occuper des enfants.

— Quel homme! Quel âge a-t-il?

— Bruno? Oh, il a deux ans, mademoiselle.

— Deux ans?!

— Oui, deux ans. Nous venons de perfectionner ce modèle.

— Perfectionner…! Vous voulez dire que ce n'est pas un vrai homme? C'est… une machine?

— Je suis désolée°, mademoiselle. Malheureusement les vrais hommes ne font pas des maris parfaits.

désolé: *very sorry*

Comment désigner et décrire

Comment désigner les choses et les gens

En français, on désigne normalement une chose ou une personne à l'aide d'un article (défini, indéfini ou partitif) ou d'un autre déterminant (adjectif démonstratif ou possessif).

L'article défini: *le, la, l', les*

L'article défini semble jouer un rôle paradoxal, car il peut désigner un nom:

1. De la manière la plus spécifique—par exemple, si le nom est suivi d'une *préposition*, d'un *pronom relatif* ou d'un *adjectif*; il désigne aussi un être ou un objet qu'on a *déjà mentionnés*:

   Où est **la** voiture de Luc? (*a specific car—the one belonging to Luc*)
   Elle est allée **au** musée[1]. (*a specific museum—the one that the speaker has already mentioned*)
   Voilà **le** revolver qui a causé la mort de Mme Johnston. (*not just any revolver, but the one that was used to commit the crime in question*)
   Il a choisi **la** cravate bleue. (*not just any tie and not just any blue tie, but a specific blue tie previously mentioned*)

2. De la manière la plus générale—par exemple, si le nom est *abstrait* ou si on peut y ajouter l'adjectif *tout* sans en modifier le sens:

   L'argent ne fait pas **le** bonheur. (*money and happiness; general, abstract sense*)
   J'adore **les** pêches. (*all peaches; peaches considered as a general category of fruits*)

A. Répondez aux questions suivantes en utilisant *l'article défini* et les mots suggérés.

▶ Quel revolver avez-vous trouvé? (*qui a causé la mort de Mme Johnson*)
   J'ai trouvé le revolver qui a causé la mort de Mme Johnson.

1. Quel disque écoutez-vous? (*que j'ai acheté hier*)
2. Quelle jupe va-t-elle mettre? (*à rayures vertes*)
3. Quelle sorte de mari cherches-tu? (*parfait*)
4. Quel blason préférez-vous (*des Bourbons*)
5. Quel fauteuil veux-tu vendre? (*qui est dans le salon*)

[1] Rappelez-vous que certaines formes de l'article défini se contractent avec les prépositions **à** et **de: à + le = au; à + les = aux; de + le = du; de + les = des.** Les autres formes—**à la, à l', de la, d l'**—ne changent pas.

6. Quels livres lisez-vous (que vous m'avez prêtés)
7. Quelles jupes voulez-vous essayer? (d'Yves Saint-Laurent)
8. Quel village du Club Méditerranée avez-vous choisi? (qui est à la Martinique)

B. Répondez aux questions suivantes en utilisant l'article défini et un des verbes suivants: *aimer, adorer, préférer, détester.*

▶ Voulez-vous du vin? (oui)
Oui, j'aime le vin.

1. Veux-tu un biftek? (oui)
2. A-t-elle pris du café? (non)
3. A-t-il planté des fleurs? (oui)
4. Lui as-tu donné des cigarettes? (non)
5. As-tu acheté une chaîne stéréo? (oui/musique)
6. Est-ce qu'elle mange des croissants pour le petit déjeuner? (oui)
7. Est-ce que tu bois de la bière? (non/vin)
8. Vas-tu acheter une Porsche? (oui/voitures allemandes)

L'article indéfini *(un, une, des)* et le partitif *(du, de la, de l', des)*

1. Contrairement à l'article défini, l'**article indéfini** et le **partitif** donnent au nom un sens *indéterminé:*

   > Elle a acheté **une** horloge. *(a clock among many)*
   > Je voudrais **du** beurre. *(just some of the butter available)*

2. L'**article indéfini** désigne un être ou un objet *qui n'ont pas encore été mentionnés* ou *dont l'identité n'est pas connue:*

C'est **un** fusil.	*In each case, the object or person is being*
Il porte **une** cravate.	*mentioned for the first time and is being con-*
Il parle avec **des** amis.	*sidered as a nonspecific item or items.*

3. Le **partitif** désigne une *quantité indéterminée* du nom en question:

Ils ont bu **du** cognac.	*In each case, the partitive indicates that*
As-tu acheté **de la** viande?	*one is talking about an indefinite*
Je voudrais **de l'**eau.	*amount or number.*
A-t-elle servi **des** épinards?	

4. Au pluriel, l'article indéfini et le partitif ont la même forme (**des**)[2]. Au singulier on peut les distinguer ainsi:
   a. L'article indéfini (**une, une**) s'emploie devant les noms qu'on peut *compter* (**un** livre, *deux* livres, *trois* livres,… **des** livres):

   > J'ai acheté **une** horloge. *(One can talk about buying two clocks; one cannot, however, talk about buying "some clock.")*

---

[2] **Des** est rarement considéré comme un article partitif mais plutôt comme le pluriel de **un**, ou **de** + *article défini.*

b. Le partitif (**du, de la, de l'**) s'emploie devant les noms qui ne se comptent pas; d'habitude, il s'agit d'*un tout* qu'on peut diviser *en parties*:

> Je voudrais **du** sel. (*One can talk about having some salt; one cannot, however, talk about having "three salts"*[3].)

HELPFUL HINTS

1. In English, the definite article and the partitive are very often omitted. In French, on the other hand, some kind of noun marker (i.e., *déterminant*—an article, a demonstrative adjective, a possessive adjective, or a number) is usually required. Compare, for example:

Prices are high.	**Les** prix sont élevés.
Do you want coffee?	Voulez-vous **du** café?

2. In addition, in cases where a noun marker is used in English, it usually is not repeated within a sequence of nouns. In French, each noun in the sentence must have a marker[4]. For example:

The boys and girls left together.	**Les** garçons et **les** filles sont sortis en même temps.
We had some bread, cheese, and wine.	Nous avons pris **du** pain, **du** fromage et **du** vin.

3. After verbs of liking or disliking, such as **aimer, adorer, détester, préférer,** the definite article (**le, la, l', les**) is generally used with a noun to show that the opinion refers to *all* members of the category:

> J'aime **les** fleurs.   Elle déteste **le** vin.

4. After verbs of wishing or action verbs, such as **vouloir, prendre, acheter, choisir,** the indefinite article (**un, une, des**) or the partitive article (**du, de la, de l', des**) is used with a noun to show that the desire or the action involves one member or a part of the general category:

> Il a acheté **un** pantalon.   Je voudrais **du** vin.

However, when the desire or the action involves a *specific* member or part of the category, the definite article (**le, la, l', les**) must be used:

Est-ce qu'il aime **le** pantalon que tu lui as acheté?	Je voudrais goûter **le** vin qu'oncle Pierre nous a apporté.

---

[3] Quelques noms peuvent s'employer avec l'*article indéfini* ou le *partitif* selon la situation: *Je voudrais* **du** *café* ou *Apportez-moi* **un** *café*.
[4] Voir p. 110 pour des exceptions à cette règle générale.

C. Ajoutez aux noms suivants un *article indéfini* ou un *article partitif* selon le cas.

pain	maison	énergie
bouteille	crayon	miel
robe	pomme	poison
sucre	patience	jardin
tasse	crème	cigarette
livre	intelligence	cave
confiture	bois	vin
chien	poivre	eau
thé	fruit	armoire
sel	glace	courage

D. Répondez à toutes les questions en utilisant le mot indiqué. Dans chaque cas, il faut employer un *article défini*, un *article indéfini* ou un *partitif*.

Viande

▶ Que voulez-vous?
  Je veux de la viande.

1. Qu'est-ce qui est délicieux?
2. Qu'est-ce qu'il y a sur la table?
3. Qu'est-ce qu'il a acheté?
4. Quelle viande préfères-tu? *(qu'on a achetée au marché)*

Meubles

5. Qu'est-ce que vous voulez acheter?
6. Que cherche-t-elle?
7. Qu'est-ce qui coûte cher?
8. Quelle sorte de meubles préférez-vous? *(modernes)*
9. Qu'est-ce que vous voulez vendre? *(que mes beaux-parents nous ont donnés)*

Verre

10. Qu'est-ce qu'il y a sur la table?
11. Dans quoi est-ce qu'on met du vin?
12. Qu'est-ce que vous avez cassé? *(que nous avions acheté en Europe)*
13. De quoi avez-vous besoin?
14. Marie a empoisonné son mari. Quelle preuve l'inspecteur a-t-il trouvée? *(dans lequel elle avait mis le poison)*

Les articles et les phrases négatives

1. Après une expression négative, l'**article défini** ne change pas:

   J'aime **le** vin.   Je **n'**aime **pas le** vin.

2. Après une expression négative, l'**article indéfini** et le **partitif** sont remplacés par **de**:

   As-tu **un** stylo? Non, je **n'**ai **pas de** stylo.
   Veux-tu **du** sucre? Non, je **ne** veux **pas de** sucre.
   A-t-elle acheté **des** cravates? Non, elle **n'**a **jamais** acheté **de** cravates.

   a. Cependant, après le verbe **être,** l'**article indéfini** et le **partitif** ne varient pas:

      Est-ce **un** stylo? Non, ce **n'**est **pas un** stylo.
      C'est **du** sucre? Non, ce **n'**est **pas du** sucre.

E. Répondez *négativement* à ces questions.

▶ Ont-ils des meubles?
  Non, ils n'ont pas de meubles.

1. L'inspecteur a-t-il découvert le coupable?
2. Les enfants avaient-ils les yeux grands ouverts?
3. Voyez-vous un tire-bouchon?
4. Le jardinier va-t-il planter des arbustes?
5. La vieille dame a-t-elle utilisé du poison?
6. Aimes-tu les chocolats?
7. Est-ce que Jean-Pierre porte une ceinture?
8. A-t-il des cigarettes?
9. Est-ce un verre à vin?

Quelques exceptions quant à l'usage des articles

1. On omet l'article après les verbes **être, rester** et **devenir** avec un nom *non qualifié* (i.e., sans adjectif) indiquant une profession ou une relation entre personnes:

   Elle est médecin.
   Nous voulons devenir amis.
   Ils sont cousins.

   Mais si le nom est *qualifié,* on emploie l'article:[5]

   C'est **un** très bon médecin.
   Nous sommes **des** amis fidèles.
   Ce sont **des** cousins très proches.

2. On emploie **de** au lieu de l'**article indéfini** dans les situations suivantes:
   a. Quand un adjectif *précède* un nom *pluriel:*

   Nous avons **de gros** maris.
   Elle porte **de grosses** lunettes.
   Mais: Elle porte **des** lunettes noires.

   Pourtant, si l'adjectif forme un *mot composé* avec le nom, on emploie l'**article indéfini.**

   Y avait-il **des jeunes filles?**
   Veux-tu **des petits pois?**
   Il y a **des vieilles gens** qui sont toujours jeunes d'esprit.

   b. Après les *expressions de quantité:*

Adverbes	assez de	moins de	plus de
	autant de	pas mal de	tant de
	beaucoup de	peu de	trop de
	combien de		
Noms	une boîte de	une foule de	un morceau de
	une bouteille de	un kilo de	un tas de
	une douzaine de	un litre de	un verre de

   Il gagne **beaucoup d'**argent.   Apportez-moi **un verre d'**eau.
   Elle a **plus de** talent que son mari.   **Une foule de** gens attendaient.

3. On omet l'article devant un *nom complément* d'un autre nom:

   un professeur **de français**   une robe **d'intérieur**
   la table **de chevet**   une montre **en or**

---

[5] Il en est de même avec les noms en apposition: *Jean-Paul Sartre, philosophe, a refusé le prix Nobel.* Mais: *François Botti,* **un** *excellent cuisinier, nous invite à dîner ce soir.*

4. On omet l'**article indéfini** ou le **partitif** après la préposition **sans:**

> J'étais sans argent et sans amis.

Cependant, si on désigne un objet ou une personne spécifique, on utilise l'**article défini:**

> Ils sont arrivés sans **les** documents nécessaires.

F. Utilisez les mots donnés pour former une phrase. Ne changez pas l'ordre des mots, mais faites tous les accords nécessaires. Ajoutez des articles et des prépositions s'il y a lieu.

Présent

▶ vous / être / anglais / n'est-ce pas
Vous êtes anglais, n'est-ce pas?

1. ce / être / ancien / professeur
2. où / être / salle de séjour
3. nous / avoir / bons / outils
4. elle / connaître / gens / très intéressants
5. il / falloir avoir / deux kilos / tomates
6. le jardinier / aller planter / beaucoup / arbustes
7. ils / être / ennemis
8. vouloir / vous / encore / salade

Passé composé

9. combien / cadavres / l'inspecteur / trouver
10. qui / recevoir / boîte / bonbons
11. il / ne pas prendre / vin / il / prendre / pain
12. nous / voir / petits / oiseaux
13. où / il / mettre / cafetière / en métal

Imparfait

14. nous / perdre / toujours / trop / temps
15. ce / être / avocat / très connu
16. ma sœur / vouloir devenir / actrice

G. Répondez aux questions suivantes d'après les renseignements donnés.

CLAIRE LAURENT
naissance: 8.5.66 *(Paris)*
profession: étudiante

religion: catholique
famille: père / professeur *(chimie)*, mère *(avocate)*, 2 frères, 2 sœurs
ami: Jacques Henric
santé: délicate / souvent malade *(cœur)*
langues: anglais *(excellent)*, espagnol
notes: 18 sur 20, 17 sur 20

▶ Quelle est la nationalité de Claire Laurent?
Elle est française.

1. Quel travail fait-elle?
2. Quelle est sa religion?
3. Quelle est la profession de son père?
4. Que fait sa mère?
5. Elle connaît Jacques Henric?
6. Quelle sorte de maladie a-t-elle?
7. Comprend-elle l'anglais avec difficulté?
8. A-t-elle plus de frères que de sœurs?
9. A-t-elle des notes acceptables?

H. Divisez-vous en groupes de trois ou quatre étudiants. Chaque étudiant interrogera à tour de rôle les autres au sujet d'un des objets suivants. Le modèle vous suggérera des questions possibles.

▶ stylo
—*Hélène, as-tu des stylos?*
—*Combien de stylos as-tu?*
—*Quelle sorte de stylos as-tu?*
—*Pourquoi n'as-tu pas de stylo?*

montre   chien   moustache
cigarettes   argent   lunettes

L'adjectif démonstratif: *ce, cet, cette, ces*

1. L'**adjectif démonstratif** sert à situer l'objet ou la personne par rapport à celui qui parle. Il correspond en anglais à *this, that, these* et *those:*

Cette chaîne stéréo ne marche plus.
Vous avez entendu **cet**[6] écho?

2. En général, le français ne fait pas de distinction entre *this* et *that* qui équivalent à **ce.** Mais, s'il faut insister sur la distinction, on ajoute au nom **-ci** et **-là:**

Ces modèles-**ci** sont meilleurs que **ces** modèles-**là.**
Quelle lampe vas-tu acheter? Je vais acheter **cette** lampe-**là.**

3. Comme les articles, l'adjectif démonstratif *se répète* devant chaque nom d'une série:

Ce fauteuil, **cette** table et **cette** armoire ont beaucoup de valeur.

I. Imaginez les situations suivantes:

1. Vous admirez les vêtements qu'une amie vient d'acheter. Demandez-lui où elle les a achetés en utilisant l'adjectif démonstratif qui convient.

▶ pantalon
Où est-ce que tu as acheté ce pantalon?
robe / chaussures / ceinture / pull / gants / uniforme

2. Demandez qui est le/la propriétaire des objets suivants en utilisant l'adjectif démonstratif qui convient.

▶ maison
A qui est cette maison?
paquet / bijoux / montre / enveloppe / enfant / clés

3. Sollicitez des opinions d'un(e) camarade en utilisant l'adjectif démonstratif qui convient.

▶ livre
Que penses-tu de ce livre-ci(-là)?
musique / tableau / armoire / meubles / arbres / exercice

L'adjectif possessif

1. Voici le tableau des différentes formes de l'**adjectif possessif:**

Masculin	Féminin	Pluriel (m. et f.)
mon	ma	mes
ton	ta	tes
son	sa	ses
notre	notre	nos
votre	votre	vos
leur	leur	leurs

[6] La forme **cet** s'emploie devant des noms *masculins* et *singuliers* qui commencent par une *voyelle* ou par un *h non aspiré*: **cet** enfant, **cet** ami, **cet** homme, *mais* **ce** héros. Si un nom *féminin* commence par une *voyelle* ou par un *h non aspiré*, on emploie **cette**: **cette** école, **cette** héroïne.

2. L'**adjectif possessif** s'accorde avec le possesseur (comme en anglais) mais aussi avec l'*objet possédé*. Comme les articles, l'adjectif possessif *se répète* devant chaque nom d'une série:

> Georges cherche **sa** valise.
> Marie a perdu **son** porte-cigarettes.
> Je ne trouve pas **mes** lunettes.
> **Mon** frère, **ma** belle-sœur et **ma** nièce vont nous rendre visite.
> **Mon** amie[7] française va venir en juillet.

J. Répondez aux questions suivantes selon le modèle.

▶ C'est l'ami de Georges, n'est-ce pas?
Oui, c'est son ami.

▶ Ce sont nos livres, n'est-ce pas?
Oui, ce sont vos livres.

1. C'est le mari de Nelly, n'est-ce pas?
2. Ce sont les disques de Georges et de Chantal?
3. C'est votre serviette, n'est-ce pas, Jean-Pierre?
4. C'est mon lit, n'est-ce pas, maman?
5. C'est le chien de M. Legros, n'est-ce pas?
6. C'est votre chien, n'est-ce pas, M. et Mme Laurent?
7. Ce sont les complices de la journaliste et du conservateur, n'est-ce pas?
8. Ce sont tes disques, n'est-ce pas?
9. C'est l'amie de Jean-Paul et de toi, n'est-ce pas?
10. C'est ma perruque, n'est-ce pas, maman?
11. Ce sont les pantoufles de papa, n'est-ce pas?
12. C'est notre chambre, n'est-ce pas?
13. C'est la canne de M. Quenneville, n'est-ce pas?
14. C'est ta sœur aînée, n'est-ce pas?
15. C'est le fusil de Jacques et de son frère, n'est-ce pas?

K. Divisez-vous en groupes de quatre ou cinq étudiants. Chaque étudiant posera à tour de rôle des questions à propos des objets suivants. Les autres étudiants répondront selon les modèles suivants.

▶ (Qui veut cet objet? Personne.)
—*A qui est ce cahier?*
—*Ce n'est pas mon cahier, c'est son cahier!*
—*Mais non. Ce n'est pas mon cahier, c'est leur cahier!*
—*Non, ce n'est pas notre cahier, c'est ton cahier!*
—*etc.*

stylo	livres
pipe	chemise
pantoufles	argent
clés	lunettes
enveloppe	chapeau

L. Répétez l'exercice K selon le nouveau modèle.

▶ (Qui veut cet objet? Tout le monde.)
—*A qui sont ces disques?*
—*Ce sont mes disques.*
—*Non, ce ne sont pas tes disques, ce sont nos disques.*
—*etc.*

---

[7] Rappelez-vous que **ma, ta, sa** deviennent **mon, ton, son** devant un nom qui commence par une *voyelle* ou par un *h non aspiré*: **mon** amie, **ton** école, **son** autre robe, **son** héroïne, *mais* **sa** hache.

English speakers often have a difficult time choosing the correct subject pronoun—**ce** or **il (elle, ils, elles)**—to use with the verb **être**. Translation does not help since both **c'est** and **il est** mean *he (it) is*; **ce sont** and **ils sont** both mean *they are,* etc. In order to decide which one to use, consider the following rules:

Condition	Use	Examples
1. If the verb **être** is followed by a marker such as:		
a definite article	ce	C'est l'inspecteur.
an indefinite article	ce	C'est **un** revolver.
a partitive	ce	C'est **du** parfum.
a demonstrative adjective	ce	**Ce** sont **ces** boucles d'oreilles.
a possessive adjective	ce	C'est **notre** maison.
2. If the verb **être** is followed by a noun indicating profession or relationship:	il/elle ils/elles	Ils sont **jardiniers.** Elles sont **amies.**
However: If a noun is modified by an adjective or adjectival clause:	ce	C'est une **jolie Japonaise.** Ce sont des avocats **qui connaissent bien leur métier.**
3. If the verb **être** is followed by a pronoun:	ce	C'est **moi.** C'est **nous.** Ce sont **elles.**

M. Répondez aux questions en utilisant *ce* ou *il (elle, ils, elles)* et la réponse suggérée.

▶ Qui nous cherche? *(jardinier)*
   C'est le jardinier.

1. Qu'est-ce que c'est? *(lampe)*
2. Qu'est-ce que tu as dans ton verre? *(eau)*
3. Montre-moi l'endroit où tu veux habiter. *(appartement)*
4. Pourquoi Jean aime-t-il parler? *(professeur)*
5. Se disputent-ils souvent? *(oui / ennemis)*
6. Est-ce que Guy gagne beaucoup d'argent? *(non / très mauvais acteur)*
7. Marie est-elle de droite? *(non / socialiste)*
8. Qu'est-ce que c'est? *(pantoufles)*
9. Quel est le métier de M. Renault? *(garagiste)*
10. Qui a gagné aux élections? *(communistes)*

L'emploi de l'article défini pour désigner les parties du corps

D'ordinaire, on emploie l'**article défini** (au lieu de l'**adjectif possessif** comme en anglais) pour désigner les parties du corps. Cela se fait dans quatre types de phrases:

1. Avec le verbe **avoir** accompagné d'une partie du corps:

Il **a les** yeux bleus.   In the case of a description, the subject
Nous **avons** mal à **la** gorge.   of **avoir** indicates whose eyes (throat,
As-tu froid **aux** mains?   hands, etc.) are meant.

Avec le verbe **avoir,** si la partie du corps est qualifiée d'un adjectif qui précède le nom, on emploie l'article indéfini (**un, une**) si le nom est singulier, et l'article **de** si le nom est pluriel.

    Elle a **un** grand nez.   Ils ont **de** jolis yeux.

2. Avec un verbe transitif suivi d'une partie du corps:

    Il a baissé **les** yeux.   The subject of the sentence indicates whose
    Elles ont tourné **la** tête[8]. eyes (head, hands, etc.) are meant.
    Garçons! Levez **la** main!

3. Avec un verbe réfléchi suivi d'une partie du corps:

    Elle **se lave les** mains.   The reflexive pronoun indicates
    Nous **nous brossons les** dents. whose hands (teeth, finger, etc.) are
    T'es-tu **coupé le** doigt?   meant.

4. Avec un verbe transitif suivi d'une partie du corps et accompagné d'un complément d'objet indirect:

    Elle **me lave la** figure.   The indirect object indicates whose
    Ils **lui ont serré la** main.   face (hand, arm, etc.) is meant.
    Le médecin **m'a fait mal** au bras.

Cependant, dans certains cas très particuliers, il est nécessaire d'utiliser **l'adjectif possessif** pour désigner une partie du corps. En général, c'est pour éviter toute ambiguïté ou lorsque la partie du corps, qualifiée d'un adjectif, suit un verbe d'action.

  Montre-moi **tes** mains. (If you said **les mains,** it would not be clear to
    whose hands you are referring.)
  Elle brossait **ses** beaux cheveux. (The noun **cheveux** is modified by an
    adjective and follows a verb of action.)

HELPFUL HINTS

1. Unlike English, French tends to use the definite article in referring to parts of the body, unless there is the possibility of confusion. Here are some rules to follow:

   a. In general, use the definite article.

    Il a **les** cheveux longs.
    Je me suis lavé **les** mains.
    Elle a ouvert **les** yeux.

---

[8] On emploie le *singulier* (même si le sujet de la phrase est pluriel) lorsqu'il s'agit d'une *seule partie de chaque corps,* i.e., elles ont chacune **une** tête; chaque garçon doit lever seulement **une** main.

b. Use the possessive adjective only if there is an adjective other than **droite** and **gauche,** or if there is an action verb which requires the possessor to be specified for the sake of clarity.

> Elle a ouvert **ses** beaux yeux bruns.
> J'ai regardé **ses** mains.

2. In some cases, French also uses the definite article when referring to clothing. Here are some rules to follow:
a. In general, use the possessive adjective.

> **Mon** pull est bleu.
> Elle a mis **sa** jupe et **son** chemisier.
> Où as-tu acheté **tes** chaussures?

b. However, in description, if the owner of the clothing is clear, use a definite article.

> Elle était assise, **la** jupe lui recouvrant les genoux.

N. Répondez aux questions suivantes en utilisant les mots suggérés.

1. Est-ce que Jean-Pierre parle beaucoup? *(ne jamais ouvrir / bouche)*
2. Qu'est-ce que Simone a fait avant de s'habiller? *(laver / figure)*
3. Pourquoi est-ce que vous ne jouez pas au tennis avec les autres? *(avoir mal / dos)*
4. Est-ce que les enfants ont regardé les amoureux s'embrasser? *(non / fermer / yeux)*
5. Qu'est-ce que vous allez faire, vous deux? *(laver / cheveux)*
6. Est-ce que le petit Nicolas peut se laver les cheveux tout seul? *(non / sa mère / laver / cheveux)*
7. De quelle couleur sont ses cheveux? *(il / avoir / blond)*
8. Pourquoi est-ce que tu portes deux paires de gants? *(avoir froid / mains)*
9. Est-ce qu'ils vous ont dit bonjour? *(non / tourner / tête)*
10. Pourquoi veux-tu un cachet d'aspirine? *(avoir mal / tête)*
11. Pourquoi est-ce que la petite Hélène était assise sur le lit? *(sa mère / brosser / cheveux)*
12. Qu'est-ce que vous avez fait quand vous avez vu le président? *(serrer / main)*
13. Qu'est-ce que tu fais quand tu veux répondre en classe? *(lever / main)*
14. Qu'est-ce que le dentiste fait quand tu vas le voir? *(regarder / dents)*
15. Qu'est-ce que tu fais avant de te coucher? *(brosser / dents)*

Exercices de révision

O. Demandez à un(e) camarade s'il (si elle) veut les aliments suivants. Votre camarade vous répondra en disant qu'il/elle les aime ou ne les aime pas.

1. haricots
2. pêche
3. café
4. petits pois
5. confiture
6. épinards
7. pomme
8. beurre

▶ jambon
—*Tu veux du jambon?*
—*Oui, j'aime le jambon.*

P. Répondez aux questions suivantes en utilisant le(s) mot(s) suggéré(s). Faites attention au déterminant.

Vin

▶ Qu'est-ce que vous aimez?
  J'aime le vin.

▶ Qu'est-ce que le client a commandé? *(un verre)*
  Il a commandé un verre de vin.

1. Qu'est-ce qu'elle veut prendre?
2. Quel vin préfères-tu?
3. Voulez-vous du vin? *(non)*

Lunettes

4. Qu'est-ce qu'il porte?
5. Aimes-tu les lunettes? *(non)*
6. Qu'est-ce que c'est?
7. Qu'est-ce qu'il a perdu? *(de son frère)*
8. Qu'est-ce qui vous aide à voir?

Enveloppe

9. Qu'est-ce que c'est?
10. Dans quoi a-t-il mis la lettre? *(qui était sur la table)*
11. C'est votre enveloppe? *(non / à lui)*
12. Qu'est-ce qu'il y a dans votre poche?
13. Dans quelle enveloppe a-t-on caché l'argent? *(-ci)*

Fauteuils

14. Qu'est-ce qu'ils ont acheté?
15. Avez-vous des fauteuils? *(oui / beaucoup)*
16. Est-ce que ces fauteuils sont petits? *(non, ce sont / grands)*
17. Est-ce que tous les fauteuils ont des coussins? *(non, peu)*

Enfant

18. Qui est tombé? *(-là)*
19. Pourquoi est-il tombé? *(c'est / petit)*
20. Qui est-ce? *(dont tout le monde parle)*
21. Avez-vous invité des enfants aussi? *(non)*

Cheveux

22. De quelle couleur sont les cheveux de Marie? *(avoir / noirs)*
23. Qui a coupé les cheveux de Marie? *(Marie)*
24. Qui a coupé les cheveux de Marie? *(sa sœur)*
25. Comment sont les cheveux de Marie? *(avoir / jolis)*

Q. Faites une comparaison entre vous et un(e) ami(e). Suivez les suggestions données en utilisant les articles, les adjectifs possessifs et démonstratifs, et les expressions de quantité qui conviennent.

▶ nationalité / profession
  Mon ami Eric est américain; je suis américaine aussi. Nous sommes étudiants. Eric a de bonnes notes; mes notes ne sont pas exceptionnelles.

1. apparence physique *(yeux, cheveux)*
2. religion
3. famille
4. possessions
5. habitudes personnelles *(ce que vous faites le matin et le soir)*
6. vêtements
7. goûts *(ce que vous aimez manger, ce que vous avez mangé hier)*

Comment décrire les choses et les gens

Pour exprimer **les qualités** d'une chose ou d'une personne on utilise normalement des adjectifs. L'adjectif pose deux problèmes: *son accord* et *sa place* par rapport au nom qu'il accompagne.

L'accord de l'adjectif avec le nom

Un adjectif s'accorde en genre et en nombre avec le nom ou le pronom
qu'il qualifie:

un livre bleu	des garçons intelligent**s**
une chemise vert**e**	des portes ferm**ées**

1. En général, *le masculin* d'un adjectif se termine par un son de voyelle:

   du foie gr**as**   un pet**it** bureau

2. Pour former *le féminin* d'un adjectif, on suit les règles suivantes:
   a. En général, on ajoute un **-e** à la forme du masculin:

      un grand livre/une grand**e** table
      un fauteuil vert/une lampe vert**e**

      Les adjectifs masculins qui se terminent en **-e** (*sans* accent) ne
      changent pas au féminin:

      un garçon timide/une fille timide

   b. Certains adjectifs doublent la consonne finale devant l'**e** du féminin:

      l ⟶ ll   un meurtre réel/une situation rée**lle**
                      un gentil garçon/une genti**lle** fille

      n ⟶ nn   un restaurant italien/une cathédrale italie**nne**
                      un bon mari/une bo**nne** femme

      s ⟶ ss   un fleuve bas/une maison ba**sse**
                      un gros problème/une gro**sse** tête

   c. Certains adjectifs changent de consonne finale devant l'**e** du féminin:

      f ⟶ v   un garçon actif/une fille acti**ve**
                      un complet neuf/une auto neu**ve**

      x ⟶ s   un étudiant paresseux/une étudiante paresseu**se**
                      un cas sérieux/une maladie sérieu**se**

   d. Certains adjectifs prennent un accent grave sur l'avant-dernier **-e** du
      féminin:

      er ⟶ ère   un paquet lég**er**/une couverture lég**ère**
                      le premi**er** jour/la premi**ère** leçon

      et ⟶ ète   un repas complet/une phrase compl**ète**
                      un père inqui**et**/une mère inqui**ète**

   e. Beaucoup d'adjectifs sont irréguliers au féminin; c'est-à-dire qu'ils
      n'entrent pas facilement dans les catégories dont on peut préciser
      les règles. Il vaut mieux apprendre les deux formes (masculine et
      féminine) de tout nouvel adjectif. Voici quelques exemples d'adjectifs
      irréguliers au féminin:

blanc/blan**che**	favori/favori**te**
public/publi**que**	long/lon**gue**
grec/grec**que**	aigu/aigu**ë**
frais/fra**îche**	doux/dou**ce**
sec/s**èche**	faux/fau**sse**

3. Pour former *le pluriel* d'un adjectif, on suit les règles suivantes:
   a. En général, on ajoute un **-s** aux formes du singulier:

   un petit livre/de petit**s** livres
   la main levée/les mains levée**s**

   Les adjectifs qui se terminent en **-s** ou en **-x** au masculin singulier
   ne changent pas. L'accord au féminin pluriel est toujours régulier:

   le gouvernement français/les gouvernements françai**s**
   un enfant heureux/des enfants heureux

   la maison française/les maisons françaises
   une fille heureuse/des filles heureuse**s**

   b. Les adjectifs en **-eau** et en **-al** se terminent respectivement en **-eaux**
   et en **-aux** au masculin pluriel:

   un b**eau** garçon/de b**eaux** garçons
   un ami loy**al**/des amis loy**aux**

SPECIAL PROBLEM

Some adjectives have a special form used before *masculine singular* nouns which
begin with a vowel or a silent *h*. The most common of these adjectives are:

beau/**bel**/belle	un beau garçon/un **bel** homme
nouveau/**nouvel**/nouvelle	un nouveau disque/un **nouvel** achat
vieux/**vieil**/vieille	un vieux monsieur/un **vieil** ami

But:

Cet homme-là est **beau.**
Ce livre-ci est **nouveau.**

Before a masculine *plural* noun, the regular masculine plural form is used: les
beaux arts, de **nouveaux** amis, de **vieux** ennemis.

Quelques cas particuliers sur l'accord

1. Si un adjectif qualifie deux (ou plusieurs) noms de genres différents, il
   est *masculin pluriel*:

   un oreiller et une couverture bleu**s**
   un jardinier et une bonne italien**s**

2. Un adjectif de couleur qualifié d'un autre adjectif est *masculin singulier et invariable*:

> une chemise **bleu foncé** *(dark blue)*
> une robe **jaune pâle** *(pale yellow)*
> des chaises **bleu clair** *(light blue)*

3. Les noms de couleurs ou de fruits employés comme adjectifs de couleur sont *masculin singulier et invariables* (exception: *rose*):

> des rubans **orange**
> une robe **lilas**
> *Mais:* des joues rose**s**

SUMMARY

Gender
As a general rule, the *feminine* form of an adjective ends in a *consonant sound*, the *masculine* in a *vowel sound*. Consequently, many of the irregularities disappear if you first learn the feminine form and then simply drop the final consonant sound.

conten**te**/content	fraî**che**/frais	dou**ce**/doux
heureu**se**/heureux	favori**te**/favori	fau**sse**/faux
blan**che**/blanc	lon**gue**/long	

In some instances, the final vowel sound changes slightly when the consonant is dropped:

améric**aine**/améric**ain**
itali**enne**/itali**en**   } The vowel becomes nasalized.
br**une**/br**un**

lég**ère**/lég**er**
premi**ère**/premi**er**   } The open vowel [ɛ] becomes closed [e].
ouvri**ère**/ouvri**er**

There are, of course, numerous exceptions. For example:
1. Adjectives whose masculine and feminine forms are pronounced the same:

triste/triste	grec/grecque	fatigué/fatiguée
rapide/rapide	bleu/bleue	aigu/aiguë

2. Adjectives that change consonant sounds:

> acti**ve**/acti**f**
> conserva**trice**/conserva**teur**
> sè**che**/se**c**

3. Adjectives that change quite radically:

> vieille/vieux
> nouvelle/nouveau
> belle/beau

Plural Forms

As a general rule, the plural form of an adjective sounds exactly the same as the singular form (of the same gender)—i.e., the final **-s** or **-x** is not pronounced:

bleu/bleus	vert/verts
timide/timides	complète/complètes
nouveau/nouveaux	nouvelle/nouvelles

The major exceptions are:

1. Adjectives whose masculine singular ends in **-al** and masculine plural in **-aux**:

   loy**al**/loy**aux**
   princip**al**/princip**aux**

2. Adjectives that precede a noun beginning with a vowel or a mute *h*. In this case, the *s* or *x* is pronounced like a *z*:

   de jolis arbres
   de beaux enfants
   les vieilles amies

R. Substituez le nom entre parenthèses en changeant la forme de l'adjectif (si c'est nécessaire).

▶ un drapeau américain *(une chanson)*
   une chanson américaine

1. un vent frais *(des œufs)*
2. un garçon sportif *(une jeune fille)*
3. le dernier chapitre *(la scène)*
4. un film intellectuel *(une discussion)*
5. un vieux monsieur *(une armoire)*
6. le métro parisien *(la société)*
7. un endroit secret *(une réunion)*
8. un étudiant sérieux *(une étudiante)*
9. un nouveau meuble *(des meubles)*[9]
10. un tapis sale *(une serviette)*
11. un gentil garçon *(une fille)*
12. un beau portrait *(des portraits)*
13. un beau tableau *(un enfant)*
14. le personnage principal *(les personnages)*
15. un long couloir *(des épées)*
16. un vent frais *(de l'eau)*
17. le masque blanc *(la maison)*
18. un fauteuil vert pomme *(une robe)*
19. son cours favori *(sa chanson)*
20. un enfant doux *(de l'eau)*
21. ma nouvelle chaîne stéréo *(mon tournevis)*
22. un bon cigare *(une tarte)*
23. un vieux type *(un arbre)*
24. un monument grec *(une ville)*
25. une fausse identité *(un pas)*
26. un enfant malheureux *(des enfants)*
27. le beau Victor *(Hélène)*
28. des femmes sportives *(un mari)*
29. le secteur public *(la salle)*

La place de l'adjectif

1. En règle générale, l'adjectif en français se met *après* le nom qu'il qualifie:

une fleur rouge	les écoles américaines
le mari parfait	des requins dangereux

[9] Rappelez-vous que **des** devient **de** devant un adjectif pluriel qui précède le nom.

2. Il y a pourtant des adjectifs qui se mettent *devant* le nom qu'ils qualifient:
   a. Certains adjectifs courts et courants qu'on emploie très fréquemment:

autre	grand	long	petit
beau	gros	mauvais	vieux
bon	haut	méchant	vilain
faux	jeune	meilleur	vrai
gentil	joli	nouveau	

   un **gros** mari   de **petits** enfants
   une **jolie** moustache   d'**autres** problèmes

   b. Certains adjectifs *de quantité*[10]:

chaque	quelques
plusieurs	tout[11]

   chaque matin   **quelques** exemples
   plusieurs fois

3. Certains adjectifs *changent de sens* selon leur place. D'ordinaire, lorsqu'ils se mettent *après* le nom, ils gardent leur sens *littéral* ou propre. Lorsqu'ils se trouvent *devant* le nom, ils prennent un sens *figuré*:

ancien	un monument **ancien** (*old, ancient*)
	un **ancien** ami (*former*)
brave	un soldat **brave** (*courageous*)
	un **brave** homme (*fine, worthy*)
certain	un succès **certain** (*sure*)
	un **certain** succès (*to some degree*)
cher	un repas **cher** (*expensive*)
	un **cher** ami (*dear, beloved*)
dernier	l'année **dernière** (*just passed*)
	la **dernière** leçon (*final—i.e., of a series*)
grand	un homme **grand** (*tall*)
	un **grand** homme (*great*)
même	le président **même** (*even*)
	le **même** président (*same*)
nouveau	une voiture **nouvelle** (*new model or style*)
	une **nouvelle** voiture (*different, unlike the previous one*)
pauvre	une femme **pauvre** (*without money*)
	une **pauvre** femme (*to be pitied*)
prochain	l'année **prochaine** (*about to come*)
	la **prochaine** leçon (*next—i.e., in a series*)
propre	les mains **propres** (*clean*)
	mes **propres** mains (*own*)

---

[10] Ces adjectifs remplacent le déterminant: **chaque** matin.

[11] Rappelez-vous que l'adjectif **tout** s'emploie avec l'article défini: **tout le** monde, **toute la** classe, **tous les** enfants, **toutes les** religions.

seul	un homme **seul** *(by himself)*
	un **seul** homme *(only one)*
simple	une histoire **simple** *(easy, without difficulty)*
	une **simple** histoire *(mere)*

4. En général, si un nom est qualifié de deux (ou plusieurs) adjectifs, ceux-ci occupent leur place habituelle:

   a. Si tous les adjectifs *précèdent normalement* le nom, on les met tous *devant* le nom:

> une **jolie petite** maison   de **petites jeunes** filles
> un **autre grand** secret   les **trois premières** pages

   b. Si un ou plusieurs adjectifs *précèdent normalement* le nom et les autres le *suivent*, chaque adjectif occupe sa place habituelle:

> une **jeune** femme **mariée**
> de **jolies petites** fenêtres **rondes**

   c. Si tous les adjectifs *suivent normalement* le nom, on les met tous *après* le nom:

> une cathédrale **gothique célèbre**
> mon auteur **français préféré**

   d. Si les adjectifs qualifient *séparément* le nom, on emploie **et**:

> un étudiant **frivole et paresseux** *(Ce sont deux qualités distinctes.)*

   Mais: S'il y a plus de deux adjectifs de cette sorte, il est nécessaire d'employer des virgules en mettant **et** seulement entre le dernier et l'avant-dernier adjectif de la série:

> des voitures **noires, blanches, bleues et rouges**

S. Mettez l'adjectif à la forme et à la place qui conviennent en suivant les modèles.

▶ *(italien)* une voiture
J'aimerais avoir une voiture italienne.

1. *(nouveau)* une montre
2. *(heureux)* une vie
3. *(autre)* des vêtements
4. *(vieux)* une maison
5. *(gentil, petit)* un enfant

▶ (chauve) un monsieur
Nous avons vu un monsieur chauve.

6. *(allemand, intéressant)* un film
7. *(tout)* nos cousins
8. *(impressionniste)* des tableaux
9. *(beau)* des plantes
10. *(intéressant)* une pièce

▶ *(moderne)* des meubles
J'ai acheté des meubles modernes.

11. *(plusieurs)* des outils
12. *(joli, vert)* un fauteuil
13. *(anglais, policier)* un roman
14. *(blanc, jaune)* des draps
15. *(bon)* du vin

▶ *(grand)* un escalier
On nous a montré un grand escalier.

16. *(beau)* un arbre
17. *(ennuyeux, gros)* des livres
18. *(chinois, extraordinaire)* des livres
19. *(long)* une table
20. *(tout)* la ville

Du vocabulaire utile pour faire une description

Quelques mots (adjectifs et noms) pour décrire les objets

1. *Les formes:*

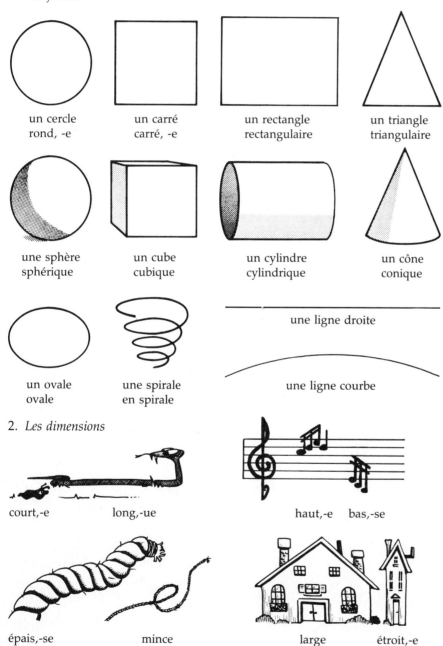

un cercle
rond, -e

un carré
carré, -e

un rectangle
rectangulaire

un triangle
triangulaire

une sphère
sphérique

un cube
cubique

un cylindre
cylindrique

un cône
conique

un ovale
ovale

une spirale
en spirale

une ligne droite

une ligne courbe

2. *Les dimensions*

court,-e   long,-ue

haut,-e   bas,-se

épais,-se   mince

large   étroit,-e

3. Les qualités

lisse

rugueux,-se

dur,-e   mou, molle

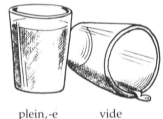

plein,-e   vide   aigu,-ë   pointu,-e

T. Identifiez chacun des objets suivants en utilisant **c'est** (ou **ce sont**) et au moins *deux* adjectifs choisis de la liste donnée ci-dessous.

nouveau   petit   lisse
vieux   joli   aigu
grand   laid   confortable
usé   rectangulaire large
rugueux   oval   étroit
bas   sphérique   dur
haut   moderne   mou
rond   épais   cher
carré   mince   noir

5. une table

6. des lunettes

7. une lampe

8. une armoire

1. un fauteuil

2. des aiguilles

9. une fenêtre

10. un blouson

3. une enveloppe

4. des masques

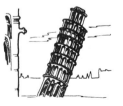

11. des coussins

12. une tour

Quelques prépositions pour situer les objets ou les personnes

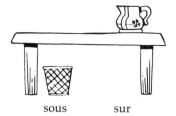

sous   sur

derrière   devant

au-dessus
au-dessous

à côté de   à l'envers
près de   loin de

U. Choisissez la préposition qui convient pour chaque phrase, d'après le dessin ci-dessous; faites tous les changements nécessaires.

au bout de / contre / loin de / à l'arrière plan de / derrière / vers

1. La maison est_____le chemin.
2. Les montagnes sont_____la maison.
3. L'échelle (*ladder*) est_____la maison.
4. L'ours (*bear*) est plus_____la maison que la charrette (*cart*).
5. Les montagnes se trouvent_____le dessin.
6. La fumée (*smoke*) monte_____le ciel.

en face de / en haut de / autour de / au centre de / au premier plan de

7. La brouette se trouve_____le dessin.
8. Les pins sont_____la maison.
9. La neige est_____les montagnes.
10. La maison, la brouette et l'ours se trouvent_____la peinture.
11. La colline (*hill*) se trouve_____la maison.

au-dessous de / au bord de / dans / au-dessus de / à côté de / devant

12. Le chemin passe_____la maison.
13. Les montagnes sont_____les nuages.
14. Le foin (*hay*) est_____la charrette.
15. Les fleurs poussent_____le chemin.
16. Les nuages sont_____les montagnes.
17. La charrette est_____la maison.

Quelques noms et adjectifs pour décrire les personnes

1. *L'âge:*

jeune   d'un certain âge   vieux, vieille

2. *La silhouette:*

grand, -e   petit, -e   fort,-e   faible
                        costaud,-e   chétif,-ve

gros,-se   mince *(favorable)*   de grande taille   de petite taille
          ou maigre *(péjoratif)*   de taille moyenne

3. *Le visage:*

carré   long   ovale   rond

4. *Le front:*

bombé   plat   haut   bas   fuyant

5. *Les yeux:*

à moitié fermés   grands ouverts   un œil poché

ronds   en amande   des poches sous les yeux

6. *Le nez:*

droit   aquilin   pointu   cassé   retroussé   camus   gros; une truffe

7. *Les joues:*

rondes   creuses   pendantes   des pommettes

8. *Les lèvres:*

fines   grosses

9. *Les cheveux:*

| longs | courts | raides | ondulés | frisés | en désordre | un chignon |

| être chauve | bouffants | en brosse | une barbe | une barbiche | des favoris | une moustache |

HELPFUL HINT

There are three ways to describe the physical appearance of a person in French: with the verb **avoir,** with the verb **être** or with the preposition **à.** Learn to use all three in order to vary your descriptions.

1. The verb **avoir** (**avoir** is followed by a noun):
   a. If an adjective precedes the noun, use the indefinite article or the partitive (**un, une, de**):

      Elle a **un** petit nez.
      Il a **de** grosses lèvres.

   b. If an adjective follows the noun, use the definite article (**le, la, l', les**)[12]:

      Elle a **les** cheveux **longs.**
      Il a **le** menton **pointu.**

2. The verb **être** (**être** is followed by an adjective):

   Elle est **mince.**

   a. If the subject of **être** is a part of the body, use a possessive adjective (**mon, ma, mes,** etc.):

      Son nez est **petit.**
      Ses cheveux sont **longs.**

3. The preposition **à** (**à** is followed by the definite article + a noun + an adjective before or after the noun). The prepositional phrase with **à** functions as an

[12] An exception to this rule involves certain expressions designating a body feature which everyone does not normally have. These cases require the use of an indefinite article (**un, une, des**): *Il a une moustache noire.*

adjective and must be attached to another noun; it cannot be used alone with the verb **être**:

> C'est un monsieur **aux grosses lèvres.**
> Cette femme **au teint pâle** et **aux lèvres rouges** a l'air bien triste.

V. Pour chaque dessin, répondez aux questions données.

▶ Qui est-ce?
C'est un monsieur.
Est-il jeune?
Non, il est vieux.
Comment sont ses cheveux?
Il est chauve.
Son nez est-il cassé?
Non, il a le nez pointu.
Décrivez cette personne.
C'est un vieux monsieur chauve et au nez pointu.

1. Qui est-ce?
Est-il vieux?
Comment sont ses cheveux?
Comment est son nez?
Décrivez cette personne.

2. Qui est-ce?
Est-elle vieille?
Quelle sorte de cheveux a-t-elle?
Son front est-il plat?
Décrivez cette personne.

3. Qui est-ce?
Est-elle jeune?
Ses cheveux sont-ils raides?
Décrivez cette personne.

4. Qui est-ce?
Est-il jeune?
Comment sont ses cheveux?
Décrivez son visage.
Décrivez cette personne.

5. Qui est-ce?
Décrivez son nez.
Ses lèvres sont-elles grosses?
Décrivez cette personne.

W. Décrivez les personnages du *Château dans le bois* (Chapitre II). Donnez au moins cinq détails sur chaque personne.

Le beau-frère est un homme d'un certain âge et de taille moyenne. Il n'est pas très costaud. Il est à moitié chauve. Il a le front fuyant et les joues creuses.

Expressions idiomatiques

Le bouffon **se moque du** roi.

1. se moquer de: to make fun of

Ce n'est pas possible! Est-ce que vous **vous
 moquez de** moi?
Les étudiants **se moquent du** professeur quand
 il a le dos tourné.
De qui **se moque**-t-elle?

Après cette expression, utilisez les pronoms
accentués: **moi, toi, lui, elle, nous, vous, eux,
elles**.

Exercices

A. Répondez aux questions suivantes en utilisant un pronom accentué.

1. Est-ce qu'elle se moque de Jean-Luc? *(oui)*
2. Mais dis-moi, Paul. Est-ce que tu te moques
   de moi? *(non)*

3. Est-ce qu'ils se moquent de nous? *(non)*
4. Est-ce qu'elle veut se moquer de ses parents?
   (non)

B. Réagissez aux phrases suivantes en utilisant
les expressions entre parenthèses.

1. Marianne dit que les femmes domineront le
   monde avant l'an 2000.
   Mais non, _____. *(de qui)*
2. A mon avis, tu devrais te marier.
   Comment?! _____. *(tu)*
3. Les étudiants ont dit au professeur qu'il n'y
   aurait pas de cours vendredi à cause de
   l'anniversaire du président.
   Mais non! _____. *(ils)*
4. Elisabeth nous a dit que vous aviez hérité de
   100.000F.
   Penses-tu! _____. *(elle)*

Le petit **ressemble à** ses parents.

2. **ressembler à:** to resemble, to look like
   se ressembler: to resemble each other, to
   look alike

Ressemble-t-il **à** son père? Oui, il **lui
ressemble.**
Quand Picasso était jeune, ses tableaux
ressemblaient à ceux de Cézanne.

Son frère et sa sœur **se ressemblent.**

Notez que dans l'expression **ressembler à,** on
peut remplacer **à + nom** par un pronom
complément d'objet indirect: **me, te, lui, nous,
vous** ou **leur.**

Exercices

C. Complétez les phrases suivantes en utilisant
le pronom qui convient.

1. Ressemble-t-il à son frère? Oui, il _____ ressemble. Et à sa sœur? Non, il ne _____ ressemble pas.
2. Ressemble-t-elle à ses parents? Oui, elle
   _____ ressemble un peu.
3. On dit que les mariés de longue date finissent
   par _____ ressembler.
4. A ton avis, est-ce que ma sœur me ressemble?
   Non, elle ne _____ ressemble pas du tout.

D. Répondez aux questions suivantes en utilisant le verbe *(se) ressembler.*

1. A qui est-ce que vous ressemblez?
2. Est-ce que vous ressemblez à votre meilleur(e)
   ami(e)?
3. Est-ce que vous espérez que vos enfants vous
   ressembleront?
4. A qui est-ce que les jumeaux ressemblent?
5. Est-ce que les tableaux de Picasso ressemblent
   aux tableaux de Michel-Ange?

Gaspar **passe son temps à** lire.

3. passer *(du temps)* **à** + *infinitif*: to spend time doing something
   mettre *(du temps)* **à (pour)** + *infinitif*: to take time to do something

Je **passe** mon temps **à** jouer.
Nous **avons passé** trois heures **à** faire nos devoirs.

J'**ai mis** trois heures **à** nettoyer la maison.
Nous **mettrons** au moins trois jours **pour** y aller.

Exercices

E. Répondez aux questions suivantes en utilisant le mot entre parenthèses.

1. Comment a-t-elle passé l'après-midi? *(dormir)*
2. Combien de temps a-t-il mis à lire ce livre? *(huit heures)*
3. Comment vas-tu passer la soirée? *(écouter du jazz)*
4. Combien de temps ont-ils passé à ne rien faire? *(trois ans)*
5. Combien d'heures met-on pour faire le voyage New York–Paris en avion? *(six ou sept heures)*

F. Répondez aux questions suivantes selon votre situation personnelle.

1. Comment passez-vous le temps quand vous êtes seul(e)?
2. Combien de temps avez-vous mis à faire vos devoirs de français?
3. Combien de temps mettez-vous pour aller de chez vous à l'université?
4. Comment allez-vous passer vos vacances?

S'il veut attirer les pigeons, il **aura besoin de** miettes.

4. avoir besoin de: to need

J'**ai besoin d'**argent et **d'**amis.
Elle **avait besoin d'**un ami.
Ils **auront besoin du** livre que je vous ai prêté.
On **a besoin de** manger pour vivre.

Après **avoir besoin de,** on omet l'article partitif (**du, de la, de l'**) ou l'article indéfini pluriel (**des**) et on emploie seulement **de.** On n'omet pas l'article défini.

Exercices

G. Remplacez le tiret par la forme convenable de *de* + article ou du partitif, si nécessaire.

1. Elle a besoin _____ nouvelle perruque.
2. Ont-ils besoin _____ meubles?
3. As-tu besoin _____ travailler ce week-end?
4. J'avais besoin _____ cigarettes, donc je suis allé en ville.
5. On a besoin _____ témoins pour tirer au clair cette affaire criminelle.

H. Répondez aux questions suivantes en utilisant *avoir besoin de* et un infinitif avec *pour.*

1. Pourquoi voulez-vous de l'argent?
2. Pourquoi voulez-vous du temps libre?
3. Pourquoi voulez-vous un ordinateur?
4. Pourquoi voulez-vous une auto?

Add: il faut, il me te lui faut... et

DESIGNER ET DECRIRE

Il **a l'air d'**avoir trop bu.

5. avoir l'air + *adjectif*   } to seem,
   avoir l'air de + *nom*   } to appear,
   avoir l'air de + *infinitif*   } to look

Il **a l'air** content.
Elle **a l'air d'**un clown avec ce chapeau.
Ils **avaient l'air de** bien comprendre.

Après cette expression, un adjectif peut s'accorder avec le mot **l'air** (masculin) *ou* avec le *sujet* de la phrase. Par exemple:
   Marie a l'air content.
   ou: Marie a l'air conten**te**.
   Ils ont l'air intelligent.
   ou: Ils ont l'air intelligent**s**.

Exercices

I. Remplacez le tiret en utilisant un des mots ou une des expressions suivants. Faites les changements nécessaires.

   avoir faim   fâché
   fatigué   coupable
   s'amuser

1. Ne vous moquez pas de lui. Il a l'air _____.
2. Ne les interrompez pas. Ils ont l'air de _____.
3. Donnez-leur à manger. Ils ont l'air de _____.
4. Pourquoi a-t-elle l'air _____? Elle n'a pas dormi hier soir.
5. Pourquoi l'inspecteur les a-t-il arrêtés? Parce qu'ils avaient l'air _____.

J. Réagissez aux situations suivantes en utilisant une forme convenable d'*avoir l'air*.

1. Cette pauvre femme! Elle a les yeux rouges. Elle tousse. Elle est enrhumée.
2. Les élèves se grattent la tête. Ils regardent le professeur sans rien dire ni écrire.
3. François pleure. Il ne regarde personne. Il ne dit rien. Il ne veut pas manger.
4. Caroline lève la main. Elle regarde le professeur. Elle ouvre la bouche.
5. Les enfants restent assis. Ils ne disent rien. Ils ne jouent pas. Ils ont de la difficulté à garder les yeux ouverts.

Si Gaspar continue à faire de telles choses, il
va **se faire mal.**

6. **avoir mal à** + *partie du corps*: to have a pain
   in—, to have a sore—, to have a __ache
   faire mal à + *partie du corps* ou *personne*: to
   hurt
   se faire mal (*à* + *partie du corps*): to hurt
   oneself (*a part of the body*)

J'**ai mal à** la tête.
Elle **avait mal au** dos.

Cela **m'a fait mal.**
La musique **leur fait mal aux** oreilles.

Elle **s'est fait mal au** dos en jouant au tennis.

Avec l'expression **faire mal à,** employez un
pronom complément d'objet indirect (**me, lui,
leur,** etc.) pour la personne et un article défini
avec une partie du corps.

Exercices

K. Répondez aux questions en utilisant les mots
entre parenthèses.

1. Où as-tu mal? (*la jambe*)
2. A-t-elle mal à la tête? (*non / les dents*)
3. Pourquoi n'est-elle pas venue en classe hier?
   (*l'estomac*)
4. Quand on a la grippe, où a-t-on mal? (*la gorge*)
5. Pourquoi ne joue-t-elle plus au golf? (*le dos*)

L. Répondez aux questions en utilisant un
pronom et dans certains cas le nom entre parenthèses.

1. Cela vous fait mal?
2. Où est-ce que cela te fait mal? (*les doigts*)
3. La lumière fait-elle mal à Jean-Pierre?
4. Où la lumière fait-elle mal à Jean-Pierre? (*les
   yeux*)
5. Où est-ce que vous vous êtes fait mal quand
   vous êtes tombé(e)? (*le genou*)

Harry **revient** de Tahiti au moment où
Gaspar **retourne** à Paris.

7. revenir: to return, to come back
  retourner: to return, to go back
  rentrer: to return, to go or to come home, to
    come back in
  rendre: to return, to give back

M. Delbas n'est pas ici. **Revenez** dans une
heure.

Allez-vous **retourner** en France l'été prochain?

Il faut **rentrer.** Ton père est malade.

Voudrais-tu me **rendre** ce livre que je t'ai
montré?

Les verbes **revenir, retourner** et **rentrer** se
conjuguent avec *être.* Le verbe **rendre** se
conjugue avec *avoir.*

Exercices

M. Remplacez le tiret par la forme indiquée du
verbe qui convient *(revenir, retourner, rentrer* ou
rendre).
1. A quelle heure _____ -tu hier soir? *(passé composé)*

2. Je ne _____ jamais chez eux. *(futur)*
3. Quand vas-tu me _____ l'argent que je t'ai
   prêté? *(infinitif)*
4. J'espère que vous _____ bientôt chez vous.
   (futur)
5. Les Français _____ souvent chez eux pour
   déjeuner. *(présent)*
6. Le docteur est venu aujourd'hui et il a promis
   de _____ demain. *(infinitif)*
7. _____ -lui ses outils. Elle en a besoin. *(impératif)*
8. Ont-ils l'intention de _____ en Guadeloupe?
   (infinitif)
9. Est-ce qu'il _____ l'appareil de photo? *(passé
   composé)*

N. Répondez aux questions suivantes selon
votre expérience personnelle.

1. A quelle heure rentrez-vous à la maison ou
   dans votre chambre d'habitude?
2. Nommez un objet que vous avez prêté à
   quelqu'un et qu'on ne vous a pas rendu.
3. Après avoir fini vos études universitaires, re-
   viendrez-vous souvent à l'université?
4. Est-ce que vos parents retournent souvent là
   où ils sont nés?

des gens   une personne
le peuple français

8. les gens (*m. pl.*): an indefinite number of people
   les personnes (*f. pl.*): a definite number (*expressed or implied*) of people
   le peuple: the common people; a group of people belonging to the same social community, usually a nation

La plupart **des gens** sont d'accord avec moi.
Il y a **des gens** qui n'aiment pas boire.

Plusieurs **personnes** sont mortes dans l'accident.
Les **personnes** dont le nom de famille commence par un *A* sont priées de se présenter au bureau.

Les aristocrates et les bourgeois s'enrichissent; **le peuple** devient de plus en plus pauvre.
Ce soir, à la télévision, le président de la République va s'adresser **au peuple** français.

Le mot **peuple** s'emploie d'habitude avec l'article défini. Le mot **gens** s'emploie *toujours* au pluriel. Il est masculin lorsqu'il s'emploie seul ou avec un adjectif qui le suit: **Les gens** sont **heureux.** Ce sont **des gens importants.** Il est féminin lorsqu'il s'emploie avec un adjectif qui le précède: Ce sont **de vieilles gens.** Le mot **personne** peut être employé au singulier (*une personne* extravagante), mais il est *toujours* féminin, même s'il s'agit d'un homme.

Exercice

O. Remplacez le tiret par la forme convenable de *gens,* de *personnes* ou de *peuple*:

1. Ils connaissent beaucoup de _____.
2. Il n'y avait qu'une trentaine de _____ au concert.
3. _____ français élit son président tous les sept ans.
4. Il y a beaucoup de _____ qui sont plus pauvres que nous.
5. _____ au pouvoir!
6. Il y avait une foule de _____ sur le trottoir.
7. _____ ayant un billet de deuxième classe monteront dans l'avion d'abord.
8. _____ présentes sont unies par leur désir de s'arrêter de fumer.
9. Les jeunes _____ se moquent parfois des traditions.
10. Combien de _____ parlent portugais ici?

Un tableau extraordinaire

Un homme (un écrivain) regarde par la fenêtre; dehors il neige. Un soldat, portant un paquet sous le bras gauche, s'appuie contre un réverbère. La neige qui tombe dans la rue fait penser à la poussière qui recouvre la table où l'homme est assis. Il décrit sa chambre: un lit, une commode, une cheminée, une lampe. Au mur il y a un tableau. Alain Robbe-Grillet (1922–), un des créateurs du Nouveau Roman, est l'auteur de *Dans le labyrinthe,* d'où le passage suivant est tiré. Ses descriptions détaillées finissent par créer des images surprenantes où la réalité et la description se confondent.

Le tableau, dans son cadre de bois verni°, représente une scène de cabaret°. C'est une gravure° en noir et blanc datant de l'autre siècle, ou une bonne reproduction. Un grand nombre de personnages emplit° toute la scène : une foule de consommateurs°, assis ou debout, et, tout à fait
5 sur la gauche, le patron, légèrement surélevé derrière son comptoir°.

Le patron est un gros homme chauve, en tablier°. Il est penché en avant, s'appuyant des deux mains au bord du comptoir, surplombant° les quelques verres à demi pleins qui garnissent° celui-ci°, ses épaules massives courbées vers un petit groupe de bourgeois, en vestes longues ou redin-
10 gotes°, qui semblent au milieu d'une discussion animée; [...]

Sur la droite, c'est-à-dire au centre du tableau, plusieurs groupes de buveurs sont assis autour de tables irrégulièrement disposées, entassées° plutôt, dans un espace insuffisant pour contenir à l'aise tant de monde. [...] Certains des personnages, emportés par la passion, sont à moitié
15 dressés sur leurs chaises, ou leurs bancs, et tendent un bras par-dessus les têtes vers un interlocuteur plus éloigné. Partout des mains se lèvent, des bouches s'ouvrent, des bustes et des cous se tordent°, des poings° se serrent°, appliqués sur une table ou brandis° dans le vide.

A l'extrême droite, une masse d'hommes, vêtus presque tous en ou-
20 vriers comme ceux qui sont assis aux tables, tournent le dos à ces derniers, se pressant les uns contre les autres pour apercevoir quelque affiche ou image placardée° contre le mur. Un peu en avant, entre ces dos tournés et la première rangée° de buveurs tournée dans l'autre sens, un gamin° est assis à même le sol° au milieu des jambes aux pantalons déformés,
25 parmi les gros souliers qui piétinent° et tentent de progresser vers sa gauche; de l'autre côté, il est en partie protégé par le banc. L'enfant est représenté de face. Il a les deux jambes repliées sous lui; il ferme ses deux bras autour d'une grosse boîte, quelque chose comme une boîte à chaussures. Personne ne s'occupe de lui. Peut-être a-t-il été renversé dans une
30 bousculade°. Il y a en outre°, non loin de là, au premier plan, une chaise renversée qui gît° sur le sol.

A l'écart°, comme séparés de la foule qui les entoure par une zone inoccupée—étroite certes, mais suffisante néanmoins pour que° leur isole-

le cadre de bois verni: *varnished wood frame*
le cabaret: *tavern*
la gravure: *engraving*
emplir: *to fill*
le consommateur: *customer*
le comptoir: *counter, bar*
en tablier: *wearing an apron*
surplomber: *to hang over*
garnir: *to fill, cover*
celui-ci = le comptoir
la redingote: *frock-coat*
entassées: *crowded together*

se tordre: *to twist*
le poing: *fist*
se serrer: *to clench*
brandis: *brandished*

placardée: *posted*
la rangée: *row*
le gamin: *young lad*
à même le sol: *right on the ground*
piétiner: *to tramp along*

la bousculade: *scramble*
en outre: *in addition*
gésir (gît): *to lie*
à l'écart: *off to the side*
pour que: *so that*

Alain Robbe-Grillet

ment soit sensible°, suffisante en tout cas pour les signaler° au regard bien
35 qu'°ils se situent à l'arrière-plan—trois soldats, assis à une table plus petite,
l'avant-dernière vers le fond sur le côté droit, tranchent° par leur immo-
bilité et leur raideur avec les civils qui emplissent la salle. Les soldats ont
la tête droite, les mains posées sur une sorte de toile cirée à carreaux°; ils
n'ont pas de verres devant eux. Eux seuls enfin ont la tête couverte, par
40 un bonnet de police à courtes pointes. [...] Au-dessous de l'estampe°, dans
la marge blanche, une légende° est calligraphiée en écriture anglaise : «La
défaite de Reichenfels°».
   [...] La foule massée° sur la droite regarde exclusivement vers le mur de
droite. Les buveurs attablés sont tournés de façon naturelle, dans chaque
45 cercle, vers le centre de la compagnie, ou bien vers un voisin, immédiat
ou non. Quant aux° bourgeois devant le comptoir, ils ne s'intéressent eux
aussi qu'à leur propre conversation, vers laquelle le patron se penche sans
s'inquiéter du reste de sa clientèle. [...] Les trois soldats, au contraire,
paraissent abandonnés. Ils ne conversent pas entre eux; ils ne s'intéressent
50 à rien de précis : ni affiche, ni verre, ni voisinage°. Ils n'ont rien à faire.
Personne ne les regarde, et eux n'ont rien à regarder non plus. L'orien-
tation de leurs visages—l'un de face, l'autre de profil, le dernier de trois-
quarts arrière°—n'indique aucun sujet commun d'attention. Le premier,
le seul dont les traits soient entièrement visibles, montre d'ailleurs des
55 yeux fixes, vides, sans expression aucune.
   [...] L'artiste les a représentés avec autant de soin° dans le détail et

sensible: *noticeable*
signaler: *to point out*
bien que: *even though*
trancher: *to stand out*
la toile cirée à carreaux:
checked oilcloth
l'estampe: *print*
la légende: *caption*
Reichenfels: town in the
south of Austria
massée: *crowded together*

quant à: *as for*

le voisinage: *vicinity*

de trois-quarts arrière:
three-quarter rear view

soin: *care*

presque autant de force dans le tracé que s'ils avaient été assis sur le devant de la scène. [...] Le visage qui se présente de face, en particulier, a été fignolé° d'une façon qui semble sans rapport avec le peu de sentiment
60 dont il était chargé. Aucune pensée ne s'y devine. C'est seulement un visage fatigué, plutôt maigre, encore amaigri° par une barbe qui n'a pas été rasée depuis plusieurs jours. Cette maigreur, ces ombres qui accusent° les traits, sans pour cela mettre en relief la moindre particularité notable, font cependant ressortir° l'éclat des yeux largement ouverts.

fignolé: *polished up*

amaigrir: *to grow thin*

accuser: *to accentuate*
faire ressortir: *to bring out*

65 [...] L'homme est assis, raide, les mains posées à plat sur la table que recouvre une toile cirée à carreaux blancs et rouges.

Il a fini son verre depuis longtemps. Il n'a pas l'air de songer à s'en aller. Pourtant, autour de lui, le café s'est vidé de ses derniers clients. La lumière a baissé, le patron ayant éteint la plus grande partie des lampes
70 avant de quitter lui-même la salle.

Le soldat, les yeux grands ouverts, continue de fixer la pénombre° devant soi, à quelques mètres devant soi, là où se dresse l'enfant, immobile et rigide lui aussi, debout, les bras le long du corps. Mais c'est comme si le soldat ne voyait pas l'enfant—ni l'enfant ni rien d'autre. Il a l'air de
75 s'être endormi de fatigue, assis contre la table, les yeux grands ouverts.

la pénombre: *semi-obscurity*

C'est l'enfant qui prononce les premières paroles. Il dit : «Tu dors?» Il a parlé très bas, comme s'il craignait de réveiller le dormeur. Celui-ci n'a pas bronché°. Au bout de quelques secondes, l'enfant répète, à peine un peu plus haut°:
80 «Tu dors?» Et il ajoute, de la même voix neutre, légèrement chantante: «Tu peux pas dormir là, tu sais.» [...]

broncher: *to flinch*
à...haut: *barely a little louder*

«Non... Oui... Je sais», dit le soldat.

Ils n'ont bougé ni l'un ni l'autre. L'enfant est toujours debout dans la pénombre, les bras le long du corps. Il n'a même pas vu remuer° les lèvres
85 de l'homme, assis à la table sous l'unique ampoule° restée allumée dans la salle; la tête n'a pas eu le moindre hochement°, les yeux n'ont même pas cillé°; et la bouche est toujours close.

remuer: *to move*
l'ampoule (f): *light bulb*
le hochement: *head-shake*
ciller: *to blink*

«Ton père...» commence le soldat. Puis il s'arrête. Mais cette fois les lèvres ont légèrement remué.
90 «C'est pas mon père», dit l'enfant.

Et il tourne la tête vers le rectangle noir de la porte vitrée.

Dehors il neige. Les petits flocons° serrés ont recommencé à tomber sur la chaussée° déjà blanche.

le flocon: *flake*
la chaussée: *pavement*

Alain Robbe-Grillet, *Dans le labyrinthe* © Grove Press

Compréhension

A. Répondez aux questions suivantes portant sur l'ensemble du passage.

1. Quelle est la scène représentée dans le tableau?
2. Combien de groupes de personnages y a-t-il? Identifiez-les.

3. Où ces groupes sont-ils disposés sur le tableau?
4. Quel est le personnage qui ne fait pas partie d'un groupe? Où est-il?
5. Comment ce tableau est-il différent d'un tableau "ordinaire"?

B. Relisez le passage et faites le travail suivant.

Normalement, dans une phrase déclarative le sujet précède le verbe. Dans certains cas, par exemple, après **que** et **où,** le sujet peut se placer après le verbe. Dans les phrases suivantes, indiquez le sujet du verbe en italique.

1. «Le soldat, les yeux grands ouverts, continue de fixer la pénombre, là, où *se dresse* l'enfant, immobile et rigide, lui aussi.» (ll. 71–73)
2. «L'homme est assis raide, les mains posées à plat sur la table que *recouvre* une toile cirée à carreaux blancs et rouges.» (ll. 65–66)

Les mots appartiennent souvent à une *famille* de mots qui ont la même racine. Regardez la liste des mots suivants dont le sens vous est donné. Essayez de deviner le sens des mots de la même famille.

3. *élever*: to lift → *surélevé*:? (l. 5)
4. *boire (buvons)*: to drink → *le buveur*:? (l. 12)
5. *un tas*: pile → *entassé*:? (l. 12)
6. *autour*: around → *entourer*:? (l. 32)
7. *raide*: stiff → *la raideur*:? (l. 37)
8. *carré*: square → *les carreaux*:? (l. 38)
9. *faire*: to do → *la défaite*:? (l. 42)
10. *la table*: table → *attablé*:? (l. 44)
11. *maigre*: thin → *amaigrir*:? (l. 61)
12. *dormir*: to sleep → *le dormeur*:? (l. 77)
13. *le cil*: eyelid → *ciller*:? (l. 87)

C. Relisez le passage et répondez aux questions suivantes.

1. Qu'est-ce qui encadre le tableau? Est-ce que le tableau est moderne?
2. Où est le patron? Décrivez-le (cheveux, corps, vêtements).
3. Quel est le groupe de gens placés devant le comptoir? Comment sont-ils habillés? Que font-ils?
4. Est-ce que tous les buveurs sont au centre du tableau? Comment savez-vous qu'ils sont en train de discuter, eux aussi?
5. Que regarde le groupe d'hommes à l'extrême droite? Parlent-ils aux buveurs du centre? Que font-ils?
6. Où le gamin est-il assis? Qu'est-ce qui le protège? Qu'est-ce qu'il tient entre ses bras? Qu'est-ce qu'il y a non loin sur le sol?

7. De qui le groupe à l'arrière-plan est-il composé? Sont-ils à côté des ouvriers et du gamin? Qu'est-ce qui recouvre la table où ils sont assis? Qu'est-ce qu'ils portent sur la tête?
8. Qu'est-ce que les ouvriers regardent? Et les hommes au centre? Et les bourgeois? Et les soldats?
9. Décrivez le soldat qui est vu de face (ses yeux, son visage, ses mains). Est-il en train de boire quelque chose?
10. Comment le café a-t-il changé depuis le début de la description? Qui est là maintenant?
11. Quel air le soldat a-t-il? Que lui dit l'enfant? Où est le soldat? Et l'enfant? Qu'est-ce que le soldat dit à l'enfant? Quelle est sa réponse?
12. Quel temps fait-il dehors?

Discussion

A. La description situe les objets et les personnes dans l'espace; la narration les situe non seulement dans l'espace mais aussi dans le temps. Au début du passage, on a nettement l'impression de lire la description d'un tableau. Quels sont les mots du premier paragraphe qui donnent cette idée? Citez des mots dans les paragraphes suivants qui situent les objets et les personnages dans l'espace du tableau. Tout d'un coup, la description se transforme en narration: quels sont les premiers mots qui introduisent la notion du temps? Quels sont les mots qui continuent à affirmer la forme narrative? Dans la dernière partie du passage y a-t-il des phrases ou des mots qui rappellent la description du tableau?

Traditionnellement un roman (un tableau) immobilise sur la page (la toile) une action, une situation, un événement. Qu'est-ce qui se passe dans ce passage? Quel commentaire la technique de Robbe-Grillet fait-elle sur le rapport entre l'art et la réalité?

B. Sujet d'exposé ou de rédaction: Choisissez un tableau que vous aimez. Faites la description du tableau, puis imaginez qu'il prend vie, qu'il s'anime, que les objets et les personnes entrent en mouvement.

Les Amateurs d'art

1. Devant le musée

1. C'est dimanche après-midi. Que va faire la famille Bellœil?
2. Où sont M. et Mme Bellœil?
3. Comment sont-ils habillés?

4. A votre avis, que dit M. Bellœil?
5. Que porte leur fils, Mathieu? Où est-il?
6. Comment s'appelle la statue? Qui l'a sculptée? Qu'est-ce qu'elle représente?
7. Qui voit-on dans le jardin à droite du musée?
8. Que fait cette personne pour passer le temps?
9. Pourquoi y a-t-il des pigeons devant le banc où elle est assise?

Devant le musée

le musée
  un édifice building
    de style classique
    des colonnes (f.)
l'entrée (f.)
la grille fence

la statue
  en marbre (made of) marble
  un homme penché en avant man bent over
    être pensif
    penser
    Le Penseur
  la sculpture
    sculpter
    un sculpteur
    Rodin

la famille Bellœil
  passer l'après-midi (à + inf.)
  · **visiter** *Explain*

Mme Bellœil
  porter
    des chaussures (f.) **à hauts talons** high-heeled shoes
    une jupe à carreaux
    un manteau de fourrure fur coat
    un sac en bandoulière slung across the shoulder

Mathieu, le fils
  s'amuser à + inf.
    avoir l'air espiègle to look mischievous
  une culotte courte short pants
  grimper sur to climb on
  jouer

M. Bellœil
  faire un geste to gesture
  une écharpe scarf
    autour du cou
  des lunettes (f.)
  un pantalon
  un pull, un tricot
  une veste

la vieille dame
  donner à manger à to feed
    des miettes (f.) crumbs
  être assise sur
    un banc
  garder le bébé
    un landau carriage
  tricoter
    des aiguilles (f.) **à tricoter** knitting needles
    une pelote de laine ball of yarn
    par terre on the ground

2. Dans le hall du musée

1. Qu'est-ce qu'on peut faire dans le hall?
2. Où achète-t-on les billets?
3. L'employé a-t-il l'air de s'amuser?
4. Qu'est-ce que M. Bellœil a déjà acheté? Comment le savez-vous?
5. Qu'est-ce qu'il y a sur le mur du hall?
6. Que fait Mathieu? Pourquoi? A votre avis, qu'est-ce qu'il voudrait avoir?
7. Quelle est la réaction de son père?
8. Que fait Mme Bellœil?
9. Qui est assis à l'entrée des salles d'exposition?
10. A votre avis, que pense-t-il en voyant la famille Bellœil?

Dans le hall du musée

le vestibule entrance hall
- **le guichet** ticket window
  - **un employé, une employée**
    - **s'ennuyer** to be bored
    - **vendre des billets** *(m. pl.)*
  - **les objets** *(m. pl.)* **d'art**
  - **le plan du musée** museum floor plan
  - **accroché au mur**

Mme Bellœil
- **se maquiller (le visage)** to put on makeup
  se regarder (dans)
    un miroir
  - **un poudrier** compact
  - **se poudrer** to powder her nose

Mathieu
- **avoir envie de** *qqch.* to desire
  demander *qqch.* **à** *qqn*
- **embêter** *qqn* to bother
- **tirer** *qqn* **par la main** to pull someone's hand

M. Bellœil
- **acheter un guide**
- **s'arrêter devant**
- **être irrité (contre** *qqn***)**

la vendeuse saleswoman
- **derrière le comptoir** behind the counter
- **la caisse**
  vendre
    un guide du musée
    des souvenirs *(m. pl.)*

le gardien de musée
  regarder
  - **d'un air désapprobateur**

le vestiaire
laisser qqch au...
le bulletin de réclame

3. Dans la salle des romantiques

1. Décrivez le tableau de Delacroix. Quel événément historique représente-t-il? Décrivez le personnage principal. Qu'est-ce qu'elle a dans les mains? Que symbolise-t-elle? Sur qui ou sur quoi marche-t-elle? Qu'est-ce que les autres personnages du tableau représentent?
2. Que fait le peintre du dimanche? Qu'est-ce qu'on voit sur la toile?

3. Pourquoi M. Bellœil se gratte-t-il la tête?
4. A votre avis, y a-t-il un rapport entre le tableau du peintre du dimanche et le tableau de Delacroix?
5. Que fait le gardien de musée? De quoi accuse-t-il Mathieu?
6. Quelle est la réaction de sa mère?

Dans la salle des romantiques

la salle des romantiques
   Delacroix, *La Liberté guidant le peuple*

le tableau
   les blessés *(m. pl.)* wounded men
   regarder avec espoir to look with hope
   saigner to bleed
   la femme
   avoir les seins *(m. pl.)* découverts to be
      barebreasted
      une tunique
      déchirée torn
   un drapeau
   un fusil rifle
      une baïonnette
   la révolution de 1830
      l'armée *(f.)* révolutionnaire
         s'avancer sur l'armée du roi to advance
            on the king's army
         vaincre l'ennemi to conquer the enemy
      le peuple contre la monarchie
   les soldats *(m. pl.)*
      une épée
      un képi
      un pistolet

Mme Bellœil
courir pour *(+ inf.)*
défendre *qqn*
être surprise que + *subjonctif*

Mathieu
   un casse-pieds pain-in-the-neck
   dessiner sur le mur

le gardien de musée museum guard
   accuser *qqn* de + *inf.*
   attraper *qqn* to catch
   avoir des ennuis to have problems
   saisir *qqn* au collet to grab by the collar

M. Bellœil
   ne pas comprendre
   se gratter la tête to scratch his head
   regarder par-dessus l'épaule de *qqn* to look
      over the shoulder of

le peintre du dimanche amateur painter
   un béret
   une blouse smock
   une boîte de couleurs
   un chevalet easel
   copier *qqch.*
   une palette
   peindre
   un pinceau paintbrush
   un tabouret stool
   une toile canvas
      une croix cross

4. Dans la salle des classiques

1. Décrivez le tableau de Rigaud: Comment s'appelle ce type de tableau? Que porte le roi? Comment le tableau suggère-t-il l'autorité du roi? Comment met-il en valeur l'élégance de son époque?
2. Que fait M. Bellœil? Quel air a-t-il?
3. Que fait sa femme? Avec quoi?
4. Où est Mathieu? À quoi voit-on qu'il se moque de son père? Comment se moque-t-il de son père?
5. Qu'y a-t-il à droite de la colonne, accroché au mur?

Dans la salle des classiques

la salle des classiques
    Rigaud, *Portrait de Louis XIV*

le tableau
    des glands *(m. pl.)* tassels
    le roi
        des bas *(m. pl.)* stockings
        des boucles *(f. pl.)* buckles
        une culotte
        de la dentelle lace
        des fleurs de lis *(f. pl.)* emblem of the
            French monarchy
           un manteau robe, cape
           bordé de fourrure *(f.)* trimmed with fur
        une perruque wig
        des souliers *(m. pl.)* **à hauts talons**

le portrait
    un homme distingué
        solitaire
    une pose (une attitude) rigide, statique
    mettre *qqch.* **en valeur** to bring out
        l'élégance *(f.)*
        la richesse

Mme Bellœil
    prendre une photo
        calculer la distance
        lire le photomètre

Mathieu
    être juché sur to be perched on
    un pilier
    se moquer de *qqn* **en** *(+ part. prés.)* to make
        fun of someone by

M. Bellœil
    avoir l'air prétentieux
    être grotesque (ridicule, sot) silly
    faire l'idiot to act foolish
    imiter *qqn*
    poser comme *qqn*
    prendre une pose

5. Dans la salle des impressionnistes

1. Décrivez le tableau de Van Gogh. Quel genre de tableau est-ce? Qu'est-ce qu'il y a au centre du tableau? Où va le chemin? Quels signes de vie humaine y voit-on? Que peut-on voir dans le ciel?
2. Décrivez le tableau de Cézanne. Quel genre de tableau est-ce? Quels objets y voit-on? Où sont-ils disposés, les uns par rapport aux autres?

3. Que font M. Bellœil et Mathieu?
4. Pourquoi le gardien de musée tape-t-il M. Bellœil sur l'épaule?
5. Que fait Mme Bellœil? A votre avis, qu'est-ce qu'elle est en train de dire à son interlocuteur?

Dans la salle des impressionnistes

la salle des impressionnistes
  Cézanne, *Nature morte*
  Van Gogh, *La Route aux cyprès*

— **la nature morte** still life
  — **une assiette** plate
  — **une cruche** pitcher
  — **une nappe** tablecloth
  — **des poires** *(f. pl.)*
  — **des pommes** *(f. pl.)*
  — **un sucrier** sugar bowl

— **le paysage** landscape
  — **briller** to shine
    — **au ciel**
    — **la lune**
    — **le soleil**
  — **une charrette** cart
    — **un cheval**
    — **traîner** *qqch.* to drag, pull
  — **une chaumière** thatched hut
  — **un chemin**
      passer devant un cyprès to go past a
        cypress tree
    — **passer à travers les champs** *(m. pl.)* **de blé**
        to go through the wheat fields
  — **des paysans** *(m. pl.)* peasants

Mme Bellœil
  critiquer
— **prétendre que** to claim that ✓

Mathieu
— **insouciant** careless
  jeter *qqch.* **par terre**
— **un trognon** core (of pear or apple)

le gardien
— **rappeler** to remind
— **il est interdit de** + *inf.*
— **taper** *qqn* **sur l'épaule** to tap on the shoulder

M. Bellœil
  s'intéresser à *qqch.* to be interested in
  manger

6. Dans la salle des surréalistes

1. Décrivez le tableau de Miró. Quels sont les personnages représentés dans ce tableau? Où sont-ils? Qu'est-ce qui relie la terre au ciel? A votre avis, quel est le sens de ce tableau?
2. Décrivez le tableau de Magritte. Qu'est-ce que le tableau représente? Quels objets y trouve-t-on? Q'y a-t-il de bizarre dans ce tableau?
3. En quoi ces deux tableaux sont différents des tableaux des salles précédentes?

4. Que fait Mme Bellœil?
5. Pourquoi son mari ne regarde-t-il pas les tableaux? Comment le savez-vous?
6. Avec quoi Mathieu joue-t-il? Qu'est-ce qu'il est en train de faire? Pourquoi le gardien a-t-il l'air horrifié?
7. Décrivez les autres visiteurs du musée. Ont-ils tous l'air d'apprécier l'art surréaliste?

Dans la salle des surréalistes

la salle des surréalistes
les tableaux de Magritte
  déformer la réalité
  juxtaposer des objets hétéroclites to juxtapose disparate objects
  une allumette match
  un lit
  des nuages *(m. pl.)*
  un peigne comb
  un plafond ceiling
  un plancher
  un tapis
  un verre à pied

le tableau de Miró
  un chien
    aboyer to bark
  une échelle ladder
  des espaces *(m. pl.)*
  des formes *(f. pl.)*
  la solitude
  la terre earth

Mme Bellœil
  contempler
  rester debout
    en face de

Mathieu
  s'amuser à + *inf.*
    faire tourner
    une roue de bicyclette
    montée sur

le gardien
  surveiller *qqn* to keep an eye on

M. Bellœil
  avoir mal aux pieds
  enlever *qqch.*
  être épuisé to be worn out
  se frotter le pied to rub his foot
  n'en pouvoir plus to be exhausted
  transpirer

7. Dans la salle des cubistes?

1. Décrivez le tableau de Picasso. Qu'est-ce qu'il représente? En quoi le personnage féminin ne ressemble-t-il pas à une femme ordinaire? Qu'est-ce que le reflet du personnage a de bizarre? De quelles formes géométriques le tableau est-il composé?
2. Comment M. Bellœil réagit-il en voyant la jeune femme? Pourquoi a-t-il cette réaction?

3. Quelle est la réaction de sa femme?
4. Comment réagit son fils?
5. Décrivez l'homme qui est derrière la porte.
6. La porte présente-t-elle quelque chose d'étrange?
7. A votre avis, qu'est-ce que le jeune peintre fait là?
8. Donnez votre interprétation de cette image.

Dans la salle des cubistes

la salle des cubistes
   Picasso, *La Jeune Femme dans le miroir*

le tableau
   bizarre
   étrange
   une femme
      les seins *(m. pl.)* breasts
         l'un au-dessus de l'autre
      le ventre stomach
         le visage irrégulier
   un miroir
   du papier peint wallpaper
      à losanges diamond-shaped

la jeune femme
   un manteau coat
   passer sous une arche
   se promener to walk along
      d'une façon naturelle
   ressembler à *qqn*
      être le double de *qqn*

le monsieur
   une béquille crutch
   une horloge
      accroché au mur
      tordue twisted
   un serpent

Mme Bellœil
   se cacher derrière
   se cramponner à *qqn* to cling to
   être stupéfaite to be amazed

Mathieu
   montrer *qqn* **du doigt** to point to
   ricaner to sneer

M. Bellœil
   ne pas en croire ses yeux to not believe his eyes
   être étonné de + *inf.* to be astonished to
   laisser tomber *qqch.* to drop

le peintre
   en trompe-l'œil
   peindre

8. Sur la place du Tertre

1. Dans quelle partie de Paris se trouve la place du Tertre?
2. Qui fréquente cette place?
3. Qu'est-ce qu'on voit au fond de l'image?
4. Décrivez le tableau que Mathieu indique du doigt: Quel genre de tableau est-ce? Qui représente-t-il?
5. A quel prix le peintre vend-il ce tableau?
6. Le tableau est-il l'œuvre d'un peintre célèbre? Expliquez.
7. Quelle est la réaction de M. Bellœil en voyant le tableau?
8. Comment sa femme réagit-elle?
9. A votre avis, que fera la famille Bellœil dimanche prochain?

Sur la place du Tertre

Montmartre
- **la basilique du Sacré-Cœur**
  le peintre
    exposer ses tableaux
      - **en plein air**
      - **sur la place**
    - **gagner sa vie en** + *part. prés.* to earn his living by
      vendre des tableaux aux touristes

le tableau
- **bon marché** cheap
- **coûter … francs**
  un portrait
    un gros monsieur
      - **une chandelle**
        un fauteuil armchair
      - **être nu**
        ressembler à

Mme Bellœil
- **s'esclaffer** to guffaw
- **ne pas pouvoir s'empêcher de** + *inf.* to not be able to keep from
  trouver le tableau + *adj.*

Mathieu
  indiquer *qqch.* **du doigt** to point out

M. Bellœil
  être humilié
- **froncer les sourcils** to frown
  se mettre en colère
- **serrer les poings** (*m.*) to clench his fists

Activités

A. Vous et un(e) camarade de classe vous préparez à jouer une variation de la scène du dialogue. Suggestions: (1) un homme au marché aux femmes; (2) un père ou une mère au marché aux enfants; (3) un(e) étudiant(e) au marché aux professeurs.

B. Faites la description d'un(e) étudiant(e) de votre cours de français mais ne nommez pas cette personne. Après votre présentation, les autres étudiants essaieront de deviner l'identité de cette personne.

C. Choisissez un objet dans la classe (ou un objet que tout le monde connaît). Faites la description de cet objet sans le nommer. Les autres étudiants essaieront de l'identifier.

D. Le jeu des vingt questions: Choisissez une personne ou un objet. Au lieu de présenter votre description à la classe, répondez par oui ou par non aux questions que les autres étudiants vous poseront sur la personne ou l'objet.

E. Choisissez un tableau que vous aimez particulièrement. Décrivez ce tableau à quelques étudiants qui essaieront de le dessiner d'après votre description. Ils pourront vous poser des questions pour chercher des précisions. Quand ils auront fini, vous pourrez comparer leurs dessins au tableau original.

F. Le jeu du cadavre exquis: Il s'agit de composer une phrase selon un modèle grammatical décidé à l'avance. La première personne commence par écrire un mot qui correspond à la première catégorie grammaticale; puis elle plie *(folds)* la feuille de papier. La deuxième personne écrit un mot correspondant à la deuxième catégorie grammaticale indiquée, mais sans regarder le premier mot écrit. Et ainsi de suite. Après avoir écrit son mot, la dernière personne lira la phrase à toute la classe.

G. Que voyez-vous? Vous et un(e) camarade complétez la phrase à tour de rôle. «Je vois...» en décrivant un *objet* sur une des images indiquées. Chaque description doit comprendre *un ou deux adjectifs*, mais il ne faut pas employer deux fois le même adjectif. Continuez jusqu'à ce que vous ayez utilisé tous les adjectifs de la liste ci-dessous (si c'est possible); ensuite passez à une autre image et recommencez.

Images
«Le Château dans le bois», image 1
«Le Château dans le bois», image 3
«Le Paradis perdu», image 2
«Le Paradis perdu», image 5

Adjectifs

allumé	fermé	léger	obscur
autre	français	long	ouvert
beau	grand	lourd	petit
bon	gros	moderne	rond
cassé	haut	nouveau	sale
court	joli	nu	vieux

H. Narration: En imitant Robbe-Grillet, racontez un petit incident qui a eu lieu chez vous (dans votre salle à manger, dans votre chambre, dans votre salon, etc.). Employez les mots et les expressions suivants:

sur	à gauche (de)	au milieu (de)
devant	à droite (de)	le côté
à côté (de)	contre	en face (de)

Limitez-vous à la description et à la narration: n'expliquez pas, n'interprétez pas l'incident. Racontez votre histoire au présent ou au passé.

Quatrième Chapitre

LE TEMPS

Le Fonctionnaire

— Bonjour, monsieur.

— Oui, monsieur. Je peux vous aider?

— J'ai besoin d'une carte d'étudiant.

— Très bien… Le temps que je trouve la fiche°… Alors, voyons… Où faites-vous vos études, monsieur?

la fiche: *(index) card*

— A Vincennes.

— Depuis combien de temps?

— Euh… c'est que je vais commencer mes études la semaine prochaine.

— Ah… vous n'êtes donc pas étudiant?

— Si… c'est-à-dire que non… mais…

— Je suis désolé, monsieur. Les cartes d'étudiants sont réservées aux étudiants.

— Mais à Vincennes on m'a dit que je pourrais obtenir ma carte d'étudiant ici.

— C'est exact, monsieur. Celui qui vous a dit cela avait raison. C'est ici que les étudiants prennent leur carte d'étudiant. Mais puisque vous n'êtes pas étudiant, je ne peux pas vous donner de carte.

— Mais comment est-ce que je vais avoir ma carte?

— Rien de plus simple, monsieur. Retournez à Vincennes et inscrivez-vous° à vos cours. Dès que vous aurez terminé les formalités d'inscription, vous serez étudiant. Vous reviendrez donc ici et je vous donnerai votre carte d'étudiant.

s'inscrire (à): *to register*

— Je m'excuse, monsieur, mais ça ne marchera pas. On m'a dit à Vincennes que je ne pouvais pas m'inscrire sans carte d'étudiant.

— Tiens! Je ne savais pas. Consultons les règlements… Ah, oui, voici: «Seuls les étudiants pourvus d'une carte d'étudiant auront le droit de s'inscrire à l'université.» Ah, vous voyez, monsieur—on a eu tout à fait raison de vous refuser la permission de vous inscrire, car vous n'avez pas encore reçu votre carte d'étudiant.

— Mais c'est absolument insensé! Vous voulez dire que si j'avais ma carte d'étudiant, j'aurais le droit de m'inscrire, et d'autre part seule l'inscription à l'université me donne le droit d'avoir une carte! Mais c'est une ronde infernale! On ne s'en sort pas!

— Ah, monsieur, que voulez-vous? Ce n'est pas moi qui fais les règlements. A votre service, monsieur… Oui, mademoiselle, je peux vous aider?

Comment exprimer le temps

En anglais on fait une distinction entre les mots *time* et *tense*, mais en français on utilise un seul mot: **le temps.** C'est ainsi que la langue française souligne le rapport direct entre l'idée abstraite du temps qui passe *(time)* et la notion grammaticale des temps verbaux.

Dans un sens, on peut dire que la seule notion de temps *(time)* qui existe, c'est le présent—le passé et le futur étant pensés uniquement par rapport au présent. Les divisions du temps sont mobiles, changeantes: les dimensions du passé et du futur dépendent du présent, qui change constamment. Par conséquent, parler du passé ou du futur, c'est (re)créer, (re)construire quelque chose qui n'existe pas—sauf comme construction mentale. Puisque c'est une construction de l'esprit, on a une grande liberté en la construisant. Un exemple de cette liberté, c'est le choix d'un point de vue temporel. La personne qui parle a la possibilité de situer ce qu'elle dit par rapport au moment actuel ou par rapport à un moment (imaginaire) du passé ou de l'avenir. Les trois versions suivantes du même passage illustrent ces notions de temps:

1. *Maintenant—Je me parle:*

   Il **est** sept heures. Il **fait** froid ce matin. Je **suis** fatigué mais je **fais** mon lit. J'**ai** très peu dormi. Il **était** déjà deux heures quand je **suis rentré** hier soir. Je **serai fatigué** pendant la journée mais je **me coucherai** tôt ce soir.

2. *Samedi dernier—Je raconte ce qui s'est passé:*

   Il **était** sept heures. Il **faisait** très froid. J'**étais** fatigué mais j'**ai fait** mon lit. J'**avais** très peu **dormi.** Je n'**étais rentré** qu'à deux heures la veille. Je **serais fatigué** pendant la journée mais je **me coucherais** tôt le soir.

3. *Samedi prochain—J'imagine ce qui va se passer:*

   Il **sera** sept heures du matin. Il **fera** très froid. Je **serai** fatigué mais je **ferai** mon lit. J'**aurai** très peu dormi. Je ne **serai rentré** qu'à deux heures la veille. Je **serai** très fatigué pendant la journée mais je **me coucherai** tôt le soir.

Dans le premier exemple, le narrateur raconte son histoire du point de vue du *présent* (ici, sept heures du matin). Tout ce qui a précédé ce moment est au passé (les verbes sont au passé composé et à l'imparfait); tout ce qui va suivre ce moment est dans le futur (les verbes sont au futur).

Dans le deuxième exemple, le narrateur situe son point de référence dans le *passé* (samedi dernier). Tout ce qu'il raconte a eu lieu au passé; il y a donc, pour ainsi dire, *un passé du passé* et *un futur du passé.*

De la même façon, dans le troisième exemple, le point de référence est situé dans le *futur* (samedi prochain). Il y a donc *un passé du futur* et *un futur du futur*.

Bien entendu, le narrateur est toujours dans le présent, mais dans les deux dernières versions, il parle comme s'il était dans le passé ou dans le futur. Le schéma suivant résume les catégories temporelles:

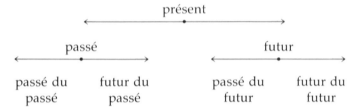

Dans ce chapitre nous allons étudier la manière dont les différents temps verbaux *(tenses)* sont utilisés pour exprimer le rapport de temps *(time)* qui existe entre les actions.

Le présent comme point de repère

Revoyons le premier paragraphe-modèle:

> Il est sept heures. Il fait très froid. Je suis fatigué mais je fais mon lit. J'ai très peu dormi. Il était déjà deux heures quand je suis rentré. Je serai très fatigué pendant la journée, mais je me coucherai tôt ce soir.

Le narrateur, situé dans le présent, se parle. Il fait allusion au moment actuel (au *présent*), à des événements qui ont précédé ce moment (au *passé*), et à des événements qui suivront le moment actuel (au *futur*). Pour exprimer ces trois moments du temps, il utilise quatre temps verbaux *(le présent, le passé composé, l'imparfait, et le futur):*

passé	présent	futur
ai dormi	est	serai
était	fait	me coucherai
suis rentré	suis	
	fais	

Le présent (du présent)

1. Le temps verbal qu'on emploie pour parler du présent (du présent) est, bien entendu, **le présent**; ce temps désigne une action qui se passe ou

une condition qui existe *au moment où on parle* ou *qui continue dans le présent:*

Il **pleut** en ce moment.
Je **suis** heureux de vous voir.
Elle **répare** sa voiture.
Nous *attendons* depuis une demi-heure.

Le présent a aussi deux autres sens. On l'emploie pour désigner:
a. une action ou une condition *habituelles* si elles se passent ou existent aussi au moment où on parle:

Le samedi nous **allons** en ville.   *(On) Saturdays, we go into the city.*

D'habitude je **prends** du vin avec mes repas.   *I usually drink wine with my meals.*

b. une *vérité générale* ou une *condition permanente:*

En été **il fait** chaud.
Le soleil se lève le matin et **se couche** le soir.

2. Voici quelques expressions temporelles qui signalent qu'on parle du présent:

aujourd'hui (today)	C'est **aujourd'hui** le 25 juin.
maintenant (now)	**Maintenant,** nous sommes devant le Panthéon.
à présent (at present)	**A présent,** elle a les cheveux gris.
actuellement (at the present time)	**Actuellement,** nous vivons chez nos parents.

A. A partir des mots suivants, construisez des phrases au présent. Attention aux formes verbales irrégulières.

▶ tous les jours / je / travailler / en ville
Tous les jours je travaille en ville.

1. elle / aller / souvent / au musée
2. tu / dire / toujours / la vérité
3. ils / ne pas savoir / ce que / vous / vouloir
4. il / pleuvoir / en ce moment
5. croire / vous / toujours / ce que / vous / dire
6. cela / me / surprendre / à chaque fois
7. d'ordinaire / elle / recevoir / trois lettres par semaine
8. elles / avoir / souvent / des ennuis
9. je / venir de / se lever
10. avec qui / sortir / tu / actuellement / ?
11. nous / faire / de notre mieux
12. je / ne plus en pouvoir
13. qu'est-ce que / vous / écrire / en ce moment / ?
14. notre train / partir / à sept heures
15. qu'est-ce que / elle / tenir / dans la main / ?
16. être / tu / d'accord / avec lui / maintenant / ?
17. d'habitude / je / prendre / de l'eau minérale / avec mes repas
18. nous / détester / la sculpture moderne
19. tu / ne jamais vendre / tes dessins
20. les hommes / faire / de mauvais maris

In French, the present tense is used to express any action or condition that *began in the past* and *is still continuing in the present*. This situation, which involves a continuity between the past and the present, poses problems for English speakers since English uses a perfect progressive tense *(I **have been living** here for three months)* whereas French requires only the simple present *(J'**habite** ici depuis trois mois)*. The following rules and examples summarize the differences between French and English on this point.

Statements

1. To indicate the amount of time *the action has been continuing*, use one of the following constructions:
   a. **Voilà (Voici)** + time expression of duration + **que** + present tense
   b. **Il y a** + time expression of duration + **que** + present tense
   c. **Cela fait** + time expression of duration + **que** + present tense
   d. Present tense + **depuis** + time expression of duration

> **Voilà dix ans qu'elle est** aux Etats-Unis.
> **Il y a dix ans qu'elle est** aux Etats-Unis.
> **Cela fait dix ans qu'elle est** aux Etats-Unis.
> **Elle est** aux Etats-Unis **depuis dix ans.**
>
> She has been in the United States for ten years.

2. To indicate *the starting point of the action*, use the present tense + **depuis** + a time expression indicating a particular moment[1]:

> **Elle est** aux Etats-Unis **depuis 1965.**   She has been in the United States since 1965.
>
> **Ils travaillent** pour nous **depuis le premier janvier.**   They have been working for us since January first.

Questions

3. When asking a question to discover *the moment the action began*, use **depuis quand** + present tense:

> —**Depuis quand êtes-vous** à Paris?   Since when (how long) have you been in Paris?
>
> —**Je suis** à Paris **depuis jeudi dernier.**   I've been in Paris since last Thursday.

4. When asking a question to discover *how long an action has been continuing*, use either:
   a. **Depuis combien de temps** + present tense *(using inversion)*
   b. **Cela fait combien de temps que** + present tense

> —**Depuis combien de temps êtes-vous** à Paris?
> —**Cela fait combien de temps que vous êtes** à Paris?
>
> How long (for how much time) have you been in Paris?

---

[1] When the time expression involves hours, it may indicate either *time duration* or a *specific moment*, thus causing ambiguity: Elle attend **depuis deux heures.** (She has been waiting *for two hours.* or She has been waiting *since two o'clock*.) Therefore, it is most useful to add information that prevents ambiguity: Elle attend **depuis plus de deux heures.** [duration] or Elle attend **depuis deux heures de l'après-midi.** [a specific moment].

—Je suis à Paris **depuis deux jours.**
—**Il y a deux jours que je suis** à Paris. } *I've been in Paris for*
—**Cela fait deux jours que je suis** à Paris. } *two days.*

B. Donnez l'équivalent français des phrases sui-vantes. Donnez toutes les possibilités pour chaque phrase.

▶ She has been in the hospital for five weeks.
Elle est à l'hôpital depuis cinq semaines.
Voilà cinq semaines qu'elle est à l'hôpital.
Il y a cinq semaines qu'elle est à l'hôpital.

1. He has been smoking for eight years.
2. How long have you been sick?
3. Since when have you been waiting?
4. We have been working in this department store for six months.
5. I have had a headache for three hours.
6. I have had a headache since three o'clock.

Le passé (du présent)

1. Pour désigner des actions ou des conditions qui se sont terminées avant le moment où on parle, on emploie le plus fréquemment l'**imparfait** ou le **passé composé.** Voir le premier chapitre pour une révision de leur emploi.

2. Voici quelques expressions qui permettent de situer les différents mo-ments du passé par rapport au présent:

hier (yesterday)
avant-hier (the day before yesterday)
il y a {
  trois jours (three days ago)
  huit jours (une semaine) (a week ago)   *quinze jours*
  un mois (a month ago)
  deux ans (two years ago)
}
mercredi dernier
la semaine dernière
le mois dernier
l'année dernière

C. Utilisez les mots donnés pour former une phrase au passé. Il faut choisir, selon le type d'action et le contexte, entre le *passé composé* et l'*imparfait*.

▶ nous / arriver / il y a huit jours
Nous sommes arrivés il y a huit jours.

1. elle / partir / lundi dernier
2. il / téléphoner / à 2h30
3. ils / vouloir / visiter un musée / tous les jours
4. je / avoir / 16 ans / à l'époque
5. tu / ne rien faire / hier après-midi
6. elles / aller en ville / samedi après-midi
7. nous / lire / quand / Jean-Marc / arriver

8. ils / être / à Marrakech / quand / ils / voir / Patrick
9. je / ne pas me raser / ce matin
10. elle / ne pas pouvoir vous voir / parce que / vous / être / en vacances
11. nous / habiter / en Espagne / pendant trois ans
12. tu / se coucher / très tard / d'habitude
13. je / perdre / mon portefeuille
14. quand / nous / sortir / il / pleuvoir
15. elles / ne pas ouvrir / la porte / quand / je / sonner

Il y a/il y a...que

Avoid confusing **il y a** *(ago)*, which is used with the *passé composé*, and **il y a...que** *(for)*, which usually requires the *present* tense:

Elle est arrivée il y a dix minutes.	*She got here ten minutes ago.*
Il y a dix minutes **qu'elle est** ici.	*She has been here for ten minutes.*
Nous avons acheté cette maison **il y a** vingt-cinq ans.	*We bought this house twenty-five years ago.*
Il y a vingt-cinq ans **que nous habitons** ici.	*We have been living here for twenty-five years.*

D. Mettez l'infinitif au *passé composé* ou au *présent* selon le cas:

1. Elle *(entrer)* à l'hôpital il y a cinq jours.
2. Il y a cinq jours qu'elle *(être)* à l'hôpital.
3. Il y a des années que je *(s'ennuyer)* à mon travail.
4. Elles *(partir)* il y a un instant.
5. Nous *(avoir)* un accident il y a deux mois.

Depuis/il y a...que/voilà (voici, cela fait)...que

All of the previous examples dealing with an action starting in the past and continuing into the present were affirmative sentences. When the above expressions are found in a *negative sentence*, the **passé composé** is often used to stress the fact that the action or condition stopped in the past and did *not* continue until the present.

Je **ne** vous **ai pas vu** depuis dix ans.	*I have not seen you for ten years.*
Voilà dix jours que je **ne suis pas allée** au bureau.	*I haven't gone to the office for ten days.*
But in the affirmative:	
Je **vais** au bureau tous les jours depuis dix mois.	*I have been going to the office every day for ten months.*

E. Mettez l'infinitif au **présent** ou au **passé composé** selon le cas.

1. Je *(payer)* par chèque depuis 1960.
2. Je *(ne pas payer)* comptant depuis 1960.
3. Voilà trois heures que nous *(survoler)* l'océan.
4. Voilà trois heures que nous *(ne pas se parler)*.
5. Il y a une éternité que je *(ne pas aller)* au cinéma.
6. Cela fait trois mois que je *(faire)* du yoga.
7. Il y a bien longtemps que nous *(ne pas faire)* de voyage en France.

Le futur (du présent)

Pour désigner les actions ou les conditions qui commencent après le moment où on parle, on emploie le futur proche ou le futur.

1. *Le futur proche:* pour désigner une action dans le *futur immédiat* ou *assez proche,* on emploie le **présent** du verbe **aller** + *infinitif.*

   > Je **vais** lui **téléphoner** immédiatement.
   > Ils **vont partir** bientôt.
   > Elle **va arriver** tout de suite.
   > Qu'est-ce que tu **vas faire** ce soir?

2. *Le futur:* pour indiquer une action qui se passera dans l'avenir ou une condition qui n'existe pas encore, on emploie le **futur**[2]:

   > Demain, il **fera** beau[3].
   > L'année prochaine, vous **viendrez** nous rendre visite.
   > En 1985, j'**aurai** 60 ans.

3. Voici quelques expressions qui permettent de situer les différents moments du futur par rapport au présent:

   demain (tomorrow)
   après-demain (the day after tomorrow)
   dans { **trois jours** (in three days)
   huit jours (une semaine) (in a week)
   un mois (in a month)
   deux ans (in two years)
   mercredi prochain[4] (next Wednesday)
   la semaine prochaine (next week)
   le mois prochain (next month)
   l'année prochaine (next year)

F. Utilisez les mots donnés pour former une phrase au *futur* ou au *futur proche.* Attention aux formes verbales irrégulières.

▶ nous / arriver / dans huit jours
  Nous arriverons dans huit jours.

1. elle / ne pas aller / dans les grands magasins / demain
2. dans quelques jours / vous / recevoir / une invitation
3. tu / ne jamais reprendre / ton travail
4. vous / s'arrêter / devant la porte d'entrée
5. ils / vouloir / lui parler / bientôt
6. je / faire semblant / d'y croire
7. les peintres du dimanche / pouvoir exposer leurs toiles / dans la cour du musée
8. quand / elle / voir ce que nous avons fait / elle / ne pas en croire ses yeux
9. tu / savoir / nous l'expliquer
10. il / falloir / se dépêcher
11. elles / être en colère / contre nous
12. je / avoir le temps / de visiter tout le musée

[2] Voir l'Appendice pour la formation du futur.
[3] On peut dire également: **Il va faire** *beau demain.* C'est la personne qui parle qui distingue entre le futur immédiat et le futur.
[4] **Mercredi prochain** est l'équivalent de l'anglais, *next Wednesday.* Pour indiquer les mercredis qui suivent, on utilise **mercredi en huit** (a week from Wednesday) et **mercredi en quinze** (two weeks from Wednesday).

Necessary Use of the Future After *Quand*

In English, after the expression *when* referring to the future, one uses the present tense. However, in French one must use the future tense:

Quand je le **verrai,** je lui dirai   *When I see him, I will say*
  bonjour de ta part.   *hello for you.*

Along with **quand,** the expressions **lorsque, dès que,** and **aussitôt que** also require the future tense when you are speaking of a future time:

Nous te téléphonerons **dès que**   *We will call you as soon as we*
  (aussitôt que) nous rentrerons.   *get home.*
Qu'est-ce que tu feras **lorsque tu**   *What will you do when you see*
  les **reverras?**   *them again?*

G. Répondez négativement aux questions suivantes en justifiant vos réponses.

▶ Est-ce que tu as acheté des chaussures? *(dès que / être en solde)*
  Non, mais j'achèterai des chaussures dès qu'elles seront en solde.

1. Est-ce que tu as acheté un ordinateur? *(dès que / avoir assez d'argent)*

2. Est-ce que tu as visité le Jeu de Paume? *(quand / être à Paris)*

3. Est-ce que vous avez invité les autres? *(lorsque / les voir)*

4. Est-ce qu'Etienne a appris ses résultats? *(quand / rentrer)*

5. Est-ce que ses parents lui ont écrit? *(aussitôt que / être arrivé à Dakar)*

Dans/en

English speakers tend to confuse the uses of **dans** and **en** with time expressions. **En** indicates *duration*; **dans,** *a specific point in time.* **En** is used to indicate how long an action takes; it is often accompanied by the present tense. **Dans** indicates the moment when an action will begin; it always requires the future tense.

Nous faisons le voyage **en six heures.** *(The trip takes six hours.)*
Ils seront ici **dans six heures.** *(Six hours from now they will be here.)*

H. Répondez aux questions en utilisant **dans** ou **en**:

▶ Combien de questions le professeur vous pose-t-il pendant les cours?
  En une heure, il me pose quatre ou cinq questions.

▶ Quand est-ce que le dîner sera servi?
  Il sera servi dans deux heures.

1. Quand est-ce que la classe se terminera?
2. Est-ce que vous allez souvent à la bibliothèque pendant la semaine?
3. Quand est-ce que vous aurez fini vos études?
4. Quand est-ce que nous serons en vacances?
5. Combien voyez-vous de films par mois, en moyenne?

I. En utilisant comme points de départ les dates indiquées, faites des phrases avec les éléments donnés; employez des expressions temporelles (*hier, après-demain, il y a trois jours,* etc.) pour remplacer les dates.

C'est aujourd'hui le mardi 6 janvier 1984.

▶ le 5 janvier 1984: je / aller / au musée
  Hier je suis allé(e) au musée.

1. le 7 janvier 1984: M. Grosgrain / partir / pour les Etats-Unis
2. le mardi 30 décembre 1983: il / fumer / sa dernière cigarette
3. le 9 janvier 1984: nous / être / en Martinique
4. décembre 1983: il / neiger / presque tous les jours
5. le 6 janvier 1983: maman / entrer / à l'hôpital
6. le jeudi 15 février 1984: elles / débarquer / à Hong-Kong
7. le 4 janvier 1984: je / faire des courses / en ville

C'est aujourd'hui le vendredi 19 septembre 1983.

▶ le lundi 22 septembre: je / reprendre / mon travail
  Lundi prochain je reprendrai mon travail.
  ou: *Dans trois jours je reprendrai mon travail.*

8. du 8 au 12 septembre 1983: elle / garder / le lit
9. 1984: nous / faire / un voyage / en Afrique du Nord
10. mai 1983: ils / partir / du Havre pour New York
11. le 15 septembre 1983: nous / acheter / un mobile de Calder
12. novembre 1983: elle / avoir / sept ans
13. le vendredi 19 septembre 1983: il / être épuisé
14. le vendredi 26 septembre 1983: vous / être assis / dans un café parisien / à cette heure-ci

J. Posez des questions à un(e) camarade, qui vous répondra. Demandez-lui:

1. où il/elle habite
2. depuis quand il/elle y habite
3. s'il/si elle a vu ses parents récemment
4. quand il/elle reverra ses parents
5. depuis combien de temps il/elle fait des études à…
6. depuis combien de temps il/elle étudie le français
7. s'il/elle est allé(e) en France
8. quand il/elle ira (retournera) en France
9. depuis combien de temps il fait chaud (froid)
10. ce qu'il/elle fera dès qu'il fera plus (moins) chaud (froid)
11. depuis combien de temps il/elle a cette coupe de cheveux
12. depuis quand il/elle porte des lunettes (une bague, une montre)
13. depuis combien de temps vous vous connaissez
14. depuis quand vous suivez ce cours ensemble

K. Utilisez les mots donnés pour raconter vos activités à partir du moment où vous avez dîné hier. Vos camarades vous interrompront pour poser des questions sur vos activités habituelles, sur votre enfance et sur vos projets futurs:

▶ (dîner)
  —*Hier j'ai dîné à cinq heures et demie.*
  —*A quelle heure est-ce que tu dînes d'habitude?*
  —*Est-ce que tu dînais à cinq heures et demie quand tu étais petit(e)?*
  —*A quelle heure est-ce que tu vas dîner ce soir?*

dîner / passer la soirée / rentrer / se coucher / dormir (bien ou mal) / se réveiller / rester au lit / se lever / se brosser les dents / s'habiller rapidement / prendre le petit déjeuner / quitter la maison (sa chambre) / avoir son premier cours / arriver à l'heure / aller à la bibliothèque / ?

Le passé comme point de repère

Revoyons le deuxième paragraphe-modèle:

> Il était sept heures. Il faisait très froid. J'étais fatigué mais j'ai fait mon lit. J'avais très peu dormi. Je n'étais rentré qu'à deux heures la veille. Je serais fatigué pendant la journée, mais je me coucherais tôt le soir.

Le narrateur est toujours au présent. Mais son point de repère est un moment du **passé**—samedi dernier, sept heures du matin. Il fait aussi allusion à des événements qui ont précédé ce moment du passé, et à quelques événements qui l'ont suivi. Pour exprimer ces trois moments du temps **(le passé, le passé du passé, le futur du passé),** il utilise quatre temps verbaux *(le passé composé, l'imparfait, le plus-que-parfait, et le conditionnel).*

	présent	
passé (du passé)	passé	futur (du passé)
avais dormi	était	serais
étais rentré	faisait	me coucherais
	étais	
	ai fait	

Le (présent du) passé

1. Le **passé composé** et l'**imparfait** servent à désigner *le présent du passé.* Ils peuvent indiquer un moment ou une suite de moments (voir le Chapitre 1). C'est par rapport à ce(s) moment(s) «présent(s)» que les autres temps prennent leur valeur.
2. Les expressions qui situent ces moments "présents" du passé se trouvent à la page 166.

Le passé (du passé)

1. Le **plus-que-parfait**[5] s'emploie pour exprimer *le passé du passé.* Il sert à désigner une action passée qui a eu lieu **avant une autre action passée—** c'est-à-dire, **avant le présent du passé.** On peut trouver cette situation dans une phrase

   > Hier, j'**ai perdu** la montre que **mon grand-père** m'**avait donnée** pour mon anniversaire. (perdre = *présent du passé;* donner = *passé du passé)*

---

[5] Voir l'Appendice pour la formation du plus-que-parfait.

Ils **étaient** déjà **partis** quand nous **sommes arrivés.** (arriver = *présent du passé*; partir = *passé du passé*)

ou dans une narration:

Mercredi soir, je **suis parti** pour l'Afrique. La semaine précédente, j'**avais fait** les préparatifs suivants: lundi j'**avais pris** mon billet d'avion, mardi j'**avais vendu** mon appartement et mercredi matin j'**étais allé** dire au revoir à ma famille. (partir = *présent du passé*; prendre, vendre, aller = *passé du passé*)

2. Comme les temps verbaux, **les expressions temporelles** changent lorsqu'on veut situer un moment du passé par rapport à un autre moment du passé. **On ne peut plus employer** *hier, avant hier, il y a, demain, prochain,* etc, mais on emploie les expressions suivantes:

la veille (the day before)
l'avant-veille (two days before)

trois jours		(three days before)
huit jours (une semaine)	**avant**	(a week before)
un mois		(a month before)
deux ans		(two years before)

le mercredi précédent (d'avant) (the preceding Wednesday, the Wednesday before)

le semaine précédente (d'avant) (the preceding week, the week before)

le mois précédent (d'avant) (the preceding month, the month before)

l'année précédente (d'avant) (the preceding year, the year before)

SPECIAL PROBLEM

Depuis/il y avait...que/voilà...que

We have already seen that French uses the *present tense* to indicate an action which began in the past and is still continuing in the present; the present is used with **depuis** to indicate the starting point of the action, with **il y a...que, voilà (voici)...que** or **cela fait...que** to indicate the amount of time the action has been continuing. The same expressions are used in the past to indicate *an action which began in the past and continued in the past until it was interrupted by another past action.* French uses the **imperfect** tense for the *continuing action* and the **passé composé** (or **passé simple**) for the *interrupting action*:

Quand Alain **a eu** son accident en mars, ils **voyageaient** depuis le 1er janvier.

Il y avait dix ans qu'elle **était** aux Etats-Unis quand elle **est morte.**

Cela faisait deux heures que je **travaillais** quand tu **as téléphoné.**

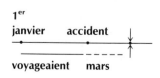

Notice that in the past, **il y a...que** and **cela fait...que** become **il y avait...que** and **cela faisait...que.** The interrogative forms are similar to those of the present tense:

Depuis quand étiez-vous à Paris quand vos amis sont arrivés? J'étais à Paris
  depuis le 15 avril.
Depuis combien de temps étiez-vous à Paris quand vos amis sont arrivés? J'é-
  tais à Paris **depuis** huit jours. ou **Cela faisait huit jours que** j'étais à Paris.

L. Donnez l'équivalent français des phrases suivantes.

▶ They had been conspiring for months when the gardener discovered their plot. *Ils conspiraient depuis des mois quand le jardinier a découvert leur complot. ou Cela faisait (Voilà) (Il y avait) des mois qu'ils conspiraient quand le jardinier a découvert leur complot.*

1. Since when had the master been dead?

2. How long had the master been dead?
3. The inspector arrived at ten o'clock, but the master had been dead for two hours.
4. The old lady had been reading for half an hour when the brother-in-law came into the living room.
5. The master and the maid had been chatting for several minutes when the wife surprised them together.
6. We have been doing this exercise for several minutes.

Le futur (du passé)

1. Le **conditionnel**[6] s'emploie pour exprimer le *futur du passé.* Il sert à désigner une action passée qui a eu lieu *après une autre action passée*—c'est-à-dire **après le présent du passé.** On peut trouver cette situation dans une phrase:

   J'étais sûr qu'**il arriverait** en retard. (**être** = *présent du passé;* **arriver** = *futur du passé*)

   ```
   étais sûr
   ─────────────────────┼───
                         │
   - - - - - - - - →    │
                  arriverait
   ```

   ou dans une narration:

   Mercredi soir je **suis parti** pour l'Afrique. Dans l'avion j'**ai imaginé** ce qui **se passerait** quand j'**arriverais** à Dakar: je **téléphonerais** tout de suite à Marie-Claire, qui m'**aiderait** à trouver un hôtel. (**partir, imaginer** = *présent du passé;* **se passer, arriver, téléphoner, aider** = *futur du passé*)

2. Pour situer un moment futur par rapport à un moment du passé, on emploie les **expressions temporelles** qui suivent:

   le lendemain (the next day)
   le surlendemain (two days later)
   trois jours ⎫
   huit jours (une semaine) ⎬ **après**
   un mois ⎪
   deux ans ⎭
   (three days later)
   (a week later)
   (a month later)
   (two years later)

[6] Voir l'Appendice pour la formation du conditionnel.

le mercredi suivant (d'après) (the following Wednesday, the Wednesday after)
la semaine suivante (d'après) (the following week, the week after)
le mois suivant (d'après) (the following month, the month after)
l'année suivante (d'après) (the following year, the year after)

M. Expliquez pourquoi les faits suivants ne se sont pas passés. Utilisez *déjà*, le *plus-que-parfait* et les mots entre parenthèses.

▶ Est-ce que Jacques était là quand tu es arrivé? *(partir)*
Non, il était déjà parti.

1. Est-ce que vous avez vu Jeanne lundi? *(quitter la maison)*
2. Est-ce que Marie-Louise lisait quand vous êtes arrivés? *(finir son roman)*
3. Est-ce qu'Eliane a accepté l'invitation de Vincent? *(promettre à Yvonne de sortir avec elle)*
4. Est-ce que vous êtes allés au cinéma hier soir? *(voir le film)*
5. Est-ce que Michel était toujours au lit quand vous êtes arrivés? *(se lever)*
6. Est-ce que tu étais dans la salle de bains quand on a téléphoné? *(faire ma toilette)*
7. Est-ce que Jean-Claude était en ville quand il est tombé malade? *(rentrer chez lui)*

N. Confirmez les faits suivants en utilisant le conditionnel.

▶ —Janine est venue aussi. —Bien entendu, j'étais sûr(e)…*Bien entendu. J'étais sûr(e) qu'elle viendrait.*

1. —Ils ont acheté une maison. —Mais oui. J'étais certain(e)…
2. —Carole ne s'est pas mariée. —Bien sûr que non. Elle a dit…
3. —Il a fait très chaud en Floride en juillet. —Je savais bien…
4. —Les Italiens ont gagné le match. —Mais oui; c'était évident…
5. —Christine et Valérie sont arrivées hier soir. —Bien sûr. Elles nous avaient écrit…
6. —Il voulait aller au concert avec nous. —Mais oui. J'étais certain(e)…

7. —Ce voyage nous a coûté les yeux de la tête. —Eh, oui, j'avais bien pensé…

O. En utilisant comme point de départ la date indiquée, faites des phrases avec les éléments donnés; remplacez les dates par des expressions temporelles *(la veille, le lendemain, deux jours après, etc.)*.

Nous sommes arrivés à Marseille le jeudi 23 juin 1983.
▶ le mercredi 22 juin 1980: être encore à Paris
La veille nous étions encore à Paris.

1. le jeudi 16 juin 1983: quitter New York
2. le vendredi 24 juin: visiter le Vieux Port
3. le 26 juin: aller à Cassis manger de la bouillabaisse
4. le mardi 21 juin 1983: faire une excursion à Chartres
5. 1982: aller en Amérique du Sud

P. Votre camarade vous rappelle vos promesses et vous vous excusez de ne pas les avoir tenues en vous justifiant:

▶ sortir / ne pas faire ses devoirs
—Tu avais dit que tu sortirais hier.
—Oui, mais je n'ai pas pu sortir parce que je n'avais pas fait mes devoirs.

1. faire ses devoirs / ne pas se lever de bonne heure
2. se lever de bonne heure / ne pas se réveiller
3. se réveiller / se coucher très tard
4. se coucher de bonne heure / rentrer très tard
5. rentrer plus tôt / aller à la séance de 22h au cinéma
6. aller à la séance de 20h / ne pas finir le dîner
7. dîner avant 20h / ne pas quitter l'université avant 19h30
8. quitter l'université à 18h / ?

Le futur comme point de repère

Revoyons le troisième paragraphe-modèle:

> Il sera sept heures du matin. Il fera très froid. Je serai fatigué mais je ferai mon lit. J'aurai très peu dormi. Je ne serai rentré qu'à deux heures la veille. Je serai très fatigué pendant la journée mais je me coucherai tôt le soir.

Le narrateur est toujours situé au présent. Mais cette fois il imagine ce qui va se passer dans l'avenir. Son point de repère est donc un moment du **futur**—samedi prochain, sept heures du matin. Il fait allusion à des événements qui précéderont ce moment futur (au **passé du futur**) et à quelques événements qui le suivront (au **futur du futur**). Il arrive beaucoup moins souvent qu'on adopte un moment futur comme point de repère. D'ailleurs le français ne fait pas de distinction entre le présent du futur et le futur du futur: dans les deux cas, on emploie le futur simple.

présent

passé du futur	futur	futur du futur
aurai dormi	sera	serai
serai rentré	fera	me coucherai
	serai	
	ferai	

Le (présent du) futur et le futur du futur

1. Le **futur** sert à désigner le *présent du futur* (c'est-à-dire le point de repère) et le **futur du futur**:

   > Je **saurai** mercredi si nos amis **pourront** venir l'été prochain ou non.

   > Tu **recevras** dans deux ou trois jours la lettre que Georges **mettra** à la poste demain.

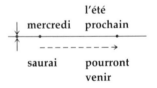

2. Les expressions qui situent les moments "présents" ou "futurs" du futur se trouvent à la page 168 (**demain, après-demain, dans, prochain**) et à la page 173 (**le lendemain, suivant, d'après**).

Le passé du futur

1. Le **futur antérieur** s'emploie pour exprimer le *passé du futur*[7]. Il sert à

---

[7] Voir l'Appendice pour la formation du futur antérieur.

désigner une action future qui aura été complétée *avant une autre action future*—c'est-à-dire, avant le présent du futur:

> Je jouerai du piano dès qu'**elle sera partie.** (jouer = *présent du futur;* partir = *passé du futur*)

> Après que vous **aurez payé** vos factures, vous **serez** à sec. (être à sec = *présent du futur;* payer = *passé du futur*)

> Mercredi soir **je partirai** pour l'Afrique. **J'aurai** fait mes préparatifs deux jours avant; lundi j'**aurai pris** mon billet d'avion, mardi j'**aurai vendu** mon appartement et mercredi je **serai allé** dire au revoir à ma famille. (partir = *présent du futur;* commencer, prendre, vendre, aller = *passé du futur*)

2. Les expressions qui situent les moments "passés" du futur sont celles que nous avons vues à la page 172—**la veille, l'avant-veille, d'avant, précédent.**

HELPFUL HINT

Futur/futur antérieur

To decide if the dependent verb in a complex sentence with **quand, aussitôt que, après que,** etc., should be *future* or *futur antérieur,* use the following guidelines:
1. If both actions or conditions occur *at the same moment* in the future (i.e., if the conjunction has the meaning "at the moment when"), the dependent verb should be in the *future:*

> Dès qu'elle **arrivera,** je lui en parlerai. *(The two actions will occur together.)*

2. If one action *completely precedes* the other in the future, that verb should be in the *futur antérieur:*

> Dès qu'elle **sera partie,** nous dînerons. *(Dinner will not start until after she has left.)*

Q. Mettez l'infinitif au *futur* ou au *futur antérieur* selon le cas:

1. Quand tu *(entendre)* la chanson, tu seras ravie.
2. Quand ils *(faire)* la vaisselle, ils pourront sortir.
3. Aussitôt que l'avion *(décoller),* vous pourrez fumer.
4. Dès que je *(recevoir)* son adresse, je te la passerai.
5. Lorsqu'elle *(avoir)* dix-huit ans, elle aura le droit de conduire.
6. Aussitôt qu'ils *(finir)* leurs devoirs, ils pourront regarder la télévision

R. Répondez aux questions suivantes en indiquant *quand* l'action ou la condition désirées se réaliseront.

▶ Quand verras-tu le film? *(je / avoir du temps libre)*
   Quand j'aurai du temps libre.

1. Quand feras-tu tes devoirs? *(je / rentrer)*
2. Quand pourrons-nous partir? *(aussitôt que / Jean-Luc / arriver)*
3. Quand pourrons-nous sortir? *(dès que / nous / faire la vaisselle)*
4. Quand te coucheras-tu? *(quand / je / être trop fatigué pour lire)*
5. Quand est-ce que tes parents pourront se reposer? *(après que / le bébé / s'endormir)*
6. Quand saurons-nous les résultats? *(quand / le professeur / les annoncer)*
7. Quand est-ce que tu téléphoneras? *(dès que / je / avoir des nouvelles)*
8. Quand est-ce que vous lui en parlerez? *(quand / il / revenir)*
9. Quand est-ce que nous pourrons fumer? *(aussitôt que / l'avion / décoller)*

S. En utilisant comme point de départ la date indiquée, faites des phrases avec les éléments donnés; employez des expressions temporelles *(le lendemain, la veille, trois jours après,* etc.) pour remplacer les dates.

Hervé arrivera dans la lune le dimanche 15 septembre 1995.

▶ 1994: décider de faire le voyage
   Il aura décidé de faire le voyage l'année précédente.

1. le samedi 7 septembre 1995: quitter la terre
2. le samedi 14 septembre: un ordinateur / tomber en panne
3. le 16 septembre 1995: se reposer
4. le 17 septembre 1995: faire un petit tour à pied
5. le 18 septembre 1995: rencontrer des habitants de la lune
6. le dimanche 22 septembre: ils / inviter Hervé à dîner
7. le lundi 23 septembre: leur dire au revoir et repartir pour la terre
8. 1996: commencer les préparatifs d'un voyage dans une autre planète

T. Utilisez les mots donnés pour poser des questions à un(e) camarade, qui vous répondra; tenez compte du contexte temporel indiqué.

Lundi prochain

▶ à quelle heure / se réveiller
   —A quelle heure est-ce que tu te réveilleras dimanche prochain?
   —Je me réveillerai vers 8 heures ou 8h30.

1. se lever / dès que / le réveil / sonner
2. prendre une douche
3. se brosser les dents
4. prendre le petit déjeuner
5. son (sa) camarade de chambre (frère, sœur) / se lever / quand / quitter la chambre (la maison)
6. où / aller
7. être de bonne humeur / quand / arriver…

La langue littéraire

En général, on emploie les mêmes temps verbaux dans la langue parlée que dans la langue écrite. Pourtant le **passé simple** fait exception: on le trouve dans la littérature exclusivement.

Dans la langue écrite (i.e., littéraire) le passé simple remplace le passé composé. *Les mêmes distinctions* existent entre le passé simple et l'imparfait qu'entre le passé composé et l'imparfait. Voici comme exemple un texte littéraire:

> Elle **but** une gorgée d'eau et **se tourna** vers la muraille. Cet affreux goût d'encre continuait.

—J'ai soif!…oh! j'ai bien soif! **soupira**-t-elle.

—Qu'as-tu donc! **dit** Charles, qui lui tendait un verre.

—Ce n'est rien!… Ouvre la fenêtre…j'étouffe!

Elle **fut** prise d'une nausée si soudaine, qu'elle **eut** à peine le temps
de saisir son mouchoir sous l'oreiller. Il **se jeta** à genoux contre son lit.

—Parle! qu'as-tu mangé? Réponds, au nom du ciel!

Flaubert, *Mme Bovary*

Les verbes en caractères noirs au passé simple désignent les mêmes
sortes d'actions que le passé composé; les descriptions et les actions continues non limitées sont toujours à l'imparfait. Vous remarquerez en
plus que lorsqu'il s'agit d'un dialogue à l'intérieur d'un texte littéraire,
on emploie le passé composé plutôt que le passé simple («—Parle! qu'as-
tu mangé?»).

Puisqu'on emploie le passé composé dans *la conversation* et *dans la cor-
respondance,* il n'est pas nécessaire que vous appreniez à conjuguer ac-
tivement le passé simple. Mais pour lire un texte littéraire il faut savoir
en reconnaître les formes. Il y a trois classes de terminaisons:

-er	-ir, -re	Quelques verbes irréguliers
-ai	-is	-us
-as	-is	-us
-a	-it	-ut
-âmes	-îmes	-ûmes
-âtes	-îtes	-ûtes
-èrent	-irent	-urent

Pour les verbes réguliers on ajoute les terminaisons au radical: parler =
parl + ai, etc.; finir = **fin + is,** etc.; répondre = **répond + is,** etc. La
plupart des verbes irréguliers ont le *participe passé* comme base:

avoir = eu = j'**eus**   dire = dit = je **dis**
croire = cru = je **crus**   aller = allé = j'**allai**

Quelques exceptions sont:

écrire = j'**écrivis**   naître = je **naquis**   faire = je **fis**
craindre = je **craignis**   venir = je **vins**
être = je **fus**   voir = je **vis**

U. Identifiez l'infinitif:

1. il montra
2. nous pûmes
3. elle crut
4. ils firent
5. elles dirent
6. elle surprit
7. tu eus
8. il s'assit
9. elle vint
10. elles rirent
11. ils surent
12. nous écrivîmes
13. je fus
14. je fis
15. ils vécurent
16. tu vendis
17. il vit
18. elle peignit
19. ils essayèrent
20. il répondit
21. je sus
22. je perdis
23. elles vinrent
24. tu reçus
25. ils sortirent
26. elle alla
27. ils eurent
28. elle put

Juillet

Exercices de révision

V. *Les vacances de Gaspar.* Répondez aux questions d'après le calendrier. Le présent, c'est le 22; le point de repère se déplacera selon la question. Utilisez des expressions temporelles, autant que possible.

1. C'est aujourd'hui le mercredi 22. Depuis combien de temps est-ce que Gaspar est en vacances?
2. Il a commencé ses vacances le 1er. Qu'est-ce qu'il a fait le lendemain?

3. Quand est-ce qu'il a fait du vélo? Etait-ce le jour où il est allé à la discothèque?
4. Quel jour a-t-il fait de la peinture?
5. Est-ce que Gaspar a aidé Marie-Chantal à construire sa cabane dimanche après-midi? Qu'a-t-il fait?
6. Pourquoi est-ce que Gaspar ne s'est pas levé de bonne heure lundi matin?
7. Le dimanche 12 Gaspar a fait de l'alpinisme. Quel dimanche a-t-il joué au golf avec Marie-Chantal?

8. Est-ce que Gaspar et Marie-Chantal ont dîné au restaurant pour célébrer la fête nationale française? Quand ont-ils été au restaurant?

9. Ils ont regardé le feu d'artifice le mardi 14 juillet. Quel jour est-ce que Gaspar a eu son accident?

10. Gaspar et Marie-Chantal ont joué au golf le 19. Est-ce qu'il a commencé à pleuvoir ce jour-là?

11. Ils ont joué au golf l'après-midi. Pourquoi ne sont-ils pas allés au cinéma le soir? *(3 jours)*

12. C'est aujourd'hui le 22. Gaspar va chercher sa voiture. Ça fait combien de temps qu'elle est au garage?

13. Quel temps faisait-il avant-hier?

14. Aujourd'hui (le 22) il fait beau. Quand est-ce qu'il recommencera à pleuvoir?

15. Quand est-ce que Gaspar et Marie-Chantal iront à la fête foraine? *(jours)*

16. Quel jour est-ce que Gaspar ira chez le dentiste?

17. Quand est-ce que Gaspar ira à la plage? *(faire du soleil)*

18. Est-ce que Marie-Chantal et Gaspar feront du bateau avant que Georges aille chez le dentiste? *(après que)*

19. Et avant que Gaspar répare le téléviseur? *(déjà)*

20. Pourquoi Marie-Chantal sera-t-elle heureuse le 1er août?

W. Faites un résumé des histoires en images que vous avez déjà étudiées. Suivez les indications temporelles données ci-dessous en faisant attention aux temps des verbes.

1. *Le Château dans le bois* (Ch. 2): Racontez au passé les activités de la bonne en prenant comme point de référence l'image 2 ("Aux deux bouts du couloir"):

   Il était quatre heures moins vingt. La bonne essayait de téléphoner à...quand elle a vu... Quelques heures avant... Quatre heures après...

2. *Le Paradis perdu* (Ch. 1): Racontez au présent les aventures du monsieur en prenant comme points de référence le 3 février et le moment où il a jeté sa serviette:

   C'est aujourd'hui le 3 février. Notre héros est à l'hôpital... Il y a huit jours il a jeté... Ce matin-là il s'était réveillé... La semaine prochaine...

Expressions idiomatiques

Il **a l'habitude de** se lever de bonne heure, mais on voit bien qu'il préférerait faire la grasse matinée.

1. s'habituer à + *infinitif* (ou *quelque chose*): to get in the habit of, to become accustomed to

avoir l'habitude de + *infinitif* (ou *quelque chose*): to be in the habit of, to be accustomed to

Est-ce qu'elle **s'habitue à** parler français?
As-tu **l'habitude de** travailler tard dans la nuit?
Tu fumes après le dîner? Non, je n'**en** ai pas l'habitude.
Elle n'avait pas l'habitude de manger de la viande, mais elle a fini par **s'y habituer.**

Lorsqu'on parle au passé, on met d'habitude **s'habituer à** (qui exprime une *action*) au **passé composé**; on met **avoir l'habitude de** (qui exprime une *condition*) à l'**imparfait.** Avec **s'habituer à** on emploie le pronom **y**; avec **avoir l'habitude de,** le pronom **en.**

Exercices

A. Mettez le verbe au temps indiqué et ajoutez la préposition (*à* ou *de*) ou le pronom (*y* ou *en*) qui convient:

1. *(Avoir)*-ils l'habitude _____ prendre trois repas par jour? *(présent)*

2. Après trois ans très difficiles, nous *(s'habituer)* _____ la vie américaine. *(passé composé)*
3. Quand tu étais jeune, *(avoir)*-tu l'habitude _____ faire tes devoirs? *(imparfait)*
4. Je vais changer d'appartement demain. Je ne *(s'habituer)* jamais _____ monter cet escalier. *(futur)*
5. Je n'ai pas l'habitude _____ cette voiture.
6. Elle n'aime pas habiter dans un appartement. Mais peut-être qu'elle finira par s'_____ habituer.
7. Il n'aime pas conduire une voiture à changements de vitesse automatiques? C'est qu'il n'_____ a pas l'habitude.

B. Réagissez aux situations suivantes à l'aide des mots donnés entre parenthèses en utilisant une forme convenable de *s'habituer* ou d'*avoir l'habitude.*

1. —Tu n'as pas l'habitude de prendre de petit déjeuner? Commence demain matin et dans quelques jours, ça te plaira.
   —Non, _____ *(ne...jamais)*
2. —Marie-Claire n'a pas aimé son année à l'université? Pourquoi pas?
   —C'est qu'elle _____ *(travailler)*
3. —Tes parents ont déménagé, n'est-ce pas? Ils habitent maintenant en Espagne? Est-ce qu'ils ont eu de la difficulté à s'adapter à la vie espagnole?
   —Non, ils _____ *(sans difficulté)*
4. —Pourquoi est-ce que Jean-Jacques ne me parle jamais? Est-ce qu'il me trouve désagréable?
   —Mais non, c'est qu'il _____ *(parler avec les jeunes filles)*

Elle **fait de son mieux** pour résoudre le casse-tête chinois.

2. faire de son mieux: to do one's best

Je **fais de mon mieux** pour réussir.
Elle **a fait de son mieux.**
Ferez-vous **de votre mieux?**

Dans l'expression **faire de son mieux,** l'adjectif possessif s'accorde avec le sujet.

Exercices

C. Remplacez les tirets en conjugant *faire* au temps indiqué et en donnant l'adjectif possessif convenable (*mon, ton,* etc.):

1. George et Marie _____ de _____ mieux. (*passé composé*)
2. _____ -tu de _____ mieux? (*futur*)
3. Nous _____ de _____ mieux pour vous aider. (*présent*)
4. Il _____ de _____ mieux cette année, mais il n'est pas doué pour la musique.

D. Réagissez aux situations suivantes en utilisant une forme convenable de *faire de son mieux*:

1. Est-ce que tu vas gagner?
   Je ne sais pas, mais je _____.
2. Le pauvre Philippe, il n'a pas réussi.
   Non, mais il _____.
3. Pourquoi les parents de Marcelle sont-ils fiers de leur fille?
   Parce qu'elle _____.
4. Nous n'avons pas gagné. Nous sommes arrivés les avant-derniers.
   Oui, l'important, c'est que _____.

De quoi **te plains**-tu? Je **me plains des** prix.
Elle **s'est plainte de** lui.
Si nous faisons trop de bruit, les voisins vont **s'en plaindre.**

Après l'expression **se plaindre de,** employez *en* si vous parlez d'une *chose* et un pronom accentué **(moi, toi, lui, elle, nous, vous, eux, elles)** si vous parlez d'une *personne.*

Il **se plaint de** son auto.

3. se plaindre de + *quelque chose ou quelqu'un*: to complain about

Exercices

E. Complétez les phrases en utilisant le pronom convenable.

1. Se plaint-elle de son travail? Oui, elle s'_____ plaint toujours.
2. Est-ce qu'ils se sont plaints du directeur? Non, ils ne se sont pas plaints de _____.
3. Est-ce que tu t'es plainte de moi? Non, je ne me suis pas plainte de _____.
4. Est-ce que les Parisiens se plaignent de la circulation? Oui, ils s'_____ plaignent constamment.

F. Répondez aux questions selon votre expérience personnelle.

1. Dans votre université, est-ce que les étudiants se plaignent de la nourriture qu'on leur sert?
2. Est-ce qu'ils se plaignent de leurs cours? des examens? de leurs professeurs?
3. De quoi vous plaignez-vous?
4. De qui vous plaignez-vous?

Gaspar **a envie de** faire sa connaissance.

4. avoir envie de + *infinitif*: to feel like − + -ing

J'**ai envie de** jouer au tennis.
Elle **avait envie de** rendre visite à son oncle.

Exercices

G. Répondez aux questions en employant les indications données:

1. A-t-elle envie d'y aller? (oui)
2. De quoi avaient-ils envie? (faire un voyage)
3. Qu'est-ce que les enfants ont envie de faire? (jouer)
4. Que feriez-vous si vous aviez envie de fumer? (acheter du chewing-gum)

H. Répondez aux questions selon votre expérience personnelle:

1. Qu'est-ce que vous avez envie de faire ce soir?
2. Qu'est-ce que vous avez envie de faire ce weekend?
3. Est-ce que vous avez jamais eu envie d'abandonner vos études? Dans quelles circonstances?
4. Est-ce que vous avez envie de vous marier un jour? Pourquoi (pas)?

Il **a** pas mal de choses à faire.

5. avoir *quelque chose* **à** + *infinitif*: to have something + infinitive

Elle a deux livres à lire.
J'aurai trois leçons à finir.
Qu'est-ce qu'ils vont devenir? **Ils n'ont** rien **à** manger.
Nous n'avons pas de devoirs à faire.

Exercices

K. Complétez la phrase en ajoutant *à* et un infinitif.

1. Le peintre a deux façades…
2. Avez-vous des devoirs…
3. L'inspecteur a trois crimes…
4. As-tu soif? Oui, mais, je n'ai rien…
5. Ecoutez-les; ils ont quelque chose…

L. Réagissez aux situations suivantes en utilisant une forme convenable d'*avoir…à*:

1. Est-ce que tu veux sortir ce soir?
   Non, je ne peux pas, _____.
2. Veux-tu aller à la bibliothèque avec nous?
   Oui, je voudrais bien, _____.
3. Pourquoi as-tu besoin de timbres?
   _____.
4. Est-ce que nous allons dîner au restaurant ce soir?
   Oui, je n'ai pas eu le temps de faire les courses, _____.

Le général **emmène** Gaspar à la fusée qui doit **l'emporter** vers la lune.

6. prendre *quelque chose*: to take in one's hand; to eat or drink; to use for transportation
emporter *quelque chose*: to take or carry away
emmener *quelqu'un*: to take or lead away
enlever *quelque chose*: to take off or away

Apporter & Amener

Il **a pris** son couteau.
Elle va **prendre** un fruit comme dessert.
Prenons le métro.
Nous allons **emporter** des provisions pour un pique-nique.
Le vent **a emporté** tous nos arbustes.
Qui vas-tu **emmener** au bal?
Cet homme est fou; **emmenez**-le!
Tu dois **enlever** ton chapeau.
Je frotte la table pour **enlever** cette tache d'huile.

Exercice

M. Remplacez le tiret par la forme indiquée du verbe qui convient (*prendre, emporter, emmener* ou *enlever*).

1. Qu'est-ce que vous voulez comme hors-d'œuvre, Madame? Je _____ une assiette de crudités. *(futur proche)*

2. Quand il _____ ses lunettes, il ne voyait absolument rien. *(imparfait)*
3. Si tu es libre, je t'_____ au cinéma. *(présent)*
4. N'oubliez pas d'_____ des vêtements chauds quand vous irez en Ecosse. *(infinitif)*
5. Comment va-t-elle _____ son maquillage? *(infinitif)*
6. On _____ les blessés à l'hôpital dans une ambulance. *(passé composé)*
7. Elles _____ le train pour aller à La Baule. *(passé composé)*
8. _____ tes coudes de la table, ce n'est pas poli! *(impératif)*
9. Quand ils font une promenade, les Gautier _____ souvent leurs enfants par la main. *(présent)*
10. Le courant _____ le petit canot loin du rivage. *(passé composé)*

Les yeux lui **sortent de** la tête.

7. **sortir:** to go out
   sortir (de) + *quelque chose*: to leave, to go out from —
   sortir + *quelque chose*: to take out —

Va-t-elle sortir ce soir?
Ils **sont sortis du** bureau en même temps.
Qui va **sortir** la voiture du garage?
Il **a sorti** son mouchoir de sa poche.

Normalement le verbe **sortir** est conjugué avec **être;** mais s'il a un *complément d'objet direct*, il est conjugué avec **avoir.** Les verbes **monter (dans), descendre (de)** et **passer** suivent la même règle.

rentrer

Exercices

N. Mettez le verbe entre parenthèses au *passé composé.*

1. A quelle heure est-ce qu'il *(sortir)*?
2. Elle *(sortir)* le cadeau de sa boîte.
3. Est-ce qu'elles *(monter)* dans l'autobus?
4. Est-ce qu'elles *(monter)* l'escalier?
5. Je *(descendre)* du train.
6. Je *(descendre)* les valises du train.
7. Elle *(passer)* sans me voir.
8. Elle *(passer)* l'examen il y a trois jours.

O. Racontez au passé les activités de Geneviève en utilisant les expressions suivantes.

1. descendre / l'escalier
2. sortir / la maison
3. aller / l'arrêt d'autobus
4. monter / dans l'autobus
5. passer devant / la cathédrale
6. descendre / l'autobus
7. entrer dans / le lycée
8. passer / la douane

Un voyage à trois temps

Michel Butor (1926–   ) est, comme Robbe-Grillet, un auteur du Nouveau Roman. Il joue, surtout dans ses premiers livres, avec les rapports entre le temps et l'espace. Dans *La Modification* il raconte l'histoire de Léon Delmont (le *vous* du passage suivant). Delmont travaille pour la société Scabelli, fabricants italiens de machines à écrire. Il habite à Paris avec sa femme (Henriette) et leurs enfants, mais il voyage souvent pour ses affaires à Rome, où il a une maîtresse (Cécile). Ce jour-là Delmont prend le train pour Rome dans l'intention d'annoncer à Cécile qu'il veut quitter sa femme. Assis dans le train, il se souvient du voyage qu'il a fait de Rome à Paris la semaine précédente et il imagine ce qui se passera dès son arrivée à Rome. Peu à peu ses souvenirs, ses rêves, les questions qu'il se pose produiront une modification profonde en lui et en arrivant à Rome, il reprendra tout de suite le train pour Paris—sans aller voir Cécile.

Passe la gare de Darcey. Assez loin dans le corridor, le contrôleur sort d'un compartiment pour aller dans le suivant qui doit être le dernier, puis vient une jeune fille à peu près du même âge que Madeleine°, suivie à quelque distance par ce représentant de commerce qui était tout à l'heure
5 en ce coin que vous aviez choisi au départ de Paris et que vous avez réussi à reprendre. Les deux jeunes époux sont de nouveau assis l'un près de l'autre, mais leurs positions se sont inversées, lui étant près de la fenêtre et elle à côté de l'Anglais. De l'autre côté du corridor passe un long train de marchandises avec des wagons frigorifiques° en bois peint de blanc
10 sale, marqués de grandes lettres noires....

A une heure, sur la place du Palais Farnèse, cette fois Cécile° en sortant vous cherchera du regard, et c'est pendant le déjeuner, au restaurant Tre Scalini par exemple, piazza Navona... que vous lui expliquerez les raisons de votre voyage, que cette fois vous n'êtes pas venu pour Scabelli°, mais
15 uniquement pour elle, que vous lui avez trouvé une situation° à Paris, que vous n'êtes pas descendu à l'Albergo Quirinale, mais que vous habiterez entièrement avec elle, c'est pourquoi il vous faudra d'abord, au début de l'après-midi, aller vous entendre° avec Mme da Ponte°, puis retirer° votre valise de la consigne°, avant de pouvoir tous les deux, toute hâte éloignée,
20 vous tenant à la taille° comme des jeunes gens, jouir de° l'espace romain, de ses ruines et de ses arbres, des rues qui vous seront toutes permises, même le Corso et la piazza Colonna, puisque la boîte° à ce moment sera fermée, à l'exception toutefois de la via Vittorio Veneto, aux environs° surtout du Café de Paris où le signor Ettore Scabelli a coutume de passer
25 des heures.

Quand le soleil se couchera, vous rentrerez via Monte della Farina pour chercher vos manteaux, et il est probable que ce dont Cécile aura envie, ce sera d'aller dîner dans une *pizzeria* du quartier, étudiant en chemin les programmes des cinémas mais seulement pour le lendemain soir, parce

Madeleine: fille du voyageur

frigorifiques: *refrigerated*

Cécile: la maîtresse du voyageur; elle habite à Rome

Scabelli: patron de la société pour laquelle travaille le voyageur

la situation: *job*
vous entendre: *to make arrangements;* **Mme da Ponte:** propriétaire de la maison où Cécile loue un petit appartement; **retirer:** *to remove*

la consigne: *baggage checkroom*
à la taille: *around the waist;* **jouir de:** *to enjoy*
la boîte: *office (slang)*
aux environs de *(m. pl.): in the area of*

Michel Butor

30 que demain vous sentirez retomber sur vous la fatigue de la nuit précédente inconfortable et troublée, la fatigue de la nuit prochaine, et que
vous vous mettrez au lit de très bonne heure dans sa chambre pour n'en
ressortir cette fois que le matin.

De l'autre côté du corridor, les nuages n'ont pas l'air de vouloir se lever.
35 L'Anglais croise° un genou sur l'autre. Au-delà de° la fenêtre vibre une
lente houle de coteaux° couverts de vigne sans feuilles°.

Avant de connaître Cécile, vous aviez beau en avoir visité° les principaux
monuments, en apprécier le climat, vous n'aviez point cet amour pour
Rome; c'est avec elle seulement que vous avez commencé à explorer avec
40 quelque détail, et la passion qu'elle vous inspire en colore si bien toutes
les rues que rêvant d'elle auprès d'Henriette°, vous rêvez de Rome à Paris.

Ainsi, lundi dernier, comme vous veniez d'arriver par le Rome-express
à neuf heures, ayant passé en première classe une nuit certainement bien
meilleure que celle qui vous attend cette fois-ci,… au lieu de quitter im-
45 médiatement la gare de Lyon comme d'habitude, de prendre un taxi et
d'aller chez vous quinze place du Panthéon, pour vous raser et vous

croiser: *to cross;*
au-delà de: *beyond*

la houle de coteaux: *rolling
hills;* **la vigne sans feuilles:**
bare grapevines

vous…visité: *however much
you visited*

Henriette: la femme du
voyageur; elle habite à
Paris

baigner avant de descendre jusqu'au garage de la rue de l'Estrapade prendre votre voiture afin de vous rendre° à votre bureau, vous avez cherché s'il n'y avait pas dans le grand hall l'équivalent d'un Albergo Diurno°, et en effet vous avez trouvé un petit établissement de bains où vous vous êtes nettoyé dans une baignoire à vrai dire d'une propreté douteuse°; ...

Ayant laissé votre valise à la consigne,... vous êtes allé jusqu'à la Seine, que vous avez traversée par le Pont d'Austerlitz, et comme il faisait vraiment assez beau pour un mois de novembre, vous avez déboutonné votre manteau en longeant° le Jardin des Plantes, vous êtes passé par l'île Saint-Louis où vous avez pris un café au lait avec des croissants... puis vous avez fait presque le tour de la cité, une main dans la poche de votre pantalon, l'autre tenant votre serviette, la faisant balancer° au rythme d'un air de Monteverdi que vous vous fredonniez° à vous-même, et il devait être déjà dix heures quand vous êtes monté en face de Notre-Dame dans le soixante-neuf° qui vous a déposé° place du Palais-Royal.

Pour prolonger cette impression de ne pas être encore tout à fait rentré, vous avez décidé de déjeuner dehors, mais, comme vous ne vouliez pas donner à Henriette d'inquiétudes inutiles, vous avez téléphoné chez vous, Danton vingt-cinq trente, pour vous entendre dire qu'elle était sortie, que tous les enfants étaient en classe, bien sûr, par Marceline la cuisinière à qui vous avez demandé d'avertir° Madame que vous rentreriez seulement le soir.

Une demi-heure plus tard, elle vous a rappelé:

«Je voudrais parler à monsieur Delmont.

—Oui. C'est moi. Comment vas-tu? Je ne pourrai pas venir à midi. Je suis désolé.

—Tu rentreras dîner, au moins?

—Evidemment.

—Et demain?

—Qu'est-ce qu'il y a de spécial demain?

—Rien du tout; c'est mercredi qu'est ton anniversaire...

—Mais oui, tu es gentille d'y penser.

—Tu as fait bon voyage?

—Exactement comme d'habitude.

—A ce soir alors.

—A ce soir.»

Michel Butor, *La Modification* © Van Vactor & Goodheart

afin de...rendre: *in order to go*

Albergo Diurno: *hotel (Italian)*

une baignoire... douteuse: *bathtub of somewhat questionable cleanliness*

en longeant: *while walking alongside*

balancer: *to swing*
fredonner: *to hum*

le soixante-neuf: *bus number;* **déposer:** *to let off*

avertir: *to inform*

Compréhension

A. Répondez aux questions suivantes portant sur l'ensemble du passage:

1. Dans le train Delmont pense tantôt à Cécile, tantôt à Henriette. Mais que fait-il aux moments où il n'est pas en train de penser à elles?

2. Pourquoi ce voyage est-il particulièrement important?

3. Que feront Delmont et Cécile à Rome le lendemain?

4. Qu'est-ce que Delmont avait fait le lundi précédent avant d'aller à son bureau?
5. Pourquoi avait-il téléphoné à Henriette?

B. Relisez le passage et faites le travail suivant:

1. Le passage comprend trois moments différents: le présent (le voyage de Paris à Rome), le passé (le retour de Rome à Paris), le futur (l'arrivée à Rome). Identifiez les différents temps verbaux utilisés pour parler de chaque moment.
2. Les phrases de Butor sont souvent d'une longueur déconcertante. Cependant elles se composent d'un grand nombre de constructions parallèles (ayant la même structure grammaticale), ce qui en facilite la lecture. Lisez les paragraphes indiqués et pour chaque tournure en italique, trouvez les constructions parallèles.

2ᵉ paragraphe (ll. 11–25)
   a. «vous lui expliquerez...*que* cette fois *vous n'êtes pas venu* pour Scabelli»
   b. «il vous faudra d'abord aller vous *entendre* avec Mme da Ponte»
   c. «jouir *de l'espace romain*»

6ᵃ paragraphe (ll. 42–52)
   d. «au lieu *de quitter* immédiatement la gare»
   e. «pour *vous raser*»

7ᵉ paragraphe (ll. 53–62)
   f. «*vous êtes allé* jusqu'à la Seine»
   g. «une *main dans* la poche»

3. Le mot **en** peut être une préposition ou un pronom. Comme préposition, il a plusieurs sens (*in, by, while*, etc.); comme pronom, il remplace la préposition *de* et un nom de chose ou de lieu. Dans les phrases suivantes, indiquez si le mot **en** est une préposition ou un pronom; si c'est une préposition, précisez son sens dans le contexte; si c'est un pronom, indiquez les mots qu'il remplace.

   a. «...ce représentant de commerce qui était tout à l'heure **en** ce coin que vous avez choisi» (**ll.** 4–5)
   b. «cette fois Cécile **en** sortant vous cherchera du regard...» (**ll.** 11–12)
   c. «étudiant **en** chemin les programmes des cinémas» (**ll.** 28–29)
   d. «vous vous mettrez au lit de très bonne heure dans sa chambre pour n'**en** ressortir cette fois que le matin» (**ll.** 32–33)
   e. «vous aviez beau **en** avoir visité les principaux monuments...vous n'aviez point cet amour pour Rome» (**ll.** 37–39)
   f. «vous avez déboutonné votre manteau **en** longeant le Jardin des Plantes» (**ll.** 55–56)

C. Relisez le passage en essayant de préciser les réponses aux questions suivantes.

1. Qui est-ce que Delmont voit dans le corridor? Qui est dans le compartiment avec Delmont? Que voit-il par la fenêtre?
2. Comment savez-vous que Cécile ne sera pas surprise de voir Delmont à une heure? Qu'est-ce qu'ils feront à la piazza Navona?
3. Pour quelle raison Delmont est-il venu à Rome cette fois-ci?
4. Pourquoi ne pourra-t-il pas faire de promenade avec Cécile immédiatement après le déjeuner?
5. Pourquoi ne pourront-ils pas se promener dans la via Vittorio Veneto?
6. Qu'est-ce qu'ils feront le premier soir? Pourquoi?
7. Au cours du voyage quel temps fait-il? Quelle saison est-ce?
8. Quelle influence Cécile a-t-elle eue sur les sentiments de Delmont envers Rome?
9. Quand Delmont rentre à Paris, que fait-il d'habitude? Qu'est-ce qu'il a fait d'exceptionnel lundi dernier?
10. Qu'est-ce qu'il a fait après avoir quitté la gare? A quelle heure est-il allé au bureau?
11. Quelle autre habitude a-t-il changée? Pourquoi?
12. Combien de fois a-t-il téléphoné chez lui? A qui a-t-il parlé?

Discussion

A. Dans cette œuvre, Butor utilise une technique narrative très nouvelle (le roman traditionnel est surtout chronologique et le pronom sujet utilisé est généralement *il* ou *je*). A votre avis, pourquoi Butor a-t-il choisi une telle technique? Suggestions: Quel est l'état psychologique du voyageur? Quelle semble être son attitude envers sa femme, sa maîtresse, Paris, Rome? Comment le passé, le présent et l'avenir peuvent-ils coexister? A qui le narrateur semble-t-il s'adresser? (le narrateur est-il Delmont ou quelqu'un d'autre?)

B. Sujet d'exposé oral ou de rédaction: Racontez un voyage que vous avez fait (en auto, en autocar, par le train, en avion) en imitant la technique de Butor. Commencez au présent, imaginez votre arrivée et rappelez un voyage passé. Utilisez le *vous* pour vous désigner.

Le Ménager

1. Lundi matin

1. Dans quelle partie de la maison a lieu cette scène? Quels meubles y trouve-t-on?
2. Comment savez-vous que la famille Tiger vient de petit déjeuner?
3. Que porte Mme Tiger ce matin?

4. Qu'est-ce qu'elle a dans la main? Où croyez-vous qu'elle va?
5. Qui lui dit au revoir? Comment?
6. Que porte M. Tiger? Qu'est-ce qu'il tient dans la main?
7. A votre avis, que va-t-il faire après le départ de sa femme?
8. Où est Jean-Pierre, le fils aîné? Que fait-il?
9. Où est son petit frère Nicolas? Avec quoi joue-t-il?

Lundi matin

le salon
    un canapé (en angle)
        un coussin pillow
    une cheminée
        une lampe d'architecte
        un vase
    une étagère
        une carafe
        une lampe
        une chaîne stéréo
        un verre
    une table basse
        les restes (*m. pl.*) du petit déjeuner
        une assiette
        un pain au chocolat
        une soucoupe
        une tasse
    un tapis

le caniche poodle
    remuer la queue to wag its tail

Nicolas, le bébé
    assis par terre
        un diable à ressort jack-in-the-box
        un ours en peluche a teddy bear

Jean-Pierre, le fils aîné oldest son
    assis sur
    regarder jouer son petit frère

Mme Tiger
    être bien coiffée to have a nice hairdo
    être bien habillée
    être prête à + *inf.*
    partir travailler
    une serviette
    un trench-coat

M. Tiger, le ménager
    un balai broom
        balayer *qqch.* to sweep
        une balayette
    embrasser *qqn* to kiss
        faire une bise à *qqn* to kiss on the cheek
    faire le ménage to do the housework
        le ménager househusband
        une pelle
    un plumeau feather duster
        épousseter *qqch.* to dust
    un pull à col roulé
    un tablier

2. La journée du lundi

1. Le père et les enfants sont dans la chambre du bébé. Où est Nicolas?
2. Qu'est-ce que M. Tiger essaie de faire?
3. Pourquoi M. Tiger a-t-il de la difficulté à accomplir sa tâche?
4. Pourquoi Jean-Pierre pleurniche-t-il? Que va faire son père?
5. Dans quelle pièce se trouve la machine à laver?
6. Qu'est-ce qu'il y a dans le panier à linge? Que se passe-t-il?
7. Où est Jean-Pierre? Qu'est-ce qu'il est en train de faire? Et Nicolas?
8. Quels appareils et ustensiles ménagers y a-t-il dans la cuisine?
9. Qu'est-ce que M. Tiger est en train de faire?
10. Pourquoi Jean-Pierre fait-il une tête pareille?
11. Pourquoi renverse-t-il la soupe par terre?
12. Après le dîner, où la famille se réunit-elle?
13. Comment Mme Tiger passe-t-elle la soirée?
14. M. Tiger arrive-t-il enfin à se reposer? Pourquoi?
15. A votre avis, où est Nicolas?
16. Pourquoi le caniche tient-il sa laisse dans la gueule?

L'après-midi et la soirée du lundi

Lundi après-midi
la chambre
   une commode dresser
     à deux tiroirs *(m. pl.)*
   un coucou
   le dessin d'un cochon
   un pèse-bébé baby scale
     peser to weigh

la cuisine
   une cafetière électrique
   une machine à laver
   des placards *(m. pl.)* cupboards

Nicolas
   porter
   un baby-gros (un dors-bien) sleeper

le caniche
   tirer sur to pull on

Jean-Pierre
   avoir le doigt pris dans to have his finger
     caught in
     le goulot d'une bouteille neck of a bottle
   demander à *qqn* **de** + *inf.*
     dégager *qqch.* **(de** *qqch.***)** to loosen, free
     (from)
   pleurnicher to whimper
   verser to pour
     de la poudre à laver soap powder

M. Tiger
   mettre une couche à *qqn* to diaper
     fixer *qqch.* to attach
     des épingles *(f. pl.)* **à nourrice** safety pins
   faire la lessive to do the laundry
     la lessive washing powder
     un panier à linge laundry basket
     du linge linen

Lundi soir
la cuisine
   une casserole
     déborder
   une cuisinière
   des ustensiles *(m. pl.)* **de cuisine**
     des cuillères *(f. pl.)* **en bois**
     un fouet wire whip
     une louche ladle
     une passoire colander
     une planche à découper cutting board

le salon
   une table basse
     une aiguille needle
     un bol de fruits
     des cacahuètes *(f. pl.)* peanuts
     du fil thread
   une télévision

Nicolas
   être couché to be in bed
   oublier
     un ours en peluche teddy bear

le caniche
   faire trébucher *qqn* to trip
   tenir *qqch.* **dans la gueule**
     une gueule animal's mouth
     une laisse leash

Mme Tiger
   être assise les genoux ramenés contre elle
   passer la soirée à + *inf.*

Jean-Pierre
   avertir *qqn* to warn
   indiquer *qqch.* **du doigt**

M. Tiger
   être maladroit to be clumsy
   faire la cuisine to do the cooking
   préparer le dîner
     faire bouillir *qqch.* to boil
     faire chauffer *qqch.* to heat up
   raccommoder *qqch.* to darn
     des chaussettes *(f. pl.)*
     du linge
   répandre *qqch.* **(sur)** to spill (on)
   trébucher (sur) to trip (on, over)

3. Mercredi matin

1. Que porte M. Tiger ce matin-là?
2. Pourquoi est-il sorti?
3. Où va-t-il pour faire ses provisions?
4. Quels sont les fruits et légumes de la saison? Combien coûtent-ils?
5. A votre avis, les prix sont-ils raisonnables?
6. Où est Nicolas?
7. Que fait Jean-Pierre? Quelle est la réaction du caniche?
8. Que se passe-t-il à ce moment-là?
9. Qu'est-ce qui reste dans le filet du ménager?

Mercredi matin

au marché
> **des étalages** *(m. pl.)* displays
> **des fruits** *(m. pl.)*
>> **des bananes** *(f. pl.)*
> **des légumes** *(m. pl.)*
>> **des endives** *(f. pl.)*
>> **des pommes de terre** *(f. pl.)*
> **une marchande**
>> **servir les clients**
> **des prix** *(m. pl.)*
>> **...francs le kilo**
>> **bon marché** cheap
>> **chers** expensive
>> **exorbitants**
>> **raisonnables**

Nicolas
> **sur le dos de son père**
> **un porte-bébé** baby carrier

le caniche
> **attraper** *qqch.* to catch
> **courir à toute vitesse pour** + *inf.*
> **faire perdre l'équilibre à** *qqn* to cause someone to lose his balance
> **tirer sur**

Jean-Pierre
> **lancer**
>> **un os** bone

M. Tiger
> **faire des courses**
>> **ses emplettes**
>> **son marché** ⎫ to go shopping
>> **ses provisions** ⎭
> **un filet** shopping sac
>> **des œufs** *(m. pl.)*
>> **se casser**
> **porter**
>> **une écharpe** scarf
>> **une veste**

4. Mercredi soir

1. Qu'est-ce que M. Tiger veut faire pour le dessert?
2. Où a-t-il trouvé la recette?
3. Quels ingrédients utilise-t-il?
4. De quels ustensiles se sert-il?
5. Jean-Pierre aide-t-il son père?
6. A votre avis M. Tiger est-il bon cuisinier? Pourquoi ou pourquoi pas?
7. A-t-il réussi son gâteau? Comment le savez-vous?
8. Qui a fait le gâteau que la famille Tiger va manger ce soir-là?
9. Combien coûte-t-il?

Mercredi soir

la cuisine
  un bol
  une cuillère en bois
  un fouet
  un livre de cuisine
  un verre mesureur

Nicolas
  vouloir jouer
    la pâte à gâteau cake dough

le caniche
  lécher to lick

Jean-Pierre
  être assis sur le comptoir
  manger des biscuits (m. pl.)
    un bocal jar

M. Tiger
  ajouter qqch. à qqch. to add (something) to
  (something)
  aller à la pâtisserie
  faire un gâteau
  les ingrédients (m. pl.)
    du beurre
    de la farine flour
    du lait
    des œufs (m. pl.)
    du sucre
  pétrir la pâte to work the dough
    la pâte
      lui coller aux doigts to stick to his
        fingers
  râter son gâteau to ruin his cake
  une recette recipe

le pâtissier
  des pâtisseries (f. pl.)
  une tarte
  porter
    une coiffe de chef chef's hat
    un tablier

5. Vendredi

1. Quels meubles y a-t-il dans la chambre de M. et Mme Tiger?
2. Qu'est-ce que Mme Tiger a laissé sur la table?
3. Par quoi M. Tiger commence-t-il sa journée?
4. Qui lui rend le travail difficile?
5. Que décide-t-il de faire ensuite? Que se passe-t-il?
6. Mme Tiger rentre-t-elle tout de suite après son travail?
7. Que fait-elle? Avec qui? Décrivez ses compagnons.
8. A votre avis, quelle sera la réaction de M. Tiger quand sa femme rentrera?

Vendredi

la chambre
    une commode à tiroirs
    une lampe de chevet reading lamp
    un lit
        une couverture blanket
        un couvre-lit bedspread
        un drap sheet
        un oreiller pillow
            une taie d'oreiller pillowcase
    une table
        des bijoux *(m. pl.)*
            un collier
            des boucles *(f. pl.)* **d'oreille** earrings
            un fer à friser curling iron
            un flacon de parfum bottle of perfume
            un peigne
            de la poudre
            du rouge à lèvres
            des mouchoirs en papier tissues

le caniche
    sauter sur le lit
    vouloir échapper à *qqn*

Mme Tiger
    se maquiller to put on makeup
    se peigner
    prendre l'apéritif
      au café
      le garçon de café
        prendre la commande to take the order
      sur la terrasse
      avec des amis
        des collègues *(m. pl.)*
      causer to chat
      se détendre to relax

Jean-Pierre
    faire le cow-boy
    vouloir attraper *qqch. ou qqn*

M. Tiger
    faire le lit
    passer l'aspirateur to vacuum
        brancher *qqch.* **(dans)** to plug in
            la prise de courant wall plug
        de la poussière dust
            partout everywhere
      le sac
        crever to explode

le vestibule
    une horloge de table
    un porte-manteau coat rack
      une casquette cap
      un parapluie umbrella
    un portrait

6. Samedi matin

1. Où la famille Tiger va-t-elle passer le week-end?
2. Qui doit charger la voiture?
3. Qu'y a-t-il dans le coffre? Qu'est-ce qui est attaché sur le toit?
4. Où est Nicolas? Avec quoi joue-t-il?
5. Où est son frère? Que fait-il?
6. Pourquoi Mme Tiger est-elle allée au supermarché?
7. En semaine, on peut faire le trajet entre la ville et la plage en moins d'une heure. A votre avis, combien de temps vont-ils mettre pour faire le trajet ce jour-là? Pourquoi?
8. Que fait l'ouvrier?
9. Quelle est la réaction de M. Tiger?
10. Qu'est-ce qu'on voit dans le lointain, sur le côteau?

Samedi matin

le côteau hill
  un village
    sur le flanc du cateau on the hillside

Nicolas
  un ours en peluche
  une poussette stroller

la famille Tiger
  louer un appartement au bord de la mer
  passer le week-end à la plage

Jean-Pierre
  être assis
    au volant
    sur le siège du chauffeur
  faire semblant de conduire

Mme Tiger
  aller au supermarché
    des provisions *(f. pl.)* pour le week-end

M. Tiger
  attacher *qqch.* (à l'aide d'une corde) to tie
  something on (with a rope)
    une planche à voile wind-surf board
  charger la voiture to load the car
    un ballon
    une canne à pêche
    un paquet
    une raquette de tennis
    une valise
  être mal rasé
    mal réveillé
    peu enthousiaste
  jurer to swear
  s'impatienter to get impatient
  se mettre en colère

sur la route
  des camions *(m. pl.)*
  un embouteillage traffic jam
    une file de voitures
    dans un sens in one direction
    dans les deux sens in both directions
  un ouvrier
    stopper les voitures
    des signaux *(m. pl.)*
    des poids lourds tractor trailers
    des travaux *(m. pl.)* sur 45 kilomètres

la voiture
  le coffre trunk
  la portière door (of car)
  le siège avant front seat
  le siège arrière back seat
  le toit roof

7. Dimanche après-midi

1. Où est la famille Tiger?
2. Que fait Jean-Pierre? Que porte-t-il?
3. Que fait sa mère? Que porte-t-elle?
4. Que fait Nicolas?
5. Où est M. Tiger? Que fait-il? Pourquoi?
6. Qu'est-ce qu'il découvrira en se réveillant?
7. Décrivez le monsieur qui observe la construction du château de sable.
8. La famille Tiger a-t-elle trouvé une petite plage isolée? Expliquez.
9. A votre avis, le voyage de retour sera-t-il agréable? Pourquoi ou pourquoi pas?
10. De quelle humeur sera M. Tiger quand il se lèvera lundi matin?

Dimanche après-midi

Nicolas
  creuser to dig
    une pelle shovel

les estivants *(m. pl.)* summer residents
  faire un pique-nique
    un parasol
    un panier à provisions
  prendre un coup de soleil to get sun-burned
  prendre le soleil to sun-bathe
  nager to swim

Jean-Pierre
  faire de la planche à voile
  porter
    un maillot de bain swimsuit

Mme Tiger
  construire un château de sable
    des murs *(m. pl.)* walls
    des tours *(f. pl.)* towers
  porter
    un chapeau de paille straw hat
    une tunique

M. Tiger
  s'endormir to fall asleep
  être de bonne humeur to be in a good mood
        mauvaise
  être étendu (sur) to be stretched out (on)
    une serviette de bain bath towel
  penser à to think about
    le voyage de retour
  se réveiller
    découvrir (que) to discover (that)
    être entouré (de) to be surrounded (by)

la plage
  au bord de l'eau
  du sable sand

une station d'été summer resort town
  des immeubles *(m. pl.)* apartment buildings
  une promenade boardwalk
    des cafés
    des magasins de souvenirs
    un palmier

Activités

A. Vous et un(e) camarade, vous imaginez une conversation entre deux personnes qui se retrouvent àprès une longue absence. Au cours de la conversation, elles doivent parler de leurs souvenirs et de leurs projets d'avenir.

B. Préparez un monologue intérieur inspiré des images du Chapitre II *(Le Château dans le bois)*. Vous êtes le (la) meurtrier(-ère). Il est huit heures moins cinq du soir; dans cinq minutes vous allez tuer le maître du château. Divisez votre monologue en trois parties: (1) Parlez du moment actuel—Où êtes-vous? Comment vous sentez-vous? Pourquoi allez-vous le tuer? (2) Parlez de ce qui s'est déjà passé aujourd'hui. (3) Imaginez le meurtre et ce qui se passera pendant le reste de la soirée.

C. Révision des verbes irréguliers: Un(e) étudiant(e) commence par donner une forme d'un verbe irrégulier *(ex.: tu vas)*. Ce/cette même étudiant(e) demande ensuite une autre forme *(ex.: futur)*. L'étudiant(e) suivant(e) doit mettre le premier verbe à la nouvelle forme *(ex.: tu iras)*. Il (elle) demande à son tour un autre changement (de temps, de personne ou de verbe) et ainsi de suite. Vous pourrez, si vous voulez, organiser la classe en équipes; dans ce cas-là, les membres d'une équipe proposeront les formes verbales aux membres d'une autre équipe. Vous voudrez peut-être vous limiter aux temps suivants: présent, futur, passé composé, imparfait.

D. Narration: En vous inspirant de l'extrait de *La Modification* et des images du Chapitre I *(Le Paradis perdu)*, racontez à l'homme d'affaires sa propre aventure. Prenez comme point de référence le voyage en avion: en voyageant *(au présent)*, l'homme d'affaires pense à sa nouvelle vie dans l'île *(au futur)* et il se souvient du jour où il a décidé de quitter son travail *(au passé)*.

Cinquième Chapitre
LA LIAISON

Dialogue

Les Cousins

C'est le hall de la Gare de Lyon. Jean-François part faire du ski dans les Alpes avec ses amis Christophe et Lionel. Il ignore que sa cousine Dominique fait la même excursion avec son petit ami°, Jacques. Écoutons-les.

un petit ami: *boyfriend*

Jean-François *(à ses amis)*: Salut, les copains! Ça va? Quelle chance, hein? Huit jours à la montagne! (*Pourvu que mon père n'apprenne pas où je vais. Depuis que j'ai raté mon bac° il me défend de quitter Paris. Il veut que je passe tout mon temps dans mes bouquins°.*)

rater son bac: *to fail one's secondary school exam*
bouquins: *books (slang)*

Dominique *(à son ami)*: Ah, te voilà, Jacques. J'avais peur que tu sois en retard...Oui, en effet, je suis un peu nerveuse. J'ai dit à mon père que j'allais passer la semaine chez mon amie Bénédicte, à Rennes. (*Si Papa savait que j'allais dans les Alpes avec Jacques il me tuerait. Il ne veut pas que je sorte avec des garçons.*)

Jean-François *(à ses amis)*: Combien de temps a-t-on avant le départ du train? Un quart d'heure? Faisons un petit tour pour voir qui est là... (*Zut alors! C'est ma cousine Dominique. Il ne faut pas qu'elle me voie. Si elle raconte à mon oncle qu'elle m'a vu, il le dira à mon père.*)

Dominique *(à son ami)*: Ne m'embrasse pas ici, Jacques. On pourrait nous voir. Regardons un peu les gens. Est-ce qu'ils vont tous à Courchevel°? (*...Ce n'est pas possible! C'est mon cousin Jean-François. Allons-nous-en avant qu'il me voie. Il pourrait tout gâcher.*)

Courchevel: *ski resort in the Alps*

Jean-François *(à ses amis)*: Euh...allons de l'autre côté...Oui, voilà Eric. (*Mais qu'est-ce qu'elle fait ici? Se peut-il° qu'elle aille à Courchevel aussi? Mais non. Mon oncle ne lui permet pas de voyager sans la famille.*)

Se peut-il: *Can it be; is it possible*

Dominique: Jacques, euh...j'ai soif. Si nous allions au buffet de la gare? (*Je dois me cacher jusqu'à ce que nous puissions monter dans le train. Mais pourquoi est-ce que Jean-François est à la Gare de Lyon? Il n'a pas le droit de voyager avant d'avoir réussi son bac.*)

Jean-François: Bon, Eric. Je...je vais chercher mes skis. (*Faisons semblant de ne pas la voir...Trop tard. Elle m'a vu... Mais qui est ce type° avec elle? Est-il possible que ma sainte cousine ait un petit ami?*)

un type: *guy*

Dominique: C'est l'heure du départ? (*Trop tard. Il me voit... Mais il a des skis! Est-il possible que mon sage cousin n'obéisse pas à son père?*)

Jean-François: Dépêchons-nous. Il faut trouver nos places. (*Pas de problème. Je suis sûr qu'elle ne dira rien. La voici.*)

Dominique: Allons-y. Le train va partir. (*Ça va. Je suis certaine qu'il ne parlera pas. Le voici.*) Pardon, Monsieur.

Jean-François: Certainement, Mademoiselle. Après vous.

Comment combiner deux phrases

Du point de vue *logique,* l'unité de base de l'expression est *la phrase simple*—
c'est-à-dire, une phrase ayant un seul verbe—par exemple, «Je vais au
cinéma.» Théoriquement il serait possible de se limiter à une suite de
phrases simples, mais notre langage deviendrait vite monotone. En plus,
l'expression d'une idée complexe nécessite généralement un langage également complexe. C'est pourquoi nous avons l'habitude de combiner nos
idées en *phrases composées*—c'est-à-dire en phrases ayant deux ou plusieurs
verbes. Voici un exemple extrême de cette tendance:

> Et dès qu'on sonnait le dîner, j'avais hâte de courir à la salle à man-
> ger, où la grosse lampe de suspension, ignorante de Golo et de
> Barbe-Blanc, et qui connaissait mes parents et le bœuf à la casserole,
> donnait sa lumière de tous les soirs, et de tomber dans les bras de
> maman que les malheurs de Geneviève de Brabant me rendaient plus
> chère, tandis que les crimes de Golo me faisaient examiner ma
> propre conscience avec plus de scrupules.
>
> Marcel Proust, *Combray*

En fait, cette longue phrase comprend huit petites phrases ou
propositions[1] ayant cinq sujets différents:

on sonnait le dîner
j'avais hâte
je courais à la salle à manger
je tombais dans les bras de maman
la grosse lampe donnait sa lumière de tous les soirs dans la salle à
    manger
la grosse lampe, ignorante de Golo et de Barbe-Blanc, connaissait mes
    parents et le bœuf à la casserole
les malheurs de Geneviève de Brabant me rendaient maman plus
    chère
les crimes de Golo me faisaient examiner ma conscience avec plus de
    scrupules

L'écrivain a combiné ces petites phrases pour montrer les relations
temporelles, spatiales et logiques qui les relient. Evidemment nous ne
vous proposons pas la phrase archicomplexe de Proust comme modèle. Il
n'est pas nécessaire de combiner les idées jusqu'à ce degré de complexité.
Mais l'exemple vous montre les possibilités offertes à la personne qui sait
relier deux ou plusieurs verbes.

Les phrases composées sont formées de deux (ou plusieurs) propositions. On peut combiner deux propositions par *coordination* ou par *subordination.*

[1] Chaque proposition *(clause)* doit avoir un verbe.

La combinaison par coordination

La *coordination* est assez facile à comprendre car les deux (ou plusieurs) propositions restent indépendantes l'une de l'autre. Elles peuvent *se suivre directement* ou elles peuvent *être liées par une conjonction de coordination*.

1. Dans le premier cas, c'est *la ponctuation seule* qui indique la coordination:

   > Il s'est levé, il a fait sa toilette, il a pris son petit déjeuner.
   > Marie n'est pas venue; j'en suis content.

2. Dans le second cas, on met la conjonction de coordination *entre* les deux propositions:

   > Elle est entrée **et** je lui ai dit bonjour.
   > Je pense, **donc** je suis.

   Voici quelques conjonctions de coordination très usitées:

   | et | puis | ensuite[2] | par conséquent[2] | cependant[2] |
   | ou | alors | donc[2] | mais | pourtant[2] |

A. Combinez les phrases suivantes en utilisant une conjonction de coordination différente pour chaque phrase.

▶ Finis ta salade. Tu n'auras pas de dessert.
   Finis ta salade ou tu n'auras pas de dessert.

1. Je prends le petit déjeuner. Je pars pour l'école.
2. J'ai froid. Il fait 30°C.
3. Il fera beau demain. Il pleuvra.
4. Je joue très mal au tennis. J'aime y jouer.
5. Elle a quitté l'hôpital. Elle est partie passer quelques semaines aux Antilles.
6. Le pauvre ménager n'en peut plus. Sa femme tient à passer le week-end à la campagne.
7. J'ai perdu ma montre. Je dois en acheter une autre.
8. L'inspecteur a interrogé tous les témoins. Il n'a rien appris.
9. Elle aiderait bien son ami. Elle n'a pas le temps.

[2] On peut mettre ces expressions entre les deux propositions ou après le verbe de la seconde proposition: *Tu as raison,* **donc** *elle a tort* ou *Tu as raison, elle a* **donc** *tort. Ils sont en retard,* **pourtant** *ils sont partis à l'heure* ou *Ils sont en retard, ils sont* **pourtant** *partis à l'heure.*

La combinaison par subordination

Il y a deux façons d'utiliser la subordination pour combiner deux phrases:

1. On peut relier *directement* les verbes de deux phrases, c'est-à-dire qu'on peut combiner les deux phrases sans y ajouter d'idée supplémentaire. La préposition ou la conjonction utilisées ont une valeur grammaticale; elles n'ajoutent pas de sens à la phrase.

> Ils aiment voyager.
> Il commence **à** pleuvoir.
> Elle pense **que** vous avez tort.

2. On peut relier *indirectement* les verbes de deux phrases, c'est-à-dire qu'on peut combiner les deux phrases en y ajoutant une préposition ou une conjonction qui expriment le rapport entre les deux verbes.

> Je me suis levée tôt **pour** lui dire au revoir. (**pour** *indique qu'il y a un rapport de cause et effet entre* **se lever** *et* **dire au revoir**)
> Nous sommes partis **avant qu'**ils arrivent. (**avant que** *indique qu'il y a un rapport temporel entre* **partir** *et* **arriver**)

(On peut aussi relier *un mot particulier* d'une phrase au verbe d'une autre:

> Où est **le livre** *que vous avez acheté?*
> Je ne recommande pas **l'hôtel** *où (dans lequel) nous sommes descendus.*

Dans ce chapitre nous allons étudier les deux premiers moyens de relier deux phrases. Dans le Chapitre 8 nous insisterons sur la troisième forme de liaison, la relation par expansion.)

Pour relier directement deux verbes qui ont le même sujet

Dans ce cas on conjugue le premier verbe et le second est à l'infinitif[3]:

> Elle **veut partir** demain.
> Il **hésite à parler.**
> Ils **ont décidé de ne pas rester**[4].

Remarquez que les deux derniers exemples utilisent des verbes qui se construisent avec la préposition **à** ou **de** quand ils sont suivis d'un infinitif. Cette préposition n'ajoute pas de sens à la phrase et elle ne se traduit pas. Il faut apprendre la construction d'un verbe suivi de l'infinitif pour chaque cas particulier. Voici une liste de verbes très usités qui se construisent souvent avec un infinitif. (Voir l'Appendice pour une liste plus complète.)

---

[3] S'il y a plus de deux verbes, le premier verbe est conjugué et tous les autres sont à l'infinitif: **Je voudrais** *pouvoir commencer à travailler.*

[4] Quand l'infinitif est négatif, les deux particules négatives (**ne...pas, ne...rien, ne...jamais** ou **ne...plus**) sont placées devant l'infinitif: *J'espère* **ne jamais** *revenir.*

Verbe + infinitif

aimer	espérer	savoir
aimer mieux	faire	sembler
aller	penser	valoir mieux
compter	pouvoir	vouloir
devoir	préférer	

Verbe + à + infinitif

s'amuser à	s'habituer à	se préparer à
apprendre à	hésiter à	réussir à
continuer à	se mettre à	

Verbe + de + infinitif

(s')arrêter de	empêcher de	refuser de
cesser de	essayer de	regretter de
se dépêcher de	finir de	se souvenir de
	oublier de	venir de

B. Ajoutez le verbe entre parenthèses en faisant les changements nécessaires.

▶ Elle comprend. *(penser)*
  Elle pense comprendre.

1. Il fait du ski nautique. *(apprendre)*
2. Je change de robe. *(aller)*
3. Ils ont joué au tennis. *(finir)*
4. Elles font les innocentes. *(essayer)*
5. Je vous téléphone. *(hésiter)*
6. Tu grossis. *(commencer)*
7. Ils ont l'air heureux. *(sembler)*
8. Elle se plaint. *(cesser)*
9. Je ne suis pas à l'heure. *(regretter)*
10. Ils partent. *(vouloir)*
11. Elle ne paie pas par chèque. *(préférer)*
12. Nous dînons. *(se préparer)*
13. Il a payé. *(oublier)*
14. Je pourrai y aller. *(espérer)*
15. Elle ne vient pas. *(décider)*

C. Décrivez les activités de Gaspar en utilisant le verbe donné et un infinitif.

1. aimer

2. ne pas aimer

3. oublier

4. apprendre

5. refuser   6. venir

7. se préparer   8. savoir

9. regretter   10. hésiter

D. Complétez les phrases suivantes selon votre expérience personnelle; utilisez un infinitif affirmatif ou négatif et, s'il y a lieu, une préposition.

▶ J'aime…
J'aime dormir jusqu'à 10 heures le samedi matin.
ou: *J'aime ne pas me lever avant 10 heures le samedi matin.*

1. Je n'aime pas…
2. J'ai décidé…
3. Je vais essayer…
4. J'ai oublié…
5. Je voudrais apprendre…
6. Je compte…
7. Je regrette…
8. Je refuse…
9. Je ne sais pas…
10. Je ne m'habitue pas…
11. J'espère…
12. Je n'ai pas réussi…
13. Je préfère…
14. Je viens…

Pour relier directement deux verbes qui n'ont pas le même sujet

Dans ce cas, on conjugue les deux verbes, et on utilise la conjonction **que.**

Elle sait **que** je pars demain.
Il faut **que** nous le fassions.
Je pense **qu'**elle est très intelligente.

Remarquez que le premier verbe est *toujours* à l'indicatif. Il faut déterminer si le second va être *à l'indicatif* ou *au subjonctif*. Ce choix dépend du sens du premier verbe. En règle générale, on peut dire que:

1. Si le premier verbe exprime un *sentiment*, un *désir*, le *doute*, la *nécessité*, la *possibilité*, l'*irréalité*, on emploie le **subjonctif** dans la proposition subordonnée[5]:

   Elle **est contente** que tu **sois** venue. *(sentiment)*
   Je **veux** qu'elle nous **attende.** *(désir)*
   Il **doute** que nous **sachions** la réponse. *(doute)*

---

[5] Pour une révision des formes du subjonctif, voir l'Appendice.

Il faut qu'elles y **aillent** tout de suite. *(nécessité)*
Il est possible que nous **soyons** en retard. *(possibilité)*
Je **ne crois pas** que vous **ayez** raison. *(irréalité)*

Voici une liste d'expressions verbales (conjuguées ou impersonnelles) qui nécessitent toujours le subjonctif:

Expressions toujours suivies du subjonctif

---

avoir honte	être surpris	il est possible
avoir peur…(ne)[6]	être triste	il semble
craindre…(ne)	regretter	il se peut
c'est dommage	désirer	il est bon
être content	exiger	il est important
être désolé	souhaiter	il est juste
être étonné	vouloir	il est mauvais
être fâché	il est convenable	il est nécessaire
être navré	il est impossible	il faut
être ravi	il est peu probable	il vaut mieux

---

2. Dans les autres cas, on emploie l'**indicatif**:

> **Je sais** qu'ils **ont** raison.
> Elle m'**a dit** que tu **viendrais** aussi.
> Nous **pensons** qu'on **est** très bien ici.

3. Pourtant, il existe des expressions qui se construisent soit avec l'indicatif, soit avec le subjonctif. On emploie le subjonctif si ces expressions sont *au négatif* ou *à l'interrogatif*, car ces formes expriment l'incertitude ou l'irréalité qui caractérisent l'emploi du subjonctif.

> Je **pense** qu'elle **est** malade.
> *Mais:* **Pensez-vous** qu'elle **soit** malade? *(incertitude)*
> Je **ne pense pas** qu'elle **soit** malade. *(irréalité)*

> **Il est probable** qu'elle **viendra.**
> *Mais:* **Est-il probable** qu'elle **vienne**? *(incertitude)*
> **Il n'est pas probable** qu'elle **vienne.** *(irréalité)*

Voici une liste d'expressions verbales qui se construisent soit avec l'**indicatif** *(à l'affirmatif)*, soit avec le **subjonctif** *(au négatif et à l'interrogatif).*

---

[6] Dans le langage littéraire, on emploie **ne** après les expressions **avoir peur** et **craindre** et certaines conjonctions telles que **avant que, de peur que, à moins que.** Ce **ne** n'est pas négatif: *J'ai peur qu'elle* **ne** *soit malade = I am afraid she is sick.*

Expressions suivies du subjonctif ou de l'indicatif			
croire	il me semble[7]	il est clair	il est vrai
espérer	être certain	il est évident	douter[8]
penser	être sûr	il est probable	

HELPFUL HINT

The terms *indicative* and *subjunctive* designate not tenses, but rather moods. The indicative mood (which includes the **présent, imparfait, passé composé, futur, futur antérieur,** and **plus-que-parfait**) presents the action or condition expressed by the verb as a fact. The subjunctive mood (which includes the **présent du subjonctif** and the **passé du subjonctif**[9]) presents the action or condition expressed by the verb through a "filter," i.e., in the light of a reaction by the speaker to that action or condition. This reaction can take a variety of forms.

1. It can express one's feelings about a situation or about another person's actions or condition:

   Je *regrette* que **tu sois** malade.
   Elle *est contente* qu'**il ne pleuve pas.**
   Nous *sommes surpris* qu'**ils aient acheté** une nouvelle maison.

2. Or it can take a more active form and express a desire by the speaker to influence, to change a situation or another person's actions or condition:

   Je *veux* qu'**elle fasse** ses devoirs.
   Il faut que **tu t'endormes.**
   Il est important que **vous veniez** nous voir demain.

3. Finally, it can express doubt about the certainty (or uncertainty), the reality (or the unreality) of an action or a condition. In many cases, this use of the subjunctive is quite obvious, as in the difference in degree of certainty between *possibility* and *probability*:

   Il est possible qu'**elle vienne.** (possibility = less certainty = subjunctive)
   Il est probable qu'**elle viendra.** (probability = more certainty = indicative)

   In other cases, the use of the subjunctive is not as clear-cut. This is particularly true with verbs and expressions such as **penser, croire, être sûr,** etc. The use

---

[7] L'expression **il semble** est toujours suivie du subjonctif. L'expression **il me semble,** qui indique plus de certitude, est suivie du subjonctif seulement aux formes négative et interrogative.

[8] Le verbe **douter,** exprimant en soi l'incertitude (le doute), se construit avec le subjonctif à l'affirmatif et avec l'indicatif au négatif et à l'interrogatif.

[9] Among literary tenses, the **passé simple** and the **passé antérieur** belong to the indicative mood. The subjunctive mood has two literary tenses: the **imparfait du subjonctif** and the **plus-que-parfait du subjonctif** (see the Appendix for a discussion of their formation and use).

of the subjunctive after these verbs expresses the notion of uncertainty. Here are some examples:

Georges **est** à Paris.	*(A statement of fact: indicative.)*
Je pense que Georges **est** à Paris.	*(The speaker is more certain than uncertain about the truthfulness of the fact: indicative.)*
Je ne pense pas que Georges **soit** à Paris.	*(The speaker brings doubt about the truthfulness of the fact: uncertainty = subjunctive.)*
Penses-tu que Georges **soit** à Paris?	*(The speaker has no idea about the answer: uncertainty = subjunctive.)*
Ne penses-tu pas que Georges **est** à Paris?	*(The speaker is asking for a confirmation of a fact he/she is quite certain is true: certainty = indicative. The question assumes that indeed the speaker is quite sure of the fact being true.)*

The use of either the indicative or the subjunctive is determined by what level of certainty vs. uncertainty the speaker wants to convey.

In time, the use of the subjunctive will become a "reflex action": i.e., the presence of a certain verb in the main clause (followed by **que**) "triggers" the automatic use of the subjunctive in the subordinate clause. By learning the verbs in the lists on p. 213, one can quickly manage to use the subjunctive correctly.

E. Posez des questions à deux camarades en utilisant les expressions données. L'un(e) vous fera une réponse affirmative, l'autre une réponse négative.

▶ Le ménage est ennuyeux à faire. *(penses-tu?)*
—*Penses-tu que le ménage soit ennuyeux à faire?*
—*Oui, je pense que le ménage est ennuyeux à faire.*
—*Non, je ne pense pas que le ménage soit ennuyeux à faire.*

1. Un homme peut comprendre les problèmes d'une femme. *(penses-tu?)*
2. Les femmes sont plus ambitieuses que les hommes. *(n'est-il pas évident?)*
3. Le président des Etats-Unis fait de son mieux pour améliorer la condition des femmes. *(ne crois-tu pas?)*
4. Un homme sait s'occuper des enfants. *(es-tu sûr?)*
5. Les hommes ont plus de possibilités que les femmes dans notre société. *(te semble-t-il?)*

F. Ajoutez les expressions données à la phrase-modèle en utilisant *que* et le subjonctif ou l'indicatif.

Elle fait de son mieux.
▶ Il est important…
   Il est important qu'elle fasse de son mieux.

1. Je veux…
2. Il est nécessaire…
3. Je suis sûr(e)…

Il a vingt et un ans.
4. Je suis surpris(e)…
5. Il est impossible…
6. Je sais…
7. Etes-vous certain(e)…

Ils sont fâchés.
8. Je regrette…
9. Il est clair…
10. C'est dommage…
11. Croyez-vous…

Tu prendras le train.
12. Il vaut mieux...
13. Je suis content(e)...
14. Il espère...
15. Elle ne pense pas...

Nous resterons à la maison.
16. Il est possible...
17. Il est probable...

18. Ils seront désolés...
19. Elle désire...

Je ne vais pas souvent en classe.
20. Il est mauvais...
21. Elle est étonnée...
22. Il a peur...
23. Il est vrai...

SPECIAL PROBLEM

Vouloir + infinitif/vouloir que

A common mistake made by English speakers is to try to use English word order in French sentences. This is done particularly often with the word **vouloir.** In English one says: "I want you to help me." However, in French, since there are two different subjects (*I* want, *you* help), one must use *que*: "**Je** veux **que vous** m'aidiez." Only if each verb has the same subject can one use **vouloir** and the infinitive: "I want to leave" (*I* want, *I* leave), "Je veux **partir.**"

G. Donnez l'équivalent français de:

1. I want you to wait.
2. She wants us to stay.
3. He wants to go shopping.

4. They want him to learn to swim.
5. We don't want you to pay.
6. Do you want me to leave?

Exceptions to the One-or-Two-Subject Rule

There are *two major exceptions* to the basic rule concerning the use of an *infinitive* or **que:**

1. When verbs of information—such as **penser, dire, savoir**—are used simply to report something, **que** is used *even if there is only one subject:*

   Je pense **que** je suis assez intelligente.
   Il a dit **qu'**il aimait le film.
   Nous savons **que** nous sommes fous.

   However, when these words have a special meaning—such as **penser** = *to intend,* **savoir** = *to know how*—then an infinitive must be used:

   Je **pense** y **aller** demain. *(I intend to go there tomorrow.)*
   Nous ne **savons** pas **nager.** *(We don't know how to swim.)*

2. When there are *two different subjects,* certain verbs can be followed by the preposition **à** + the second subject + the preposition **de** + an ininitive. Since the second subject thus becomes an indirect object, the pronoun forms are **me, te, lui, nous, vous, leur.** The most common of these verbs are:

demander à quelqu'un **de** faire quelque chose	**écrire** à...**de**...
dire à...**de**...	**ordonner** à...**de**...
permettre à...**de**...	**défendre** à...**de**...
	conseiller à...**de**...

The expressions **promettre** à...**de**... et **proposer** à...**de**... follow the same pattern. However, there is only one subject: *J'ai promis à Alain de faire la vaisselle.*

J'ai demandé **à Marie de faire** la salade.
Elles **lui** ont dit **d'attendre.**
Mes parents **m'**ont défendu **de fumer.**

The verbs **empêcher, persuader** et **soupçonner** are followed by a complement of *direct object* + **de** + infinitive:

Je l'empêcherai **de partir.**

The verbs **aider** et **inviter** are followed by a complement of *direct object* + **à** + infinitive:

Je **les** aide **à finir.**

H. Donnez l'équivalent français de:

1. He thinks he's good-looking.
2. She knows how to dance.
3. She knows she is a good dancer.
4. I know she will come back.
5. I intend to go to France.
6. He allows his children to smoke.
7. I will ask her to sit down.
8. She promised her brother she would come.
9. They told us not to buy anything.
10. I forbid you to speak English.
11. I wrote her to come.
12. They advised him not to wait any longer.
13. The policeman ordered them to stop.
14. We will suggest to Georges that he prepare the meal.
15. She is preventing them from leaving.
16. She is helping me do my homework.
17. I told her not to leave.
18. We will ask her to begin.
19. He doesn't allow us to play cards.
20. Can you persuade him not to go to England?

Agreement of Tenses in the Subjunctive

In conversational French only two tenses of the subjunctive are used: the *present subjunctive* and *the past subjunctive*. The choice of subjunctive tense varies according to the temporal relationship between the main clause and the subordinate clause.

1. The present subjunctive is used when the action (or state) in the subordinate clause takes place *at the same time as* or *after* the action of the main clause (whatever the tense). The subjunctive does not have a future tense.

Je suis content qu'elle **vienne.**	*I am happy that she is coming.* or: *I am happy that she will come.*
J'étais content qu'elle **vienne.**	*I was happy that she was coming (yesterday or today).*

As you can see, it is possible to use the present subjunctive to talk about a past action—provided that the past action took place at the same time as or followed the action of the main verb.

2. The past subjunctive is used when the action in the subordinate takes place *before* the action in the main clause (whatever the tense).

> Je suis content qu'elle **soit venue.** *(I am happy that she came.)*
> J'étais content qu'elle **soit venue.** *(I was happy that she came.)*

Here is a chart to illustrate the agreement of tenses in the subjunctive:

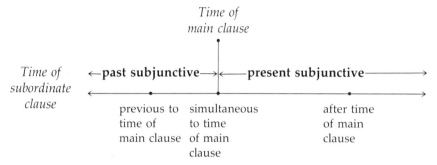

Time of main clause

Time of subordinate clause

←past subjunctive→ | ←present subjunctive→

previous to time of main clause | simultaneous to time of main clause | after time of main clause

I. Donnez l'équivalent français des phrases suivantes en utilisant le *présent du subjonctif* ou le *passé du subjonctif.*

1. I don't think she is going to the museum.
2. I don't think she will go to the museum.
3. I don't think she went to the museum.
4. I didn't think she had gone to the museum.
5. They are surprised you are coming.
6. He preferred that we wait at home.
7. She is delighted you will be able to come.
8. She is delighted you were able to come.
9. She was delighted you were able to come.

J. Complétez les phrases suivantes à l'aide du modèle.

Elle est en retard.

▶ Je regrette…
   Je regrette qu'elle soit en retard.

1. Il est fâché…
2. Elle regrette…
3. Pourquoi ne veux-tu pas…?
4. Il est évident…

Ils vont en Europe.
5. Je suis content…
6. Ils sont contents…
7. Je crois…
8. Ils veulent…
9. Je ne veux pas…

Elle pourra le faire.
10. Penses-tu…
11. J'espère…
12. Elle pense…

13. Nous doutons…
14. Il est impossible…

Il a raison.
15. Il me semble…
16. Je suis étonné…
17. Il se peut…
18. Il est ravi…
19. Je ne pense pas…

Tu finiras demain.
20. Il faut…
21. Il est possible…
22. Est-il sûr…
23. Tu devras…

Vous viendrez aussi.
24. Il serait bon…
25. Nous souhaitons…
26. Rien ne vous empêche…
27. Voulez-vous…
28. Il vaudrait mieux…

Je ferai mon travail.
29. Je vais essayer…
30. Est-il nécessaire…
31. Qui m'aidera…
32. Veux-tu…

K. Réagissez aux situations suivantes en utilisant les mots donnés.

▶ —Elle part?
   —Oui, et nous regrettons beaucoup…
   —Oui, et nous regrettons beaucoup qu'elle parte.

▶ —Vous allez venir demain?
   —Oui, nos parents nous ont demandé…
   —Oui, nos parents nous ont demandé de venir demain.

1. —Tu feras la vaisselle?
   —Oui, Maman veut…
2. —Ta sœur nettoiera toute la maison?
   —J'espère…
3. —Elle nous accompagnera.
   —Oui, et nous sommes ravis…
4. —Je connais le chemin.
   —Etes-vous sûr…
5. —Est-ce que certains étudiants ont triché?
   —Je ne sais pas, mais il est possible…
6. —Maman est rentrée tard hier, n'est-ce pas?
   —Oui, et nous sommes surpris…
7. —Tu feras le lessive?
   —Oui, il faut…
8. —Est-ce que le feu est rouge?
   —Je ne vois pas très clair, mais je pense…
9. —Est-ce que tu feras les courses avec moi?
   —Oui, si tu veux…
10. —Est-ce qu'elle sortira avec nous?
    —Non, son père ne lui permettra pas…
11. —On a pris nos vélos.
    —Oh, nous sommes désolés…
12. —Elle a de très jolis cheveux, n'est-ce pas?
    —Oui, il est vrai…
13. —Le pauvre Jean-Jacques! Il n'en peut plus.
    —Eh oui, il est évident…
14. —Est-ce qu'ils ont trop bu?
    —Il se peut…
15. —Pourquoi est-ce que tu te dépêches?
    —Parce qu'on m'a dit…

16. —Je prends un whiskey.
    —Oui, il vaut mieux…
17. —Les résultats seront bons.
    —Crois-tu…
18. —Est-ce qu'ils sont prêts à commencer?
    —Oui, il me semble…

L. Complétez les phrases suivantes en parlant de vous et de vos opinions.

1. Un jour je voudrais…
2. Tous les matins il faut que…
3. Mes parents (ne) me permettent (pas)…
4. J'espère que…
5. A mon avis, il est important que…
6. Je regrette que…
7. J'ai promis à mes parents…
8. Je pense que…
9. Je suis surpris(e) que…
10. Je suis sûr(e) que…
11. Il est possible/impossible que…
12. J'aimerais…
13. Mon père m'a dit…
14. Je doute que…
15. J'ai peur…

M. Réagissez aux phrases suivantes en donnant plusieurs réactions à chaque situation. Dans la première partie, inspirez-vous des Histoires en images des chapitres 1–4.

▶ André repartira dans quelques semaines. (Le Paradis perdu)
   Il est possible qu'il reparte dans quelques semaines.
   ou: *Il est probable qu'il repartira…*
   ou: *Je doute qu'il reparte…*

1. La bonne a tué le maître. (Le Château dans le bois)
2. Le petit garçon s'est amusé au musée. (Les Amateurs d'art)
3. Le ménager fait bien le ménage. (Le Ménager)

Maintenant parlez de votre vie:
4. Je m'amuserai pendant le week-end.
5. Nous aurons des devoirs à faire.
6. Le professeur est/n'est pas malade.
7. Mon professeur de français sait parler d'autres langues.

Pour relier indirectement deux verbes

Lorsque le rapport entre deux propositions n'est pas exprimé par les verbes mêmes, il faut relier les verbes par l'intermédiaire d'*une préposition* ou d'*une conjonction*. En général, si les deux verbes ont **le même sujet,** on emploie une *préposition.* Si les deux verbes ont des sujets différents, on emploie une *conjonction:*

> Elle s'est brossé les dents **avant de** sortir.
> Il arrivera **avant que** tu partes.
> Je travaille **pour** gagner de l'argent.
> Je travaille **pour que** mes enfants puissent faire des études
>   à l'université.

Comme dans le cas des phrases où les verbes sont reliés directement, l'emploi d'une *conjonction* exige qu'on choisisse entre le *subjonctif* et l'*indicatif.*

Voici 4 listes de prépositions et de conjonctions qui servent à relier indirectement deux verbes.

1. **Un rapport temporel:**

Prépositions	Conjonctions + subjonctif	Conjonctions + indicatif
avant de *(before)*	avant que *(before)*	
en attendant de *(waiting to)*	en attendant que *(waiting for...to)*	
après *(after)*		après que *(after)*
en *(while)*		pendant que *(while)*
	jusqu'à ce que *(until)*	
		quand } lorsque } *(when)*
		dès que } aussitôt que } *(as soon as)*

> Elle est tombée malade **avant de** partir.
> Elle est tombée malade **avant que** sa mère parte.
>
> **Après** avoir fini, il ira en ville.
> **Après que** nous aurons fini, il ira en ville.
>
> Nous serons ici **jusqu'à ce que** tu reviennes.
> Nous serons ici **quand** tu reviendras.

Remarquez:

a. Les conjonctions **jusqu'à ce que, quand, lorsque, dès que** et **aussitôt**

que n'ont pas d'équivalent prépositionnel qu'on peut utiliser avec un infinitif. Par conséquent, quel que soit le nombre de sujets (1 ou 2), on emploie toujours la conjonction.

Nous téléphonerons **lorsque nous** arriverons.
Nous téléphonerons **lorsqu'elle** arrivera.

b. Rappelez-vous que la préposition **en** est suivie du participe présent et que la préposition **après** est suivie du passé de l'infinitif (voir page 28).

En étudiant le français, il faut faire bien attention aux verbes.
Après avoir fini le dessert, nous nous sommes levés de table.

2. **Un rapport de cause et d'effet:**

Prépositions	Conjonctions + subjonctif	Conjonctions + indicatif
pour ⎫ afin de ⎭ *(in order to)*	pour que ⎫ afin que ⎭ *(in order that)*	
de peur de ⎫ de crainte de ⎭ *(for fear of)*	de peur que ⎫ de crainte que ⎭ *(for fear that)*	
		parce que ⎫ car ⎭ *(because)*
		puisque *(since)*

Elle reste **afin de** les voir.
Elle reste **afin que** tu les voies.

Ils se sont levés à 6 heures **de peur de** manquer leur avion.
Ils se sont levés à 6 heures **de peur que** nous ne manquions notre avion.

Elle s'est couchée de bonne heure **parce qu'**elle avait mal au cœur.

Remarquez:
Les conjonctions **parce que, car** et **puisque** n'ont pas d'équivalent prépositionnel. Par conséquent, quel que soit le nombre de sujets (1 ou 2), on emploie toujours la conjonction.

Nous allons rentrer **puisque nous** sommes très fatigués.
Nous allons rentrer **puisque vous** êtes très fatigués.

3. **Un rapport de concession:**

Prépositions	Conjonctions + subjonctif	Conjonctions + indicatif
	bien que ⎫ *(although)* quoique ⎭	
	quoi que *(whatever)*	
	qui que *(whoever)*	
	où que *(wherever)*	
		tandis que[10] (while)

Remarquez:
Aucune de ces expressions n'a d'équivalent prépositionnel; on emploie donc la conjonction quel que soit le nombre de sujets (1 ou 2):

Bien qu'il soit intelligent, il a de mauvaises notes.
Où que vous alliez, je vous suivrai.
J'ai les cheveux courts **tandis que** ma sœur a les cheveux longs.

4. **Un rapport de condition:**

Prépositions	Conjonctions + subjonctif	Conjonctions + indicatif
à moins de *(unless)*	à moins que *(unless)*	
	pourvu que *(provided that)*	
à condition de *(on condition that)*	à condition que *(on condition that)*	
sans *(without)*	sans que *(without)*	
		si *(if)*
		au cas où[11] *(in case)*

Je le ferai moi-même **à moins d'**être à Chicago.
Je le ferai moi-même **à moins que** vous n'arriviez avant moi.

Si tu as le temps, tu pourras le faire.

---

[10] Il faut distinguer entre **pendant que,** qui a un *sens temporel* (*Je regardais la télévision* **pendant que** *ma femme lisait le journal),* et **tandis que,** qui a un *sens concessif*—c'est-à-dire qui oppose les deux actions (*J'aime le ski* **tandis que** *ma femme préfère le tennis.*).
[11] Normalement, la conjonction **au cas où** est suivie du conditionnel: **Au cas où** *il pleuvrait, nous resterions chez nous.*

Remarquez:
Les conjonctions **si** et **au cas où** n'ont pas d'équivalent prépositionnel. Par conséquent, quel que soit le nombre de sujets (1 ou 2), on emploie toujours la conjonction.

Nous y irons **si** nous avons le temps.
Nous y irons **si** Georges a le temps.

HELPFUL HINT

In connecting two ideas indirectly, there are two main factors to consider: (1) does the sentence need a preposition or a conjunction? (2) what kind of verb form does the particular preposition or conjunction require?

1. In most cases in English, one need not be concerned with the one-or-two-subject rule, that is choosing between a prepositional or conjunctival construction:

   He left *before* hearing the results.
   He left *before* he heard the results.

   The two forms are both correct and identical in meaning. In French, on the other hand, in most cases, one must distinguish clearly between the use of a preposition (with a single subject) or a conjunction (with two different subjects):

   Il est parti **avant d'**entendre les résultats.
   Il est parti **avant que** nous entendions les résultats.

   However, there are exceptions: those conjunctions which do not have a prepositional form such as **bien que, jusqu'à ce que.**

2. The general rules on the verb form that follows prepositions and conjunctions can be summarized as:
   a. prepositions are followed by an infinitive (exceptions: **après, en**).
   b. a few conjunctions (such as **quand, parce que, si, tandis que,** etc.) are followed by a verb conjugated in a tense of the indicative.
   c. most conjunctions (for example, **avant que, pour que, quoique, jusqu'à ce que,** etc.) are followed by a verb in the subjunctive.

3. The tense sequence in sentences containing a conjunction used with the subjunctive is the same as seen in the chart on page 218.

N. Combinez les deux phrases (ou les deux propositions) en utilisant l'intermédiaire convenable et en faisant tous les changements nécessaires.

▶ Mme Tiger est partie. Elle n'a pas embrassé son mari. *(sans / sans que)*
Mme Tiger est partie sans embrasser son mari.

▶ Ils vont acheter un aspirateur. Ainsi M. Tiger pourra nettoyer plus rapidement la maison. *(afin de / afin que)*
Ils vont acheter un aspirateur afin que M. Tiger puisse nettoyer plus rapidement la maison.

1. M. Tiger doit faire la vaisselle. Ensuite sa femme rentrera. *(avant de / avant que)*
2. Mme Tiger est malade. Mais elle va aller travailler. *(bien que)*
3. Ils partiront pour le weekend si M. Tiger n'est pas trop fatigué. *(pourvu que)*
4. Vendredi matin M. Tiger s'est réveillé. Ensuite il est resté au lit pendant une demi-heure. *(après / après que)*
5. Il faisait les lits. En même temps il pensait au roman qu'il lisait. *(en)*
6. Mme Tiger est allée au café. Son mari ne le savait pas. *(sans / sans que)*
7. Mme Tiger rentrera. Tout de suite après M. Tiger servira le dîner. *(dès que)*
8. M. Tiger aime les romans policiers. Mais sa femme préfère les livres d'économie politique. *(pendant que / tandis que)*
9. M. Tiger raccommodait des chaussettes. En même temps sa femme regardait la télévision. *(pendant que / tandis que)*
10. M. Tiger s'occupera des enfants. Finalement sa femme rentrera. *(jusqu'à ce que)*
11. M. Tiger utilise de la farine, des œufs et du lait. Il fait une pâte à gâteau. *(pour / pour que)*
12. M. Tiger met une nouvelle couche au bébé. Le bébé pourra s'endormir. *(pour / pour que)*
13. Au cas où la machine à laver tomberait en panne, M. Tiger saurait la réparer. *(si)*
14. Mme Tiger se maquillera. Ensuite elle s'habillera. *(avant de / avant que)*
15. Les invités partiront. Ensuite M. Tiger passera l'aspirateur dans la salle de séjour. *(après / après que)*
16. M. Tiger se chargera de la vaisselle si sa femme ne veut pas la faire. *(à moins que)*
17. M. Tiger a travaillé très dur. De cette façon, il a nettoyé tout l'appartement. *(en)*
18. Les enfants feront ci ou ça. Mais leurs parents les aimeront quand même. *(quoi que / quoique)*

O. Combinez les deux phrases en utilisant un intermédiaire convenable, selon le rapport suggéré.

▶ Le gardien a passé une mauvaise journée. Mathieu est venu au musée. *(cause/effet)*
Le gardien a passé une mauvaise journée parce que Mathieu est venu au musée.

▶ Le gardien se reposera. Mathieu quittera le musée. *(temporalité)*
Le gardien se reposera lorsque Mathieu quittera le musée.
ou: *Il se reposera dès que Mathieu quittera le musée.*

1. M. Bellœil n'aime pas l'art. Il a accompagné sa femme. *(concession)*
2. Mme Bellœil s'intéresse à l'art. Son mari aime mieux la musique. *(concession)*
3. M. Bellœil achète un guide du musée. Sa femme pourra trouver les salles qui l'intéressent. *(cause/effet)*
4. Mathieu dessinera sur le mur. Le gardien le grondera. *(condition)*
5. Le gardien surveillera Mathieu. Mathieu quittera le musée. *(temporalité)*
6. Le tableau du peintre du dimanche est très simple. M. Bellœil ne le comprend pas. *(concession)*
7. Mathieu a taquiné son père. M. Bellœil a pris une pose ridicule. *(cause/effet)*
8. M. Bellœil et son fils ont mangé une pomme. Ils ont regardé une nature morte de Cézanne. *(temporalité)*
9. La famille Bellœil quittera la salle des impressionnistes. Le gardien trouvera par terre un trognon de pomme. *(temporalité)*
10. Ils sont allés dans la salle des surréalistes. Mme Bellœil a vu des tableaux de Magritte. *(cause/effet)*
11. Mme Bellœil regardait un tableau de Magritte. Son mari se frottait le pied. *(temporalité)*
12. La famille Bellœil ne pourra pas visiter le musée encore une fois. Mathieu restera à la maison. *(condition)*

P. Parlez de vous-même en utilisant les expressions suggérées.

1. ce que vous faites le matin *(après / avant de ou avant que / pendant que / en / sans)*
2. vos projets d'avenir *(pour / afin de ou afin que / quand / si / jusqu'à ce que)*
3. vos rapports avec votre famille ou vos amis *(parce que / tandis que / bien que ou quoique / pourvu que / à moins que)*

Si-clauses

Si-clauses express a condition upon which another action depends. In French, as in English, there are thus two parts to "conditional" sentences: the **si**-clause (which expresses the condition or hypothesis) and the main clause (which expresses the resulting action).

Si j'ai de l'argent, j'achèterai un transistor.	*(The action of buying depends on the condition of having money.)*

English speakers often have difficulty with **si**-clauses in French. Nevertheless, they are relatively easy to use because there are only three basic tense patterns involved, depending on the nature of the condition. Here is a summary of those patterns:

	Main clause	Si-clause
to express a present or future possibility	future	present
to express a condition that is possible but not probable	conditional	imperfect
to express a condition that is no longer possible	past conditional	pluperfect

Je **lirai** si j'**ai** le temps.	I will read if I have the time. *(There is a possibility that I will have the time and will read.)*
Je **lirais** si j'**avais** le temps.	I would read if I had the time. *(I don't have the time and probably will not read.)*
J'**aurais lu** si j'**avais eu** le temps.	I would have read if I had had the time. *(I did not have the time and therefore I did not read.)*

Note:
1. Although the **si**-clause expresses the condition, it is never followed by a verb in the conditional mood. Only the verb in the main clause in the second and third pattern is in the conditional mood.
2. The order of the clauses can be reversed without changing the meaning of the sentence:

   Je lirais si j'avais le temps. ↔ Si j'avais le temps, je lirais.

Q. Mettez le verbe à la forme qui convient.

▶ Si le beau-frère *(être)* coupable, il sera condamné à mort.
Si le beau-frère est coupable, il sera condamné à mort.

1. Si André était plus intelligent, il *(pouvoir)* mieux comprendre la situation.
2. Si on n'avait pas construit d'hôtels, André *(avoir)* une vie idyllique.
3. Si le ménager fait le ménage, sa femme *(être)* libre de travailler en ville.
4. Si la maîtresse du château *(surprendre)* son mari et la bonne dans la salle à manger, elle *(être)* jalouse.
5. Si l'inspecteur *(avoir)* plus d'imagination, il découvrirait facilement l'auteur du crime.
6. Si Mathieu *(ne pas dessiner)* sur le mur, le gardien ne se serait pas mis en colère.
7. Ils pourraient partir en week-end si le pauvre ménager n'*(être)* pas si épuisé.

Si/Quand With Future Time

In French, when talking about future time, most temporal expressions (**quand, lorsque, aussitôt que, dès que, après que**) require the future or the future past. An exception is the conjunction **si,** which is followed by the present.

Je lui parlerai **quand** je le **verrai.**
Je lui parlerai **dès qu'**il **aura terminé** son travail.
Je lui parlerai **s'**il **vient** ce soir.

R. Mettez le verbe à la forme convenable:

1. L'inspecteur apprendra beaucoup s'il *(interroger)* le jardinier.
2. Dès que sa femme *(rentrer),* le ménager se couchera.
3. Si vous *(voir)* le gardien, ne lui parlez pas du petit enfant.
4. Quand André *(quitter)* l'hôpital, il devra reprendre son travail.
5. Le beau-frère sera riche s'il *(trouver)* la statuette.

Exercices de révision

S. En vous inspirant du *Château dans le bois,* complétez les phrases suivantes:

1. La bonne ne peut pas téléphoner parce que…
2. Deux hommes se parlent au bout du couloir pendant que…
3. La maîtresse est fâchée…
4. La bonne est surprise…
5. Le maître monte l'escalier pour…
6. Il se peut que le maître…
7. La bonne se cache derrière la porte de la cuisine afin…
8. La vieille dame fait semblant de lire de peur…
9. Le jardinier se cache derrière un pilier avant…
10. Dans les ténèbres il est impossible…
11. Le beau-frère fouille dans les tiroirs du bureau afin…
12. La vieille dame voudrait…
13. La vieille dame s'approche du conservateur en…
14. Le conservateur ne veut pas…
15. Le beau-frère fait ses valises avant…
16. Le conservateur demande…
17. Le jardinier dit…
18. Le beau-frère, le maître et la maîtresse sont contents…
19. Ils gagneront beaucoup d'argent pourvu…
20. L'inconnu va dans le bois sans…
21. Le jardinier se cache derrière un arbre aussitôt que…
22. Il faut que l'inspecteur…
23. L'inspecteur n'est pas sûr que…
24. Je pense que…

LA LIAISON

T. Pour chaque image, inventez une phrase qui utilise l'expression indiquée.

▶ pendant que
L'agent de police a attrapé l'homme pendant qu'il volait les bijoux.

7. à moins que
   (réparer: *to repair*)

8. avoir peur
   (se casser: *to break*)

1. pour/pour que
   (goûter: *to taste*)

2. avant de/avant que
   (la grenouille: *frog*)

9. pourvu que
   (allumer: *to light*)

10. il est possible
    (la tondeuse: *lawn mower*)

3. ne pas penser

4. sans
   (le trou: *hole*)

11. sans/sans que
    (le coffre: *trunk*)

12. vouloir
    (les ordures: *garbage*)

5. pendant que
   (essayer: *to try on*)

6. dès que
   (fondre: *to melt*)

13. afin de/afin que

14. il est étonné
    (briser: *to break*)

Expressions idiomatiques

C'est un homme qui croit **tout** savoir.

1. **tout, toute, tous, toutes** + *nom*: all, every, the whole

   tout + *adjectif*: quite, completely

   tout + *verbe*: everything

   tous, toutes + *verbe*: everybody, all of + *pronoun*

Il a plu **toute** la nuit.
Tous les professeurs sont des acteurs.

Nous avons vu des hommes **tout** nus.
Elle était **toute** surprise.

Je comprends **tout**.
Ils n'ont pas **tout** entendu.
Tout m'intéresse.

Elles sont **toutes d'accord.**
Tous ont approuvé la décision.

Tout + *adjectif* est *invariable* sauf devant un adjectif féminin commençant par une consonne ou par *h* aspiré:

Ils sont **tout** contents. *(very happy)*
Mais: Elle est **toute** émue. *Contente*
Elles sont **toutes** émues. *Contentes*

Lorsque **tout** est employé avec un verbe, il peut servir de sujet ou de complément. Lorsque **tout** et **toutes** sont employés avec un verbe, ils peuvent servir de sujet ou de pronom. Dans ce dernier cas, on prononce le *s* de la forme masculine:

Ils sont **tous** d'accord. *(All of them agree.)*

Exercices

A. Remplacez le tiret par la forme convenable de *tout*.

1. _____ les écoles sont fermées le dimanche.
2. Je suis _____ perdu.
3. As-tu _____ fait?
4. Sont-ils _____ arrivés?
5. Elle s'intéresse à _____.
6. _____ le monde peut se tromper.
7. Elles étaient _____ consternées.
8. Nous serons _____ contents d'y arriver.
9. Ils nous ont fait visiter _____ la ville.
10. Chacun pour soi et Dieu pour _____.

B. Donnez l'équivalent français des phrases suivantes.

1. We are all finished (i.e., completely done).
2. We have all finished (i.e., all of us).
3. Everybody knows everything.
4. The whole class is here.
5. All the classes are here.

Qui est **le plus grand de** l'équipe?

2. le (la) (les) plus (moins)...de: the most or the least—

C'est le monsieur **le plus distingué de** la ville.
Quelle est **la plus grande** rivière **du** monde?
Les fruits **les moins chers du** marché se
 vendent ici.

Exercices

C. Remplacez le tiret par la forme convenable de l'article défini et de la préposition *de* + article défini.

1. C'est la jeune fille _____ plus sportive _____
   classe.
2. Voilà _____ moins jolies fleurs _____ jardin.

3. Quel est le bâtiment _____ plus haut _____
   ville?
4. Les hommes _____ plus riches sont souvent
   _____ plus tristes _____ monde.

D. Comparez les étudiants à toute la classe en utilisant les mots entre parenthèses.

Filles	Taille	Note globale	Effort général
Dominique	1m50	10 sur 20	Faible
Isabelle	1m60	16 sur 20	Très bien
Pascale	1m45	13 sur 20	Très bien
Garçons			
Pierre	1m60	11 sur 20	Excellent
Fernand	1m70	9 sur 20	Assez bien
Thierry	1m85	15 sur 20	Très bien

1. Thierry (être grand)
2. Pascale (être petit)
3. Isabelle (être intelligent)
4. Fernand (être intelligent)
5. Pierre (être un étudiant sérieux)
6. Dominique (être un étudiant sérieux)

Il va sans dire que le sort (*lot*) de cette jeune femme est meilleur qu'autrefois.

3. meilleur(e)(s) + *nom*: better
mieux + *verbe*: better
le (la) (les) meilleur(e)(s) + *nom*: the best
le mieux + *verbe*: the best

Cette auto-ci est **meilleure** que la vôtre.
Il parle **mieux** que toi.

Voici le **meilleur** restaurant de la ville.
Il y a beaucoup d'excellentes chanteuses, mais à mon avis c'est elle qui chante **le mieux.**

Les adverbes **mieux** et **le mieux** ne changent pas de forme. Les adjectifs **meilleur** et **le meilleur** s'accordent avec le nom qu'ils qualifient.
Utilisez **que** pour faire une comparaison avec **mieux** ou **meilleur**; utilisez **de** avec les formes superlatives **le mieux** ou **le meilleur.**

Exercices

E. Complétez en utilisant la forme de *mieux* ou de *meilleur* qui convient.

1. Je travaille _____ le matin que le soir.
2. Mes yeux sont _____ que les vôtres.
3. Qui est _____ professeur de l'université?
4. A mon avis la cuisine chinoise est _____ que la cuisine française.
5. Est-ce que tu as _____ compris la seconde fois?

F. Répondez aux questions suivantes:

1. Qui est le meilleur joueur de tennis du monde?
2. Qui chante le mieux: Willie Nelson, Kenny Rogers ou Johnny Cash?
3. Quel est le meilleur restaurant de votre ville?
4. A votre avis, quelles sont les meilleures voitures du monde?
5. A votre avis, entre le président des Etats-Unis et le président de votre université, qui parle le mieux en public?
6. Quel est le meilleur moment de la journée pour vous?

Il **fait semblant d'**être son ami.

4. faire semblant de + *infinitif*: to pretend, to make believe (in actions)
prétendre + *infinitif*
prétendre que + *sujet* + *verbe* } to pretend, to claim (in words)
prétendre à + *nom*

Elle **fait semblant d'**être heureuse, mais c'est une façade.
Il **faisait semblant d'**écouter, mais il pensait vraiment à autre chose.

Elle **prétend** être la meilleure danseuse du monde.
Le comte de Paris **prétend** toujours **au** trône.

Exercices

G. Remplacez le tiret par la forme indiquée de l'expression convenable *(faire semblant de* ou *prétendre)*:

1. Quand elle était petite, elle _____ être médecin. *(imparfait)*
2. Copernic _____ que la terre tournait autour du soleil. *(imparfait)*
3. Si tu essaies de lui dire la vérité, il _____ ne pas comprendre. *(futur)*
4. Ils _____ dormir, mais ils ont tout entendu. *(passé composé)*
5. Quand il était petit, il _____ être le fils d'un roi. *(imparfait)*

H. Expliquez en français la différence entre les phrases suivantes:

1. Elle prétend être américaine.
2. Elle fait semblant d'être américaine.

Gaspar ne **répond** pas à son père.
Mais il **répond à** la lettre de son amie.

5. répondre à + *quelqu'un ou quelque chose:* to answer

A-t-il **répondu à** la question? Oui, **il y a répondu.**
A-t-il **répondu au** professeur? Non, **il ne lui a** pas **répondu.**

Avec **répondre** on emploie *y* si le complément est une *chose* et un pronom complément d'objet indirect **(lui, leur, me, te, nous, vous)** si le complément est une *personne.*

Exercice

I. Répondez aux questions suivantes en utilisant l'indication entre parenthèses et un pronom:

1. Olivier a-t-il répondu à ta lettre? *(oui)*
2. A-t-il répondu à sa sœur? *(non)*
3. Vas-tu me répondre? *(non)*
4. Allez-vous répondre à son coup de téléphone? *(oui)*
5. Penses-tu que Valérie réponde à ton invitation? *(oui)*
6. Avez-vous répondu à M. et Mme Signac? *(non)*

Gaspar **est en train d'**observer une chenille
avec sa loupe.

6. être en train de + *infinitif*: to be in the
   process of

Ils **sont en train de** lire.
Elle **était en train de travailler** lorsque tu as
téléphoné.
A six heures, je **serai en train de préparer** le
dîner.

On emploie **être en train de** au présent, à
l'imparfait et parfois au futur.

Exercice

J. Répondez à la question en utilisant l'expression entre parenthèses et la forme convenable de
être en train de:

▶ Que fait Jean-Luc? (*répondre à un questionnaire*)
   Il est en train de répondre à un questionnaire.

1. Que faisais-tu quand j'ai téléphoné? (*regarder
   la télé*)
2. Que font-ils maintenant? (*méditer*)
3. Que faisaient-elles hier soir vers neuf heures?
   (*finir leurs devoirs*)
4. Est-ce que tu seras à la maison quand j'arriverai? (*préparer le dîner*)
5. Qu'est-ce que tu fais maintenant? (*se laver les
   cheveux*)

Il n'**a** pas **vu venir** le camion.

7. **laisser** ⎫
   voir ⎪ + *infinitif* + *nom* ⎧ to let ⎫
   regarder ⎬ + *nom* + *infinitif* + *complément* ⎨ to see ⎬ someone do something
   entendre ⎪   ⎪ to watch ⎪
   écouter ⎭   ⎩ to hear ⎭
                                                           to listen to

Lorsque l'infinitif n'a pas de complément, le deuxième sujet peut *précéder* ou *suivre* l'infinitif.

> Il **laissera dormir le bébé.**
> Il **laissera le bébé dormir.**

Si l'infinitif a un complément, le deuxième sujet *précède* l'infinitif.

> Il **laissera le bébé dormir** dans la poussette.
> J'**ai vu les soldats arriver** à Paris.

Dans les deux cas, si le deuxième sujet est un pronom, il *précède* **laisser, voir,** etc.

> Elle **me regarde travailler.**
> Nous **as-tu entendu sortir** de la chambre?

Exercices

K. Répondez à la question en utilisant les expressions entre parenthèses:

▶ Qu'est-ce que vous avez vu? *(un avion / décoller)*
J'ai vu décoller un avion.
ou: J'ai vu un avion décoller.

1. Qu'est-ce que vous avez entendu? *(des chiens / aboyer)*
2. Qu'est-ce que vous avez regardé? *(l'agent de police / diriger la circulation)*
3. Qu'est-ce que vous avez écouté? *(l'inspecteur / interroger tous les témoins)*
4. Qui avez-vous vu partir? *(Mme Ecarlate)*
5. Qui avez-vous vu entrer? *(vous)*
6. Qui vous a entendu sortir? *(les voisins)*
7. Qui vous a laissé couper des rosiers? *(M. et Mme Lefleur)*

L. Répondez selon votre expérience personnelle en utilisant *laisser, voir,* etc. + infinitif:

1. Qu'est-ce que vous avez vu quand vous étiez en ville?
2. Qu'est-ce que vous avez entendu quand vous étiez dans votre chambre?
3. Qu'est-ce que vous aimez écouter?
4. Qu'est-ce que vos parents vous laissaient faire quand vous étiez petit(e)?
5. Qui vous regardait jouer quand vous étiez petit(e)?

Si nous **allions** nous asseoir là-bas?

8. si + *imparfait* + *?*: how about—?; why not—? (suggestion)

Si on allait au cinéma ce soir?
Si tu me donnais encore une boisson?
Si nous prenions le métro?

Exercice

M. Inventez une phrase en utilisant *si* et les éléments donnés:

▶ nous / faire une promenade
Si nous faisions une promenade?

1. on / attendre ici
2. je / faire des sandwiches
3. tu / me donner un coup de main
4. vous / lui téléphoner
5. on / aller en ville ce soir
6. nous / prendre quelque chose à boire

Un nouvel habit

Le Bourgeois gentilhomme, comédie-ballet de Molière (1622–1673) est l'histoire d'un bourgeois parvenu°, M. Jourdain, qui désire s'élever au rang de la noblesse. Pour réaliser cette ambition, il croit bon d'engager un maître de musique, un maître à danser, un maître d'armes (qui lui apprend à se servir d'une épée°), un maître de philosophie (qui lui enseigne les voyelles et les consonnes) et un maître tailleur° (qui lui fait des vêtements de qualité "noble"). Mais M. Jourdain n'est pas un gentilhomme et il se rend° ridicule aux yeux de son entourage.

Malgré toutes les moqueries de sa servante Nicole et les reproches de Mme Jourdain, M. Jourdain pousse ses prétentions jusqu'à refuser catégoriquement le mariage de sa fille Lucile avec Cléonte, l'homme qu'elle aime, sous prétexte que Cléonte n'est qu°'un bourgeois. Aidé par son valet Covielle, Cléonte se déguise et se fait passer pour le fils du «Grand Turc», venu en France avec la mission de donner à M. Jourdain le titre honorifique de «Mamamouchi». La vanité de M. Jourdain lui empêche° de reconnaître Cléonte sous son déguisement et, ébloui par tant d'honneur, il offre la main de sa fille au fils du «Grand Turc».

Dans les scènes qui suivent, M. Jourdain reçoit chez lui le maître tailleur: ce passage nous éclaire sur le caractère de M. Jourdain et les réactions de sa servante Nicole, à la vue d'un nouvel habit que le maître tailleur vient apporter.

(Acte II: Scènes 2 et 3)

Monsieur Jourdain: *(à son laquais°)* Comment! mon habit° n'est point encore arrivé?

Le laquais: Non, monsieur.

Monsieur Jourdain: Ce maudit° tailleur me fait bien attendre pour un jour où j'ai tant d'affaires. J'enrage! Si je le tenais maintenant, ce tailleur détestable, ce chien de tailleur-là, ce traître de tailleur, je…

(Le maître tailleur entre, portant l'habit de monsieur Jourdain.)

Monsieur Jourdain: Ah! vous voilà! je m'allais mettre en colère contre vous.

Maître tailleur: Je n'ai pas pu venir plus tôt, et j'ai mis vingt garçons après votre habit.

Monsieur Jourdain: Vous m'avez envoyé des bas de soie si étroits, que j'ai eu toutes les peines du monde à les mettre, et il y a déjà deux mailles de rompues°.

Maître tailleur: Ils ne s'élargiront° que trop.

Monsieur Jourdain: Oui, si je romps toujours des mailles. Vous m'avez aussi fait faire des souliers qui me blessent furieusement.

Maître tailleur: Point° du tout, monsieur.

Monsieur Jourdain: Comment! point du tout?

parvenu: *upstart*

épée: *sword*

tailleur: *tailor*
se rend: *makes himself*

ne…que: *only*

empêche: *prevents*

le laquais: *footman*
l'habit (m.): *outfit, clothes*

maudit: *damn*

deux mailles de rompues: *two torn stitches*
s'élargir: *to get wider*

point = pas

20 **Maître tailleur:** Non, ils ne vous blessent point.

Monsieur Jourdain: Je vous dis qu'ils me blessent, moi.

Maître tailleur: Vous vous imaginez cela.

Monsieur Jourdain: Je me l'imagine parce que je le sens. Voyez la belle raison!

25 **Maître tailleur:** Tenez, voilà le plus bel habit de la cour, et le mieux assorti°.

assorti: *matched*

Monsieur Jourdain: Qu'est-ce que c'est que ceci? vous avez mis les fleurs en enbas°.

en enbas: *pointing down*
en enhaut: *pointing up*

Maître tailleur: Vous ne m'avez pas dit que vous les vouliez en enhaut°.

30 **Monsieur Jourdain:** Est-ce qu'il faut dire cela?

Maître tailleur: Oui, vraiment. Toutes les personnes de qualité les portent de la sorte.

Monsieur Jourdain: Les personnes de qualité portent les fleurs en enbas?

Maître tailleur: Oui, monsieur.

35 **Monsieur Jourdain:** Oh! voilà qui est donc bien.

Maître tailleur: Si vous voulez, je les mettrai en enhaut.

Monsieur Jourdain: Non, non.

Maître tailleur: Vous n'avez qu'à dire.

Monsieur Jourdain: Non, vous dis-je; vous avez bien fait. Croyez-vous
40 que mon habit m'aille bien?

Maître tailleur: Belle demande! Je défie un peintre, avec son pinceau, de vous faire rien de plus juste.

Monsieur Jourdain: La perruque et les plumes° sont-elles comme il faut?

les plumes (f.): *feathers*

Maître tailleur: Tout est bien.

45 **Monsieur Jourdain:** *(en regardant l'habit du tailleur)* Ah! ah! monsieur le tailleur, voilà de mon étoffe° du dernier habit que vous m'avez fait. Je la reconnais bien.

l'étoffe (f.): *cloth*

Maître tailleur: C'est que l'étoffe me sembla si belle, que j'en ai voulu lever un habit° pour moi.

en lever un habit: *to take out of it material for an outfit*

50 **Monsieur Jourdain:** Oui; mais il ne fallait pas le lever avec le mien.

Maître tailleur: Voulez-vous mettre votre habit?

Monsieur Jourdain: Oui, donnez-le-moi.

Maître tailleur: Attendez. Cela ne va pas comme cela. J'ai amené des gens pour vous habiller en cadence, et ces sortes d'habits se mettent avec
55 cérémonie. Holà! entrez, vous autres. Mettez cet habit à monsieur, de la manière que vous faites aux personnes de qualité.

(Quatre garçons tailleurs entrent; ils lui mettent son habit neuf, et Monsieur Jourdain se promène au milieu d'eux, et leur montre son habit pour voir s'il est bien.)

60 **Garçon tailleur:** Mon gentilhomme, donnez s'il vous plaît, aux garçons, quelque chose pour boire.

Monsieur Jourdain: Comment m'appelez-vous?

Garçon tailleur: Mon gentilhomme.

Monsieur Jourdain: «Mon gentilhomme!» Voilà ce que c'est que de se
65 mettre en personne de qualité! Allez-vous-en demeurer toujours habillé en bourgeois, on ne vous dira point: «Mon gentilhomme». *(Donnant de l'argent.)* Tenez, voilà pour «Mon gentilhomme».

Garçon tailleur: Monseigneur, nous vous sommes bien obligés.

Monsieur Jourdain: «Monseigneur,» oh! oh! «Monseigneur!» Attendez,
70 mon ami; «Monseigneur» mérite quelque chose, et ce n'est pas une petite parole que «Monseigneur!» Tenez, voilà ce que «Monseigneur» vous donne.

Garçon tailleur: Monseigneur, nous allons boire tous à la santé de Votre Grandeur.

75 **Monsieur Jourdain:** «Votre Grandeur!» oh! oh! oh! Attendez; ne vous en allez pas. A moi, «Votre Grandeur!» *(Bas, à part°.)* Ma foi, s'il va jusqu'à l'Altesse, il aura toute la bourse°. *(Haut.)* Tenez, voilà pour Ma Grandeur.

à part: *aside*
la bourse: *purse*

Garçon tailleur: Monseigneur, nous la remercions très humblement de ses libéralités.

80 **Monsieur Jourdain:** Il a bien fait, je lui allais tout donner.

(Acte III: Scènes 1 et 2)

Monsieur Jourdain: Suivez-moi, que j'aille un peu montrer mon habit par la ville; et surtout ayez soin tous deux de marcher immédiatement sur mes pas°, afin qu'on voie bien que vous êtes à moi.

sur mes pas: *right behind me*

Le laquais: Oui, monsieur.

85 **Monsieur Jourdain:** Appelez-moi Nicole, que je lui donne quelques ordres. Ne bougez: la voilà. Nicole!

Nicole: Plaît-il°?

plaît-il?: *pardon?*

Monsieur Jourdain: Ecoutez.

Nicole: Hi, hi, hi, hi, hi!

90 **Monsieur Jourdain:** Qu'as-tu à rire?

Nicole: Hi hi, hi, hi, hi, hi!

Monsieur Jourdain: Que veut dire cette coquine-là°?

la coquine: *rascal*

Nicole: Hi, hi, hi! Comme vous voilà bâti! Hi, hi, hi!

Monsieur Jourdain: Comment donc?

Monsieur Jourdain dans
Le Bourgeois gentilhomme.

95 **Nicole:** Ah! ah! mon Dieu! Hi, hi, hi, hi, hi!

Monsieur Jourdain: Quelle friponne° est-ce là? Te moques-tu de moi?

Nicole: Nenni°, monsieur; j'en serais bien fâchée. Hi, hi, hi, hi, hi, hi!

Monsieur Jourdain: Je te baillerai° sur le nez, si tu ris davantage°.

Nicole: Monsieur, je ne puis pas m'en empêcher. Hi, hi, hi, hi, hi, hi!

100 **Monsieur Jourdain:** Tu ne t'arrêteras pas?

la friponne: *rascal*
nenni: *nay, not I*
bailler: *to give (a hit)*
davantage: *more*

Nicole: Monsieur, je vous demande pardon; mais vous êtes si plaisant, que je ne saurais me tenir de° rire. Hi, hi, hi!

se tenir de: *to keep from*

Monsieur Jourdain: Mais voyez quelle insolence!

Nicole: Vous êtes tout à fait drôle comme cela. Hi, hi!

105 **Monsieur Jourdain:** Je te...

Nicole: Je vous prie de m'excuser. Hi, hi, hi, hi!

Monsieur Jourdain: Tiens, si tu ris encore le moins du monde, je te jure que je t'appliquerai sur la joue le plus grand soufflet° qui se soit jamais donné.

le soufflet: *slap*

110 **Nicole:** Eh bien! monsieur, voilà qui est fait: je ne rirai plus.

Monsieur Jourdain: Prends-y bien garde°. Il faut que, pour tantôt°, tu nettoies...

y prendre garde: *to take care not to*
tantôt: *presently, soon*

Nicole: Hi, hi!

Monsieur Jourdain: Que tu nettoies comme il faut...

115 **Nicole:** Hi, hi!

Monsieur Jourdain: Il faut, dis-je, que tu nettoies la salle, et...

Nicole: Hi, hi!

Monsieur Jourdain: Encore?

Nicole: Tenez, monsieur, battez°-moi plutôt, et me laissez rire tout mon
120 soûl°, cela me fera plus de bien. Hi, hi, hi, hi, hi!

battre: *to beat*
tout mon soûl: *all my heart's desire*

Monsieur Jourdain: J'enrage!

Nicole: De grâce°, monsieur, je vous prie de me laisser rire. Hi, hi, hi!

de grâce: *for pity's sake*

Monsieur Jourdain: Si je te prends.

Nicole: Monsieur, eur, je crèverai°, ai, si je ne ris. Hi, hi, hi!

crever: *to die, croak*

125 **Monsieur Jourdain:** Mais a-t-on jamais vu une pendarde° comme celle-là, qui me vient rire insolemment au nez, au lieu de recevoir mes ordres?

la pendarde: *rascal*

Nicole: Que voulez-vous que je fasse, monsieur?

Monsieur Jourdain: Que tu songes, coquine, à préparer ma maison pour la compagnie qui doit venir tantôt.

130 **Nicole:** *(se relevant)* Ah! par ma foi°, je n'ai plus envie de rire; et toutes vos compagnies font tant de désordre céans°, que ce mot est assez pour me mettre en mauvaise humeur.

par ma foi: *really*
céans: *in here*

Monsieur Jourdain: Ne dois-je point° pour toi fermer ma porte à tout le monde?

ne dois-je point = ne devrais-je pas

135 **Nicole:** Vous devriez au moins la fermer à certaines gens.

Molière, *Le Bourgeois gentilhomme*

Compréhension

A. Répondez à ces questions qui résument l'action des quatres scènes.

1. Au cours de la première scène, de quoi M. Jourdain se plaint-il?
2. Pourquoi finit-il par être satisfait de son nouvel habit?
3. Pourquoi donne-t-il de l'argent aux garçons tailleurs?
4. Quelle est la réaction de Nicole en voyant le nouvel habit de M. Jourdain?
5. Pourquoi n'a-t-elle plus envie de rire à la fin de la scène?

B. Relisez le passage et faites le travail suivant.

1. Trouvez une phrase pour chaque emploi du subjonctif:
   a. après *croire*
   b. après *afin que*
   c. après un superlatif
   d. après *il faut*
   e. après *vouloir*
2. Le subjonctif s'emploie aussi pour donner un ordre indirect: **Qu'elle attende!** (*Have her* or *let her wait!*) Trouvez deux exemples de cet emploi du subjonctif dans le texte.
3. Au dix-septième siècle, on mettait parfois le pronom complément d'un infinitif devant le verbe conjugué (**Je le vais voir**); en français moderne on le met devant l'infinitif (**Je vais le voir**). Comment dirait-on aujourd'hui les phrases suivantes:
   a. «je m'allais mettre en colère contre vous.»
   b. «je lui allais tout donner.»
4. Un mot peut avoir différents sens selon le contexte. Précisez le sens du verbe **mettre** dans chacune des phrases suivantes:
   a. «je m'allais *mettre* en colère contre vous» (**l. 8**)
   b. «Vous avez *mis* les fleurs en enbas» (**l. 27**)
   c. «Voulez-vous *mettre* votre habit?» (**l. 51**)
   d. «Voilà ce que c'est que de *se mettre* en personne de qualité» (**l. 64**)
   e. «ce mot est assez pour me *mettre* en mauvaise humeur» (**l. 132**)

C. Relisez le passage en essayant de préciser les réponses aux questions suivantes:

1. Pourquoi M. Jourdain est-il en colère? Pourquoi n'aime-t-il ni les bas ni les souliers que le tailleur lui a envoyés? Comment le tailleur surmonte-t-il les objections de M. Jourdain?
2. Pourquoi M. Jourdain n'aime-t-il pas son nouvel habit? Est-ce que le maître tailleur lui offre de refaire l'habit de bonne foi ou par habileté? Pourquoi M. Jourdain refuse-t-il son offre?
3. Quel service les quatre garçons tailleurs rendent-ils à M. Jourdain? Qu'est-ce que le premier garçon tailleur lui demande? Quelle est la réaction de M. Jourdain? Comment le deuxième garçon tailleur remercie-t-il M. Jourdain? Avec quel résultat? Et le troisième? Pourquoi M. Jourdain dit-il: "Il a bien fait, je lui allais tout donner"?
4. Pourquoi M. Jourdain veut-il aller en ville? Que doivent faire ses laquais? Pourquoi?
5. Quand Nicole éclate de rire, M. Jourdain l'appelle *coquine*. Quels autres mots emploie-t-il à son égard pour montrer sa colère? Qu'est-ce qui indique qu'elle fait des efforts pour s'arrêter de rire? Pourquoi dit-elle «Battez-moi»?
6. Pourquoi cesse-t-elle enfin de rire? Malgré tout, qui a le dernier mot? Qu'est-ce que c'est?

Discussion

A. Comment Molière rend-il M. Jourdain comique? (Suggestion: quelle différence y a-t-il entre les mots et les actions de M. Jourdain? Comment est-il traité par le maître tailleur? Par les garçons tailleurs? par sa servante?)

B. Les fleurs en enbas, les titres tels que «Monseigneur» et «Votre Grandeur», les maîtres d'armes et de philosophie sont des personnages et des choses qui appartiennent au dix-septième siècle; mais le type du bourgeois gentilhomme— celui qui cherche à imiter sans les comprendre les gens d'une classe sociale plus élevée—est universel. En vous inspirant d'une personne que vous connaissez ou que vous pouvez imaginer, faites le portrait d'un «bourgeois gentilhomme» moderne.

Le Bourgeois gentilhomme

1. Les rêves d'un père

1. Où sont M. Radin et son fils, Pascal?
2. Comment savez-vous qu'ils viennent de dîner?
3. De quoi parle M. Radin?
4. A en croire M. Radin, à quoi le fils passe-t-il son temps?
5. Quelles études fait-il?
6. A en croire M. Radin, que fera Pascal après avoir terminé ses études?
7. Quelle sorte de mariage M. Radin envisage-t-il pour son fils?
8. Quelle semble être la réaction de Pascal?
9. A votre avis, quel type de personne est M. Radin?

Les rêves d'un père

le salon
    un intérieur bourgeois
    les meubles
        un canapé
        une lampe
        une table basse

M. Radin
    discuter avec *qqn*
    donner des conseils à *qqn* to give advice to
    exprimer ses désirs
        il faut que
        proposer que
        recommander que } + *subjonctif*
        vouloir que
    parler de l'avenir de *qqn*
    prendre un digestif
        boire un cognac

Pascal
    faire ses devoirs (*m.*)
    faire un bon mariage
        une cérémonie religieuse
        la cathédrale
        l'évêque (*m.*) bishop
            marier *qqn* to marry (perform the
                ceremony)
        les invités (*m. pl.*) guests
        se marier avec *qqn* to marry someone

2. Les rêves de Pascal

1. Où sont M. Radin et son fils?
2. A votre avis, c'est quel moment de la journée? Pourquoi?
3. Qu'est-ce que la chambre vous apprend sur les idées de Pascal?
4. Qu'est-ce que ses vêtements révèlent au sujet de sa personnalité?

5. De quoi parle Pascal?
6. A quoi aime-t-il passer son temps?
7. Quel genre de travail voudrait-il faire?
8. Quelle sorte de mariage envisage-t-il?
9. Qu'en pense son père? Comment le savez-vous?

Les rêves de Pascal

la chambre de Pascal
  une affiche poster
    anti-capitaliste
    utopiste
  des bandes dessinées *(f. pl.)* cartoons,
    comics
    un album
  une étagère
  un lit-canapé

Pascal
  un dessinateur cartoonist
  dessiner to draw
  être pieds nus
  faire des caricatures *(f. pl.)*
  faire un mariage d'amour
    une cérémonie civile
    à la mairie at city hall
    le maire mayor
  exprimer ses propres idées *(f. pl.)*
  s'opposer à *qqn* ou à *qqch.*
  passer son temps à + *inf.*
    assis sur un tabouret
  porter
    un jean
    un pull à col roulé turtleneck
  vouloir devenir

M. Radin
  devenir furieux
  se mettre en colère
  menacer de + *inf.* to threaten to
    changer son testament testament, will
    déshériter *qqn*
  porter
    des chaussons *(m. pl.)* slippers
    un foulard scarf
    noué autour du cou tied around the neck
    une veste d'intérieur

3. Une invitation

1. Où sont M. Radin et Pascal?
2. Qui attire l'attention de Pascal?
3. Comment est-elle vêtue?
4. Comment vous apparaît-elle?
5. Qu'est-ce que M. Radin regarde pendant ce temps?
6. Qui monte *Le Bourgeois gentilhomme?*
7. A qui l'acteur de l'affiche ressemble-t-il?
8. Qu'est-ce que Pascal a dans la main?
9. A votre avis, qui les a achetés? Pourquoi?
10. Pourquoi Sylvie, la petite amie de Pascal lui fait-elle signe de ne rien dire?

Une invitation

Devant le théâtre
    une affiche
        faire de la publicité pour *qqch.*
    une pièce de Molière
    une troupe théâtrale
        monter une pièce to put on a play

M. Radin
    emmener *qqn* **à**
    ignorer la présence de *qqn*
    inviter *qqn* **à** + *inf.*
    offrir des billets à *qqn*
    porter
        une chemise blanche
        une cravate
        un trois pièces three-piece suit

Pascal
    porter
        un blouson jacket
    tenir *qqch.* **dans la main**
        des billets *(m. pl.)* **de théâtre**

Sylvie
    être dans le vent to be fashionable
    faire signe à *qqn* **de** + *inf.* to signal to
        ne rien dire
        se taire to be quiet
    porter
        un foulard
            noué autour de la tête
        une mini-jupe
    taper sur l'épaule de *qqn*

4. Des leçons pour devenir un gentilhomme

1. Où sont M. Radin, Pascal et Sylvie?
2. Que regardent-ils?
3. Quelle est la première leçon de M. Jourdain?
4. Qu'est-ce qu'il veut apprendre à faire?
5. A-t-il l'air gracieux?
6. Quelle leçon prend-il ensuite?
7. A-t-il l'air d'un escrimeur habile?
8. Que veut-il que le maître de philosophie lui apprenne?
9. En prononçant les voyelles I et 0, à quoi ressemble-t-il?
10. Qu'est-ce que le maître tailleur lui a fait?
11. A quoi le maître tailleur s'intéresse-t-il surtout?
12. A votre avis, M. Jourdain a-t-il les talents nécessaires pour devenir un homme de qualité?

Des leçons pour devenir un gentilhomme

Le Bourgeois gentilhomme (Actes I et II)
   Personnages: M. Jourdain, le bourgeois
               Maître de philosophie
               Maître tailleur

M. Jourdain
   avoir l'air ridicule
            sérieux
            précieux affected
   avoir peur
   être maladroit
   manquer de grâce to lack grace
            d'adresse skill
   un turban
   vouloir devenir homme de qualité

la leçon de danse
   agiter un mouchoir to wave a handkerchief
   apprendre à danser un menuet
     faire une révérence to bow
   plier les jambes to bend one's legs

la leçon d'escrime fencing lesson
   une épée
   lever le bras
   se mettre en garde

la leçon de philosophie
   un âne donkey
   apprendre les voyelles à *qqn* to teach the vowels
   ouvrir la bouche toute grande

le nouvel habit
   une bourse money bag
   un chapeau à larges bords a wide-rimmed hat
   de la dentelle lace
   flatter *qqn*

5. Un refus catégorique

1. Quelle demande Cléonte fait-il à M. Jourdain?
2. Quelle est la réaction de M. Jourdain? Pourquoi réagit-il ainsi?
3. Mme Jourdain partage-t-elle l'opinion de son mari? Comment essaie-t-elle de lui faire changer d'avis?
4. Pourquoi Lucile ne proteste-t-elle pas? Que fait-elle?
5. Dans la salle, comment le père réagit-il à cette scène? Pourquoi?
6. Que font Pascal et Sylvie à son insu? Pourquoi?

Un refus catégorique

Le Bourgeois gentilhomme (Acte III)
    Personnages: M. Jourdain
                     Mme Jourdain, sa femme
                     Lucile, fille de M. Jourdain
                     Cléonte, amoureux de Lucile

M. Jourdain
    refuser de donner la main de Lucile à *qqn*
    vouloir que sa fille épouse un riche
      vieillard

Mme Jourdain
    s'opposer aux prétentions de son mari
    prendre le parti de Cléonte to take Cléonte's
      side
    rappeler à son mari que lui aussi est
      bourgeois

Lucile
    être amoureuse de Cléonte
    être timide
    ne rien dire

Cléonte
    demander la main de Lucile à *qqn*
    protester contre

Dans la salle in the audience
    M. Radin
      s'écrouler ⎫
             ⎬ **de rire** to die laughing
      se tordre ⎭
      être hilare to be very amused
      trouver la pièce + *adj.*

    Pascal
      ne pas apprécier *qqch.* to not like
      donner la main à *qqn* **derrière le dos de**
      qqn
        à l'insu (de M. Radin)

6. Une cérémonie burlesque

1. Comment Cléonte est-il déguisé? Décrivez son déguisement.
2. Quel nouveau rôle son valet joue-t-il?
3. Quel genre de cérémonie ont-ils organisée?
4. Comment M. Jourdain y réagit-il?
5. Dans la salle, comment Pascal et Sylvie réagissent-ils à cette scène? Pourquoi?
6. Quelle est la réaction de M. Radin? Pourquoi?

Une cérémonie burlesque

Le Bourgeois gentilhomme (Acte IV)
    Personnages: Cléonte, déguisé en fils du
               Grand Turc
            Covielle, valet de Cléonte,
               déguisé en interprète
            M. Jourdain
            d'autres faux Turcs

le déguisement disguise
    se déguiser en *qqn* ou **en** *qqch.*
        des babouches *(f. pl.)* Turkish slippers
        une fausse barbe
        un grand manteau
        un pantalon bouffant
        un turban
        un bâton

la cérémonie
    battre
    conférer à *qqn* **un grand honneur** to bestow
     upon someone…
    donner des coups à
    ennoblir *qqn* to make someone a noble
    mettre *qqch.* **sur la tête de** *qqn*
    se moquer de *qqn* **en** + *participe présent*
    taper sur *qqn* to strike, hit

M. Jourdain
    être fier de
    se vanter de to brag about

Dans la salle
    Pascal et Sylvie
        applaudir
        crier de joie
        soutenir *qqn* to support, root for

    M. Radin
        ne pas apprécier
        faire la tête to frown at

un renversement reversal

7. Un dénouement traditionnel

1. Après la cérémonie, quelle est l'attitude de M. Jourdain?
2. Quel est le nouveau prétendant à la main de Lucile?
3. Quelle est la réaction de M. Jourdain?
4. Au début, Lucile refuse d'accepter son nouveau fiancé. Pourquoi change-t-elle d'avis?
5. Comment réagit Mme Jourdain?
6. Décrivez les sentiments de chaque personnage à la fin de la pièce?
7. Dans la salle, que fait M. Radin? Pourquoi?
8. Quelle est la réaction de Pascal et de Sylvie?

Un dénouement traditionnel

Le Bourgeois gentilhomme (Acte V)
>
> **Personnages: M. Jourdain**
> **Mme Jourdain**
> **Lucile**
> **Cléonte,** toujours déguisé en
> fils du Grand Turc

M. Jourdain
> **avoir un gendre digne de lui** to have a
> worthy son-in-law
> **avoir l'intention de** + *inf.*
> **être ravi que** + *subjonctif*
> **être victime de sa vanité**
> **marier sa fille à** *qqn*
> **ne pas reconnaître** *qqn* to not recognize

Mme Jourdain
> **approuver le mariage**
> **couvrir la bouche de sa main pour ne pas**
> **rire**

Lucile
> **accepter de** + *inf.*
> **se marier avec** *qqn*
> **obéir à** *qqn* ou à *qqch.*
> **reconnaître** *qqn*
> **refuser de** + *inf.*
> **vouloir bien** + *inf.*

Cléonte
> **continuer à jouer le rôle de**
> **demander la main de Lucile en mariage à**
> *qqn*
> **un prétendant** suitor

Dans la salle
> **M. Radin**
> > **en avoir assez**
> > **quitter le théâtre**
> > **ne pas vouloir voir la fin de la pièce**
>
> **Pascal et Sylvie**
> > **se jeter dans les bras l'un de l'autre**

8. Une révélation

1. Que font les spectateurs en quittant le théâtre? Pourquoi sont-ils de bonne humeur?
2. Où se trouve M. Radin? Que fait-il?
3. Comment peut-on voir que les deux jeunes gens sont amoureux l'un de l'autre?
4. De quoi parlent-ils?
5. En quittant le théâtre, à quoi pense le père?
6. En observant le jeune couple, quelle image a-t-il de lui-même? Qu'est-ce qu'il commence à comprendre?

Une révélation

une comédie
  avoir un dénouement heureux
  faire rire les spectateurs
      sourire
  finir bien

les spectateurs
  s'amuser bien
  applaudir chaleureusement *qqn* ou *qqch.* to applaud warmly
  parler les uns avec les autres

Pascal et Sylvie
  avoir l'idée de + *inf.*
  s'enfuir to elope
  être amoureux l'un de l'autre
  faire des projets pour + *inf.*
  s'inspirer de *qqch.*
  songer à *qqch.*

M. Radin
  changer d'avis
  le diable devil
    une fourche pitchfork
  être furieux contre *qqn*
  faire cuire *qqch.* ou *qqn* à la broche to roast on a spit
  se rendre compte (que) to realize (that)
  se voir
  empêcher (le mariage) to prevent (the marriage)
    à tout prix at any price

9. Tout est bien qui finit bien

1. Où sont M. Radin, Pascal et Sylvie? Qu'est-ce qu'ils font?
2. Que portent-ils?
3. Quelle est l'importance de cette occasion?
4. Que fait M. Radin?

5. Quel changement a eu lieu chez lui? Pourquoi?
6. Où est Sylvie?
7. A votre avis, quelles sont les pensées de M. Radin?
8. A votre avis, quel sera l'avenir de Pascal? et de Sylvie?

Tout est bien qui finit bien

l'heure de l'apéritif
 une ambiance chaleureuse
 célébrer les fiançailles celebrate the
  engagement

le salon
 un canapé
 un chat
 une cheminée
  un feu
  brûler

M. Radin
 accepter le mariage
 donner son approbation au mariage
   son accord
 faire un discours to give a speech
 lever son verre to raise his glass
 proposer un toast

Pascal
 porter
  un pull en V
 prendre un apéritif
  un Dubonnet
  un St. Raphaël
  un whisky
 se réconcilier avec *qqn*

Sylvie
 être blottie contre le jeune homme
 s'habiller en jupe
 regarder son futur beau-père

Activités

A. Vous et un(e) camarade vous préparez à jouer une scène semblable à celle du dialogue. *Suggestions:* le ménager (Chapitre 4) et sa femme se retrouvent dans un café; le maître et la maîtresse du château (Chapitre 2) se retrouvent au paradis.

B. Vous et un(e) camarade vous préparez à jouer une scène moderne inspirée de celle de la lecture (p. 234). Employez des expressions telles que *je pense, il est impossible, crois-tu que...?*, etc. pour commenter cette situation.

C. Le jeu du cadavre exquis: Il s'agit cette fois d'inventer des phrases qui suivent un modèle plus complexe. Quelques suggestions:

1. nom sujet + verbe (qui peut être suivi d'un infinitif) + infinitif + préposition et son complément
2. nom sujet + verbe + conjonction (qui peut être suivie du subjonctif) + nom sujet + verbe

Votre professeur vous expliquera les règles du jeu.

D. Le jeu du dialogue-surprise: La classe se divise en groupes de deux étudiants. Dans chaque groupe, un(e) étudiant(e) écrit une phrase: ensuite, sans révéler la phrase entière, il/elle annonce à son (sa) partenaire un mot de sa phrase tout en indiquant s'il s'agit d'une phrase affirmative, négative ou interrogative. Le (la) second(e) étudiant(e) écrit une phrase à son tour, en donne un mot au (à la) premier(ère) et lui dit si c'est une affirmation, une négation ou une question. Cela continue jusqu'à ce que chaque étudiant(e) ait écrit huit phrases. Pour finir, chaque groupe lit son dialogue à la classe.

E. Narration: Racontez l'histoire du *Bourgeois gentilhomme* en adoptant le point de vue d'un narrateur omniscient—c'est-à-dire, qui peut entrer dans l'esprit et dans le cœur de chaque personnage (M. Radin, Pascal et Sylvie). Faites un effort pour écrire des phrases complexes en utilisant des infinitifs, des prépositions et des conjonctions.

Sixième Chapitre

LES VOIX ET LES DISCOURS

Dialogue

Qui se ressemble s'assemble

Ce dialogue comprend toute une série de lieux communs *(clichés)* indiqués en italique. Essayez de deviner leur équivalent anglais en lisant le dialogue. Par exemple, **qui se ressemble s'assemble** = *birds of a feather flock together.* Les équivalents anglais sont indiqués à la fin du dialogue.

— Tiens! C'est écrit dans le journal qu'on a arrêté le fils de Mme Lemaire.

— Comment! Le directeur général de la banque? Ce n'est pas possible! Je l'ai connu quand il était jeune. *Il était bon comme du pain.*

— Il ne faut pas se fier aux apparences. Avec son air vertueux *on lui donnerait le bon Dieu sans confession,* mais *il ment comme un arracheur de dents.*

— Et sa sœur? Comment s'appelle-t-elle? … Simone, oui, c'est ça …

— Elle s'est mariée avec le frère de Mme Allair. *Il est bête comme ses pieds,* tu sais.

— Que veux-tu? *Elle est laide à faire peur,* la pauvre.

— C'est vrai, mais elle a un cœur d'or, Simone … *elle se mettrait en quatre pour t'aider.*

— Au fait, pourquoi la voit-on toujours chez les demoiselles Vauban?

— C'est que *toutes les trois bavardent comme des pies.*

— Dis, sans vouloir *passer du coq à l'âne* … ta sœur est-elle de retour?

— Non, pas encore.

— J'aimerais bien lui dire deux mots. Je la trouve très gentille … un peu aigre°, peut-être…

aigre: *harsh, bitter*

— C'est à cause de son mari. *Il boit comme un trou* depuis des années.

— Qu'est-ce qu'il fait dans la vie?

— Lui? Il est dans les affaires. *Il gagne un argent fou,* paraît-il.

— Ont-ils des enfants?

— Non, heureusement. Il ne manquerait plus que ça°.

il ne manquerait plus que ça: *it would be the last straw*
bavardage: *chatter*

— En effet … Mais assez de ce bavardage°. *J'ai une faim de loup.* Si nous allions prendre quelque chose?

— Je veux bien. J'y pensais, moi aussi.

— Ah! *Les grands esprits se rencontrent!*

Lieux communs

Il était bon comme du pain: He was good as gold.
On lui donnerait le bon Dieu sans confession: You'd have trusted him with anything.
Il ment comme un arracheur de dents: He lied through his teeth.
Il est bête comme ses pieds. He's a real idiot.
Elle est laide à faire peur: She's ugly as sin.
Elle se mettrait en quatre pour t'aider: She'd do anything for you.
Toutes les trois bavardent comme des pies: The three of them are regular chatterboxes.
Passer du coq à l'âne: to jump from one idea to another
Il boit comme un trou: He drinks like a fish.
Il gagne un argent fou: He earns a fortune.
J'ai une faim de loup: I'm as hungry as a bear.
Les grands esprits se rencontrent: Great minds run in the same direction.

Structures grammaticales

Comment changer de voix

On emploie le terme grammatical *voix* pour désigner la forme que prend le verbe selon le rapport entre le sujet du verbe et l'action exprimée par le verbe. En français il y a trois voix: **la voix active, la voix passive** et **la voix pronominale.**

1. **La voix active:**
   A la **voix active,** *c'est le sujet qui fait l'action.* L'action part du sujet pour se diriger vers les compléments du verbe:

   $\longrightarrow$

   Jean parle.

   $\longrightarrow$

   Marie a envoyé une lettre **à ses amis.**

2. **La voix pronominale:**
   A la **voix pronominale** *le sujet participe doublement à l'action.* L'action part du sujet pour se diriger vers lui:

   $\longleftrightarrow$

   Je me lave.

$\longleftarrow\qquad\longrightarrow$

Jean et Marie se sont parlé. *(Jean a parlé à Marie; Marie a parlé à Jean.)*

3. **La voix passive:**

A la **voix passive,** *le sujet subit ou reçoit l'action.* L'action se dirige vers le sujet:

$\longleftarrow\qquad$

Cette cathédrale a été construite au 15ème siècle.

$\longleftarrow\qquad$

La branche a été cassée par le vent.

L'une des principales différences entre le français et l'anglais est l'emploi des voix. Dans les deux langues, la voix active s'emploie de la même façon. Par contre, l'anglais a souvent recours à la voix passive tandis que le français tend à l'éviter autant que possible. D'autre part, le français emploie souvent la voix pronominale là où l'anglais n'a pas de forme semblable. Dans ce chapitre, nous allons étudier la voix pronominale et la voix passive en essayant de souligner les différences d'emploi dans les deux langues.

La voix pronominale

Le sens des verbes pronominaux

Un verbe pronominal est un verbe qui comprend un sujet, une forme verbale et un pronom qui répète le sujet. En français il y a trois sortes de verbes pronominaux: les verbes **réfléchis,** les verbes **réciproques** et les verbes **à sens idiomatique:**

1. **Les verbes réfléchis:**

Le sujet et le complément d'objet direct (ou indirect) des verbes réfléchis sont les mêmes:

Je **me lève. (je** = *sujet;* **me** = *complément d'objet indirect)*
Il **s'est brossé** les dents. **(il** = *sujet;* **se** = **à lui** = *complément d'objet indirect)*

2. **Les verbes réciproques:**

Le sujet des verbes réciproques est toujours *pluriel* et il exprime une action que les sujets exercent l'un sur l'autre ou les uns sur les autres:

Jean et Marie **se regardent** l'un l'autre. *(Jean regarde Marie; Marie regarde Jean.)*[1]
Toi et moi, nous **nous sommes écrit.** *(Je t'ai écrit, tu m'as écrit.)*

---

[1] Certains verbes comme **se regarder** peuvent être réciproques ou réfléchis: **Jean et Marie se regardent.** peut aussi vouloir dire **Jean se regarde** et **Marie se regarde.** Pour éviter ce genre d'ambiguïté, on ajoute **l'un l'autre** (ou **l'un à l'autre**) aux verbes réciproques.

3. **Les verbes à sens idiomatique:**
   Les verbes à sens idiomatique ne sont ni réfléchis ni réciproques; ce sont tout simplement des verbes qui se construisent avec un pronom qui répète le sujet.
   a. Quelques-uns de ces verbes existent aussi à la forme active: **se douter/douter, s'attendre/attendre, se passer/passer, se battre/battre, se tromper/tromper.** Dans ces cas-là le sens du verbe pronominal diffère de celui du verbe actif.
   b. D'autres s'emploient surtout sous la forme pronominale: **se souvenir, s'en aller, s'évanouir, se moquer, se taire.**

A. Indiquez pour chaque phrase s'il s'agit d'un verbe *réfléchi, réciproque* ou *à sens idiomatique*.

▶ Elle s'est couchée vers minuit.
  s'est couchée = réfléchi

1. Nous ne nous téléphonons jamais.
2. Ils se cherchaient depuis longtemps.
3. Elle s'est cassé le bras.
4. Il s'est perdu dans le bois.
5. Je ne me suis aperçu de rien.
6. Ils se sont installés dans une petite cabane au bord de la mer.
7. Est-ce que tu t'es lavé?
8. Vous êtes-vous battus?
9. Ils se sont brossé les dents.
10. Il se moque de nous.
11. Nous nous sommes rencontrés l'année dernière, n'est-ce pas?

La formation des verbes pronominaux

En général, les verbes pronominaux se conjuguent comme les autres verbes quand ils ont un pronom complément. Il y a pourtant deux difficultés qu'il vaut la peine de souligner.

1. L'**impératif** des verbes pronominaux comprend la forme impérative et le pronom complément. Si la phrase est affirmative, le pronom *suit* le verbe; si la phrase est négative, il le *précède*:

   Lève-**toi.** Ne **te** lève pas. (Note: **toi** remplace **te** à la forme impérative affirmative)
   Dépêchez-**vous.** Ne **vous** dépêchez pas.
   Asseyons-**nous.** Ne **nous** asseyons pas.

2. L'**infinitif** aussi est *précédé* du pronom complément qui correspond au sujet du verbe conjugué:

   Je veux **me** coucher.
   Ils ont décidé de **s'**en aller.
   Nous y sommes allés pour **nous** amuser.

B. Donnez des ordres aux personnes suivantes. Un(e) de vos camarades n'est pas de votre avis et donne les ordres contraires.

▶ se lever *(la classe)*
  Levez-vous!
  Non, ne vous levez pas!

1. se coucher *(votre frère)*
2. se dépêcher *(vous et la classe)*
3. s'asseoir *(votre camarade)*
4. s'en aller *(vous et vos amis)*
5. s'occuper des enfants *(votre cousin)*
6. s'asseoir *(le professeur)*
7. se mettre debout *(votre ami)*

C. Formez une phrase en utilisant les éléments donnés et en faisant tous les changements nécessaires. (C'est le ménager qui parle.)

▶ (présent) je / avoir envie de / se coucher / de bonne heure
J'ai envie de me coucher de bonne heure.

1. (présent) je / ne pas avoir le temps de / se reposer
2. (présent) ma femme / avoir l'habitude de / se coucher / très tard
3. (présent) Nicolas! Jean-Pierre! vouloir / vous / se taire / !
4. (présent) nous / avoir l'intention de / s'installer / dans un nouvel appartement
5. (imparfait) ma femme et moi / pouvoir / s'amuser ensemble / autrefois
6. (imparfait) je / avoir le temps de / se détendre / pendant le week-end
7. (conditionnel) je / aimer / se baigner / dans la mer / ce week-end / !
8. (présent) Jean-Pierre! vouloir / tu / se dépêcher / !

SPECIAL PROBLEMS

Agreement of the Past Participle of Pronominal Verbs

Although pronominal verbs are always conjugated with **être**, the past participle does not always agree in the same way as do the past participles of the other group of verbs that require **être** as an auxiliary verb. It is necessary to distinguish two situations:

1. The past participle of a **reflexive** or a **reciprocal** verb agrees with a *preceding* direct object. Normally the preceding direct object is the reflexive or reciprocal pronoun:

> Elle s'est levé**e**.
> Nous ne **nous** sommes pas regardé**s**.

However, if the reflexive or reciprocal pronoun is an indirect object, there is **no** agreement:

> Elle ne s'est pas lavé les mains. (**les mains** = *direct object;* **se** = *indirect object*)
> Nous **nous** sommes parlé. (**nous** = *indirect object*)

2. The past participle of an idiomatic pronominal verb *always* agrees with the subject because the pronoun is an integral part of the expression and is neither a direct nor an indirect object:

> Elle s'est évanoui**e**.
> Enfin **nous** nous sommes souvenu**s** de son adresse.

D. Mettez le verbe au passé composé en faisant attention à l'accord du participe passé.

▶ Ils se lèvent.
Ils se sont levés.

1. Elle se lave.
2. Ils se disent au revoir.
3. Elle se lave la figure.
4. Nous nous moquons de lui.
5. Marie, est-ce que tu te brosses les dents?

6. Elles s'amusent.
7. Ils s'en vont.
8. Elle se casse le bras.
9. Ils se taisent.
10. Elles se retrouvent au café.
11. Et vous autres? Vous souvenez-vous du match?
12. Les petits enfants se perdent dans le bois.
13. Georges et Marie s'écrivent.

Action vs. Result of Action

It is important not to confuse a *verb of action* with an expression describing *the result of the action*. Usually a pronominal verb is used to designate the action: Je **m'allonge** sur le canapé *(I stretch out on the couch)* while **être** + *a past participle* is used to describe the *condition* or *state* which results from the action: Je **suis allongé** sur le canapé *(I am lying on the couch)*.

When you are speaking in the past, you would normally use the **passé composé** or the **pluperfect** with the **pronominal verb** and the **imperfect** with the **descriptive expression:**

Je **me suis couché** *(I went to bed)* à onze heures hier soir.
J'**étais** déjà **couché** *(I was already in bed)* quand tu es rentré.

Other expressions in this category include:

s'agenouiller / être agenouillé   se lever / être levé
s'allonger / être allongé   se mettre debout / être debout
s'asseoir / être assis   se presser / être pressé

A pronominal verb is also often used in French to express the English idea *to get + adjective*. Once again, the pronominal verb expresses an action; **être** + *the past participle* describes **the result of the action:**

Elle **s'est levée** *(she got up)* très tôt ce matin; par conséquent elle **était habillée** *(she was dressed)* quand nous **sommes arrivés.**

Other similar expressions include:

se fâcher / être fâché
se fatiguer / être fatigué
se perdre / être perdu

E. Jouez le rôle de Pascal et répondez aux questions suivantes en utilisant les mots entre parenthèses.

▶ Qu'est-ce que votre père veut que vous fassiez? *(s'intégrer dans la société)*
  Il veut que je m'intègre dans la société.

1. Quelle a été sa réaction quand vous avez refusé de prendre sa succession? *(se mettre en colère)*
2. Devant le théâtre, votre petite amie vous a-t-elle fait signe de parler? *(se taire)*
3. Qu'est-ce que vous avez fait, vous, votre petite amie et votre père, en arrivant au théâtre? *(s'installer au premier rang)*
4. Quand avez-vous compris que M. Jourdain ne savait pas faire de l'escrime? *(se mettre en garde de façon si maladroite)*
5. Pourquoi Mme Jourdain était-elle fâchée contre son mari? *(s'opposer à ses prétentions nobiliaires)*
6. Comment Cléonte et son valet ont-ils trompé M. Jourdain? *(se déguiser en Turcs)*

7. Comment vous et votre petite amie avez-vous réagi en voyant que votre père s'identifiait à M. Jourdain? *(se regarder avec horreur)*
8. Etes-vous toujours fâché contre votre père? *(se réconcilier avec lui)*
9. Quels projets avez-vous faits avec votre petite amie? *(se marier)*

F. Faites deux phrases—l'une à la voix active, l'autre à la voix pronominale—pour illustrer la différence entre les deux formes du verbe.

▶ laver
   Il a lavé sa voiture.
   Il s'est lavé la figure.

1. regarder	8. douter
2. parler	9. passer
3. amuser	10. tuer
4. servir	11. aimer
5. demander	12. cacher
6. écrire	13. promener
7. coucher	14. installer

G. Interrogez un(e) étudiant(e) sur ses habitudes, ses attitudes, ses sentiments. Utilisez les verbes donnés ci-dessous et essayez de varier le temps des verbes.

▶ se lever
   A quelle heure est-ce que tu te lèves d'habitude?
   ou: *A quelle heure est-ce que tu t'es levé(e) ce matin?*
   ou: *A quelle heure vas-tu te lever demain matin?*

1. se réveiller	10. se méfier
2. se lever	11. s'intéresser
3. se laver	12. se confier
4. se brosser	13. s'amuser
5. se raser	14. se droguer
6. se peigner	15. se soûler
7. s'habiller	16. se plaindre
8. se dépêcher	17. s'embrouiller
9. se fâcher	18. se tromper

La voix passive

La formation de la voix passive

La **voix passive** se forme avec le verbe **être** et le participe passé du verbe d'action. Le participe passé joue le rôle d'un *adjectif* et s'accorde en nombre et en genre avec le sujet de la phrase:

La statuette **est cassée.**
La cathédrale **a été construite** au 15 ème siècle.
Les résultats **seront annoncés** demain.

A la voix passive le sujet de la phrase subit ou reçoit l'action tandis qu'à la voix active le sujet fait l'action. Par conséquent, on peut dire qu'une phrase passive complète (comprenant *le sujet* qui reçoit l'action et *l'agent* qui fait l'action) est le revers d'une phrase active complète (comprenant le sujet qui fait l'action et l'objet qui reçoit l'action):

Voix active: Jean **prépare** le dîner tous les soirs.
Voix passive: Le dîner **est préparé par** Jean tous les soirs.

Dans une phrase passive complète, l'agent de l'action est normalement précédé de la préposition **par,** surtout si le verbe exprime une action physique:

Elle a été blessée **par** un coup de couteau.
Ses fautes ont été corrigées **par** son camarade de chambre.

On emploie **de** (au lieu de **par**) avec:

1. **Des verbes de sentiment, d'émotion:**

> Elle est respectée **de** ses collègues.
> Nous étions surpris **de** sa visite.
> Ils étaient aimés **de** leurs amis.

2. **Une description:**

> La maison est entourée **d'**arbres.
> Son chemisier était couvert **de** taches.
> La salle était remplie **de** fleurs.

La différence entre **de** et **par** se distingue clairement dans les phrases suivantes:

> La ville était entourée **de** montagnes. *(description)*
> La ville a été entourée **par** les soldats de Napoléon. *(action)*

H. Remplacez le tiret en utilisant la préposition qui convient *(de ou par)*.

1. Pascal a été emmené au théâtre _____ M. Radin.
2. *Le Bourgeois gentilhomme* est une pièce écrite _____ Molière.
3. Le rôle de Mme Jourdain a été joué _____ une célèbre actrice.
4. M. Jourdain est dévoré _____ ambition sociale.
5. Son habit est décoré _____ fleurs.
6. La servante Dorine est aimée _____ tout le monde, à l'exception de son maître.
7. M. Jourdain est fait «Mammamouchi» _____ le fils du Grand Turc.
8. Il est trompé _____ le déguisement de Cléonte.
9. A la fin de la pièce, la scène est remplie _____ musiciens.
10. A la fin de la pièce, les acteurs ont été applaudis _____ les spectateurs.

I. Transformez la phrase active en phrase passive.

▶ Molière a joué le rôle de M. Jourdain.
Le rôle de M. Jourdain a été joué par Molière.

1. Mme Jourdain critique sévèrement M. Jourdain.
2. Des flatteurs entourent M. Jourdain.
3. Le ménager fait la cuisine tous les soirs.
4. Les enfants rendent son travail difficile.
5. Delacroix a peint le tableau intitulé *La liberté guidant le peuple.*
6. Dans son tableau, des blessés et des morts recouvrent le sol.
7. L'inspecteur interrogera les témoins du crime.
8. Il découvrira que le conservateur du musée a tué le maître du château.
9. La décision d'André nous a surpris.
10. Les ouvriers ont détruit son paradis.

Les usages de la voix passive

On emploie **la voix passive** dans les cas suivants:

1. Si l'agent n'est pas connu ou n'a pas d'importance:

> Le maître **a été tué** vers 8 heures du soir. *(On ne connait pas l'identité du meurtrier.)*

La table **avait été recouverte** d'une nappe. (*Il n'est pas important de savoir qui avait mis la nappe sur la table.*)

2. Si on veut mettre l'accent sur la personne ou la chose qui reçoit l'action du verbe:

Le président est élu par le peuple. (*On décrit le rôle du président.*)
Les animaux ont été trouvés par des enfants. (*Dans ce contexte, on s'intéresse surtout aux animaux.*)

J. En vous inspirant des Histoires en images que vous avez étudiées, utilisez les mots suggérés et écrivez des phrases à la voix passive.

▶ le passeport d'André / tamponner
Le passeport d'André a été tamponné par le douanier.

1. le rêve d'André / détruire
2. le maître / tuer
3. la statuette / cacher
4. la caisse / déclouer
5. *le Penseur* / sculpter
6. le fils de M. Bellœil / attraper
7. le manteau de Louis XIV / décorer
8. le doigt de Jean-Pierre Tiger / prendre
9. le coffre de la voiture / remplir
10. le canot / attacher
11. la vanité de M. Jourdain / révéler
12. la conscience de M. Radin / éveiller

Les moyens d'éviter la voix passive

On emploie le passif moins souvent en français qu'en anglais. Le français tend à employer des constructions équivalentes.

1. Dans les cas où l'agent (la personne qui fait l'action) n'est pas exprimé, le français tend à employer **on** et une forme active du verbe:

La cathédrale a été construite au 15ᵉ siècle.
On a construit la cathédrale au 15ᵉ siècle.

Les résultats seront annoncés demain.
On annoncera les résultats demain.

2. Dans les cas où l'agent n'est pas exprimé et le verbe exprime une action habituelle ou un fait, on emploie un *verbe pronominal* au lieu du passif. Ces verbes sont toujours *à la troisième* personne et le sujet est toujours une *chose*:

Lille se trouve au nord-est de Paris.
Cela ne **se fait** pas.
Le subjonctif s'emploie après les verbes d'émotion.

A certains de ces exemples il est possible de substituer **on** et un verbe actif[2].

On ne **fait** pas cela.
On emploie le subjonctif après les verbes d'émotion.

[2] On a tendance à employer le verbe pronominal pour exprimer une action habituelle et à employer **on** + *verbe actif* pour parler d'un fait: Les tomates **se vendent** au kilo (*toujours*). **On vend** les tomates quatre francs le kilo (*le prix peut changer demain*).

3. Dans les cas où l'agent de l'action est mentionné, on peut tout simplement renverser l'ordre des mots pour transformer la phrase en phrase active:

Marat a été tué par Charlotte Corday.
Charlotte Corday a tué Marat.
Elle est respectée de ses collègues.
Ses collègues la **respectent.**

HELPFUL HINT

Direct and indirect objects in the passive voice

One of the reasons why the passive voice is used more in English than it is in French is that in English, verbs which take both direct and indirect objects have *two equivalents in the passive voice* whereas French has *only one.*

Active voice: My father gave a present to Marie. (**a present** = *direct object;* **Marie** = *indirect object*)
Passive voice: A present was given to Marie by my father.
Passive voice: Marie was given a present by my father.

In English, as the example shows, *both direct and indirect objects* can be used as subjects in the passive voice (as you know, in English it is often possible to drop the preposition *to* from an indirect object). In French, *only the direct object* can be used as subject in the passive voice (the preposition **à** introducing the indirect object *must always be expressed*); therefore, there is only one possible equivalent:

Active voice: Mon père **a donné** un cadeau à Marie. (**un cadeau:** *direct object*)
Passive voice: Un cadeau **a été donné** à Marie par mon père.

If the agent is not expressed, one can use **on** + *active verb*:

On a donné un cadeau à Marie. (*Qui lui a donné un cadeau? Mon père.*)

Special attention must be given to those cases in which an indirect object is used in French but not in English (see Chapter 5, p. 217 and Chapter 7, p. 312)

She was not allowed to go out at night.	**On** ne **lui permettait** pas de sortir la nuit. (*permettre à quelqu'un*)
The question was answered by the new student.	**Le nouvel étudiant a répondu** à la question. (*répondre à*)

K. Donnez un équivalent français:

1. Marc was given a book.
2. Marc was given a book by the teacher.
3. Their letter was answered immediately.
4. We were given three tickets for the (*pour aller au*) concert.
5. She was not allowed by her father to go to parties.
6. You will be shown three photographs.
7. The employee was sent his check by the secretary.
8. The play was attended by many people.
9. I was asked to give you this.
10. They were promised a new apartment.

L. Répondez aux questions suivantes en employant *on* et l'expression entre parenthèses.

▶ A quelle heure est-ce que nous dînerons?
(servir le dîner)
On servira le dîner à huit heures.

1. Où est-ce que je peux acheter un journal? *(vendre / dans les kiosques)*
2. Pourquoi faut-il dire "J'espère qu'il viendra" au lieu de "qu'il vienne"? *(ne pas employer le subjonctif)*
3. Est-ce que nous avons eu du courrier aujourd'hui? *(oui / inviter à une soirée)*
4. Pourquoi est-ce que nous ne mangeons pas notre salade avant la viande? *(en France / servir après la viande)*
5. Est-ce que Jean-Jacques est de retour de son voyage? *(oui / voir hier)*
6. Pourquoi as-tu l'air si triste? *(voler mon vélo)*
7. Pourquoi est-ce que nous buvons du vin blanc ce soir? *(boire avec le poisson)*
8. Qu'est-ce qu'on voit dans la vitrine de certains magasins à New York? *(ici / parler français)*
9. Est-ce que vous savez les résultats de l'examen? *(non / annoncer / après-demain)*
10. Comment apprendrez-vous les résultats? *(envoyer une lettre)*

M. Répondez aux questions suivantes en employant le verbe pronominal entre parenthèses.

▶ Pourquoi est-ce que tout le monde est si étonné? *(cela / ne jamais se voir)*
Cela ne s'est jamais vu.

1. Pourquoi voulez-vous visiter le musée du Jeu de Paume? *(un grand nombre de tableaux impressionnistes / se trouver)*
2. Est-ce qu'on peut acheter un seul radis? *(non / se vendre à la botte)*
3. Comment peut-on caractériser les idées politiques des étudiants? *(se diviser en trois groupes politiques)*
4. Pourquoi est-ce que je ne peux pas manger avec mes doigts? *(cela / ne pas se faire)*
5. Que pensez-vous du système d'éducation? *(commencer à s'améliorer)*

6. Où est-ce que je peux acheter une jupe comme la tienne? *(se vendre dans tous les magasins)*
7. Pourquoi faut-il mettre une jupe? J'aime mieux mon blue-jean. *(ici / ne pas se porter)*
8. Etes-vous surpris que les hommes commencent à devenir plus actifs en famille? *(non / cela / se comprendre)*

N. Donnez l'équivalent français. S'il y a moyen d'éviter la forme passive, indiquez-le aussi.

▶ Lunch was served on the terrace.
Le déjeuner était servi sur la terrasse.
On servait le déjeuner sur la terrasse.

1. This novel was written by André Malraux.
2. The guests were standing on the terrace.
3. The clock was broken by the murderer.
4. Eggs are not sold here.
5. European industry is being modernized. *(en train de)*
6. That is not done at the table.
7. We were invited by our friends to take a trip.
8. We were asked by our friends to take a trip.
9. Students are not allowed to smoke in this building.
10. French is spoken in Montréal.
11. Were you seen near the château?
12. Our house was entered while we were in France.
13. Her car was stolen.
14. Have all your questions been answered?

O. Choisissez un des sujets suivants. Jouez le rôle du personnage en utilisant des verbes pronominaux, des phrases avec *on*, des constructions passives, etc.

1. *Le Château dans le bois* (Ch. 2): C'est un inspecteur un peu distrait (et qui a beaucoup de mal à se souvenir des noms et des identités) qui raconte à son assistant ce qu'il sait du crime:
   On me téléphone vers huit heures et quart et je me rends tout de suite au château. Le maître du château a été tué. On lui a tiré un coup de revolver...
2. *Le Ménager* (Ch. 4): Dans un petit bistrot, le ménager se plaint au patron (ou à la patronne)

de la vie qu'il mène depuis que sa femme travaille:

> *On dit souvent que le mari est le roi de la famille. Mais, écoutez-moi bien, cela ne se passe pas comme ça. Quand ma femme se réveille, moi, je suis déjà levé depuis deux bonnes heures...*

3. *Le Bourgeois gentilhomme* (Ch. 5): M. Radin dé- jeune avec un ami et lui parle de son fils, Pascal, qui vient de se marier.

> *On est souvent surpris d'apprendre que ses enfants ont des idées à eux. Il y a quelques semaines, je me suis disputé avec mon fils. On discutait son avenir...*

Comment changer du discours direct au discours indirect

Le style indirect

Lorsqu'on veut citer les paroles de quelqu'un, on peut employer le style direct ou le style indirect.

1. Le **style direct** consiste à rapporter sous forme de citation les paroles d'une personne:

> Georges dit: «Je suis content de vous revoir.»
> «Pourquoi es-tu en retard?» demande-t-elle.

Remarquez qu'on emploie l'inversion quand le verbe de déclaration suit la citation ou se trouve au milieu de celle-ci.

2. Le **style indirect** consiste à rapporter *indirectement* les paroles d'une personne en transposant les pronoms et en subordonnant la citation à un verbe de déclaration:

> Georges dit qu'il est content de nous revoir.
> Elle demande pourquoi je suis en retard.

Les principaux verbes de déclaration sont: **dire, demander, répondre, déclarer, ajouter, indiquer, expliquer, assurer.**

Les temps des verbes au style indirect

1. Quand le verbe de déclaration est au **présent** ou au **futur,** le temps des verbes *ne change pas*:

> L'inspecteur **dit:** «Le jardinier a tué le maître.»
> L'inspecteur **dit** que le jardinier a tué le maître.

> «Je partirai demain», **répond**-elle.
> Elle **répond** qu'elle partira demain.

> Ils **diront:** «Nous n'avons pas le temps.»
> Ils **diront** qu'ils n'ont pas le temps.

2. Quand le verbe principal est à un **temps du passé (passé composé, imparfait, plus-que-parfait)**, le temps des verbes dans la proposition subordonnée change tout comme en anglais selon le schéma suivant:

a. **Présent → imparfait:**

> Ils ont dit: «Nous n'avons pas le temps.»
> Ils **ont dit** qu'ils n'**avaient** pas le temps.

b. **Passé composé → plus-que-parfait:**

> L'inspecteur a déclaré: «Le jardinier a tué le maître.»
> L'inspecteur **a déclaré** que le jardinier **avait tué** le maître.

c. **Futur → conditionnel:**

> «Je partirai bientôt», avait-elle répondu.
> Elle **avait répondu** qu'elle **partirait** bientôt.

d. **Futur antérieur → conditionnel passé:**

> Il pensait: «Elle sera déjà partie.»
> Il **pensait** qu'elle **serait** déjà **partie.**

Les autres temps **(imparfait, plus-que-parfait, conditionnel, conditionnel passé)** ne changent pas:

> Ils ont dit: «Il faisait très mauvais.»
> Ils **ont dit** qu'il **faisait** très mauvais.

> «Je ne m'occuperais pas de cela», a-t-elle proclamé.
> Elle **a proclamé** qu'elle ne **s'occuperait** pas de cela.

Autres changements au style indirect

1. Quand le verbe de la citation est à l'**impératif,** il devient un **infinitif** précédé de **de** au style indirect:

> Il nous dit: «Attendez.»
> Il nous dit **d'attendre.**

> «Fais attention!» a-t-elle crié.
> Elle a crié **de faire** attention.

2. Quand la citation est une **question**, il faut faire les changements suivants au style indirect:

a. **Est-ce que** ou *inversion* → **si:**

> Il demande: «As-tu faim?»
> Il demande **si** j'ai faim.

> «Est-ce que vous avez bien compris?» a-t-elle demandé.
> Elle a demandé **si** nous avions bien compris.

b. **Qu'est-ce qui → ce qui; qu'est-ce que → ce que:**

Elles ont demandé: «Qu'est-ce qui se passe?»
Elles ont demandé **ce qui** se passait.

«Qu'est-ce que tu as acheté?» a-t-il demandé.
Il a demandé **ce que** j'avais acheté.

c. Les autres expressions interrogatives ne changent pas, mais au style indirect on maintient l'ordre normal des mots.

«Quelle heure est-il?» a-t-il demandé.
Il a demandé **quelle** heure il était.

L'inspecteur se demande: «Qui me dira la vérité?»
L'inspecteur se demande **qui** lui dira la vérité.

3. Quand le verbe de déclaration est au passé ou au futur, les expressions temporelles s'adaptent au nouveau point de repère. Par exemple, **aujourd'hui** devient **ce jour-là; hier** devient **la veille; demain** devient **le lendemain,** etc.:

Elle a dit: «Je reviendrai après-demain.»
Elle a dit qu'elle reviendrait **le surlendemain.**

«Ils sont partis la semaine passée», a-t-il répondu.
Il a répondu qu'ils étaient partis **la semaine précédente.**

P. Transformez le style direct en style indirect. Faites tous les changements nécessaires.

▶ Il a dit: «J'en ai marre de travailler.»
Il a dit qu'il en avait marre de travailler.

1. Elle m'a dit: «Tu pourras partir demain.»
2. «Voulez-vous nous accompagner?» nous ont-ils demandé.
3. Il a répondu: «Marie-Claire a quitté l'hôpital il y a trois jours.»
4. Ils ont déclaré: «Elle sera de retour la semaine prochaine.»
5. «Si Michel avait su nager, il ne se serait pas noyé», a-t-elle répété.
6. «Qu'est-ce que le jardinier fait dans le bois?» s'est demandé l'inspecteur.
7. M. Gautier a dit à sa femme: «Je prendrai mes vacances quand tu seras rentrée de voyage.»
8. Elle a annoncé: «J'ai trente ans aujourd'hui.»
9. «S'il fait beau, nous ferons un pique-nique à Fontainebleau», ont-ils dit.
10. Il a demandé: «Qu'est-ce qui se passe?»

Q. Racontez le dialogue suivant au passé en utilisant le style indirect. (Pour varier un peu votre narration, utilisez les verbes suivants: *déclarer, ajouter, indiquer, constater, expliquer, affirmer, insister, interrompre en disant, commencer par dire, continuer en déclarant.*)

—Pardon, monsieur... Mais c'est bien toi, Jean-Jacques?
—Hein?!... Ah, salut, François. Oui, c'est bien moi.
—Voilà longtemps que je ne t'ai pas vu.
—En effet. Nous nous sommes vus il y a vingt ans à Genève.
—C'est vrai. Mais que fais-tu en ce moment?
—Oh, pas grand'chose. Je voyage... je compose des chansons... Et toi?
—Je reste chez moi... j'écris des lettres... je reçois des amis...
—Et tu ne vas plus à Paris?
—Si... de temps en temps... pour aller au théâtre.
—Moi, j'ai horreur du théâtre.
—Tu n'as pas changé, mon vieux. Tu n'as jamais aimé les plaisirs de la ville.
—Pourquoi changer? La ville est toujours aussi dégoûtante.

—Quelle drôle d'opinion! Tu préfères sans doute la forêt, toi?

—Te moques-tu de moi, François?

—Non, c'est fini, tout cela. Autrefois j'aimais me moquer des gens.

—Et tu croyais au progrès, au luxe, au bonheur matériel…

—Et toi, tu parlais toujours du bon vieux temps, de la nature, tu détestais le monde…

—Et j'avais bien raison, j'ai raison aujourd'hui, j'aurai toujours raison.

—Mais non. Le monde ne sera jamais parfait, il y aura toujours de gros problèmes… mais nos petits enfants connaîtront une vie bien meilleure…

—Meilleure! Dans cent ans, les villes auront envahi la campagne, les machines auront remplacé les hommes, les…

—Et après? On ne peut pas échapper au progrès… Mais pourquoi nous disputer?… Je vais rentrer m'occuper de mon jardin. Au revoir, Jean-Jacques.

—Au revoir, François… De son jardin?! Cela me fait rire! Lui qui ne sait même pas ce que c'est qu'une pelle!

▶ *Un jour François a rencontré son vieil ami Jean-Jacques. François lui a demandé si c'était bien lui…*

Expressions idiomatiques

Elle ne **se rend** pas **compte** de ce qui l'attend.

1. se rendre compte de + *quelque chose*: to realize, to understand
réaliser *quelque chose*: to realize, to carry out, to attain

Ils ne **se sont** pas **rendu compte** de la situation.
Est-ce que tu **te rends compte** qu'il faudra travailler dur?

Après trente ans j'**ai réalisé** mon rêve de jouer à la Salle Pleyel.
Elle **a réalisé** un véritable exploit en étant la première femme à être nommée juge.

Le participe passé de **se rendre compte** ne s'accorde pas.

Exercices

A. Remplacez le tiret par la forme indiquée de l'expression qui convient.

1. Elle ne _____ pas ce qui s'était passé. *(passé composé)*
2. J'espère que vous _____ tous vos projets. *(futur)*
3. Est-ce qu'ils _____ la difficulté? *(présent)*
4. Elle avait du mal à _____ qu'elle avait réussi son bac. *(infinitif)*

B. Répondez aux questions selon votre expérience personnelle.

1. Avant de commencer ce cours, est-ce que vous vous rendiez compte du travail qu'il faudrait faire?
2. Quel rêve espérez-vous réaliser un jour?
3. A votre avis, le président des Etats-Unis se rend-il compte des complexités de la politique internationale?
4. A votre avis, quelle est la personne qui a réalisé l'exploit le plus impressionnant cette année?

Je ne **m'attendais** pas à te voir ici, mon frère.

2. attendre *quelqu'un ou quelque chose*: to wait for

> **s'attendre à** *quelque chose*
> **s'attendre à** + *infinitif*   } to expect
> **s'attendre à** + **ce que** + *sujet*
>   + *verbe au subjonctif*

J'attends l'autobus depuis un quart d'heure.
Ils **ont attendu** Chantal, mais elle n'est pas
 venue.

Je **m'attends** à tout.
S'attendait-il à être reçu à l'examen? Oui, il **s'y
 attendait.**
Nous **nous attendons à ce que** vous veniez.

Attendre est suivi d'un complément d'objet
direct. **S'attendre à** peut être suivi d'un nom,
d'un infinitif ou de **ce que** + *le subjonctif*. On
emploie le pronom **y** pour remplacer le
complément.

Exercices

C. Composez une phrase au temps indiqué en
employant les éléments donnés:

1. je / attendre / les autres / jusqu'à midi *(futur)*
2. elle / s'attendre / un public / plus grand *(imparfait)*
3. nous / s'attendre / trouver / un bon emploi *(présent)*
4. pendant combien de temps / attendre / tu / le train *(passé composé)*
5. ils / s'attendre / tu / leur / dire / la vérité *(présent)*
6. vous / s'attendre / cela / d'elle? *(imparfait)*

D. Réagissez aux situations suivantes en utilisant les expressions entre parenthèses et la forme
d'*attendre* ou de *s'attendre à* qui convient.

1. Est-ce que tu as été surpris de recevoir un prix?
2. Pourquoi as-tu l'air si impatient?
3. Est-ce que tu crois que la France gagnera la Coupe du Monde de football?
4. Mais où est Gilberte? Est-elle partie sans toi?

Le chevalier est là parce qu'il **a entendu
parler** d'un tout petit dragon dans le pays.

3. entendre dire que + *sujet* + *verbe*: to hear
that
entendre parler de + *quelqu'un ou quelque
chose*: to hear about

J'**ai entendu dire qu'**elle était malade.
A-t-elle quitté son mari? Je l'**ai entendu dire.**

As-tu **entendu parler du** nouveau film de
Tanner? Oui, j'**en ai entendu parler.**
Ils n'**avaient** jamais **entendu parler de** cette
actrice.
Ils n'**avaient** jamais **entendu parler d'**elle.

Avec **entendre parler,** on peut remplacer le
complément d'objet indirect par **en** si c'est *une
chose,* ou par un pronom personnel accentué
(**moi, toi,** etc.) si c'est *une personne.*

Exercices

E. Complétez la phrase en utilisant *dire* ou *parler.*

1. J'ai souvent entendu _____ de Jacques
Dubois.
2. As-tu entendu _____ qu'elle était malade?
3. Nous avons entendu _____ qu'ils allaient
quitter la ville.
4. Le restaurant "Les Trois Matelots"? Je n'en ai
jamais entendu _____.

F. Donnez l'équivalent français des phrases
suivantes.
1. Have you heard about him?
2. Did you hear that Jean and Sylvie got married?
3. We had never heard that she had lost.
4. Are you familiar with *(connaître)* Marguerite
Duras' new novel? No, I haven't heard about
it.
5. Are you familiar with Robbe-Grillet? Yes, I've
heard of him.

Ils refusent de se parler l'**un à l'autre.**

4. l'un(e) l'autre, les un(e)s les autres: each
other

Ils s'admirent **l'un l'autre.**
Ils ont beaucoup de respect **les uns pour les
autres.**
Il est impossible de distinguer ces deux femmes
l'une de l'autre.

Si le verbe est suivi d'une préposition (à, de,
pour, etc.), il faut mettre la préposition *entre*
l'un(e) et **l'autre.**

Exercices

G. Ajoutez la forme convenable de *l'un(e) l'autre* aux phrases suivantes. S'il faut une préposition, elle est indiquée entre parenthèses.

1. Marie et Chantal se sont regardées…
2. Les hommes politiques se méfient… *(de)*
3. Toi et moi, nous nous moquons… *(de)*
4. Mes deux grands-mères habitent… *(près de)*
5. Ils ne se sont pas répondu… *(à)*

H. Réagissez aux situations suivantes en utilisant les mots entre parenthèses et la forme de *l'un l'autre* qui convient.

1. Pourquoi as-tu si chaud? *(mettre / deux tricots)*
2. Est-ce qu'il y a une charcuterie et une boucherie dans la rue Perrault? *(oui / en face de)*
3. Pourquoi est-ce que ton père ne parle jamais de ton oncle? *(être fâchés)*

Gaspar veut **échapper au** requin.

5. échapper à: to escape, to get away from
s'échapper de: to escape, to get out of

Le meurtrier **a échappé à** la police.
Son nom **m'échappe.**

Elle **s'est échappée de** prison.
Le lait **s'échappe de** la casserole.

L'expression **échapper à** utilise les pronoms compléments d'objet indirect (**me, te, lui,** etc.) pour parler de personnes et **y** pour parler de choses. L'expression **s'échapper de** utilise **en** lorsqu'on parle de choses et les pronoms accentués (**moi, toi,** etc.) lorsqu'on parle de personnes.

Exercices

I. Remplacez le tiret par la forme indiquée de l'expression qui convient (*échapper à* ou *s'échapper de*).

1. L'oiseau _____ sa cage. *(passé composé)*
2. Je ne vais pas _____ aux impôts cette année. *(infinitif)*
3. Le chien _____ son maître. *(passé composé)*
4. La victime de l'enlèvement pourra-t-elle _____ la maison où on la garde? *(infinitif)*

J. Répondez aux questions en donnant votre opinion personnelle et en utilisant un pronom (*y, en* ou un pronom accentué).

1. Peut-on échapper à son passé?
2. Est-il facile ou difficile de s'échapper de prison?
3. A votre avis, est-il bon que les parents échappent à leurs enfants de temps en temps?
4. Laisseriez-vous les animaux s'échapper du jardin zoologique si vous en aviez l'occasion?
5. Y a-t-il des moyens d'échapper à la presse quand on est célèbre?

Elle **me manque** beaucoup.

6. manquer + *nom*: to miss, to not arrive at all
manquer de + *quelque chose*: to lack, to not
  have enough of
manquer à + *quelqu'un*: to miss, to be sad
  due to absence
manquer à: to miss, to be completely lacking
  in

J'**ai manqué** le train.
Elle **a manqué** son cours de français.

Ils **manquent de** talent.
Nous ne **manquons** pas **de** courage.

Mes enfants **me manquent.** *(I miss my children.)*
Est-ce que ton frère **te manque?** *(Do you miss
  your brother?)*
Est-ce que tu **manques à** ton frère? *(Does your
  brother miss you?)*

Il me **manque** un bouton. *(I am missing a
  button.)*
Il me **manque** un bouton **à** ma chemise. *(My
  shirt is missing a button.)*
Il manque à cette équipe un bon gardien de
  but. *(This team is lacking a good goalkeeper.)*

Notez que les équivalents anglais des
expressions **manquer à** + *qqn (to miss s.o.)* et
manquer à *(to lack in)* ont des constructions
grammaticales très différentes du français.

Exercice

K. Donnez l'équivalent français des phrases
suivantes.

1. We miss our parents.
2. Does he miss his sister?
3. Do you miss your friends?
4. I missed the bus.
5. They missed the concert.
6. I am missing a shoe.
7. My shoe is missing a lace.
8. Our apartment is missing a fireplace.
9. They lack intelligence.
10. She lacks confidence.

Monsieur le comte, **ce n'est pas la peine de** perdre la tête.

7. **valoir la peine** (**de** + *infinitif*) to be worthwhile, to be worth doing
   valoir la peine (**que** + *sujet* + *verbe au subjonctif*)

   ce n'est pas la peine
   (**de** + *infinitif*)⎱ it's not worthwhile
   ce n'est pas la peine ⎰ it's not worth doing
   (**que** + *sujet* + *verbe*)

Cela **vaut la peine.**
Voilà un film qui **vaut la peine d'**être vu.
Il **vaut la peine que** tu attendes un peu.

N'y va pas. **Ce n'est pas la peine!**
Ce n'est pas la peine d'attendre; le dernier train est déjà parti.
Ce n'est pas la peine que vous veniez; nous avons déjà assez de monde pour nous aider.

Exercices

L. Donnez la forme du verbe entre parenthèses qui convient.

1. Il vaut la peine de _____ avant de parler. (*réfléchir*)
2. Ce n'est pas la peine que nous _____ toute l'après-midi à les attendre. (*passer*)
3. Ce n'est pas la peine de lui _____ des questions; il n'y répondra pas. (*poser*)
4. Ce n'est pas la peine que vous _____; vous avez tout le temps. (*se presser*)
5. Il vaut la peine que tu _____ le temps de visiter le musée Rodin. (*prendre*)

M. Complétez les phrases suivantes de façon à montrer que vous avez compris le sens de l'expression.

1. Il vaut la peine de…
2. Ce n'est pas la peine de…
3. Il vaut la peine que…
4. Ce n'est pas la peine que…

L'homme qu'elle **a trouvé** là n'était pas celui
à qui elle **avait donné rendez-vous.**

8. **faire la connaissance de** + *quelqu'un*: to
   meet, to make the acquaintance of
   rencontrer + *quelqu'un*: to meet, to run into
   retrouver + *quelqu'un*: to meet (on purpose)
   se retrouver: to meet with each other (again,
   on purpose or by chance)
   rejoindre + *quelqu'un*: to meet (on purpose),
   join
   donner (fixer) rendez-vous à + *quelqu'un*: to
   arrange a meeting with

As-tu jamais **fait la connaissance de** Marc
Antal? Oui, j'**ai fait sa connaissance** l'année
dernière à Marienbad.
Où **as-**tu **rencontré** les autres? Je les **ai
rencontrés** au café, comme d'habitude.
On **s'est retrouvé** après une séparation de trois
mois.
Je vais **rejoindre** ma famille aussitôt que la
réunion sera terminée.
J'**ai donné rendez-vous à** Jean-Patrice ce soir à
six heures.

Exercices

N. Remplacez le tiret par la forme indiquée de
l'expression qui convient.

1. Quand est-ce que tu _____ Michel et Marie-
   Jo? Il y a sept ans. *(passé composé)*
2. Quelle surprise! Nous _____ tes parents à
   Venise. Je ne savais même pas qu'ils avaient
   quitté Paris. *(passé composé)*
3. Mes parents et mes beaux-parents _____ tous
   les étés au bord de la mer. *(présent)*
4. A la fin de l'année scolaire elle _____ son mari
   et ses enfants à Pau. *(futur)*
5. Ils nous _____ rendez-vous pour ce soir à la
   Rotonde. *(passé composé)*
6. Je _____ ces trois messieurs vêtus en noir tous
   les jours à la même heure; je me demande qui
   ils sont. *(présent)*
7. Après être sorti de prison, il a décidé de ne
   pas _____ sa femme. *(infinitif)*
8. Voulez-vous _____ François Mitterrand?
   (infinitif)
9. Nous nous _____ avant la fin de l'année.
   (futur)

O. Répondez aux questions suivantes selon
votre expérience personnelle.

1. Quand avez-vous fait la connaissance de votre
   meilleur(e) ami(e)?
2. Qui est-ce que vous allez rejoindre après vos
   cours aujourd'hui?
3. Avez-vous rencontré quelqu'un en venant au
   cours ce matin?
4. Où est-ce que vous et vos amis vous retrouvez
   d'habitude?
5. Est-ce que vous avez un rendez-vous ce soir?

Un couple bien assorti?

Eugène Ionesco (1912–), auteur roumain de langue française, est un des dramaturges du Théâtre de l'Absurde. Sa première pièce, *La Cantatrice chauve*, appelée par l'auteur une *anti-pièce* et une *tragédie du langage*, dramatise d'une façon originale et comique la banalité de la vie bourgeoise. Dans les scènes que vous allez lire, M. et Mme Martin rendent visite à leurs amis M. et Mme Smith. Laissés seuls dans le salon, les Martin, qui ne semblent pas se reconnaître, s'interrogent l'un l'autre pour établir leur identité. Au moment même où ils pensent y être parvenus, Mary, la bonne des Smith, arrive et détruit toute leur théorie.

SCÈNE IV

Mme et M. Martin s'assoient l'un en face de l'autre, sans se parler. Ils se sourient, avec timidité.

M. Martin: Mes excuses, Madame, mais il me semble, si je ne me trompe,
5   que je vous ai déjà rencontrée quelque part.

Mme Martin: A moi aussi, Monsieur, il me semble que je vous ai déjà
    rencontré quelque part.

M. Martin: Ne vous aurais-je pas déjà aperçue°, Madame, à Manchester,   **apercevoir:** *to notice*
    par hasard?

10 **Mme Martin:** C'est très possible. Moi, je suis originaire de la ville de
    Manchester! Mais je ne me souviens pas très bien, Monsieur, je ne
    pourrais pas dire si je vous y ai aperçu, ou non!

M. Martin: Mon Dieu, comme c'est curieux! Moi aussi je suis originaire
    de la ville de Manchester, Madame!

15 **Mme Martin:** Comme c'est curieux!

M. Martin: Comme c'est curieux!... Seulement, moi, Madame, j'ai quitté
    la ville de Manchester, il y a cinq semaines, environ°.   **environ:** *about*

Mme Martin: Comme c'est curieux! quelle bizarre coïncidence! Moi aussi,
    Monsieur, j'ai quitté la ville de Manchester, il y a cinq semaines, environ.

20 **M. Martin:** J'ai pris le train d'une demie après huit le matin, qui arrive à
    Londres à un quart avant cinq, Madame.

Mme Martin: Comme c'est curieux! comme c'est bizarre! et quelle coïn-
    cidence! J'ai pris le même train, Monsieur, moi aussi!

M. Martin: Mon Dieu, comme c'est curieux! peut-être bien alors,
25   Madame, que je vous ai vue dans le train?

Mme Martin: C'est bien possible, ce n'est pas exclu, c'est plausible et,
    après tout, pourquoi pas!... Mais je n'en ai aucun souvenir, Monsieur!

M. Martin: Je voyageais en deuxième classe, Madame. Il n'y a pas de deuxième classe en Angleterre, mais je voyage quand même en deu-
30   xième classe.

Mme Martin: Comme c'est bizarre, que c'est curieux, et quelle coïncidence! moi aussi, Monsieur, je voyageais en deuxième classe!

M. Martin: Comme c'est curieux! Nous nous sommes peut-être bien rencontrés en deuxième classe, chère Madame!

35   **Mme Martin:** La chose est bien possible et ce n'est pas du tout exclu.
Mais je ne m'en souviens pas très bien, cher Monsieur!

M. Martin: Ma place était dans le wagon° nº 8, sixième compartiment,   le wagon: *railroad car*
Madame!

Mme Martin: Comme c'est curieux! ma place aussi était dans le wagon
40   nº 8, sixième compartiment, cher Monsieur!

M. Martin: Comme c'est curieux et quelle coïncidence bizarre! Peut-être
nous sommes-nous rencontrés dans le sixième compartiment, chère
Madame?

Mme Martin: C'est bien possible, après tout! Mais je ne m'en souviens
45   pas, cher Monsieur!

M. Martin: A vrai dire, chère Madame, moi non plus je ne m'en souviens pas, mais il est possible que nous nous soyons aperçus là, et, si j'y pense bien, la chose me semble même très possible!

Mme Martin: Oh! vraiment, bien sûr, vraiment, Monsieur!

50 **M. Martin:** Comme c'est curieux!… J'avais la place n° 3, près de la fenêtre, chère Madame.

Mme Martin: Oh, mon Dieu, comme c'est curieux et comme c'est bizarre, j'avais la place n° 6, près de la fenêtre, en face de vous, cher Monsieur.

M. Martin: Oh, mon Dieu, comme c'est curieux et quelle coïncidence!…
55 Nous étions donc vis-à-vis, chère Madame! C'est là que nous avons dû nous voir!

Mme Martin: Comme c'est curieux! C'est possible mais je ne m'en souviens pas, Monsieur!

M. Martin: A vrai dire, chère Madame, moi non plus je ne m'en souviens
60 pas. Cependant, il est très possible que nous nous soyons vus à cette occasion.

Mme Martin: C'est vrai, mais je n'en suis pas sûre du tout, Monsieur.

M. Martin: Ce n'était pas vous, chère Madame, la dame qui m'avait prié de mettre sa valise dans le filet° et qui ensuite m'a remercié et m'a
65 permis de fumer?

le filet: *baggage rack*

Mme Martin: Mais si, ça devait être moi, Monsieur! Comme c'est curieux, comme c'est curieux, et quelle coïncidence!

M. Martin: Comme c'est curieux, comme c'est bizarre, quelle coïncidence! Eh bien alors, alors nous nous sommes peut-être connus à ce moment-
70 là, Madame?

Mme Martin: Comme c'est curieux et quelle coïncidence! c'est bien possible, cher Monsieur! Cependant, je ne crois pas m'en souvenir.

M. Martin: Moi non plus, Madame.

Un moment de silence. La pendule sonne 2-1.

75 **M. Martin:** Depuis que je suis arrivé à Londres, j'habite rue Bromfield, chère Madame.

Mme Martin: Comme c'est curieux, comme c'est bizarre! moi aussi, depuis mon arrivée à Londres j'habite rue Bromfield, cher Monsieur.

M. Martin: Comme c'est curieux, mais alors, mais alors, nous nous
80 sommes peut-être rencontrés rue Bromfield, chère Madame.

Mme Martin: Comme c'est curieux; comme c'est bizarre! c'est bien possible, après tout! Mais je ne m'en souviens pas, cher Monsieur.

M. Martin: Je demeure au n° 19, chère Madame.

Mme Martin: Comme c'est curieux, moi aussi j'habite au n° 19, cher
85 Monsieur.

M. Martin: Mais alors, mais alors, mais alors, mais alors, mais alors, nous nous sommes peut-être vus dans cette maison, chère Madame?

Mme Martin: C'est bien possible, mais je ne m'en souviens pas, cher Monsieur.

90 **M. Martin:** Mon appartement est au cinquième étage, c'est le nº 8, chère Madame.

Mme Martin: Comme c'est curieux, mon Dieu, comme c'est bizarre! et quelle coïncidence! moi aussi j'habite au cinquième étage, dans l'appartement nº 8, cher Monsieur!

95 **M. Martin,** *songeur:* Comme c'est curieux, comme c'est curieux, comme c'est curieux et quelle coïncidence! vous savez, dans ma chambre à coucher j'ai un lit. Mon lit est couvert d'un édredon° vert. Cette chambre, avec ce lit et son édredon vert, se trouve au fond du corridor, entre les waters et la bibliothèque, chère Madame!

un édredon: *comforter*

100 **Mme Martin:** Quelle coïncidence, ah mon Dieu, quelle coïncidence! Ma chambre à coucher a, elle aussi, un lit avec un édredon vert et se trouve au fond du corridor, entre les waters, cher Monsieur, et la bibliothèque!

M. Martin: Comme c'est bizarre, curieux, étrange! alors, Madame, nous habitons dans la même chambre et nous dormons dans le même lit,
105 chère Madame. C'est peut-être là que nous nous sommes rencontrés!

Mme Martin: Comme c'est curieux et quelle coïncidence! C'est bien possible que nous nous y soyons rencontrés, et peut-être même la nuit dernière. Mais je ne m'en souviens pas, cher Monsieur!

M. Martin: J'ai une petite fille, ma petite fille, elle habite avec moi, chère
110 Madame. Elle a deux ans, elle est blonde, elle a un œil blanc et un œil rouge, elle est très jolie, elle s'appelle Alice, chère Madame.

Mme Martin: Quelle bizarre coïncidence! moi aussi j'ai une petite fille, elle a deux ans, un œil blanc et un œil rouge, elle est très jolie et s'appelle aussi Alice, cher Monsieur!

115 **M. Martin:** Comme c'est curieux et quelle coïncidence! et bizarre! c'est peut-être la même, chère Madame!

Mme Martin: Comme c'est curieux! c'est bien possible, cher Monsieur.

Un assez long moment de silence... la pendule sonne vingt-neuf fois.

M. Martin, *après avoir longuement réfléchi, se lève lentement et, sans se*
120 *presser, se dirige vers Mme Martin qui, surprise par l'air solennel de M. Martin, s'est levée, elle aussi, tout doucement*—Alors, chère Madame, je crois qu'il n'y a pas de doute, nous nous sommes déjà vus et vous êtes ma propre épouse... Elisabeth, je t'ai retrouvée!

Mme Martin, *s'approche de M. Martin sans se presser. Ils s'embrassent sans*
125 *expression. La pendule sonne une fois, très fort. Le coup de la pendule doit être si fort qu'il doit faire sursauter° les spectateurs. Les époux Martin ne l'entendent pas.*

sursauter: *to jump*

LES VOIX ET LES DISCOURS

Mme Martin: Donald, c'est toi, darling!

Ils s'assoient dans le même fauteuil, se tiennent embrassés et s'endorment. La
130 *pendule sonne encore plusieurs fois. Mary, sur la pointe des pieds, un doigt sur*
ses lèvres, entre doucement en scène et s'adresse au public.

SCÈNE V

Mary: Elisabeth et Donald sont, maintenant, trop heureux pour pouvoir
m'entendre. Je puis donc vous révéler un secret. Elisabeth n'est pas
Elisabeth, Donald n'est pas Donald. En voici la preuve: l'enfant dont
135 parle Donald n'est pas la fille d'Elisabeth, ce n'est pas la même personne.
La fillette° de Donald a un œil blanc et un autre rouge tout comme la
fillette d'Elisabeth. Mais tandis que l'enfant de Donald a l'œil blanc à
droite et l'œil rouge à gauche, l'enfant d'Elisabeth, lui, a l'œil rouge à
droite et le blanc à gauche! Ainsi tout le système d'argumentation de
140 Donald s'écroule° en se heurtant° à ce dernier obstacle qui anéantit°
toute sa théorie. Malgré les coïncidences extraordinaires qui semblent
être des preuves définitives, Donald et Elisabeth n'étant pas les parents
du même enfant ne sont pas Donald et Elisabeth. Il a beau croire° qu'il
est Donald, elle a beau se croire Elisabeth. Il a beau croire qu'elle est
145 Elisabeth. Elle a beau croire qu'il est Donald: ils se trompent amèrement.
Mais qui est le véritable Donald? Quelle est la véritable Elisabeth? Qui
donc a intérêt à faire durer cette confusion? Je n'en sais rien. Ne tâchons
pas de le savoir. Laissons les choses comme elles sont. *(Elle fait quelques*
pas vers la porte, puis revient et s'adresse au public.) Mon vrai nom est
150 Sherlock Holmès.

Elle sort.

la fillette: *little girl*

s'écrouler: *to crumble*
se heurter: *to strike against*
anéantir: *to reduce to nothing*
il a beau croire: *he believes
in vain*

Eugène Ionesco, La Cantatrice chauve © Editions Gallimard

Compréhension

A. Répondez à ces questions qui résument les scènes:
1. Quelles coïncidences suggèrent que le monsieur et la dame se connaissent?
2. Quelle semble être la preuve définitive qu'ils sont vraiment mari et femme?
3. Quelle preuve du contraire Mary vient-elle offrir?

B. Relisez le passage et faites le travail suivant.
1. Retrouvez les verbes suivants et dites si c'est un verbe réfléchi, un verbe réciproque ou un verbe à sens idiomatique:
*s'asseoir/se parler/se sourire/se tromper/se souvenir/
se rencontrer/s'apercevoir/se voir/se connaître/se
trouver/s'appeler/se lever/se presser/se diriger/s'ap-*
*procher/s'embrasser/se tenir/s'endormir/s'adresser/
se croire/se tromper*

2. Essayez de deviner le sens des expressions suivantes d'après le contexte.
   a. «Il me semble que je vous ai déjà rencontrée *quelque part*» (l. 6)
   b. «Il n'y a pas de deuxième classe en Angleterre, mais je voyage *quand même* en deuxième classe.» (l. 28)
   c. «J'avais la place n° 3, près de la fenêtre... j'avais la place n° 6, près de la fenêtre, en face de vous... Nous étions donc *vis-à-vis*.» (l. 50–55)
   d. «Le coup de la pendule doit être si fort qu'il fait *sursauter* les spectateurs.» (l. 125)

C. Relisez le passage et répondez aux questions suivantes. Soyez précis.

1. A quoi a-t-on l'impression, au début de la scène, que les Martin ne se connaissent pas?
2. Qu'est-ce qui les conduit à croire qu'ils auraient pu voyager ensemble? Quand? D'où venaient-ils? Quelles sont les circonstances dont ils parlent?
3. Comment en arrivent-ils à penser qu'ils habitent ensemble à Londres?
4. Expliquez pourquoi ils pensent qu'ils sont mariés.
5. Comment agissent-ils quand ils se reconnaissent?
6. De quelle manière Mary entre-t-elle en scène? Qu'est-ce qu'elle vient faire?
7. Pourquoi n'accepte-t-elle pas la théorie de Donald et d'Elisabeth?
8. Comment Donald et Elisabeth s'appellent-ils vraiment? Et Mary?

Discussion

A. Traditionnellement les Français sont très fiers de la logique et de la clarté de leur langue et de leur pensée. Comment Ionesco se moque-t-il de la raison cartésienne? (*Suggestions:* comment le dialogue entre les Martin est-il organisé? Quels mots associés à la logique Mary emploie-t-elle? Pourquoi Ionesco donne-t-il à la bonne le nom de Sherlock Holmès?)

B. Sujet d'exposé ou de rédaction: Racontez un événement que vous avez vécu, où une coïncidence s'est produite. Décrivez les circonstances qui vous ont amené(e) à découvrir cette coïncidence. ·

Pas de chance

1. Une journée qui se termine bien

1. Qu'est-ce qui vous donne à penser que le protagoniste, Didier, n'est pas heureux?

2. Quelle semble être la raison de son malheur?
3. Qui vient lui rendre visite?
4. Qu'est-ce que le visiteur lui annonce?
5. Quelle est la réaction de Didier?

SIXIÈME CHAPITRE

Une journée qui se termine bien

Didier
le protagoniste main character
  avoir l'air déprimé depressed
        ennuyé bothered
        soucieux worried
  être fatigué
    mal rasé
    de mauvaise humeur
  passer la nuit à + *inf.*
    étudier ses factures *(f. pl.)* to study his bills
    calculer ses impôts to figure up his taxes

la cuisine
  une boîte de biscuits
  une boîte à sardines
  un placard ouvert open cupboard
  une plante qui meurt
  une poubelle garbage can
    un mouche fly
    les détritus *(m. pl.)* garbage
  une théière tea kettle

un visiteur imprévu unexpected visitor
  le clerc de notaire notary public's clerk
    annoncer *qqch.*
      un décès dans la famille death in the family
      apporter à *qqn* **une (bonne) nouvelle**
      être dans le testament de *qqn*
      hériter
    porter
      des binocles *(m.)* kind of eyeglasses
      un chapeau mou
      un complet-veston
    tenir
      un attaché-case

Didier
  avoir l'air ravi
        surpris
  porter
    un pyjama à rayures
    une robe de chambre

2. C'est la fête!

1. Où va-t-il célébrer sa bonne fortune?
2. De quelle manière la célèbre-t-il?
3. Décrivez les gens qui participent à sa joie.

4. En quittant le bistrot, où se rend-il? Pourquoi?
5. Décrivez son nouvel habit.
6. Que fait le tailleur?

C'est la fête!

Au bistrot du coin
Didier
    boire un coup to have a drink
      avec ses copains
    célébrer sa bonne fortune
    offrir la tournée à *qqn* to buy a round of
    drinks for
      une bouteille de champagne
    sauter de joie

les autres
    participer à sa joie
    porter
      un béret
      une casquette
      un chapeau mou

le bistrot
    le comptoir
    des tables rondes

Chez le tailleur
Didier
    se faire faire un costume de soirée
      un chapeau haut-de-forme high hat
      une chemise
      un nœud papillon bow tie
      un œillet à la boutonnière
      un pantalon
      un smoking tuxedo jacket

le tailleur
    être à genoux to be on his knees
    une aiguille needle
    des ciseaux *(m. pl.)* scissors
    des épingles *(f. pl.)* pins
    faire un ourlet to hem
    du fil thread
    un mètre-couturier tape measure

l'atelier
    un miroir ovale
    un porte-manteau

3. Des achats

1. Le lendemain, où Didier se rend-il donc?
2. Qu'est-ce qu'il a envie d'acheter?
3. Que porte-t-il?
4. Comment paie-t-il sa voiture?
5. Quelle opinion vous faites-vous de l'homme d'affaires?
6. Quelle est l'autre acquisition de Didier?
7. Où son bateau est-il amarré?
8. Comment est-il habillé?
9. Quel semble être son projet pour la journée?
10. Qui d'autre voit-on sur le port?

Des achats

chez le garagiste
  une voiture
    de location rental
    neuve
    d'occasion second-hand, used

Didier
  avoir l'air sportif
  dépenser sa fortune
  monter dans sa voiture
  payer en liquide to pay cash
  porter
    une casquette
    une chemise sport
    un collier autour du cou
    un pantalon à carreaux
    un veston à carreaux
  se rendre chez un garagiste

sur le port
  un bateau
    à moteur
    à voile sail
    être amarré à to be anchored to
      un port de plaisance
      un quai dock

Didier
  emmener *qqn* faire un tour dans son bateau
  être décontracté to be relaxed
  faire un pique-nique
    un panier à pique-nique
  s'habiller en yachtsman
    un foulard noué autour du cou
    des lunettes *(f. pl.)* de soleil
    un pantalon golfeur
  inviter *qqn* à monter à bord

le marin
  piloter le bateau

le pêcheur fisherman
    une canne à pêche
    son casse-croûte lunch *(fam.)*
      une bouteille de vin
      du fromage
      du pain

4. Un nouvel appartement

1. Qu'est-ce que Didier vient de faire?
2. Qu'est-ce qui vous fait penser que la décoration de son ancien appartement ne lui plaisait pas?
3. Quel est le style de son nouvel intérieur?
4. Qu'est-ce qu'il est en train de lire? A quel genre de littérature s'intéresse-t-il maintenant?
5. Qu'est-ce que les livreurs sont en train d'apporter?
6. Que fait Didier de la main gauche?
7. Quels autres achats a-t-il faits récemment?
8. Les rideaux de la baie vitrée sont-ils tirés?
9. Sur quoi donne son appartement?

Un nouvel appartement

l'appartement
    un appartement à (5) pièces (5)-room apartment
    une baie vitrée bay window
      donner sur
    des rideaux *(m. pl.)* curtains
      ouverts
      tirés
    les meubles *(m. pl.)* furniture
      un canapé à fleurs
      une commode chest
        ancienne
        grosse
        lourde heavy
      une stéréo
        une chaîne hi-fi
        des baffles *(f. pl.)* speakers
    les sculptures *(f. pl.)*
    une table basse en bois
    les tableaux *(m. pl.)*

Didier
    aménager un nouvel appartement to set up a new apartment
    changer son intérieur de mobilier furniture
    déménager to move
    étudier les catalogues *(m. pl.)*
      sur l'aménagement intérieur } on interior
        la décoration intérieure } decorating
    porter
      un pull en V
      une veste à carreaux
    indiquer à *qqn* **où mettre** *qqch.*

le livreur delivery man
    apporter *qqch.*
    livrer *qqch.* to deliver

5. Des vacances

1. Comment passe-t-il ses vacances?
2. Où va-t-il? Descend-il dans un hôtel?
3. Qu'est-il en train de faire?
4. Où le télé-siège va-t-il l'amener?
5. Que fera Didier ensuite?

6. A votre avis, Didier est-il un bon skieur?
7. Tous les skieurs font-ils du ski de piste?
8. Qu'est-ce qu'on voit au fond?
9. Quel temps fait-il?
10. A quoi sert le traîneau attaché derrière le renne?

Des vacances

Didier

> **aller aux sports d'hiver**
> **faire du ski de piste** to downhill ski
> > **de fond** to cross-country ski
> > **du slalom**
> **louer un appartement**
> **prendre le télé-siège** to take the ski-lift

les skieurs *(m. pl.)*
> **un anorak** parka
> **les bâtons de ski** poles
> **des lunettes de ski**
> **un pullover**
> **une salopette** ski suit
> **des skis** *(m. pl.)*

une station de sports d'hiver winter resort
> **dans les Alpes**
> **dans les Pyrénées**
> **un bonhomme de neige** snowman
> **des immeubles** *(m. pl.)*
> **des montagnes enneigées** mountains covered with snow
> **des pistes de ski** *(f. pl.)* ski slopes
> **un renne** reindeer
> > **un traîneau** sleigh
> > **descendre les blessés de la montagne** to bring the injured down from the mountain
> **des sapins** *(m. pl.)* pines
> **un télésiège**
> > **amener** *qqn* **au sommet de la piste** to take someone to the top of the slope.

6. Les inconvénients d'être riche

1. Pourquoi le frère et la belle-sœur de Didier viennent-ils le voir?
2. Où son neveu veut-il faire ses études? Que fait Didier?
3. Pourquoi les amis de Didier veulent-ils lui parler?
4. Quels conseils lui donnent-ils?
5. Quelle est la réaction de Didier?
6. Que fait Didier dans le métro?
7. Que fait le monsieur assis à côté de lui?
8. Ce monsieur a-t-il l'air d'un voleur?
9. A quoi voyez-vous que l'homme qui aborde Didier dans la rue est un clochard? Pourquoi s'adresse-t-il à Didier?

SIXIÈME CHAPITRE

Les inconvénients d'être riche

La famille
- **le frère et la belle-sœur** brother and sister-in-law
  - **solliciter de l'argent à** *qqn*
  - **vouloir envoyer leur fils à l'université**
- **le neveu**
  - **faire ses études à l'étranger**

Didier
- **donner un chèque à** *qqn*
  - **un carnet de chèques**
- **faire l'oncle bienfaiteur** to play the generous uncle

Les amis
- **assommer** *qqn* **de leurs recommandations** to overwhelm someone with their recommendations
- **donner des conseils à** *qqn* to give advice
  - **acheter des actions en bourse** to buy stocks
  - **acheter des assurances** to buy insurance
  - **faire des investissements** to invest

Didier
- **se tenir la tête dans les mains**
- **ne pas vouloir les écouter**

Dans le métro
Didier
- **être occupé à** + *inf.*
- **ne pas faire attention à** *qqch.* **ou à** *qqn*
- **lire le journal**
- **mettre son portefeuille dans la poche de son veston**

le monsieur
- **avoir l'air distingué**
- **une canne**
- **être assis sur la même banquette**
- **un gilet** vest
- **un chapeau à larges bords**
- **prendre délicatement** *qqch.*
- **un voleur à la tire** pickpocket

Dans la rue
un clochard vagrant
- **aborder** *qqn*
- **demander de l'argent à** *qqn*
- **être mal rasé**
- **une épingle de nourrice** baby pin
  - **fermer son manteau**
- **un manteau rapiécé** coat that has been mended many times
- **un mendiant** beggar
- **mendier**

Didier
- **avoir l'air d'un riche**
- **un beau manteau**
- **une canne avec une tête d'aigle**
- **une écharpe en cachemire**

7. Les jeux sont faits

1. Où Didier va-t-il passer la soirée?
2. Que porte-t-il?
3. Qu'est-ce qu'on peut faire au casino?
4. Expliquez comment on joue à la roulette: sur quoi peut-on miser? Qu'est-ce qu'on mise? Qui fait tourner la roulette? Comment peut-on gagner? Qui peut échanger vos jetons contre de l'argent?
5. Didier vient-il au casino en spectateur?
6. Que fait-il?
7. A quoi voit-on qu'il ne gagne pas?
8. Quel est le proverbe qui semble résumer son attitude?

Les jeux sont faits

Au casino
   écouter la musique d'un orchestre de jazz
      le batteur drummer
      une guitare électrique
      un saxophone
   jouer au baccara
        à la roulette
        au poker
   la roulette
     une bille small ball
       s'arrêter sur
       rouler
     le caissier
       échanger de l'argent contre des jetons
           des jetons contre de l'argent
     le croupier
       faire tourner la roulette
   un jeton chip
   miser sur to bet on
      les nombres pairs (impairs) even (odd)
       numbers
      la couleur rouge (noire)

Didier
   faire un geste de désespoir
   jouer de grosses sommes
   lever les yeux au ciel
   miser de grosses sommes
         toute sa fortune
   perdre sa fortune

Proverbes et expressions
   Les jeux sont faits. The die are cast.
   Qui ne risque rien n'a rien.
   Un tiens vaut mieux que deux tu l'auras. A
   bird in the hand is worth two in the bush.

8. Un dîner d'adieu

1. Où Didier va-t-il dîner?
2. Comment le restaurant est-il décoré?
3. A quoi voit-on que c'est un restaurant très chic?
4. Que fait le sommelier? Le chef cuisinier? Le serveur?
5. Que porte Didier? Comment sa compagne est-elle habillée?
6. Qu'est-ce qu'ils célèbrent?
7. Par quel moyen Didier a-t-il décidé d'enterrer sa vie de riche?
8. A votre avis, pourquoi a-t-il pris cette décision?
9. Imaginez le repas qu'ils ont mangé.

Un dîner d'adieu

Un restaurant très chic
    un cadre de style stylish décor
        une fenêtre à petits carreaux
        une lampe à pétrole
        un miroir ancien
        une table ronde
        une nappe ⎫
        une serviette ⎭ en lin linen
    un chef cuisinier
        créer les spécialités de la maison
        surveiller le travail de la cuisine
    un garçon de restaurant
        apporter les plats
          sur un plateau d'argent
    un sommelier wine steward
        faire goûter le vin to have the wine tasted
        présenter le vin
        sélectionner le vin

Didier
    dépenser ses derniers sous to spend the last
     of his money
    faire ses adieux à cette vie
    s'offrir un festin to offer himself a banquet
    vivre ses dernières heures d'homme riche

la compagne de Didier
    être habillée pour sortir
    un chemisier plissé pleated blouse

9. De nouveau à sec

1. C'est aujourd'hui le 1er avril. Où est Didier?
2. Qu'est-ce qu'il a été obligé de faire?
3. A quoi voit-on qu'il est en train de se réinstaller dans son ancien appartement?
4. Pourquoi y est-il revenu?
5. Qu'est-ce qui va changer dans sa vie?
6. Où est-il assis? A quoi songe-t-il?
7. Qu'est-ce que le roi et le fou du roi représentent pour lui?
8. Combien de temps a duré sa vie de riche?
9. A-t-il l'air triste? Pourquoi ou pourquoi pas?

De nouveau à sec

son ancien appartement
  des cartons de déménagement moving boxes
  une caisse à légumes vegetable rack
  des paquets
  un robinet qui goutte
  des valises

Didier
  acheter ses provisions *(f. pl.)*
  boire une tasse de café
    l'anse est cassée the handle is broken
  changer de vêtements
    une chemise sport
    les manches retroussées sleeves rolled up
    un pantalon à carreaux
  devoir de l'argent à *qqn*
    des créanciers *(m. pl.)* creditors
    des factures *(f. pl.)* bills
  être fauché
      sur la paille to be broke
      à sec
  être ruiné

garder de bons (mauvais) souvenirs de *qqch.*
s'habituer à *qqch.*
  une vie modeste
          plus austère
manger des spaghettis
penser à *qqch.* en souriant
recommencer sa vie
redevenir *qqn* ou *qqch.*
se réinstaller dans
s'imaginer
  comme roi
  comme le fou du roi as the court jester

Activités

A. Essayez de donner l'équivalent anglais des lieux communs ou proverbes suivants.

Comme on fait son lit, on se couche.
Le chat parti, les souris dansent.
Déshabiller saint Pierre pour habiller saint Paul.
L'habit ne fait pas le moine.
Il n'est pire eau que l'eau qui dort.
Il ne faut pas mettre la charrue avant les bœufs.
Quand le vin est tiré, il faut le boire.
A bon chat bon rat.
Ne réveillez pas le chat qui dort.
Qui ne risque rien n'a rien.
Il faut battre le fer pendant qu'il est encore chaud.
Pierre qui roule n'amasse pas mousse.
Le jeu ne vaut pas la chandelle.

B. Essayez de donner l'équivalent anglais des locutions suivantes.

être fort comme un Turc
être gros comme un moine
être sourd comme un pot
être vert de peur
être joli comme un cœur
être rouge comme une tomate
être blanc comme un linge
être soûl comme un cochon
être maigre à faire peur
être faux comme un jeton
fumer comme un pompier
rire comme un bossu
dormir comme un loir
se ressembler comme deux gouttes d'eau

C. Choisissez quelques proverbes et locutions, puis inventez une situation ou une anecdote pour illustrer chaque expression.

D. Vous et un(e) camarade allez créer un dialogue où vous vous exprimez en lieux communs et en proverbes. *Suggestion:* si vous le désirez, vous pouvez vous inspirer des personnages des histoires en images.

E. Narration: Jouez le rôle de Pascal dans *Le Bourgeois gentilhomme* et écrivez une lettre à un(e) ami(e) en décrivant la dispute avec son père, la soirée au théâtre et la situation actuelle.

Septième Chapitre

LA SUBSTITUTION

Les Conspirateurs

Vous êtes dans une chambre d'hôtel qui donne sur la rue. Il est trois heures du matin. Il fait nuit noire. Vous écoutez la conversation suivante en vous demandant: qui parle? et de quoi?

— Il est là?

— Chut!... Oui, il vient d'arriver.

— Est-elle avec lui?

— Je ne sais pas. Je ne l'ai pas vue.

— Et les autres?

— Eux? Ils ont décidé d'y rester.

— Et lui, qu'est-ce qu'il en pense?

— Oh, il va le faire.

— Ah! Qui va lui montrer...?

— Moi, bien entendu. C'est moi qui y suis allée.

— Toi! Mais non, ce n'est pas juste. C'est le mien.

— Le tien! Tu te moques de moi!

— Mais je leur ai dit que...

— Chut! Doucement! Ils peuvent nous entendre.

— Mais c'est toi qui...

— SILENCE! Euh, je veux dire: silence... Je suis pressée; donne-le-moi.

— Quoi?... celui-ci?

— Non, l'autre... Merci. Ça y est. Tu peux rentrer.

— Mais j'ai à lui parler...

— Ecoute... il ne pense pas à toi. Ne l'embête° pas.   **embêter:** *to bother*

— Mais ils m'ont dit que...

— Ferme-la!°... Reviens demain soir à la même heure. J'en voudrais   **Ferme-la!:** *Shut up!*
encore deux... D'accord?

— Oui, d'accord.

Une demi-heure après:

— Elle est là?

— Chut!... Oui, elle vient d'arriver.

— Est-il avec elle?

— Je ne sais pas. Je ne l'ai pas vu.

Comment remplacer les noms

Les noms servent à désigner les personnes, les objets, les idées qui forment notre réalité. Il est possible de répéter le nom d'une personne, d'un objet ou d'une idée chaque fois qu'on veut parler de cette personne, de cet objet ou de cette idée. Pourtant, cette répétition contribue à un style monotone et lourd. C'est pourquoi, dans de nombreuses situations, on a tendance à remplacer les noms *par des pronoms* dans le but de simplifier le discours.

On peut diviser les pronoms en deux groupes: les pronoms qui font partie du groupe verbal **(les pronoms personnels)** et les pronoms qui ne dépendent pas du groupe verbal **(pronoms accentués, pronoms possessifs** et **pronoms démonstratifs).**

Pronoms faisant partie du groupe verbal

Le groupe verbal comprend le verbe, son sujet et ses compléments d'objet direct et indirect. Le choix de pronom dépend de la fonction syntaxique—sujet, complément d'objet direct, complément d'objet indirect—qu'il doit jouer dans la phrase.

Les pronoms sujets

singulier	pluriel
je	nous
tu	vous
il, elle, on	ils, elles

Les pronoms compléments

Il y a deux sortes de compléments d'objet du verbe: le **complément d'objet direct** qui n'est pas relié au verbe par une préposition; le **complément d'objet indirect** qui est relié au verbe par une préposition:

Il voit **Jean.** *(complément d'objet direct)*
Nous avons acheté **une pelle.** *(complément d'objet direct)*

LA SUBSTITUTION

Je parle **à François.** *(complément d'objet indirect)*
Elle s'est approchée **de la maison.** *(complément d'objet indirect)*
Ils ont envoyé la lettre **à leurs parents.** *(complément d'objet indirect)*

1. Les pronoms compléments d'objet direct:

me	nous
te	vous
le, la	les

> Où a-t-il acheté *cette chemise?* Il **l'**a acheté**e** en France[1].
> A-t-elle retrouvé *ses amies?* Non, elle ne **les** a pas retrouvé**es.**

Remarquez qu'avec **avoir,** le participe passé *s'accorde avec* le complément d'objet direct quand celui-ci est placé *avant* le verbe.

2. Les pronoms compléments d'objet indirect:

me	nous
te	vous
lui	leur

> A-t-elle écrit *à ses parents?* Oui, elle **leur** a écrit.
> As-tu parlé *à ta sœur?* Non, je ne **lui** ai pas parlé.

Le participe passé *ne s'accorde jamais* avec un complément d'objet indirect.

SPECIAL PROBLEM

Direct and Indirect Objects in French and English

1. One of the major areas of interference between English and French is the use of prepositions with verbs. In some situations, an indirect object is used in English *(i.e., verb + preposition + complement)* where a direct object is used in French *(i.e., verb + complement)*:

They are looking **at** the picture.	Ils regardent la photo.
Don't wait **for** the train.	N'attendez pas le train.
How much did you pay **for** your calculator?	Combien as-tu payé ta calculatrice?

---

[1] Devant une voyelle, **me, te, le, la** deviennent **m', t', l'.**

Verbs of this kind include: **attendre,** *to wait for;* **chercher,** *to look for;* **demander,** *to ask for;* **écouter,** *to listen to;* **payer,** *to pay for (something);* **regarder,** *to look at.*

2. In other situations, a direct object is used in English where an indirect object is required in French:

> I answered the phone.   J'ai répondu **au** téléphone.
> He doubts her love.   Il doute **de** son amour.

Verbs of this kind include: **s'approcher de,** *to approach;* **changer de,** *to change;* **demander à,** *to ask someone;* **douter de,** *to doubt;* **entrer dans,** *to enter a place;* **jouer à,** *to play a game;* **jouer de,** *to play a musical instrument;* **obéir à,** *to obey;* **plaire à,** *to please;* **répondre à,** *to answer;* **ressembler à,** *to resemble;* **téléphoner à,** *to call.*

A. Donnez l'équivalent français des phrases suivantes.

1. Is she looking for a restaurant?
2. I am going to call my parents.
3. How much did you pay for that shirt?
4. We will wait for a taxi.
5. Do you obey your parents?
6. Look at that painting.
7. They like to play basketball.
8. She resembles her sister.
9. Where do I change trains?
10. Did you answer his letter?
11. They were approaching the old castle.
12. He asked his mother for a fishing pole.

Les pronoms compléments *y* et *en*

1. Le pronom complément **y** désigne des choses. Il s'emploie pour remplacer:

   a. La préposition **à** + *un nom de chose:*

   > A-t-il répondu *à la question?* Oui, il **y** a répondu.
   > Penses-tu *à tes examens?* Oui, j'**y** pense.

   b. Les prépositions **à, au(x), en** + *un nom géographique*[2]:

   > Vont-ils *au Japon?* Oui, ils **y** vont.
   > As-tu habité *en Europe?* Non, je n'**y** ai jamais habité.

   c. Les prépositions qui indiquent un lieu (**dans, sur, sous, derrière, devant,** etc.) + *un nom de chose:*

   > Est-ce que mon livre est *sur la table?* Non, il n'**y** est pas.
   > Qu'est-ce que tu as mis *dans le tiroir?* J'**y** ai mis mon carnet de chèques.

[2] Voir l'Appendice pour une discussion des noms géographiques.

2. Le pronom complément **en** peut désigner des personnes et des choses. Il s'emploie pour remplacer:

a. La préposition **de** + *un nom de chose:*

> Doutez-vous *de sa fidélité*? Oui, j'**en** doute.
> Faut-il changer *de train*? Non, il n'est pas nécessaire d'**en** changer.

b. La prépositions **de** + *un nom géographique:*

> Arrive-t-il *de Rome*? Oui, il **en** arrive.
> Est-elle déjà rentrée *des Etats-Unis*? Non, elle **en** revient dans deux jours.

On emploie **en** aussi quand le complément d'objet direct est introduit par:

c. un partitif ou l'article indéfini pluriel **des:**

> Veux-tu *du café?* Oui, j'**en** prendrai.
> A-t-il acheté *des cravates?* Non, il n'**en** a pas acheté.
> A-t-elle *des amis?* Oui, elle **en** a.

d. un nombre (*un, deux, trois*, etc.):

> As-tu *deux frères?* Non, j'**en** ai **trois.**[3]
> Tu veux *deux sucres* dans ton café? Non, je n'**en** prendrai qu'un.

e. une expression de quantité (nom ou adverbe: *beaucoup de, assez de, un kilo de,* etc.):

> A-t-elle *beaucoup de cousins?* Oui, elle **en** a **beaucoup**[3].
> Combien de bouteilles de vin a-t-il achetées? Il **en** a acheté trois.[3]

Remarquez que le participe passé *ne s'accorde jamais* avec les pronoms compléments **y** et **en.**

La place des pronoms compléments

En général, les pronoms compléments *précèdent le verbe dont ils sont compléments.*

1. Avec un verbe conjugué:

> Je **le** vois.
> Elle ne **nous** cherche pas.
> **Me** parliez-vous?
> Vous **leur** avez rendu visite.
> Elles n'**y** sont jamais allées.

---

[3] Chaque fois qu'on emploie un nombre ou une expression de quantité sans le faire suivre directement du nom qu'il régit, il faut employer **en:** *Elle a acheté trois jupes, et sa sœur* **en** *a acheté* **deux.** *Il a beaucoup d'achats à faire, j'***en** *ai* **très peu.**

2. Avec un verbe à l'infinitif:

>Je vais **le** voir.
>Elle ne voulait pas **y** aller.
>Il a commencé à **nous** parler
>Nous avons oublié de **le** faire[4].

3. Avec certains verbes qui se construisent avec un infinitif:
(**dire à . . . de** + *inf.,* **permettre à . . . de** + *inf.,* **demander à . . . ,** **inviter à,** etc[5].); le complément du verbe conjugué *précède le verbe conjugué* et le complément de l'infinitif *précède l'infinitif*:

>Je **lui** ai dit de **nous** téléphoner.
>Elle **m**'a permis de **les** acheter.
>Nous **vous** demandons de **lui** écrire.
>Il **t**'a invité à **y** aller.

4. Il y a deux exceptions à ces règles:
   a. Avec **faire, laisser** et les verbes de perception tels que **regarder, voir, écouter, entendre, sentir,** le pronom personnel *précède le verbe conjugué* et non pas l'infinitif dont il est complément:

   >Il **m**'a fait attendre.
   >Je **vous** laisserai partir.
   >Elle **nous** a vus monter l'escalier.
   >Ils **l**'ont entendue chanter.

   b. A l'impératif affirmatif[6], le pronom personnel *suit le verbe* et s'y rattache par un trait d'union:

   >Attendez-**nous.**   Ecoute-**moi**[7].   Goûtes-**en**[8].
   >Regardez-**la.**   Allez-**y.**   Vas-**y**[8].
   >Parle-**lui.**

   Mais:
   Si l'impératif est négatif, le pronom personnel précède le verbe comme d'habitude:

   >Ne **nous** attendez pas.   Ne **lui** parle pas.   N'**y** allez pas.
   >Ne **la** regardez pas.   Ne **m**'écoute pas.   N'**y** va pas.

---

[4] Remarquez qu'on ne fait pas la contraction entre la préposition **de** et le pronom personnel **le** ou **les:** *J'ai dit* **de les** *acheter.*
[5] Voir le Chapitre 5, p. 217, pour une liste plus complète de ces verbes.
[6] Voir l'Appendice pour la formation et l'emploi de l'impératif.
[7] Pour faciliter la prononciation, **me** devient **moi** après une expression *affirmative;* de même, le **te** du verbe pronominal devient **toi:** *Regarde-***moi.** *Couche-***toi.** *Lève-***toi.**
[8] Avec **y** et **en,** si la forme impérative ne se termine pas en **-s** ou **-z,** il faut ajouter un **-s** pour faciliter la prononciation.

B. Répondez aux questions suivantes en utilisant le pronom *y*.

▶ Pense-t-elle à son travail? *(oui)*
  Oui, elle y pense.

1. A-t-elle répondu à tes questions? *(oui)*
2. Vont-ils à Besançon? *(non)*
3. Le chat est-il sous la table? *(non)*
4. Vas-tu répondre à sa lettre? *(oui)*
5. Habitent-ils en Amérique du Sud depuis longtemps? *(six ans)*
6. Le livre est-il derrière le divan? *(oui)*
7. Sont-ils allés au musée récemment? *(il y a trois jours)*
8. Est-ce que vous avez joué au tennis ce matin? *(oui)*
9. Pense-t-il à ses responsabilités? *(rarement)*

C. Répondez aux questions en utilisant le pronom *en*:

▶ Doutes-tu de sa supériorité? *(non)*
  Non, je n'en doute pas.

1. Quand est-elle arrivée des Etats-Unis? *(avant-hier)*
2. Avez-vous des nièces? *(beaucoup)*
3. Ont-elles des frères? *(deux)*
4. As-tu assez de temps pour aller au cinéma? *(non)*
5. Avez-vous pris de la salade? *(non)*
6. Combien de chaussettes as-tu perdues? *(trois)*
7. As-tu cassé des œufs? *(une douzaine)*
8. Est-ce que vous jouez du piano? *(oui)*
9. Combien de voitures ont-ils? *(une)*

D. Répondez aux questions suivantes selon votre expérience personnelle en utilisant le pronom complément qui convient.

▶ Aimez-vous vos parents?
  Oui, je les aime bien. ou *Non, je ne les aime pas.*

1. Ressemblez-vous à votre père? à votre mère?
2. Combien de frères votre mère a-t-elle?
3. Est-ce que votre premier/première petit(e) ami(e) vous reconnaîtrait aujourd'hui?
4. Est-ce que vous obéissiez à vos parents quand vous étiez petit(e)?
5. Est-ce que vous répondez toujours aux lettres que vous recevez?

6. Jouez-vous de la guitare?
7. Connaissez-vous bien les parents de votre meilleur(e) ami(e)?
8. Est-ce que vous allez souvent au cirque?
9. Avez-vous acheté des chaussures récemment?
10. Est-ce que vos parents vous ont écrit récemment?
11. Etes-vous jamais allé(e) en Europe?
12. Quand vous sortez, est-ce qu'en général vous attendez vos amis ou c'est le contraire?
13. Depuis combien de temps êtes-vous à l'université?
14. Est-ce que vous avez vu votre meilleur(e) ami(e) ce matin?
15. Avez-vous envie d'acheter une voiture?
16. Avez-vous l'intention de faire vos devoirs ce soir?
17. Voulez-vous voir le nouveau film de Fellini?

E. Demandez à un ou deux camarade(s) de faire les choses suivantes. On vous répondra en disant le contraire. Suivez les modèles.

▶ Dites à … de vous regarder.
  —Regarde-moi.
  —Non, je ne veux pas te regarder. (Je n'ai pas envie de te regarder.)

▶ Dites à … et à … de ne pas parler au professeur.
  —Ne lui parlez pas.
  —Mais nous désirons lui parler. (Il est important que nous lui parlions.)

1. Dites à … de vous écouter.
2. Dites à … de vous attendre après le cours.
3. Dites à … de ne pas répondre aux questions du professeur.
4. Dites à … de ne pas regarder le livre.
5. Dites à … d'écrire une lettre à ses parents.
6. Dites à … de ne pas vous accompagner à la soirée de samedi.
7. Dites à … et à … de vous téléphoner.
8. Dites à … et à … d'acheter un ordinateur.
9. Dites à … et à … de ne pas aller au cinéma ce soir.
10. Dites à … et à … de ne pas vous déranger.

F. Jouez le rôle de Didier dans *Pas de chance* et répondez aux questions suivantes en utilisant des pronoms.

► Qui vous a appris la nouvelle du décès de votre oncle?
Le clerc de notaire m'a appris cette nouvelle.

1. Qu'est-ce que vous avez offert à vos copains de bistrot?
2. Où est-ce que vous avez acheté votre voiture?
3. Qu'est-ce que les livreurs vous ont apporté?
4. Pourquoi êtes-vous allé dans les Alpes?
5. Pourquoi votre frère et votre belle-sœur sont-ils venus vous voir?
6. Qu'est-ce que vous avez donné au clochard?
7. Est-ce que vous avez gagné beaucoup d'argent en jouant à la roulette?
8. Où avez-vous passé vos dernières heures d'homme riche?
9. Est-ce que vous avez donné un gros pourboire au serveur?
10. Est-ce que vous gardez un bon souvenir de cette vie?
11. Est-ce que pouvez penser à cette vie en souriant?
12. Est-ce que vous avez envie de recommencer cette expérience?

G. Posez les questions suivantes à un(e) camarade qui vous répondra en remplaçant les noms par les pronoms qui conviennent.

le nom d'un(e) troisième étudiant(e)
1. Est-ce que tu connais … ?
2. Est-ce que tu aimes bien … ?
3. Est-ce que tu parles souvent à … ?
4. Est-ce que tu as vu … hier?
5. Est-ce que tu as téléphoné récemment à … ?
6. Est-ce que tu vas rejoindre … après le cours?
7. Est-ce que je ressemble à … ?

le nom de deux autres étudiant(e)s
8. Est-ce que tu connais … et … ?
9. Est-ce que tu vois … et … tous les jours?
10. Est-ce que tu as parlé à … et à … hier?
11. Est-ce que tu invites … et … à dîner quelquefois?
12. Est-ce que tu vas téléphoner à … et à … ce soir?
13. Est-ce que … et … te posent beaucoup de questions?

le nom d'une ville
14. Est-ce que tu connais bien … ?
15. Est-ce que tu es jamais allé(e) à … ?
16. Est-ce que tu voudrais aller (retourner) à … un jour?
17. Est-ce qu'on parle beaucoup de … ?

le nom d'un fruit ou d'un légume
18. Est-ce que tu aimes les … ?
19. Est-ce que tu manges des … pour le petit déjeuner?
20. Est-ce qu'on ajoute du sel aux … ?

SPECIAL PROBLEM

Double Object Pronouns

1. Sometimes situations arise in which one wishes to replace both the direct and the indirect object with pronouns. In these cases, the pronouns must follow a prescribed order. *With the exception of affirmative commands,* these are the possible combinations and their order when used together:

me	le	lui	y	en
te	la	leur		
se	l'			
nous	les			
vous				

Elle **me les** montrera.
Je ne **vous la** dirai pas.
Nous **le leur** avons montré.
Elle va **nous y** conduire.
Ne **lui en** parle pas.

Note: In French, one can use two pronouns before a verb or an infinitive; however, one can never use more than two pronouns.

2. When the pronouns are attached to the affirmative command, the possible combinations and their order when used together are:

le	moi	(y)	en
la	toi		
les	nous		
	vous		
	lui		
	leur		

Passez-**le-moi.**
Montre-**la-leur.**
Donnez-**lui-en.**

When **moi** and **toi** are used with **en**, they contract to form **m'en** and **t'en**:

Donne-**m'en.**
Souviens-**t'en.**

In general, there is a tendency to avoid the use of **y** with another pronoun after the command form.

H. Dites si vous prêtez les choses suivantes à votre meilleur(e) ami(e). Utilisez des pronoms dans votre réponse.

▶ *votre appareil-photo*
Oui, je le lui prête.
ou: *Non, je ne le lui prête pas.*

1. votre voiture
2. vos vêtements
3. votre calculatrice
4. votre livre de français

à vos amis
5. vos disques
6. votre vélo
7. votre montre
8. votre chaîne-stéréo

I. Répondez aux questions suivantes selon votre expérience personnelle, en remplaçant les mots en italique par des pronoms objets.

▶ Est-ce que le professeur t'explique toujours *les fautes* que tu fais?
Oui, il me les explique toujours.
ou: *Non, il ne me les explique pas toujours.*

1. Est-ce que tu montres *tes examens à tes parents?*
2. Est-ce que tu laisses *tes livres dans ta chambre* quand tu pars en weekend?
3. Est-ce que le professeur vous donne beaucoup de *devoirs?*
4. Est-ce que le professeur vous a expliqué *l'emploi du subjonctif?*
5. Est-ce que le professeur t'a jamais vu(e) à *la bibliothèque?*
6. Est-ce que le professeur t'a jamais donné *des livres?*
7. Est-ce que le Père Noël te laissait *des cadeaux* quand tu étais petit(e)?
8. Est-ce qu'il en donnait *à tes frères et à tes sœurs?*
9. Est-ce que tu vas écrire *des lettres à tes amis?*
10. Combien de *lettres tes parents* t'ont-ils envoyées l'année dernière?

J. Répondez affirmativement aux questions suivantes en utilisant l'impératif du verbe indiqué; remplacez les mots en italique par des pronoms objets.

▶ Veux-*tu du fromage? (donner)*
Oui, donne-m'en, s'il te plaît.

▶ Est-ce que *Jacques* veut voir *les tableaux de notre collection? (montrer)*
Oui, montre-les-lui.

1. Est-ce que *papa* a besoin *d'outils?* (monter)
2. Veux-*tu ce morceau de bœuf?* (passer)
3. Est-ce que *tes amis* veulent savoir *l'heure?* (dire)
4. Veux-*tu des lunettes?* (acheter)
5. Est-ce que *maman* a besoin de *cette calculatrice?* (donner)
6. Est-ce que *vous* voulez savoir *comment cet appareil fonctionne?* (expliquer)

Pronoms séparés du groupe verbal

Il y a d'autres pronoms qui, tout en pouvant entrer dans une phrase simple, ne font pas partie du groupe verbal. Parmi ces pronoms on peut distinguer: les *pronoms accentués,* les *pronoms possessifs* et les *pronoms démonstratifs.*

Les pronoms accentués

moi	nous
toi	vous
lui	eux
elle	elles

On emploie les pronoms accentués pour remplacer des personnes dans les cas suivants:

1. Quand il n'y a **pas de verbe**:

   Qui a répondu? **Lui.**
   A qui a-t-elle parlé? A **nous.**
   Qui va venir? **Eux.**

2. Quand le verbe a deux **sujets** ou **deux compléments d'objet**:

   Marie et **moi,** nous allons le faire.
   Toi et **lui,** vous devriez y penser.
   Je les ai vus, **lui** et **elle.**
   Est-ce que tu leur as parlé, à **lui** et à son frère?

3. Après une préposition autre que **à**:

   Nous te verrons chez **eux.**
   Elle n'y est pas allée avec **moi.**
   Il a préparé ce dîner spécialement pour **toi.**
   Tu pourrais le faire sans **elle.**

4. Après les expressions **c'est** et **ce sont**:

> Qui est là? C'est **moi**.
> **Ce sont eux** qui ont gagné le match.[9]
> Qui veut parler? C'est **nous**[10].

5. Quand on veut mettre l'accent sur un pronom, on peut le faire de deux façons—en employant le pronom accentué seul ou avec **c'est (ce sont)**:

> **Moi,** j'ai peur.   Je les ai vus, **eux**.
> **C'est moi** qui ai peur, pas elle.   **Ce sont eux** que j'ai vus.
>
> Nous avons des idées, **nous**.   Il t'a parlé, **à toi**.
> **C'est nous** qui avons des idées.   **C'est à toi** qu'il a parlé.

SPECIAL PROBLEMS

The Preposition *à*

1. Ordinarily after the preposition **à,** one does not find a *pronom accentué.* When speaking of things, use **y.** When speaking of people, use an indirect object (**me, te, nous, vous, lui, leur**):

> Pense-t-elle souvent *à sa jeunesse?* Oui, elle **y** pense souvent.
> As-tu déjà parlé *à Jean-Pierre?* Oui, je **lui** ai parlé ce matin.

2. However, after certain verbs such as **penser à, tenir à, faire attention à, courir à,** and many reflexive verbs followed by à—**s'intéresser à, s'adresser à, se fier à**—a *pronom accentué* must be used when referring to a *person*:

> Pense-t-elle souvent *à sa mère?* Oui, elle pense **à elle**.
> Tiens-tu *à ton père?* Oui, je tiens **à lui**.
> Vous fiez-vous *à vos amis?* Non, je ne me **fie** pas **à eux**.
> *But:*
> Tiens-tu *à ta voiture?* Oui, j'**y** tiens.

The Preposition *de*

1. After the preposition **de,** use the pronoun **en** when speaking of things and a *pronom accentué* when speaking of *specific people* as an indirect object:

> As-tu besoin *d'argent?* Oui, j'**en** ai besoin.
> Parliez-vous *de Mlle Albo?* Oui, nous parlions **d'elle**.
> Qui s'est occupé *de tes enfants?* Une nourrice s'est occupée **d'eux**.

[9] Remarquez que le verbe s'accorde avec le pronom accentué: *C'est* **nous** *qui* l'**avons dit**.
[10] On emploie **c'est** avec **moi, toi, lui, elle, nous** et **vous;** on emploie **ce sont** seulement avec **eux** et **elles**.

2. However, if people are referred to in a nonspecific way (i.e., with an indefinite article), the pronoun **en** is used.

A-t-elle *des amis*? Oui, elle **en** a.

K. Remplacez les mots en italique par *y*, *en* ou un pronom accentué.

▶ Elle ne parle jamais *de sa jeunesse*.
Elle n'en parle jamais.

1. Elle ne parle jamais *de son frère*.
2. Nous pensons de temps en temps *à nos co-pains*.

3. Nous pensons de temps en temps *à nos études*.
4. Faites attention *à la corde*.
5. Je m'intéresse *à cette nouvelle astronaute*.
6. Je m'intéresse *à l'astronomie*.
7. Que pensez-vous *de ce nouveau clown*?
8. Que pensez-vous *de ce numéro*?
9. Ils s'adressent *à Marc*.

L. Répondez à la question en remplaçant les mots en italique par un pronom accentué:

▶ Est-ce que tu descendras chez *Paul*?
Oui, je descendrai chez lui.

1. Y est-elle allée avec *ses copines*?
2. Pensais-tu à *moi*?
3. Sauras-tu faire le pansement sans *l'infirmière*?
4. Est-ce qu'ils comptent sur *nous*?
5. Es-tu jaloux de *M. Durand*?
6. Peut-on avoir confiance en *toi*?
7. Veux-tu aller au cirque avec *mes parents*?

M. Remplacez le mot en italique par l'expression entre parenthèses. Faites tous les changements nécessaires.

▶ *Elle* va partir. (*Marie et moi*)
Marie et moi allons partir.

1. *Je* suis arrivé à l'heure. (*Antoine et elle*)
2. On *la* cherche. (*toi et moi*)
3. *Tu* n'as pas le cœur dur. (*vous et lui*)
4. Je *le* connais très bien. (*lui et sa femme*)
5. *Elle* aurait pu les aider. (*vous et moi*)
6. *Il* s'amuse bien. (*toi et moi*)
7. Tu *lui* as répondu, n'est-ce pas? (*lui et son frère*)
8. Pourriez-*vous* venir chez nous samedi? (*vous et votre femme*)
9. J'ai remporté la victoire. (*lui et moi*)

N. Mettez l'accent sur le mot en italique en utilisant le pronom accentué qui convient.

▶ *Il* a raison.
C'est lui qui a raison.

1. *Vous* tremblez de peur.
2. *Elles* jouent bien du tambour.
3. *Tu* es fou!
4. *Ils* sont sans pitié.
5. *Je* n'irai jamais à Bordeaux.
6. *Il* va avoir des ennuis.
7. *Nous* ne nous fâchons jamais.

▶ Je *les* ai vus hier.
Ce sont eux que j'ai vus hier.

8. Il *la* cherchait.
9. Ils *nous* ont vus.
10. Je *l'*ai rencontré à Paris.
11. Elle *m'*a maltraité.

▶ Je *leur* ai parlé. (*à Nicole et à Suzanne*)
C'est à elles que j'ai parlé.

12. Il *lui* a téléphoné. (*à Georges*)
13. Il *lui* a téléphoné. (*à Marie*)
14. Vous *m'*avez répondu.
15. Je *t'*ai déjà expliqué pourquoi.

O. Répondez à la question en utilisant un pronom. Suivez les indications données s'il y a lieu.

▶ Es-tu venu avec Jean-Luc?
Oui, je suis venu avec lui.

▶ A-t-elle gagné? *(non / moi)*
Non, c'est moi qui ai gagné.

1. Qui a découvert le trésor? *(elle et son ami)*
2. Avez-vous pensé à votre mère?
3. Avez-vous parlé à votre mère?
4. S'occupe-t-elle du ménage?
5. S'occupe-t-elle de ses enfants?
6. Qui doit faire la vaisselle? *(toi et moi)*
7. A-t-elle écrit ce roman pour son ami?
8. Vous êtes arrivés les premiers, n'est-ce pas? *(non / elles)*
9. Est-ce qu'elles peuvent compter sur toi?
10. A qui vous fiez-vous?
11. Est-elle sans pitié? *(non / lui)*
12. Est-ce qu'elle t'a demandé de l'aide? *(non / lui)*
13. Sont-elles accablées de tristesse?
14. A-t-on répondu à ta lettre?
15. Ton frère et toi, aimez-vous jouer au bridge?

Les pronoms possessifs

Comme les adjectifs possessif, les pronoms possessifs s'accordent, en genre et en nombre, avec l'objet possédé. Ils peuvent représenter des personnes et des choses:

Voici *mon frère*. Où est **le tien**?
Elle a apporté *sa radio*, mais nous avons oublié **la nôtre**.
Ils ont trouvé *leurs outils*, mais elle cherche toujours **les siens**.
Il a *ses nouvelles chaussures*, mais je ne porte pas **les miennes**.
Je me souviens de *mes examens*; se souviennent-ils **des leurs**?

Voici les formes du pronom possessif:

masc. sing.	fém. sing.	masc. pl.	fém. pl.
le mien	la mienne	les miens	les miennes
le tien	la tienne	les tiens	les tiennes
le sien	la sienne	les siens	les siennes
le nôtre	la nôtre	les nôtres	les nôtres
le vôtre	la vôtre	les vôtres	les vôtres
le leur	la leur	les leurs	les leurs

Quand le pronom possessif est précédé de la préposition **à** ou **de**, il fait la contraction:

Elle pense *à son père*; pense-t-il **au sien**?
Il a peur *de son chien*; avez-vous peur **du vôtre**?

Mais au féminin:
Nous avons écrit *à notre mère*; ont-elles écrit **à la leur**?

Etre à

1. Possession can also be indicated in French by using **être à** and a *pronom accentué*. The question form is **à qui**:

> **A qui sont** ces valises? Elles **sont à moi.**
> **A qui est** ce vase? Il **est à eux.**
> **A qui est** cette montre? Elle **est à lui.**

Consequently, there are three possible answers to the question **A qui est (sont)...?**:

> **A qui est** cette table?   C'est **notre** table.
> C'est **la nôtre.**
> Elle **est à nous.**

> **A qui sont** ces livres?   Ce sont **ses** livres.
> Ce sont **les siens.**
> Ils **sont à elle.**

The **être à** form is generally used *with things.* However, one can say:

> Ce chien **est à moi.**
> Cette enfant **est à nous.**

2. A synonym of **être à** is **appartenir à,** used with an indirect object pronoun.

> Ces livres leur appartiennent.
> Cette bague ne m'appartient pas.
> Ce stylo **vous** appartient-il?

P. Donnez deux autres réponses à la question *A qui est (sont)...?*.

▶ C'est ton tricot.
Il est à toi.
C'est le tien.

1. Ce sont leurs meubles.
2. Ce sont mes allumettes.
3. C'est sa serviette.
4. C'est votre pelouse.
5. Ce sont ses bas.
6. C'est mon chat.
7. Ce sont vos skis.
8. Ce sont ses chaussures.

Possessive Pronoun vs. Possessive Adjective

In English it is possible to use a possessive pronoun after the preposition *of*—for example: a friend *of mine,* a letter *of yours.* However, in French, this construction must be transposed to use a possessive adjective (**mon, ton,** etc.) rather than a pronoun (**le mien, le tien,** etc.). Consequently, one would say: **un de mes amis, une de vos** lettres.

Q. Répondez à la question d'après le modèle en utilisant un pronom possessif. Les mots entre parenthèses indiquent le possesseur.

▶ C'est votre chapeau? *(vous)*
   Non, ce n'est pas mon chapeau; c'est le vôtre.

1. C'est ta brosse à dents? *(lui)*
2. C'est votre pantalon? *(elle)*
3. Ce sont mes affaires? *(nous)*
4. Ce sont ses médicaments? *(elles)*
5. C'est leur faute? *(moi)*
6. C'est son appartement? *(eux)*
7. Ce sont leurs bottes? *(lui)*
8. Ce sont ses outils? *(toi)*

R. Comparez les choses ou les personnes suivantes en utilisant des pronoms possessifs. Variez la comparaison avec *plus, moins, aussi.*

▶ mon chapeau / ton chapeau   (fantaisiste)
   Mon chapeau est plus (moins) (aussi) fantaisiste que le tien.

1. ma tante / ta tante   (folle)
2. nos vacances / vos vacances   (réussies)
3. mon chien / leur chien   (féroce)
4. mes goûts / ses goûts   (macabres)
5. votre bouche / sa bouche   (grande)
6. leurs pieds / tes pieds   (petits)
7. tes amis / ses amis   (gentils)

Les pronoms démonstratifs

Il y a deux sortes de **pronoms démonstratifs**: les pronoms démonstratifs *définis* et les pronoms démonstratifs *indéfinis.*

1. **Les pronoms démonstratifs définis:** Les pronoms démonstratifs définis s'accordent en nombre et en genre avec les noms qu'ils remplacent. Ils servent à représenter des personnes et des choses. En voici les formes:

	singulier	pluriel
masc.	celui	ceux
fém.	celle	celles

On les emploie dans les situations suivantes:
a. Pour remplacer un nom précédé d'un adjectif démonstratif *(ce, cet, cette, ces)*:

   Aimes-tu *cette cravate-ci*? Non, je préfère **celle-là.**
   A mon avis *ces rideaux-là* sont plus larges que **ceux-ci.**

b. Pour remplacer un nom suivi d'un pronom relatif *(qui, que, dont):*

   Aimes-tu *la cravate qu'*Annie m'a donnée? Oui, mais je préfère **celle que** tu as achetée.
   A mon avis, *ces photos que* nous avons prises hier sont plus réussies que **celles que** nous avons prises l'année dernière.

c. Pour indiquer la possession avec **de** et un nom:

> Aimes-tu *ma cravate*? Non, je préfère **celle de** François.
> A mon avis, les *photos de* Claude sont plus belles que **celles d'**Anne.
> Les skis de Carole sont trop petits pour moi. Montre-moi **ceux** de Martin, s'il te plaît.

Attention: On n'emploie jamais un pronom démonstratif tout seul. Il est toujours suivi de:

-ci ou **-là**	**celle-ci** *(this one)*, **celle-là** *(that one)*
un pronom relatif	**celui que** *(the one that)*, **ceux dont** *(those about which)*
la préposition **de**	**celle de** Christian *(Christian's)*

2. **Les pronoms démonstratifs indéfinis:** Les pronoms démonstratifs indéfinis—**ceci, cela, ça**[11]—sont *invariables*. Ils peuvent jouer des rôles syntaxiques variés—sujet, complément d'objet, object d'une préposition.

a. **ceci** → idée

On emploie **ceci** pour introduire une *idée qui va suivre* dans le discours:

> Ecoutez **ceci**: il est interdit de fumer dans l'avion au moment du décollage.
> **Ceci** est scandaleux: un homme gagne souvent plus qu'une femme pour le même travail.
> Je vais vous raconter **ceci**.

b. idée ← **cela (ça)**

On emploie **cela (ça)** dans les situations suivantes:
Pour parler d'une *idée qu'on a déjà mentionnée*.

> Il est interdit de fumer: comprenez-vous **cela**?
> Comment? Il a eu un autre accident? **Cela** m'inquiète un peu.
> Ne parle pas de **ça**.

Pour désigner un *objet qu'on ne veut pas préciser*.

> Donnez-moi **cela**.
> Attention! **Ça** va tomber!
> Tu te souviens de **ça**?
> Je n'aime pas **ça**.

---

[11] **Ça** est la forme réduite de **cela**.

Ce

In Chapter 3 you studied the indefinite demonstrative pronoun **ce** and its use as the subject of the verb **être.** Be careful not to confuse **ce** with **celui** and **ceci** or **cela.** Remember that **celui, celle, ceux, celles** always refer to a *specific* person or thing *previously mentioned*; **ceci** and **cela** refer to *ideas* or to *unspecified* things; **ce** may only be used with the verb **être**:

> Quel **roman** préfères-tu? Je préfère **celui** de Balzac.
> Ne dites pas **cela**; **ce** n'**est** pas vrai.
> Qui marche sur la corde? **Ce** doit **être** Maria Concelli.

S. Répondez aux questions suivantes en utilisant les indications données et un pronom démonstratif. Suivez le modèle.

▶ Aimes-tu cette maison-là? *(non / -ci)*
  Non, j'aime (je préfère) celle-ci.

1. Aimes-tu le veston que Jean-Claude a acheté? *(non / que sa femme lui a fait)*
2. Aimes-tu mes souliers? *(non / de Suzanne)*
3. Aimes-tu ces lunettes-ci? *(non / -là)*
4. Lequel de ces deux pantalons préfères-tu? *(d'Alain)*
5. Laquelle de ces deux horloges aimes-tu? *(qui est sur la grande table)*
6. Lesquelles de ces bouteilles vas-tu déboucher? *(que les invités nous ont apportées)*
7. Lesquels de ces disques veux-tu écouter? *(de Brassens)*
8. Cette maison est immense. *(-là / plus jolie)*
9. Ces tableaux sont magnifiques *(-là / encore plus extraordinaires)*

T. Remplacez le tiret par le mot qui convient— *ceci* ou *cela (ça)*.

1. Il faut comprendre _____: les autres sont plus malins que vous ne le croyez.
2. Marie-Thérèse ne vient pas? Qui t'a dit _____?
3. Elle ne m'aime pas? Oh, _____ m'est égal; je ne l'aime pas non plus.
4. Lisez _____: «Dix ans de mariage passèrent. On offrit à...»
5. Qu'est-ce que c'est que _____?

U. Complétez les phrases suivantes par le pronom démonstratif convenable—*celui, celle, ceux, celles, ceci, cela (ça)* ou *ce*.

1. Ce fauteuil-ci est plus confortable que _____.
2. Qui a fait _____?
3. _____ est impossible!
4. Il faut vous rendre compte de _____: les professeurs n'ont pas toujours raison.
5. Tu vas mettre _____ dans le tiroir.
6. J'ai une Renault, mais _____ de mon frère est plus économique.
7. Ton père est malade? _____ me rend triste.
8. _____ est lui qui a eu le premier prix! _____ est incroyable!
9. Que pensez-vous de tout _____?

SUMMARY

Most difficulties associated with personal pronouns involve choosing among the direct object, indirect object, and stress forms. The following chart summarizes the various possibilities:

Person	Direct object	Indirect object	Stress	Examples
(je)	me m'	me m'	moi	Il **me** cherche. Elle **me** parle. Ils viennent avec **moi**.
(tu)	te t'	te t'	toi	Elle **te** connaît. Ils **te** téléphoneront. Je passerai chez **toi**.
(nous)	nous	nous	nous	Elle **nous** aime bien. Il **nous** obéira. Elles sont derrière **nous**.
(vous)	vous	vous	vous	Je **vous** aime. S'il **vous** plaît. Je le ferai pour **vous**.
(il: *person*)	le l'	lui	lui	Je **le** vois. Nous **lui** avons parlé. J'irai au cinéma avec **lui**.
(elle: *person*)	la l'	lui	elle	Nous **la** cherchons. Je **lui** ai téléphoné. Ils ont dîné chez **elle**.
(ils: *persons*)	les	leur	eux	Elle **les** entend. Je **leur** ai répondu. Partons avec **eux**.
(elles: *persons*)	les	leur	elles	Il **les** admire. Vous **leur** ressemblez. Je finirai avant **elles**.

(il: *thing* or place)	le	en, y	—	Le stylo? Je ne **le** vois pas. Du pain? J'**en** ai acheté. Au Canada? Nous y allons.
(elle: *thing* or place)	la	en, y	—	La stéréo? Je ne l'entends pas. De la viande? Nous n'**en** avons pas. Sur la table? Non, le livre n'y est pas.
(ils: *things* or place)	les	en, y	—	Les chiens? Je ne **les** entends pas. Des arbres? Il y **en** a derrière la maison. Aux Etats-Unis? Nous y habitons.
(elles: *things* or place)	les	en, y	—	Les voitures? Je **les** déteste. Des histoires? Il **en** raconte beaucoup. Derrière les maisons? Je n'y vois rien.

Notes:

1. The first and second person singular forms do not distinguish between the direct and the indirect object. Therefore, use **me (m')** and **te (t')** whenever the pronoun precedes the verb and **moi** and **toi** after an affirmative command.
2. The first and second person plural pronouns have only one form each, **nous** and **vous,** regardless of the grammatical role.
3. The third person indirect object pronouns referring to things make no distinction of number or gender. Therefore, when replacing the preposition or the partitive **de,** always use **en**; when replacing any other preposition, always use **y.**

Exercices de révision

V. Récrivez le dialogue «*Les conspirateurs*» en remplaçant les pronoms par des noms (il n'est pas nécessaire de changer *je, tu, moi, toi*).

W. Remplacez l'expression en italique par un pronom qui convient.

▶ Je n'obéis pas *à ma sœur.*
Je ne lui obéis pas.

1. Elle est allée *en Suisse.*
2. *Ce vase-ci* a la plus grande valeur.
3. Nous parlions *des élections.*

4. Il préfère ma commode à *sa commode.*
5. Nous descendons chez *les Dupont-Dufort.*
6. Veux-tu écouter *la radio?*
7. Elle a beaucoup *de cousins.*
8. Qui a dit «*Victor Hugo est un fou qui se prenait pour Victor Hugo*»?
9. Téléphonez *à vos parents* tout de suite.
10. Ne pense pas *au danger.*
11. Elle a vu *M. et Mme Croquet* partir.
12. Elle ne s'intéresse pas *à la politique.*
13. Montrez-moi *les disques* qu'elle vous a prêtés.
14. As-tu envie de parler *à Yves?*
15. Elle a cinq ou six *chats.*
16. C'est *son père* qui doit avoir le cœur serré.
17. Il a acheté *des rideaux.*
18. Il a acheté *les rideaux.*
19. Il a acheté *les rideaux* que tu lui avais montrés.
20. Il a acheté *nos rideaux.*
21. Ne regardez pas *la liste.*
22. Elles avaient très peu *de temps.*
23. J'irai avec *Jean* dans les magasins.
24. Réponds *à la question.*
25. Réponds *à Jacques.*

X. Posez les questions à un(e) ou plusieurs étudiant(e)s qui y répondra (répondront) en utilisant des pronoms.

1. Aimes-tu ton père (frère, mari, cousin)? Est-ce qu'il t'aime aussi? Habites-tu chez ton père? Vois-tu souvent ton père? Ecris-tu à ton père? Est-ce qu'il t'écrit? Penses-tu souvent à ton père? Qui est plus âgé, ton père ou mon père?

2. Portes-tu des chaussures? De quelle couleur sont tes chaussures? Quand as-tu acheté tes chaussures? Es-tu allé(e) en ville pour acheter tes chaussures? Aimes-tu aller en ville? Est-ce que je porte des chaussures aussi? Quelles chaussures préfères-tu, les miennes ou les chaussures de _____?

3. Toi et _____, vous connaissez _____ *(le nom du professeur)*, n'est-ce pas? Répondez-vous à ses questions? Avez-vous jamais été chez _____? Avez-vous jamais téléphoné à _____? _____ a-t-il / elle des enfants? Est-il / elle jamais allé(e) à Paris?

4. _____, fais-tu des sciences politiques (la sociologie, la psychologie, la chimie)? Est-ce que tu t'intéresses beaucoup aux sciences politiques? Combien de cours de sciences politiques as-tu suivis? As-tu aimé les professeurs? As-tu souvent parlé aux professeurs? Ont-ils bien répondu à tes questions? As-tu beaucoup travaillé pour cette matière?

5. A quelle heure mange-t-on le dîner chez vous? Est-ce qu'on dîne d'habitude dans la salle à manger? Prend-on un apéritif avant le repas? Mange-t-on des hors-d'œuvre chez vous? Aime-t-on les desserts? Préfère-t-on les desserts qui sont préparés à la maison ou les desserts qu'on achète?

Expressions idiomatiques

Bien que Gaspar **se fie à** son talent, son amie s'en **méfie.**

1. se fier à: to trust, to have confidence in
   se méfier de: to mistrust, to be suspicious about

Je **me fie à** toi.
Elle **se méfie de** nous.
Il ne faut pas **se fier au** hasard.
Que pensez-vous de son attitude? Nous **nous en méfions.**

On emploie un pronom accentué (**moi, toi,** etc.) pour parler d'une *personne*; on emploie **y** (avec **se fier**) et **en** (avec **se méfier**) pour parler d'une *chose*.

la méfiance

la confiance ≠ confidence

Exercices

A. Complétez les phrases suivantes en utilisant la forme indiquée de *se fier* ou de *se méfier*:
1. Je _____ toujours _____ président des Etats-Unis. *(passé composé)*
2. On ne peut pas toujours _____ la technologie. *(infinitif)*
3. Pourquoi est-ce que tu _____ moi? Je suis très consciencieux. *(présent)*
4. Nous _____ votre jugement. Vous avez beaucoup d'expérience. *(futur)*
5. On dit que les voitures américaines sont de bonne qualité. Mais je _____. *(présent)*

B. Répondez aux questions suivantes en donnant votre avis personnel et en utilisant *se fier à* ou *se méfier de*. Attention au choix du pronom.

1. Que pensez-vous du président de la République français?
2. Tes jugements sont-ils solides?
3. As-tu confiance en tes capacités?
4. Peut-on compter sur les gens qui parlent beaucoup?
5. A qui vous fiez-vous le plus?
6. A quoi vous fiez-vous par dessus tout?
7. De qui vous méfiez-vous?
8. De quoi vous méfiez-vous tout particulièrement?

Elle **s'efforce de** rester calme.

2. essayer de
   tenter de
   s'efforcer de } + *infinitif*: to try to
   tâcher de

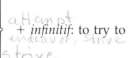

Je vais **essayer d'**ouvrir la boîte.
Il **a tenté de** s'échapper de prison.
Nous **nous efforçons de** comprendre, mais c'est
 difficile.
Elle **tâchera de** terminer son travail.

Exercices

C. Récrivez la phrase quatre fois en employant
essayer, tenter, s'efforcer et *tâcher.*

1. Ils restent calmes.
2. Nous avons gagné.
3. Je le ferai.

D. Répondez aux questions selon votre expérience personnelle.

1. Est-ce que vous vous efforcez de vous brosser
   les dents trois fois par jour?
2. Est-ce que vous essayez de tout comprendre
   pendant les cours?
3. Est-ce que vous tentez de répondre à toutes
   les questions que le professeur vous pose?
4. Est-ce que vous tâchez de toujours faire de
   votre mieux?

Elle **doute de** son intelligence.

3. douter que + *sujet* + *verbe*
   douter de + *quelque chose* } to doubt
   ou quelqu'un
   se douter que + *sujet* + *verbe* } to suspect,
   se douter de + *quelque chose* } to surmise

Elle **doute que** tu puisses le faire.
Il ne **doute** pas **que** vous avez raison.
Je **doute de** son intelligence.

Je **me doutais qu'**ils feraient un gros effort.
—Il sera bien fâché, tu sais.
—Je **m'en doute.**
Il **se doute d'**un piège.

Douter a un sens négatif, **se douter,** un sens
positif. Avec les deux expressions, employez **de**
+ *une chose* ou le pronom **en. Douter** est suivi
du *subjonctif* si la phrase est *affirmative;* de
l'*indicatif* si elle est *négative.* **Se douter** est
toujours suivi de l'*indicatif.*

LA SUBSTITUTION

Exercices

E. Mettez l'infinitif à la forme qui convient.

1. Je doute qu'il *(savoir)* la réponse.
2. Il se doute qu'elles *(être)* fâchés.
3. Elle ne doute pas que vous *(dire)* la vérité.
4. Je doutais qu'elle *(venir)* avec lui.
5. Je me doutais qu'elle *(venir)* avec lui.

F. Réagissez aux situations suivantes en utilisant la forme qui convient de *douter* ou de *se douter* et les expressions entre parenthèses.

1. Pourquoi ne vous fiez-vous pas à Jean-Jacques? *(sa sincérité)*

2. Etes-vous surpris(e) que ce restaurant soit si cher? *(non)*
3. Allez-vous accepter la recommandation de Mme Floriot? *(non / avoir raison)*
4. C'est demain l'anniversaire de Papa et nous essayons d'organiser un dîner en son honneur. Mais pourquoi nous écoute-t-il quand nous essayons de téléphoner? *(quelque chose)*
5. La météo dit qu'il pleuvra demain. *(mais non)*

Vous **vous trompez**, monsieur. Je ne m'appelle pas d'Artagnan; je m'appelle de Bergerac.

4. se tromper: to make a mistake, to be wrong
   se tromper de + *nom de chose*: to do something wrong

Mais non, tu **te trompes**! Deux et deux font quatre, pas cinq.
Elle **s'est trompée de** route.

En anglais, c'est l'adjectif *wrong* qui exprime l'action d'**avoir tort**: par exemple, I went to the *wrong* house; she took the *wrong* train. En français, c'est le verbe **se tromper** qui exprime cette idée: *Je* **me suis trompé de** *maison. Elle* **s'est trompée de** *train.*

Exercice

G. Donnez l'équivalent français des phrases suivantes.

1. He took the wrong train.
2. They went to the wrong address.
3. You've got the wrong number.
4. She's got the wrong dress.
5. I got off at the wrong subway stop *(station)*.
6. We went there at the wrong time *(heure)*.
7. I'm never wrong!

L'enfant **rend** son père **fou**.

5. rendre + *adjectif:* to make —

Cela me **rend triste.**
Le voyage les **a rendus malades.**
Nous tâcherons de **rendre** votre convalescence
  plus **confortable.**

Contrairement à l'anglais, en français on ne
peut pas employer **faire** avec un adjectif. On
emploie plutôt **rendre** suivi d'un adjectif se
rapportant au complément d'objet indirect.

Exercices

H. Complétez les phrases suivantes en utilisant
la forme indiquée du verbe qui convient (*faire* ou
rendre).

1. Il _____ un voyage. (*futur*)
2. Votre présence _____ le voyage plus agréable.
   (*futur*)
3. Cette invention les _____ célèbres. (*passé
   composé*)
4. Qui va _____ le dîner? (*infinitif*)
5. Qu'est-ce qui va _____ ce travail moins difficile? (*infinitif*)

I. Répondez aux questions suivantes selon votre
expérience personnelle en faisant des phrases
complètes.

1. Nommez quelqu'un qui vous rend quelquefois
   la vie difficile.
2. Nommez quelqu'un qui vous rend quelquefois
   la vie agréable.
3. Qu'est-ce qui rend ce cours difficile?
4. Qu'est-ce qui rendrait ce cours plus facile?

L'auteur **devrait** se coucher, mais il veut finir
son livre.

6. devoir + *infinitif*

a. **Présent:** to have to, to be supposed to, must
(moral obligation or probability)
Mes enfants sonts malades. Je **dois** rester à la
maison.
Jean n'est pas là? Il **doit** être malade.

Au présent, pour indiquer une nécessité plutôt
qu'une obligation, on utilise **falloir**:
Pour avoir son diplôme, il **faut** suivre un cours
de mathématiques: on n'a pas le choix.

b. **Imparfait:** to be supposed to
Où est ton oncle? Il **devait** arriver il y a une
demi-heure.

c. **Passé composé:** to have to *(moral obligation)*;
must have *(probability)*:
Je n'ai pas pu venir; j'**ai dû** rester avec mes
enfants.
Jean n'est pas encore arrivé? Il **a dû** manquer
son train.

d. **Conditionnel:** ought, should *(advice)*:
Tu **devrais** y aller tout de suite; elle t'aidera
peut-être.

e. **Conditionnel passé:** ought to have, should
have *(reproach, regret)*:
J'**aurais dû** téléphoner avant d'y aller; ils
n'étaient pas chez eux.

Exercices

J. Donnez l'équivalent anglais de *devoir*.

1. Marie devait partir ce matin, mais elle est toujours ici.
2. Cet homme a tué mon père. Je dois me venger.
3. J'aurais dû faire la lessive hier soir; je n'ai rien
à porter aujourd'hui.
4. Comment! Maman n'est pas encore rentrée?
Elle a dû avoir un client au dernier moment.
5. Regardez sa femme. Elle doit être beaucoup
plus jeune que lui.
6. Elle devrait prendre garde aux griffes de son
chat.
7. J'avais envie d'y aller, mais j'ai dû m'occuper
du ménage.

K. Remplacez le tiret par la forme qui convient
de *devoir*. Ensuite donnez l'équivalent anglais de
devoir.

1. Il _____ travailler plus dur. Autrement il ne
va pas réussir ses examens.
2. Dépêchez-vous. Il est trois heures et demie
et nous _____ être chez le médecin à trois
heures précises.
3. Je voulais aller à la soirée, mais je _____
annuler au dernier moment car ma grand-
mère est décédée.
4. Comment? Marie n'est pas venue avec vous?
Elle _____ prendre un autre train.
5. Je suis désolée, monsieur. Toutes nos chambres sont occupées. Vous _____ réserver
une chambre à l'avance.
6. Vous pourrez partir sans moi. Je _____ attendre que Jean-Paul revienne.
7. Cléonte _____ se déguiser afin de recevoir
la bénédiction de M. Jourdain.
8. André _____ aller au bureau, mais il a décidé
de quitter le pays.
9. Le maître du château ne _____ pas monter
à la salle d'armes, car c'est là qu'on l'a tué.
10. Regardez! Il _____ y avoir au moins trois
cents spectateurs qui veulent voir la pièce.

Il **a fait venir** le mécanicien pour réparer son frigo.

7. faire + *infinitif:* to have something done by someone else

J'**ai fait travailler** mon frère. *(mon frère a travaillé)*

Elle va nous **faire attendre.** *(nous allons attendre)*

Il **a fait réparer** sa voiture. *(une autre personne non mentionnée l'a réparée)*

Je **me fais couper** les cheveux. *(une personne non mentionnée me coupe les cheveux)*

Il **a fait réparer** sa voiture à son frère. *(son frère a réparé l'auto)*

Il **lui a fait réparer** sa voiture.

Si l'infinitif n'a pas de complément d'objet direct, la personne qui fait l'action devient le complément d'objet direct.

Si l'infinitif a un complément d'objet direct, la personne qui fait l'action devient le complément d'objet indirect. Le pronom personnel complément est placé devant le verbe **faire.** Le temps de **faire** correspond au temps de l'action *(présent, passé* ou *futur).*

Exercices

L. Donnez l'équivalent anglais des phrases suivantes.

1. Je vais laver ma voiture.
2. Je vais faire laver ma voiture.
3. Ils ont nettoyé la maison.
4. Ils ont fait nettoyer la maison.
5. Je lui ai parlé français.
6. Je lui ai fait parler français.
7. Elle s'est coupé les cheveux.
8. Elle s'est fait couper les cheveux.

M. Indiquez que la personne suggérée entre parenthèses est responsable de l'action sans la faire elle-même. Suivez le modèle.

▶ Marie attend. *(il)*
  Il a fait attendre Marie.

1. Jacques a peint la maison. *(nous)*
2. Quelqu'un va me couper les ongles. *(je)*
3. Quelqu'un a nettoyé son appartement. *(elle)*
4. Sa fille a nettoyé son appartement. *(elle)*
5. Le bébé mange sa soupe. *(la mère)*
6. Elle a parlé pendant une demi-heure. *(le professeur)*
7. Elle a acheté une nouvelle robe. *(sa fille)*

Gaspar pense qu'il a découvert **quelque chose de** surréel.

8. **quelque chose de** + *adjectif*: something —
   quelqu'un de + *adjectif*: somebody —
   (ne...) rien de + *adjectif*: nothing —, not anything —
   (ne...) personne de + *adjectif*: no one —, not anyone —

Je voudrais **quelque chose de chaud** à manger.
Nous cherchons **quelqu'un d'intelligent** pour nous aider.
Je **n'ai rien** trouvé **d'intéressant** ici.
Personne d'autre ne peut entrer dans la salle de cinéma.

Notez que l'adjectif est toujours au *masculin*.

Exercices

N. Répondez aux questions suivantes en utilisant les adjectifs donnés:

▶ Qu'est-ce que vous voulez boire? *(froid)*
   Je veux quelque chose de froid à boire.

1. Quelle sorte de personne voudriez-vous comme ami? *(gentil)*
2. Qu'est-ce qui s'est passé? *(bizarre)*
3. Avez-vous acheté quelque chose en ville? *(non / intéressant)*
4. Y avait-il beaucoup de gens à la soirée? *(oui, mais / intéressant)*
5. Avons-nous autre chose à faire cet après-midi? *(non / autre)*

O. Réagissez aux situations en utilisant une forme de *quelque chose, quelqu'un, rien* ou *personne* qui convient et un adjectif.

1. Quand est-ce que vous vous ennuyez?
2. Avec quelle sorte de personne voudriez-vous vivre?
3. Quelle sorte de boisson aimez-vous prendre quand vous avez froid?
4. Dans quelles circonstances acceptez-vous d'aller au cinéma avec votre petit frère ou avec votre petite sœur?

Deux poèmes

Les poèmes intitulés *A une passante,* de Charles Baudelaire (1821–1867) et *Barbara,* de Jacques Prévert (1900–1982) ont été écrits à cent ans d'intervalle et sont très distincts l'un de l'autre quant à la forme et à la langue. Cependant ils semblent être le fruit d'une inspiration commune: l'attention du poète a été attirée par une femme inconnue qu'il voit passer dans la rue. Le poème de Baudelaire se situe à Paris; celui de Prévert, à Brest, une ville en Bretagne qui a été détruite pendant la deuxième guerre mondiale.

Charles Baudelaire

A UNE PASSANTE°

La rue assourdissante° autour de moi hurlait°.
Longue, mince, en grand deuil°, douleur°, majestueuse,
Une femme passa, d'une main fastueuse°
4 Soulevant, balançant le feston et l'ourlet°;

Agile et noble, avec sa jambe de statue.
Moi, je buvais, crispé° comme un extravagant,
Dans son œil, ciel livide où germe l'ouragan°,
8 La douceur qui fascine et le plaisir qui tue.

une passante: *a female passer-by*
assourdissant: *deafening*
hurler: *to scream*
en deuil: *in mourning*
douleur: *pain*
fastueux: *gaudy*
soulevant...ourlet: *lifting and swinging the lace border and hem (of her skirt)*
crispé: *on edge, uptight*
l'ouragan: *hurricane*

Un éclair°... puis la nuit!—Fugitive beauté
Dont le regard m'a fait soudainement renaître,
11 Ne te verrai-je plus que dans l'éternité?

Ailleurs°, bien loin d'ici! trop tard! *jamais* peut-être!
Car j'ignore où tu fuis, tu ne sais où je vais,
14 O toi que j'eusse aimée°, ô toi qui le savais!

l'éclair *(m.)*: *flash of lightning*
ailleurs: *elsewhere*
j'eusse aimé: *I would have loved* (imp. du subj.)

Charles Baudelaire

Compréhension

A. *A une passante* est un sonnet, une poésie de 14 vers composée de deux quatrains (les vers 1–4, 5–8) et de deux tercets (les vers 9–11, 12–14). Répondez aux questions suivantes.

1ère strophe
1. Quel serait l'ordre normal des mots dans le premier vers?
2. Quelle image le poète suggère-t-il quand il parle de la rue *assourdissante* et qui *hurle*?
3. Citez les adjectifs qui décrivent la passante. D'où vient sa douleur?
4. Quel est le mot qui suggère grandeur et majesté?
5. Quels détails indiquent qu'il s'agit d'une femme riche et élégante?

2ème strophe
6. Quels mots dans le vers 5 suggèrent la beauté classique de la passante? A quoi le poète la compare-t-il?
7. A quoi compare-t-il l'œil de la femme? Qu'est-ce que le poète y voit de fascinant? Quel danger y voit-il?

8. Quelle image le poète donne-t-il de lui-même au vers 6? Que faisait-il quand il a vu la passante? Quel était son état d'esprit?

3ème strophe
9. Qu'est-ce que le poète compare à un éclair? Pourquoi?
10. Quel effet le regard de la femme a-t-il sur le poète?
11. Que signifie le vers 11 en anglais?
12. Quelle impression a-t-on de la passante?

4ème strophe
13. Quelle réponse donne-t-il à sa propre question?
14. Pourquoi le poète risque-t-il de ne jamais revoir la passante? Pourquoi aurait-il voulu la revoir?
15. Quels sont les sentiments du poète qui prédominent dans ces derniers vers?

B. Imaginez l'état d'esprit du poète avant qu'il ne voie la passante. Etait-il heureux? Riche? Amoureux? Pourquoi a-t-il été impressionné par cette femme? Jusqu'où a été son imagination?

BARBARA

Rappelle-toi Barbara
Il pleuvait sans cesse sur Brest ce jour-là
Et tu marchais souriante
Épanouie° ravie ruisselante°
5 Sous la pluie
Rappelle-toi Barbara
Il pleuvait sans cesse sur Brest
Et je t'ai croisée° rue de Siam
Tu souriais

épanoui: *radiant*
ruisselant: *dripping*

croiser: *to pass going in the opposite direction*

Jacques Prévert

10 Et moi je souriais de même°
    Rappelle-toi Barbara
    Toi que je ne connaissais pas
    Toi qui ne me connaissais pas
    Rappelle-toi
15 Rappelle-toi quand même° ce jour-là
    N'oublie pas
    Un homme sous un porche s'abritait°
    Et il a crié ton nom
    Barbara
20 Et tu as couru vers lui sous la pluie
    Ruisselante ravie épanouie
    Et tu t'es jetée dans ses bras
    Rappelle-toi cela Barbara
    Et ne m'en veux pas si je te tutoie°
25 Je dis tu à tous ceux que j'aime
    Même si je ne les ai vus qu'une seule fois
    Je dis tu à tous ceux qui s'aiment
    Même si je ne les connais pas
    Rappelle-toi Barbara
30 N'oublie pas
    Cette pluie sage et heureuse
    Sur ton visage heureux
    Sur cette ville heureuse
    Cette pluie sur la mer

de même: *also*

quand même: *nevertheless*

s'abriter: *to shelter*

tutoyer: *to use the familiar form,* **tu**

LA SUBSTITUTION

35 Sur l'arsenal°
Sur le bateau d'Ouessant°
Oh Barbara
Quelle connerie° la guerre
Qu'es-tu devenue maintenant
40 Sous cette pluie de fer°
De feu d'acier° de sang°
Et celui qui te serrait° dans ses bras
Amoureusement
Est-il mort disparu ou bien encore vivant
45 Oh Barbara
Il pleut sans cesse sur Brest
Comme il pleuvait avant
Mais ce n'est plus pareil et tout est abîmé°
C'est une pluie de deuil terrible et désolée
50 Ce n'est même plus l'orage
De fer d'acier de sang
Tout simplement des nuages
Qui crèvent° comme des chiens
Des chiens qui disparaissent
55 Au fil de l'eau° sur Brest
Et vont pourrir° au loin
Au loin très loin de Brest
Dont il ne reste rien.

60   Jacques Prévert, *Paroles* © Editions Gallimard

l'arsenal: *naval yard*

Ouessant: island off of Brest

la connerie: *stupidity* (vulgar)

le fer: *iron*

l'acier: *steel*

le sang: *blood*

serrer: *to hold, hug*

abîmé: *ruined*

crever: *to die, croak* (slang)

au fil de l'eau: *with the current*

pourrir: *to rot*

Compréhension

C. *Barbara*, le poème de Prévert, est écrit en vers libres. Contrairement au sonnet, il n'a pas de forme particulière. Dans ce poème, le poète rappelle d'abord une scène du passé, puis se place au temps présent.

vers 1–14

1. Où le poète a-t-il vu Barbara? Dans quelle ville? quelle rue?
2. Quel temps faisait-il ce jour-là?
3. Quel est le détail qui montre que la jeune fille était heureuse?
4. Est-ce que le poète était heureux lui aussi? Comment le savez-vous?
5. Est-ce que le poète et la jeune fille se connaissaient?

vers 15–29

6. Racontez la scène, observée par le poète. Qui était l'homme sous le porche? Que faisait-il là? Qu'a-t-il fait en voyant la jeune fille? Qu'a-t-elle fait?
7. Expliquez comment le poète connaît le nom de la jeune fille. Pourquoi se permet-il de la tutoyer?

vers 30–44

8. Il pleuvait sur Brest et où ailleurs? En quoi se transforme l'image de la pluie?
9. Quels mots le poète emploie-t-il pour décrire la guerre?
10. Que veut savoir le poète au sujet de Barbara et au sujet de cet homme?

vers 45–58

11. Dans ce dernier passage, le poète se place au temps présent par une même journée de pluie à Brest. Pourquoi n'est-ce plus comme avant?

12. Quels mots le poète emploie-t-il pour décrire la pluie? A quoi compare-t-il les nuages? Qu'est-ce qui leur arrive?

13. Que reste-t-il de Brest?

D. Qu'est-ce que le poète pense de la guerre?

Quel moyen a-t-il choisi pour exprimer ses sentiments personnels? A votre avis, réussit-il à communiquer ses idées au lecteur?

Discussion

A. Sujet d'exposé ou de rédaction: Parlez d'une personne que vous avez vue dans la rue. Essayez d'imaginer l'histoire de cette personne et de communiquer l'effet qu'elle a eu sur vous.

Le Dragueur

1. L'arrivée à Paris

1. Quand Anne (la brune) et Nancy (la blonde) sont-elles arrivées à Paris?
2. Comment ont-elles fait le voyage?
3. Qu'est-ce qu'elles vont prendre comme moyen de transport pour aller de l'aéroport en ville?
4. Comparez la façon de s'habiller des deux femmes.
5. Ont-elles l'air d'avoir la même personnalité?
6. Pourquoi sont-elles venues à Paris?
7. Pourquoi Nancy est-elle très fatiguée?
8. Quelle réaction Anne a-t-elle en arrivant à Paris?
9. Que fait le porteur?
10. Que fait le mécanicien?
11. Où est le hippie? Quelle est son attitude?

L'arrivée à Paris

l'aéroport *(m.)*
   être à—kilomètres de

le car (excursion) bus
   attendre *(qqn)*
     à la sortie (de l'aéroport)
     transporter *qqn* en ville

le chauffeur du car
   s'appuyer sur *qqch.*
   charger le car to load the bus
     mettre *qqch.* dans la soute à bagages to
      put in the baggage compartment
   vendre des billets à *qqn*

Nancy
   être épuisée
   le décalage horaire time difference
     un décalage de (cinq) heures entre
     (New York) et (Paris) a time
     differential of (five) hours between
     (New York) and (Paris)
   ne pas fermer l'œil de la nuit to not sleep
     a wink
     l'heure de Paris Paris time
   être exigeante to be hard to please
     sérieuse
     vêtue à la mode dressed stylishly
     un tailleur-pantalon pantsuit

Anne
   s'émerveiller de *qqch.* ou de + *inf.* to marvel
     at
   faire des études *(f. pl.)* to study
     étudier la culture française
      l'histoire *(f.)*
      la langue
      la littérature
   suivre un cours d'été
   faire un séjour (à, en, au) to stay for a while
     (in)
   une jeune fille innocente
          naïve
   porter un pull (des tennis)
   prendre un vol transatlantique to take a
     transatlantic flight
   atterrir to land
   venir pour la première fois

le dragueur "pickup" artist
   aborder *qqn* to approach, accost
   donner des renseignements *(m. pl.)* à *qqn* to
     give information to
   un porteur
     pousser un chariot to push a luggage cart
   regarder *qqn* avec intérêt

le hippie
   être décontracté to be relaxed
   être installé dans
   se ficher de tout to not give a damn about
     anything
   se reposer
   trouver une place

2. Une chambre d'étudiant

1. Où est-ce que les deux étudiantes ont trouvé une chambre?
2. Décrivez la chambre.
3. Quelle réaction ont-elles en la voyant?
4. Quel genre de chambre cherchaient-elles?
5. A votre avis, de quoi se plaignent-elles?
6. Pourquoi décident-elles de louer la chambre?
7. Qui leur montre la chambre? Décrivez le personnage.
8. D'où sort le hippie?
9. Comment est-il habillé?
10. Qu'est-ce qu'il vient de faire?

Une chambre d'étudiant

au dernier étage on the top floor
    un couloir corridor
    une descente de lit throw rug
    des insectes
    du papier peint
        s'écailler to peel off
    une fuite d'eau

la concierge caretaker
    donner la clef à *qqn*
        un trousseau de clefs ring of keys
    monter le courrier to bring up the mail
    montrer la chambre à *qqn*
    porter
        des pantoufles
        un tablier
    tenir son chat

le hippie
    un (blue-) jean
    se brosser les dents
    être torse nu to be bare-chested
    des sandales *(f. pl.)*
    la salle de bains
        sortir de

Nancy et Anne

s'accommoder de *qqch.* to make the best of
s'attendre à *qqch.* ou **à** + *inf.*
être à bout de souffle to be out of breath
    découragées discouraged
    déçues disappointed
    dépaysées homesick
louer une chambre to rent a room
    avoir pas mal de difficulté à + *inf.* to
      have quite a bit of trouble in (doing
      something)
    une crise de logement housing shortage
    le loyer rent
        —francs par mois
    payer à l'avance
monter *(qqch.)* **jusqu'à**
se plaindre *(de qqch.* ou *que)* to complain
  (about or that)
regarder *qqch.* **avec surprise**
trouver une chambre
    ensoleillée sunny
    minuscule
    neuve brand new
    sombre dark
    spacieuse

3. Au Jardin du Luxembourg

1. Où les deux étudiantes passent-elles l'après-midi?
2. Décrivez le parc.
3. Que font les enfants qui y jouent?
4. Que fait Nancy? Pourquoi?
5. Pourquoi Anne ne fait-elle pas de même?
6. Qui est l'homme qu'elle regarde?
7. Pourquoi est-il au parc? Décrivez son attitude.
8. Que fait le hippie?
9. Pourquoi ne porte-t-il pas de chemise?

Au Jardin du Luxembourg

le parc
- **une allée** path
- **un bassin** pool
  - **des bateaux** *(m. pl.)* **à voiles** sailboats
  - **jouer aux bateaux**
  - **rattraper** *qqch.* to recover
- **des marches** *(f.)* steps
- **un parterre** flower bed
- **une terrasse**

les enfants
- **faire des bulles** *(f. pl.)* **de savon** to blow bubbles
- **faire des culbutes** *(f. pl.)*
- **faire tourner une toupie** to spin a top
- **des gosses** *(m., f. pl.)* kids
- **jouer au cerceau** to play with a hoop
- **jouer à saute-mouton** to play leapfrog

Nancy
- **lire un guide de Paris**
- **profiter de** *qqch.* **pour** + *inf.* to take advantage of something in order to
- **se renseigner (sur)** to get information (on)

Anne
- **chercher des distractions**
- **se laisser distraire** to let herself be distracted
- **un homme qui lui plaît** man who pleases her

le dragueur
- **allumer une cigarette**
  - **un briquet** lighter
- **avoir l'air assuré**
- **avoir une main dans la poche**
- **connaître la vie** to be worldly
- **draguer** to look for a "pickup"
- **être sûr de lui**
- **faire le magnifique** to act as if he is great
- **faire croire à** *qqn* **que** to give the impression that
- **porter son pull noué autour du cou**
- **se montrer** to show himself off

le hippie
- **jouer de la flûte**
- **prendre un bain de soleil** to sunbathe
  - **se faire bronzer au soleil** to get tan
  - **prendre un coup de soleil** to get sunburned

4. Après la pétanque, l'opération charme démarre

1. Que font les deux étudiantes ce jour-là?
2. Laquelle des deux étudiantes a décidé de changer d'apparence? Comment?
3. A votre avis, qu'est-ce qu'elles ont l'intention d'acheter?
4. Laquelle des deux s'y intéresse le plus? Comment le savez-vous?
5. Qu'est-ce qui attire l'attention d'Anne?
6. Que fait le dragueur?
7. Expliquez le jeu de la pétanque.
8. Décrivez les participants.
9. Pourquoi Nancy va-t-elle à la banque?
10. Que faut-il faire avant de toucher de l'argent?
11. Comment le dragueur aborde-t-il Anne? Quelle est la réaction de celle-ci?
12. Nancy réagit-elle de la même façon?

Après la pétanque, l'opération charme démarre

le magasin de vêtements
- **des soldes** *(m. pl.)* sales (bargains)
  - **des chemisiers** *(m. pl.)* blouses
  - **des pulls** *(m. pl.)*
  - **des robes** *(f. pl.)*

Nancy
- **une coiffure à la lionne**
- **entraîner** *qqn* to drag along
- **faire des achats**
- **porter**
  - **des bottes** *(f. pl.)*
  - **des jambières** *(f. pl.)* leg warmers

Anne
- **être attirée par** to be attracted by
- **ne pas regarder où elle marche**
- **regarder derrière elle**

le dragueur
- **faire de l'œil à** *qqn* to make eyes at
- **faire un clin d'œil à** *qqn* to wink at

la pétanque
- **jouer à la pétanque**
  - **lancer le cochonnet** to throw out the little ball
  - **mettre la boule le plus près du cochonnet**
  - **tirer la boule** to throw the metal ball
- **les joueurs** *(m. pl.)*
  - **être méridional** to be from the South of France
- **les spectateurs** *(m. pl.)*

A la banque
- **le bureau de change** exchange office
- **changer de l'argent**
- **le cours du change** exchange rate
- **un dollar américain vaut** — F
- **remplir un formulaire** to fill out a form
- **la caisse** cashier's window
- **des billets** *(m. pl.)* **de 100 F, 50 F, 10 F**
- **des pièces** *(f. pl.)* **de monnaie de 10 F, 5 F, 1 F**
- **les employés** *(m. pl.)*

Nancy
- **être choquée (de** *qqch.***)**
- **se présenter à la caisse** to go to the cashier's window
- **toucher un chèque (de voyage)** to cash a (traveler's) check
  - **donner son adresse** *(f.)* **à Paris**
- **fournir une pièce d'identité** to give some identification
  - **un passeport**

Anne
- **être flattée (de** *qqch.***)**

le dragueur
- **aborder** *qqn* to initiate contact with
- **baiser la main de** *qqn*
- **démarrer l'opération charme** to get "Operation Charm" started

le hippie
- **avoir la bouche ouverte**

5. L'opération charme continue

1. Où le dragueur retrouve-t-il les deux étudiantes?
2. Que porte-t-il à ce moment-là? Que fait-il?
3. Qui domine la conversation? C'est à quel propos?
4. Comment Anne regarde-t-elle le dragueur?
5. Que fait Nancy pendant ce temps-là?
6. A votre avis, que pense-t-elle de la liaison entre Anne et le dragueur?
7. Le hippie y fait-il attention? A quoi s'intéresse-t-il?
8. Croyez-vous que Nancy et le hippie constituent un couple bien assorti?
9. Que peut-on consommer à la cafétéria?

L'opération charme démarre

— **Au restaurant universitaire** resto U
  — **le déjeuner**
    — **une brochette** meat on skewer
    — **une crêpe**
    — **un express** expresso coffee
    — **des frites** *(f. pl.)* French fries
    — **une gaufre** waffle
    — **une omelette**
    — **un sandwich**
    — **une pizza**

Nancy
  — **ne pas approuver** *qqch.*
  — **faire ses devoirs**
  — **jeter un coup d'œil sur** to glance at

Anne
  avoir les mains jointes
  — **appuyer ses coudes sur la table** to lean her elbows on the table
  dévorer *qqn* **des yeux**

le dragueur
  — **essayer de plaire à** *qqn*
  — **faire du baratin à** *qqn* to feed a line
  raconter des histoires amusantes (à *qqn***)**

le hippie
  — **des bandes dessinées** *(f. pl.)*
  — **ne pas faire attention à** *qqn* **ou à** *qqch.*

LA SUBSTITUTION

6. L'opération charme a ses inconvénients

1. Où les étudiantes vont-elles pour faire leurs courses?
2. Qu'est-ce qu'on y vend?
3. Pourquoi l'épicier les regarde-t-il?
4. Qui va être obligé de payer?
5. Décrivez le dragueur. Que fait-il? Et le hippie?
6. Quels films passe-t-on?
7. A votre avis, qui a invité qui à aller au cinéma? A quoi voyez-vous cela?
8. Comment Nancy réagit-elle en voyant Anne acheter les billets? Anne a-t-elle la même réaction?
9. Comment réagit le dragueur?
10. Pourquoi le hippie ne va-t-il pas au cinéma?

L'opération charme a ses inconvénients

une alimentation générale grocery store
  un épicier, une épicière
  une balance scales
    coûter — F le kilo
    peser (*qqch.*)
  des biscuits (*m. pl.*) crackers, cookies
  des boissons (*f. pl.*) beverages
  des conserves (*f. pl.*) canned goods
  des fruits (*m. pl.*)
  des légumes (*m. pl.*)
  des produits laitiers (*m. pl.*) dairy
    products
  un sac (en papier, en plastique)

le cinéma
  passer un film to show a film
  une salle climatisée air-conditioned theater
  une séance show, performance

Nancy
  accompagner *qqn* to go with
  bouder to sulk
  gêner *qqn* to bother, be in the way
  montrer son sac
  en vouloir à *qqn* to be put out with

Anne
  s'éprendre de *qqn* to be taken with
  être généreuse
  vouloir bien + *inf.* to be willing to

le dragueur
  avoir un sourire gêné
  être fauché ⎫
  être à sec ⎬ to be broke
  jeter un regard sur
  montrer son portefeuille

le hippie
  faire la quête aux passants to pass the hat
    (for money)
  jouer de la guitare
  manger une banane

7. Le jour des examens

1. Que font les étudiants du cours de français?
2. Qui les surveille?
3. Croyez-vous que Nancy trouve l'examen facile?
4. Quel résultat obtiendra-t-elle sans doute?
5. A votre avis, le hippie aura-t-il le même résultat? Pourquoi ou pourquoi pas?
6. Pourquoi Anne risque-t-elle de ne pas réussir à l'examen?
7. A qui et à quoi rêve-t-elle?
8. Gardera-t-elle de bons souvenirs? Comment le savez-vous?
9. Que font les autres étudiants?

Le jour des examens

la salle de classe
> le bureau du professeur
>> un cahier notebook
> —une règle ruler
> les étudiants
> — effacer *qqch.* to erase
> — une faute mistake
> — une gomme eraser
> — froisser *qqch.* to crumple
> — une feuille de papier
>> mâchonner *qqch.* to chew on
>> un crayon
> passer un examen to take an exam
> des pupitres *(m. pl)* students' desks
> surveiller *qqn* ou *qqch.*
> le tableau (noir)

Nancy
> s'acharner à + *inf.* to be intent on
> un cerveau "brain"
> réussir l'examen to pass the exam

Anne
> être dans les nuages to have her mind elsewhere
> penser à autre chose
>> l'amour
> le bonheur de + *inf.*
>> les moments qu'elle a passés avec *qqn* à + *inf.*
> ne pas pouvoir s'appliquer to not be able to concentrate
> rêvasser

le hippie
> avoir l'air perplexe to look confused
> le cancre dunce
> échouer à l'examen
> rater l'examen } to fail the exam
> perdre son temps à + *inf.* to waste his time
> dessiner

8. Le départ de Paris

1. Quelle heure est-il?
2. Où sont les deux étudiantes?
3. Qu'est-ce qu'elles vont faire dans un instant?
4. Que fait Anne? A votre avis, quels sont ses sentiments? Nancy a-t-elle les mêmes sentiments?
5. Où est le hippie?
6. Où est le dragueur? Que porte-t-il ce jour-là?
7. Quelles deux choses fait-il en même temps?
8. Décrivez l'étudiante qui vient de descendre du train.
9. A votre avis, cette histoire va-t-elle recommencer?

Le départ de Paris

la gare
— **une pancarte** sign *écriteau, panneau*
    annoncer *qqch.*
— **l'heure** *(f.)* **du départ**
— **le quai** platform
    un chariot à bagages
— **le train**
— **être en gare** to be in the station
— **la voie** track

Anne
— **être aveuglée par** to be blinded by
faire un signe d'adieu (à *qqn***)** to wave good-
    bye
se séparer de *qqn*
ne pas y voir clair to not see clearly

le dragueur
    avoir le cœur volage to be fickle
— **faire ses adieux**
    faire le galant to play the ladies' man
    lorgner *qqn* to ogle
    recommencer to start all over again
    trouver une nouvelle victime

le hippie
— **s'endormir**
— **rater son train**

LA SUBSTITUTION

Activités

A. Vous et un(e) camarade de classe vous préparez à jouer la scène du dialogue: essayez de suggérer le caractère clandestin de la scène. Après avoir joué la scène, vous répondrez aux questions des autres étudiant(e)s sur l'identité des personnages, la situation, l'endroit où la conversation a eu lieu, etc. Vous devrez avoir pensé à une explication possible. (Vous pourrez changer un peu le dialogue pour l'adapter à votre explication, si vous voulez.)

B. Vous et un(e) camarade de classe vous préparez à jouer une scène dans un café parisien. Inspirez-vous du dialogue «Les Conspirateurs» et des images «Le Dragueur». *Suggestions:* (1) deux étudiantes amoureuses du dragueur; (2) deux dragueurs qui viennent de voir une nouvelle étudiante américaine; (3) deux vieillards (ou vieilles femmes) qui regardent le dragueur et sa nouvelle victime.

C. La classe se divisera en *quatre* groupes—un groupe pour chaque personnage: la brune, la blonde, le dragueur, le hippie. Vous préparerez un monologue dans lequel vous raconterez, du point de vue du personnage choisi par votre groupe, ce qui s'est passé à Paris au cours de l'été. Ensuite chaque groupe présentera son monologue à la classe et vous comparerez les différentes versions de la réalité.

D. Le jeu des définitions: La classe se divise en groupes de *trois* étudiants. Chaque étudiant(e) commence par faire une liste de *dix* noms (ou dix verbes) que vous connaissez tous. Ensuite vous donnez votre liste à un(e) autre étudiant(e) de votre groupe. Vous écrivez tous (à l'aide d'un dictionnaire, si vous voulez) une définition de chaque mot à la liste qu'on vous a donnée. Quand les trois membres du groupe auront terminé leurs définitions, vous les lirez—mais en les mélangeant. Par exemple, **A** donne son premier mot *(l'amour)* et **B** lit la définition qu'il (elle) a écrite pour son premier mot *(l'aspirateur)*; comme résultat, on a une nouvelle définition *(l'amour est une machine dont on se sert pour nettoyer le tapis)*. Puis **B** donne un mot, **C** une définition et ainsi de suite. A la fin vous aurez créé un poème surréaliste.

E. Narration: Vous allez écrire une discussion animée entre deux personnes qui ne sont pas d'accord. *Suggestions:* (1) Anne et Nancy *(le Dragueur)*; (2) M. Radin et Pascal *(le Bourgeois gentilhomme)*; (3) M. et Mme Tiger *(le Ménager)*. Faites un effort pour employer des pronoms et des phrases complexes.

Huitième Chapitre
L'EXPANSION PAR RELATION

Tout va bien

— Allô, allô, Jacques... Ici monsieur le baron... Je téléphone pour savoir s'il y a des nouvelles.

— Il n'y a pas de nouvelles, monsieur. Tout va bien ici, tout va très bien.

— Jacques, tu en es sûr? Je veux que tu me dises tout ce qui s'est passé depuis mon départ.

— Oui, monsieur le baron, tout va bien... Oh, il y a juste un petit quelque chose... mais je ne veux pas vous retenir°, monsieur le baron.

retenir: *to keep*

— Jacques, je t'ordonne de me dire tout ce que tu sais.

— Eh bien, monsieur le baron, je suis désolé de vous apprendre que votre chien est mort.

— Mon chien est mort! Mais comment?

— C'est qu'il a mangé du cheval, monsieur le baron.

— Mon chien a mangé du cheval! Mais où a-t-il trouvé du cheval à manger?

— Le cheval a brûlé dans l'incendie° de la grange°, monsieur le baron.

l'incendie (*m.*) : *fire;* **la grange:** *barn*

— Le cheval que mon chien a mangé a brûlé dans la grange! Mais quel incendie?

— Des étincelles° du toit de la maison sont tombées sur la grange, monsieur le baron.

l'étincelle (*f.*): *spark*

— Des étincelles sont tombées du toit de la maison sur la grange où a brûlé le cheval que mon chien a mangé! Mais comment la maison a-t-elle pris feu?

— La maison a pris feu quand on a renversé° les bougies, monsieur le baron.

renverser: *to knock over*

— On a renversé des bougies dans la maison du toit de laquelle sont tombées des étincelles sur la grange où a brûlé le cheval que mon chien a mangé! Mais quelles bougies?

— Les bougies qui étaient autour du cercueil°, monsieur le baron.

le cercueil: *coffin*

— Tu dis: un cercueil autour duquel il y avait des bougies qu'on a renversées dans la maison du toit de laquelle sont tombées des étincelles sur la grange où a brûlé le cheval que mon chien a mangé! Mais pourquoi avait-on besoin d'un cercueil?

— C'est que le corps de madame la baronne y reposait, monsieur le baron.

— Mon Dieu! Est-il possible qu'elle soit morte, ma femme, dont le corps reposait dans un cercueil autour duquel il y avait des bougies qu'on a renversées dans la maison du toit de laquelle sont tombées des étincelles sur la grange où a brûlé le cheval que mon chien a mangé? Mais comment est-elle morte, ma pauvre femme?

— Elle a eu un choc, monsieur le baron, en apprenant que mademoiselle s'était enfuie avec le chauffeur.

— Ma fille s'est enfuie avec le chauffeur, ce qui a tué ma pauvre femme dont le corps reposait dans un cercueil autour duquel il y avait des bougies qu'on a renversées dans la maison du toit de laquelle sont tombées des étincelles sur la grange où a brûlé le cheval que mon chien a mangé! Oh, malheur! Je n'en peux plus°!... Quoi d'autre encore, Jacques?

— Oh, rien, monsieur le baron. A part cela, tout va bien ici, tout va très bien.

je...plus: *I can't take any more of this*

Structures grammaticales

L'expansion par relation

Dans ce chapitre nous allons étudier une façon d'allonger une phrase par relation, afin de désigner plus clairement la personne ou l'objet dont on parle. Le mot qui désigne la personne ou l'objet s'appelle **l'antécédent**; il peut être un nom ou un pronom. On relie l'antécédent à un verbe à l'aide d'un **pronom relatif**; le choix de ce pronom dépend de sa fonction grammaticale par rapport au verbe. Le groupe de mots constitués par le pronom relatif, le verbe et tous les mots faisant partie du groupe verbal s'appelle **la proposition relative**; elle suit directement l'antécédent.

Qui a téléphoné? Un homme qui s'appelle Fortier. (*l'antécédent* = **un homme;** *le pronom relatif* = **qui;** *la proposition relative* = **qui s'appelle Fortier**)

Où sont les ciseaux avec lesquels tu as découpé cet article?
(*l'antécédent* = **les ciseaux;** *le pronom relatif* = **lesquels;** *la proposition relative* = **avec lesquels tu as découpé cet article**)

In English, there is a tendency to omit relative pronouns. In French, however, the relative pronoun must always be used.

The boy *(who is)* talking to John lives next door.	Le garçon **qui** parle à Jean habite à côté.
The book *(that)* she is reading is very interesting.	Le livre **qu'**elle lit est très intéressant.
The tools *(that)* I work with cost a lot.	Les outils **avec lesquels** je travaille coûtent chers.
The man *(whom)* he was talking to works with my aunt.	L'homme **à qui** il parlait travaille avec ma tante.

La relation directe

Lorsque le verbe de la proposition relative *n'admet pas de préposition*, on emploie les pronoms relatifs **qui** ou **que**.

1. **Qui:**

    Si le pronom relatif joue le rôle de sujet dans la proposition relative (i.e., s'il est suivi d'un verbe sans sujet), on emploie **qui**. On utilise le pronom relatif **qui** pour parler de personnes et de choses.

    —Où est le chien?
    —Quel chien?
    —Le chien **qui** a attaqué mon frère. (v)

    —Les hommes sont méchants.
    —Tous les hommes?
    —Non, seulement ceux qui se moquent des femmes. (v)

2. **Que:**

    Si le pronom relatif joue le rôle de complément d'objet direct dans la proposition relative (i.e., s'il est suivi d'un sujet et d'un verbe), on emploie **que**. On utilise le pronom relatif **que** pour parler de personnes et de choses. (**Que** suivi d'une voyelle devient **qu'**.)

    —Où est l'étudiant?
    —Quel étudiant?
    —L'étudiant qu'on a rencontré à l'aéroport. (s) (v)

    —Cette montre a-t-elle beaucoup de valeur?
    —Quelle montre?
    —Celle que j'ai laissée sur la table de chevet. (s) (v)

Remarquez que dans le deuxième exemple, après le pronom relatif **que,** le participe passé (*laissée*) s'accorde avec l'antécédent (c'est-à-dire, avec le complément d'objet direct qui précède).

A. Répondez aux questions suivantes en donnant des précisions selon les informations fournies.

▶ *(Le monsieur travaille chez Renault.)*
—Voilà Monsieur Gautier.
—Qui est ce monsieur?
—*C'est le monsieur qui travaille chez Renault.*

▶ *(Nous avons vu la dame à la plage.)*
—Voilà Mme Lebac.
—Qui est cette dame?
—*C'est la dame que nous avons vue à la plage.*

1. *(Tu as acheté le tableau.)*
—Montre-moi le tableau.
—Quel tableau?
2. *(La jeune fille vend les billets d'entrée.)*
—Où est la jeune fille?
—Quelle jeune fille?
3. *(Les gens habitent au Brésil.)*
—Nous avons rencontré des gens.
—Quelle sorte de gens?
4. *(Le poignard a tué le maître du château.)*
—Voilà le poignard.
—Quel poignard?
5. *(J'ai trouvé un aspirateur.)*
—L'aspirateur marche bien.
—Quel aspirateur?
6. *(L'employé de bureau a voulu trouver un paradis sur terre.)*
—L'employé de bureau s'est cassé les bras et la jambe.
—Quel employé de bureau?
7. *(Le jeune homme a hérité d'une grosse fortune.)*
—Le jeune homme a beaucoup de chance.
—Quel jeune homme?

8. *(Tu as lavé les fenêtres la semaine dernière.)*
—Il faut laver les fenêtres encore une fois.
—Quelles fenêtres?
9. *(Le joueur est assis à côté de Mme Verger.)*
—Le joueur triche.
—Quel joueur?

B. Complétez les phrases suivantes en utilisant le verbe donné; inspirez-vous de l'histoire en images *Le Dragueur.*

▶ *Le Dragueur* est l'histoire d'un homme… *(aimer)*
Le Dragueur est l'histoire d'un homme qui aime beaucoup les femmes.

1. A l'aéroport le dragueur voit une jeune fille brune… *(arriver)*
2. La concierge montre aux deux étudiantes la chambre… *(louer)*
3. Anne tombe amoureuse d'un homme… *(rencontrer)*
4. Anne ne s'intéresse pas aux vêtements… *(acheter)*
5. Ni Anne ni Nancy ne font attention au hippie… *(suivre)*
6. Au cinéma c'est Anne… *(payer)*
7. L'agent de police regarde avec curiosité le hippie… *(entendre)*
8. Pendant l'examen Anne rêve aux jours… *(passer)*
9. A la gare Anne est triste de dire au revoir à l'homme… *(aimer)*
10. Par contre, le dragueur est ravi de voir une autre étudiante américaine… *(descendre)*

La relation indirecte

Lorsque le verbe de la proposition relative se construit avec une préposition, on emploie les pronoms relatifs *qui* ou *lequel* ou *dont*.

L'EXPANSION PAR RELATION

1. **Qui / lequel:**
   Si le pronom relatif joue le rôle d'objet d'un verbe qui se construit avec une préposition autre que **de** (par exemple, **à, pour, dans, sur, avec, chez,** etc.), on emploie **qui** s'il s'agit d'une personne et **lequel** s'il s'agit d'une chose. **Lequel (laquelle, lesquels, lesquelles)** s'accorde avec l'antécédent.

   —Voilà le photographe.
   —Quel photographe?
   —Le photographe à **qui** j'ai parlé hier soir. *(parler à)*

   —Où est la table?
   —Quelle table?
   —La table sur **laquelle** tu as mis mes affaires. *(mettre qqch. sur)*

   —L'hôtel s'appelle Le Madison.
   —Quel hôtel?
   —L'hôtel **auquel** je pensais. *(penser à)*

   a. **Qui** s'emploie ici uniquement pour remplacer une *personne*; **lequel** peut remplacer une *personne* ou une *chose: La femme avec **qui** (avec **laquelle**) j'habite s'appelle Jeanne.* En général, il vaut mieux réserver **lequel** pour les choses.

   b. **A + lequel = auquel; à + lesquels = auxquels; à + lesquelles = auxquelles;** mais **à + laquelle** ne change pas.

2. **Dont:**
   Si le pronom relatif joue le rôle d'objet d'un verbe qui se construit avec la préposition **de,** on emploie **dont.** On utilise le pronom relatif **dont** pour les personnes et pour les choses.

   —Voilà le magazine.
   —Quel magazine?
   —Le magazine **dont** Maman parlait. *(parler de)*

   —Le revolver était caché dans le tiroir.
   —Votre revolver?
   —Non, le revolver **dont** le meurtrier s'est servi. *(se servir de)*

C. Ajoutez les mots donnés à la première partie de la phrase en utilisant *dont* ou une préposition avec *qui* ou *lequel*, selon le cas.

1. nous pensions.
2. nous parlions. *(deux possibilités)*

Montre-moi la table…
3. tu as laissé tes affaires.
4. le chat dort d'habitude.
5. tu as envie.

▶ *Voilà la dame…*
   je travaille.
   Voilà la dame avec qui (pour qui) je travaille.

Comment s'appellent les gens...

6. nous avons fait la connaissance hier soir?
7. vous avez téléphoné ce matin?
8. nous allons dîner ce soir?

Où est l'enveloppe...

9. vous avez mis la lettre pour mon père?
10. j'ai besoin?
11. je dois écrire l'adresse de mes grand-parents?

Je ne connais pas le petit garçon...

12. tu es allée au zoo.
13. tu as donné ton ours en peluche.
14. tu parles. *(deux possibilités)*

D. Complétez les phrases suivantes en utilisant le verbe donné; inspirez-vous des Histoires en images.

▶ Le dragueur est un type... *(Nancy / se méfier)*
Le dragueur est un type dont Nancy se méfie.

1. Voilà l'avion... *(André / quitter la France)*
2. Voilà l'homme... *(le beau-frère / donner)*
3. La bonne est la femme... *(le maître / être amoureux)*
4. Voilà la statuette... *(on / cacher)*
5. Voici la statue...*(Mathieu / grimper)*
6. Nicolas est le petit enfant... *(le ménager / trébucher)*
7. Voici la voiture... *(Didier / avoir envie)*
8. M. Jourdain est le personnage... *(M. Radin / ressembler)*
9. Nancy est l'amie... *(Anne / habiter)*
10. Le hippie est un type... *(les deux étudiantes / ne pas faire attention)*
11. Voici l'examen... *(le hippie / ne pas réussir)*
12. Le dragueur est l'homme... *(Anne / se souvenir)*

SPECIAL PROBLEMS

Prepositions and relative pronouns

Three difficulties present themselves to an English speaker in using relative pronouns in French:

1. Informal English word order allows prepositions to "dangle" at the end of phrases.

   The man (that) I work *for...*
   The tools (that) I work *with...*

   French word order is the same as *formal* English word order: i.e., the preposition must always precede the relative pronoun.

   The man *for whom* I work...   L'homme **pour qui** je travaille...
   The tools *with which* I work...   Les outils **avec lesquels** je travaille...

2. Remember that some verbs in English that are constructed without a preposition require a preposition in French. You must use **dont, qui** or **lequel**, as appropriate.

   The money she needs...   L'argent **dont** elle a besoin... *(avoir besoin de)*
   The question I answered...   La question **à laquelle** j'ai répondu... *(répondre à)*

3. On the other hand, some verbs in English that are constructed with a preposition are followed by a direct object in French. In these cases, the relative pronoun to be used is **que.**

> The radio you listen *to*... La radio **que** vous écoutez...
> The child we are looking *for*... L'enfant **que** nous cherchons...

E. Donnez l'équivalent français des phrases suivantes.

1. The book I'm looking at...
2. The man I telephoned...
3. The children we're looking for...
4. The information you need...
5. The record she was listening to...
6. The money I asked for...
7. The house we entered...
8. The letters you have not answered...

Où

1. The relative pronoun **où** indicates place or time. Ordinarily it is used in the place of **dans lequel, sur lequel, auquel,** etc., when the meaning *where* is clearly indicated.

> —Comment s'appelle la ville?
> —Quelle ville?
>
> —La ville **où** Jean-Paul est allé.
>
> —Montrez-moi la chambre.
> —Quelle chambre?
>
> —La chambre **où** vous dormez.

2. **Où** is also used to express "when" in time phrases:

> —Tu te rappelles ce jour?
> —Quel jour?
>
> —Le jour **où** nous nous sommes vus pour la première fois.

The word **quand** is *never* used as a relative pronoun.

F. Répondez aux questions suivantes en utilisant le pronom relatif *où.*

▶ *(Le meurtre a eu lieu au château.)*
—Voilà le château. —Quel château?
Le château où le meurtre a eu lieu.

1. *(Elle nous a rencontrés ce jour-là.)*
—Est-ce qu'elle se souvient de ce jour?
—De quel jour?

2. *(Ils habitent dans ce pays.)*
—Quel est le nom du pays? —Quel pays?
3. *(Il n'y a que des tableaux modernes dans ces musées.)*
—Je n'aime pas ces musées. —Quels musées?
4. *(Nous sommes arrivés à ce moment-là.)*
—Que faisait-elle à ce moment-là?
—A quel moment?

Dont used to indicate possession

Since French uses the preposition **de** to indicate possession (**le livre de Jean** = John's book; **la sœur de Marielle** = Marielle's sister), the relative pronoun **dont** also serves as the equivalent of "whose."

> *(La maison du garçon a brûlé.)*
> —Voilà le garçon.
> —Quel garçon?
> —Le garçon **dont** la maison a brûlé. *(The boy whose house burned.)*

The French word order is always **dont** + *subject* + *verb* + *complements.*

> *(Nous connaissons le père de la jeune fille.)*
> —Voilà la jeune fille.
> —Quelle jeune fille?
> —La jeune fille **dont** nous connaissons le père. *(The girl whose father we know.)*

The word immediately after **dont** is always the subject of the verb, regardless of the word order in English.

G. Répondez aux questions en utilisant *dont*. Attention au choix de l'article et à l'ordre des mots.

▶ *(Tu as rencontré leurs parents.)*
—Voilà les enfants.
—Quels enfants?
—Les enfants dont tu as rencontré les[1] parents.

1. *(Son mari a été tué.)*
—Comment s'appelle la dame?
—Quelle dame?
2. *(Tu as acheté sa maison.)*
—Connaissais-tu le professeur?
—Quel professeur?
3. *(Son beau-frère est musicien.)*
—Où est l'avocate?
—Quelle avocate?

4. *(Les habitants de cette île parlent un dialecte du français.)*
—Nous avons visité une île.
—Quelle sorte d'île?
5. *(Nous avons vu son portrait au musée.)*
—As-tu reconnu la duchesse?
—Quelle duchesse?
6. *(L'auteur de ce livre a traversé l'Atlantique dans un petit bateau à voile.)*
—As-tu lu le livre?
—Quel livre?
7. *(Nous avons vu leur fils au match de football.)*
—Comment s'appellent ces gens?
—Lesquels?

Dont / de qui / duquel

Although it is always theoretically possible to replace **dont** with **de qui** for persons and **duquel (de laquelle, desquels, desquelles)** for things, you should use **dont** whenever possible.

[1] With **dont**, the definite article (**le, la, les**) is used in place of the possessive adjective (**son, leur,** etc.)

However, there is one situation where **de qui** or **duquel** must replace **dont**. The relative pronoun **dont** may not be used if **de** is part of a prepositional locution (for example, **au cours de, en dehors de, près de, loin de,** et.):

(La télévision se trouve près de la fenêtre.)
—Regardez par la fenêtre.
—Quelle fenêtre?

—La fenêtre près **de laquelle** se trouve la télévision.

H. Complétez les phrases en employant *de qui* ou la forme de *duquel* qui convient.

1. Il y a une jolie plage en face de cette maison.
   —J'aime visiter la maison…
2. Il y a un nouveau parking près du centre commercial.
   —Allons au centre commercial…

3. Tu étais assis à côté d'un homme très intéressant…
   —Quel était le nom de cet homme…
4. Il y a de magnifiques jardins autour de ces palais.
   —Je voudrais photographier ces palais…
5. Nous avons dansé ensemble pour la première fois au cours de cette soirée.
   —Je n'oublierai jamais cette soirée…

La relation indéfinie

Dans tous les exemples déjà présentés, la proposition relative suit un antécédent défini. Il arrive pourtant que l'antécédent soit imprécis (quelqu'un ou quelque chose) ou inexistant. Dans de tels cas, on utilise les *pronoms relatifs indéfinis,* qui, pour la plupart, ressemblent aux pronoms relatifs définis que vous avez déjà appris.

1. **Qui / ce qui:**
   Si l'antécédent est indéfini ou implicite et si le pronom relatif joue le rôle de sujet dans la proposition relative (i.e., il est suivi d'un verbe sans sujet), on emploie **qui** pour les personnes et **ce qui** pour les choses.

   —Quelqu'un est dans la cuisine.
   —Qui est-ce?
   —Je ne sais pas **qui** est dans la cuisine.

   —Quelque chose lui est arrivé.
   —Qu'est-ce qui lui est arrivé?
   —Je ne sais pas **ce qui** lui est arrivé.

2. **Qui / ce que:**
   Si l'antécédent est indéfini ou implicite et si le pronom relatif joue le rôle de complément d'objet direct dans la proposition relative (i.e., il est suivi d'un sujet et d'un verbe), on emploie **qui** pour les personnes et **ce que** pour les choses:

   —Elle a vu quelqu'un?
   —Oui.
   —Eh bien, dites-moi **qui** elle a vu.

—Il a acheté quelque chose?
—Oui.
—Eh bien, dites-moi **ce qu'**il a acheté.

3. **De qui / ce dont:**
   Si l'antécédent est indéfini ou implicite et si le pronom relatif joue le rôle d'objet d'un verbe qui se construit avec **de,** on emploie **de qui** pour les personnes et **ce dont** pour les choses:

   —Elle est malade, elle est folle, elle boit trop...
   —Qui?
   —Je ne peux pas vous dire **de qui** je parle.

   —Ils ont besoin de quelque chose?
   —Je crois que oui.
   —Alors, dites-moi **ce dont** ils ont besoin.

4. **Préposition + qui / préposition + quoi:**
   Si l'antécédent est indéfini ou implicite et si le pronom relatif joue le rôle d'objet d'un verbe qui se construit avec une préposition autre que *de,* on emploie **à qui** (**avec qui, pour qui,** etc.) pour les personnes et **à quoi** (**dans quoi, avec quoi,** etc.) pour les choses:

   —Mme Jolisson va vous aider.
   —Comment? Elle va nous donner de l'argent?
   —Non, mais elle va chercher **à qui** vous pourrez vous adresser pour en emprunter.

   —Leur maison est très jolie.
   —Ils ont refait tout l'intérieur.
   —Voyons **avec quoi** ils l'ont refait.

SPECIAL PROBLEM

Interrogatives and relatives

You will notice that the indefinite relative pronouns are closely related to the interrogative pronouns. The following chart underlines the similarities and differences:

	Persons		**Things**	
	Interrogative	Indef. relative	Interrogative	Indef. relative
Subject	Qui?	qui	Qu'est-ce qui?	ce qui
Dir. obj.	Qui?	que	Qu'est-ce que?	ce que
Prep. **de**	De qui?	de qui	De quoi?	ce dont
Other prep.	A qui?	à qui	Avec quoi?	avec quoi
	Avec qui?	avec qui	Sur quoi?	sur quoi

The following exercise will deal only with questions and indefinite relatives used to talk about things.

I. Complétez les phrases suivantes en utilisant les formes du pronom interrogatif et du pronom relatif indéfini qui conviennent.

1. _____ est arrivé à Anne-Marie? Je ne sais pas _____ lui est arrivé.

2. _____ est-ce que tu as besoin? Je ne peux vous dire _____ j'ai besoin.

3. _____ elle cherche? Elle ne m'a pas dit _____ elle cherchait.

4. A_____ fait-elle allusion? Je ne peux pas vous dire _____ elle fait allusion.

J. Complétez les phrases suivantes en utilisant le pronom relatif indéfini qui convient.

▶ —De quoi est-ce qu'ils parlent?
—Je ne sais pas. Demandez-leur...
—*Demandez-leur ce dont ils parlent.*

1. —Qu'est-ce qu'ils ont dit?
—Je ne sais pas. Demandez-leur...

2. —Qu'est-ce qui était sur la table?
—Je ne sais pas. A-t-elle vu...

3. —Qu'est-ce qu'il a dit?
—Je n'ai pas compris...

4. —De quoi est-ce que le jardinier s'est servi pour tailler les arbustes?
—Je ne sais pas...

5. —Qu'est-ce qu'elle a perdu?
—Aucune idée. Demandez-lui...

6. —Avec quoi est-ce qu'un sculpteur travaille?
—Je ne sais pas. Demandez à un sculpteur...

7. —J'ai envie de quelque chose.
—Bon. Dites-moi...

8. —J'ai vu quelqu'un au cinéma.
—Ah, oui. Dis-moi...

9. —Qui est allé au musée avec Florence?
—Je ne sais pas. Demandez à Florence...

10. —Qu'est-ce qui est sous la table?
—Nicolas! Montre-nous...

11. —Dans quoi est-ce qu'on met le linge sale?
—Je ne sais pas. Demandez au ménager...

12. —De qui est-ce qu'elles parlent?
—Je ne sais pas...

13. —Qu'est-ce qu'elle va faire ce soir?
—Aucune idée. Demande-lui...

14. —A qui va-t-il donner sa voiture?
—Il ne m'a pas encore dit...

SPECIAL PROBLEM

Relative pronouns referring to a clause

When the antecedent of a relative pronoun is a *clause* rather than a single word, the indefinite relative pronoun is used. The choice of indefinite pronoun is the same as when the antecedent is indefinite or implicit: it depends on the grammatical function of the pronoun in the relative clause.

On a nommé Mme Tournon directrice de l'entreprise, **ce qui** nous a rendus très heureux.
Il a le courage de ses opinions, **ce que** j'admire beaucoup.
Ce dont j'avais peur s'est produit: on a décidé de fermer notre école.

Quelques cas spéciaux

D'habitude, le verbe d'une proposition relative (c'est-à-dire, le verbe qui suit un pronom relatif) est à un temps de l'indicatif. Il y a pourtant trois situations où on emploie le subjonctif.

1. Si l'antécédent d'une proposition relative est négatif, il faut employer le subjonctif:

   Je **ne** connais **personne** qui **sache** répondre à ma question.
   Il **n'y** a **rien** que vous **puissiez** me dire.

2. Si l'antécédent contient un superlatif **(le plus, le moins)** ou un des adjectifs suivants, **premier, dernier, seul, unique,** on emploie le subjonctif, surtout s'il s'agit d'une opinion:

   C'est **le livre le plus intéressant** que j'**aie** jamais **lu.**
   Voici **la femme la plus intelligente** que nous **connaissions.**
   C'est **la seule question** à laquelle je **puisse** répondre.

   S'il s'agit d'un fait, on emploie l'indicatif:

   C'est **le seul examen** que j'**ai réussi** dans ce cours.

3. Si l'antécédent est indéfini, on emploie le subjonctif:

   Y a-t-il **quelqu'un** qui **puisse** nous aider?
   Je **cherche un hôtel** qui **ait** des prix raisonnables.

   Par contre, si l'antécédent est défini, on emploie l'indicatif:

   Voilà **quelqu'un** qui **peut** nous aider.
   J'ai trouvé un hôtel qui **a** des prix raisonnables.

K. Complétez les réponses suivantes en utilisant un pronom relatif et un verbe à l'indicatif ou au subjonctif:

▶ —Avez-vous vu beaucoup de films cet été?
—Oui, et le meilleur film…, c'est…
—Oui, et le meilleur film que j'aie vu, c'est Star Wars.

1. —Etes-vous obligé(e) de beaucoup lire pour vos cours?
—Oui, mais je voudrais trouver un cours…
—Ah, oui? Eh bien, moi, j'ai trouvé un cours…, c'est…

2. —Qui pourra terminer cet exercice en une minute?
—Il n'y a personne…

3. —Est-ce que vous lisez beaucoup de romans policiers?
—Non. Voici le seul roman policier…

—Moi, si. Le meilleur roman policier…, c'est…

4. —Aimez-vous les villes où on peut se promener dans les rues sans danger?
—Bien sûr. Connaissez-vous une ville…
—Oui, je connais une ville…, c'est…

5. —Suivez-vous des cours difficiles cette année?
—Oui. Le cours le plus difficile…, c'est…

6. —Qu'est-ce qui vous fait vraiment très plaisir?
—Il n'y a rien…
—Moi, si. Il y a quelque chose…, c'est…

7. —Aimez-vous les hommes (les femmes) qui veulent tout faire—la cuisine, la vaisselle, le ménage, la lessive?
—Oui. D'ailleurs, je cherche un homme (une femme)…
—Moi, je connais un homme (une femme)…, c'est… ou Moi, je ne connais personne…

SUMMARY ══

The following chart summarizes the various possible forms of the relative
pronouns. Remember that the choice of a relative pronoun depends on three
factors:

1. Whether the antecedent is a person or a thing.
2. Whether this person or thing is known and specified *(definite)* or unknown
   and unspecified *(indefinite).*
3. What is the grammatical function of the relative pronoun in the relative clause
   (i.e., what words are to follow the pronoun).

	Antécédent	*Sujet*	*Complément d'objet direct*	*Objet d'un verbe* + **de**	*Objet d'un verbe* + *autre préposition*
Definite	*person*	qui	que	dont (de qui)	*prep.* + qui lequel
	thing	qui	que	dont (du quel)	*prep.* + lequel laquelle lesquels lesquelles
Indefinite	*person*	qui	qui	de qui	*prep.* + qui
	thing	ce qui	ce que	ce dont (de quoi)	*prep.* + quoi

Exercices de révision

L. Complétez les phrases suivantes en utilisant
le pronom relatif qui convient.

Nicole? C'est la jeune fille…
 1. nous avons vue à la plage.
 2. le frère travaille à notre banque.
 3. je suis allée en Suisse l'été dernier.

Je ne sais pas…
 4. l'inspecteur cherche.
 5. ils se plaignent.
 6. est arrivé à Jean-Paul.

De quelle couleur est la chaise…
 7. la vieille dame est assise?
 8. vous voulez acheter?
 9. est dans le salon, à côté du bureau?

Nous descendons dans un hôtel…
 10. a plus de trois cents chambres.
 11. Fitzgerald et sa femme ont passé plusieurs étés.
 12. il y a un très joli jardin.

M. Miaux? C'est cet homme distingué…
 13. tout le monde parlait hier soir.
 14. nous avons vu au concert.
 15. nous avons vu le fils à la réception.

Quel est le nom de la boulangerie-pâtisserie…
 16. le propriétaire est algérien?
 17. il y a une pharmacie?
 18. tu as acheté cette délicieuse tarte?

M. Complétez les réponses aux questions suivantes en utilisant un pronom relatif:

▶ —Qui a eu un accident?
—C'est mon frère…
C'est mon frère qui a eu un accident.

1. —Est-ce que tu as acheté quelque chose?
—Oui, voici le maillot de bain…
2. —Qu'est-ce qui s'est passé hier soir?
—Je ne sais pas…
3. —Avec quoi avez-vous ouvert la boîte?
—Voilà le marteau…
4. —Qu'est-ce que vous allez faire samedi soir?
—Je ne sais pas encore…
5. —Avec qui allez-vous voyager cet été?
—Je n'ai pas encore décidé…
6. —De quoi avez-vous besoin pour gagner ce jeu de poker?
—Voici l'as…
7. —Où avez-vous laissé votre valise?
—Voilà la porte derrière…
8. —J'ai gagné le gros lot à la loterie.
—Le jour le plus important de ma vie est le jour…
9. —De qui parliez-vous?
—Voilà le candidat…
10. —Chez qui habitez-vous actuellement?
—Voici les amis…
11. —De quoi avez-vous peur?
—Je ne veux pas vous dire…
12. —Quelle machine avez-vous réparée?
—Voici la machine à laver…
13. —Contre quoi avez-vous trébuché?
—Voici la marche…
14. —Qui avez-vous rencontré hier soir?
—Je préfère ne pas vous dire…
15. —Est-ce que vous vous souvenez de votre premier voyage en Europe?
—Oui. Il y a même une ville…très bien.

N. Complétez la conversation en utilisant les renseignements donnés et le pronom relatif qui convient.

▶ —Voilà Marie.
—Oui, elle vient de rentrer de Chine.
—Ah, c'est elle, l'étudiante…
—Ah, c'est elle, l'étudiante qui vient de rentrer de Chine.

1. —La bouteille était sur la table. Où est-elle?
—Oh, on a cassé…
2. —Cet étudiant s'appelle Jean-Pierre?
—Oui. Tu l'as vu au café avec Louise.
—Ah, c'est lui…
3. —Est-ce que tes parents ont vu *Casablanca?*
—Ah, oui. Ils trouvent que c'est le meilleur film…
4. —Qui est-ce qu'ils ont invité ce soir?
—Aucune idée. Ils ne m'ont pas dit…
5. —Qu'est-ce que le professeur a dit?
—Je ne sais pas. Je n'ai pas entendu…
6. —Nous sommes-nous revus en 1973?
—Oui, quand nous sommes allés au Canada.
—Ah, oui, nous nous sommes revus l'année…
7. —Est-ce que je connais Marguerite?
—Oui, nous avons dîné avec elle à Londres.
—Ah, c'est elle, la jeune femme…
8. —Est-ce qu'ils ont besoin d'argent? de vêtements? de logement?
—Je ne sais pas. Il faut leur demander…
9. —Cette femme est très croyante.
—Oui, elle va à l'église trois fois par jour.
—Mais non. Il n'y a personne…
10. —Lucien travaille cet été, n'est-ce pas?
—Oui, il travaille pour nous.
—Ah, c'est vous, les gens…
11. —Qu'est-ce que vous cherchez?
—Un restaurant. Nous voulons bien manger ce soir.
—Demandez à cette dame s'il y a un restaurant près d'ici…
12. —Est-ce que les sports intéressent les jeunes gens d'aujourd'hui? Ou la musique? Ou la politique?
—Je ne sais pas…

O. Vous et un(e) camarade choisissez une illustration dans chacun des chapitres précédents. En vous inspirant des illustrations, posez-vous des questions qui utilisent les pronoms relatifs donnés ci-dessous.

que	qui
prép. + lequel	où
dont	(tout) ce qui
prép. + qui	(tout) ce que
ce dont	quoi

Expressions idiomatiques

Il y a des souris qui ne **s'intéressent** point **au** fromage.

1. intéresser + *quelqu'un:* to interest someone
s'intéresser à + *quelque chose ou quelqu'un:* to be interested in —, to get interested in —

La musique m'**intéresse.**
Je m'**intéresse à** la musique.

Cela ne les **intéressait** pas.
Vous **intéressez-vous aux** sports? Oui, je **m'y intéresse.**

S'intéresse-t-elle à Jean-Pierre? Non, elle ne **s'intéresse** pas à lui.

Avec l'expression **intéresser,** on emploie un complément d'objet direct **(le, la, les, me, te, nous, vous).** Avec l'expression **s'intéresser à,** on emploie **y** pour parler de *choses* et un pronom accentué **(moi, toi, lui, elle, nous, vous, eux, elles)** pour parler de *personnes.*

Exercices

A. Remplacez le tiret par la forme indiquée de l'expression *(intéresser* ou *s'intéresser à)* qui convient.

1. Ils _____ la littérature moderne. *(présent)*
2. Le commerce nous _____ beaucoup. *(présent)*
3. Quand j'étais jeune, la politique ne _____ pas; je _____ à la politique après les élections de 1968. *(imparfait / passé composé)*
4. Pourquoi _____-vous au théâtre? *(présent)*
5. Ne montrez pas cela à Georges. Cela ne l' __ _____pas. *(futur)*

B. Répondez aux questions suivantes en remplaçant les mots en italique par le pronom qui convient.

1. Est-ce que tu t'intéresses au cinéma? *(oui)*
2. La visite du musée a-t-elle intéressé *tes parents? (oui)*
3. Ton petit frère s'intéresse-t-il *aux cowboys? (non)*
4. Ta petite sœur s'intéresse-t-elle *aux poupées? (non)*

Il préfère souffrir **chez** lui plutôt que d'aller
chez le dentiste.

2. Chez + *non d'une personne:* at the home of, in
the place belonging to, in the books of, in
the culture of, etc.

Venez dîner **chez** moi.
Nous avons acheté du pain **chez** le boulanger.
Chez les esquimaux, la pêche est une activité
nécessaire.
La métaphore joue un rôle important **chez**
Proust.

Après **chez** on emploie un pronom accentué—
moi, toi, etc.

Exercices

C. Complétez les phrases suivantes.

1. Quand je suis fatigué(e), je rentre chez _____.
2. Si je veux acheter du porc, je vais chez _____.
3. Quand j'ai mal aux dents, je vais chez _____.
4. Quelques personnes âgées vont dans des maisons de retraite; mais d'autres préfèrent rester chez _____.
5. Le directeur d'une grande entreprise commerciale invite rarement ses employés à dîner chez _____.

D. Donnez l'équivalent français des phrases suivantes:

1. I have to go to the doctor's.
2. I'll see you at John's.
3. Women play an important role in Renoir's work.
4. Let's have dinner at your house.
5. Among clowns there are many suicides.

Le bûcheron **n'en peut plus.**

3. ne plus en pouvoir: to be worn out, to not be able to do or have or take any more

Je **n'en peux plus.**
Ils **n'en pouvaient plus.**

Exercice

E. Remplacez le tiret par la forme indiquée de *ne plus en pouvoir.*

1. Je voudrais continuer, mais je _____. (*présent*)
2. Elle a quitté son travail. Elle _____. (*imparfait*)
3. Ils _____. Ils faut qu'ils prennent des vacances. (*présent*)
4. Nous _____, alors nous avons décidé de rentrer. (*imparfait*)

Il **se demande** comment il va rétablir un peu d'ordre.

4. se demander: to wonder

Je **me demande** ce qu'ils font ce soir.
Il **s'est demandé** si elle le reconnaîtrait.

Exercices

E. Remplacez le tiret par la forme indiquée de *se demander.*

1. Ils _____ pourquoi tu n'as pas téléphoné. (*présent*)
2. Je _____ si ce cadeau leur plairait. (*passé composé*)
3. Nous _____ si vous aviez reçu notre lettre. (*imparfait*)
4. Elle _____ ce qui se sera passé. (*futur*)

F. Réagissez aux situations suivantes en utilisant les mots entre parenthèses et une forme de *se demander* qui convient.

1. Ils vont faire un voyage l'été prochain?
   Oui, et je _____ (où / aller)
2. Tu n'as pas de nouvelles de tes amis?
   Non, et je _____ (pourquoi / ne pas téléphoner)
3. Elle t'a parlé de moi?
   Oui, elle _____ (ce que / faire ce soir)
4. Vous avez vu Jean-Luc à l'hôpital?
   Oui, et nous _____ (quand / rentrer chez lui)

Tout le monde **s'étonne qu'**il porte tant de
vêtements à la plage.

5. **étonner:** to surprise
   s'étonner de + *quelque chose:* to be surprised
   at
   s'étonner que + *subjonctif:* to be surprised
   that
   s'étonner de + *infinitif:* to be surprised to

Ta timidité l'**étonne.**
Il **s'étonne de** ta timidité.
Il **s'étonne que** tu sois si timide.
Il **s'étonne de** voir combien tu es timide.

Avec **étonner,** on emploie un complément
d'objet direct (**le, la, les,** etc.).

Exercices

H. Remplacez le tiret par la forme indiquée de
l'expression qui convient (*étonner, s'étonner de* ou
s'étonner que).

1. Je _____ ils n'aient pas répondu. (*présent*)
2. Votre habileté nous _____. (*présent*)
3. Elle _____ entendre la nouvelle de la mort de
   M. Charlus. (*passé composé*)
4. Il va quitter sa femme! Cela m'_____. (*conditionnel*)
5. Les spectateurs _____ la beauté du spectacle.
   (*imparfait*)

I. Donnez une réaction possible aux situations
suivantes; utilisez chaque fois une forme différente de (*s'*)*étonner.*

1. Il est très intelligent.
2. Elle a un grand appétit.
3. Ils font beaucoup de voyages.
4. Tu sors avec tes parents.

Dis-moi, mon amour, pourquoi est-ce que les femmes **en veulent aux** hommes?

6. en vouloir à *quelqu'un:* to bear a grudge, to hold it against

Il **en veut** à sa sœur.
Pourquoi **nous en veulent**-ils?
Elle **m'en veut** d'avoir épousé son ancien fiancé.
Ne **lui en veux** pas.

Avec l'expression **en vouloir à,** on emploie un complément d'objet indirect (**lui, leur,** etc.). Pour indiquer *la cause* du ressentiment, on emploie **de** et un infinitif.

Dans la langue parlée, on emploie *veux* et *voulez* à la place des formes impératives *veuille* et *veuillez*.

Exercices

J. Complétez les phrases suivantes en utilisant la forme indiquée d'*en vouloir à*.

1. Pourquoi _____-tu à ta sœur? *(présent)*
2. Il y avait dix ans qu'il _____ ses parents quand ils se sont réconciliés. *(imparfait)*
3. Pardon, monsieur. Ce n'était pas de ma faute! Ne _____ pas. *(impératif)*
4. Ils nous _____ d'avoir tué leur chien. *(présent)*
5. Attention! Si tu lui dis la vérité, il _____. *(futur)*

K. Vous en voulez à quelqu'un. Dites à qui, pour quelles raisons, depuis combien de temps, si c'est réciproque, etc. Utilisez l'expression *en vouloir à*.

Son chapeau **lui va** comme un gant.

7. aller à + *quelqu'un:* to fit, to look well on, to suit

Ce chapeau **me va** bien.
Ses nouvelles chaussures ne **lui vont** pas.
Demain soir nous verrons le nouveau film de Godard. Cela **vous va?**

On emploie un complément d'objet indirect **(me, te, nous, vous, lui, leur)** avec **aller à.**

Exercices

L. Remplacez le tiret par le pronom qui convient.

1. J'aime beaucoup ta nouvelle chemise. Elle _____ va très bien.

2. Pourquoi a-t-il acheté ce pantalon? Il ne _____ va pas du tout.
3. Regarde mes nouveaux gants. _____ vont-ils bien?
4. Aller dîner à minuit! Ah, non, cela ne _____ va pas. Nous préférons aller plus tôt.
5. Essayez cette robe pour voir si elle _____ va.

M. Réagissez aux situations suivantes en utilisant une forme d'*aller à* qui convient.

1. Vos amis vous disent: «Nous ne voulons pas aller au théâtre; nous préférons voir un film.»
2. Votre amie essaie une robe qui est trop longue et dont les couleurs sont moches: «Que penses-tu de cette robe?»
3. On vous donne des chaussures qui sont trop petites, mais qui sont à la mode et les moins chères du magasin: «Vous aimez celles-ci?»
4. Le professeur annonce à la classe: «Je vais changer le jour de l'examen. Ce ne sera pas vendredi; ce sera demain.»

Son travail? **N'importe qui** pourrait le faire mieux que lui.

8. **n'importe qui:** anyone, no matter who
   n'importe quoi: anything, no matter what
   n'importe où: anywhere, no matter where
   n'importe quand: anytime, no matter when
   n'importe comment: no matter how, in any way
   n'importe quel + *nom:* just any —

N'importe qui peut apprendre à parler français.
Il fera **n'importe quoi** pour réussir.
J'irais **n'importe où** pour trouver une bonne tasse de café.
A quelle heure voulez-vous que nous venions? Venez **n'importe quand.**
Ne faites pas vos devoirs **n'importe comment.**
On peut acheter ces articles dans **n'importe quel** magasin.

On emploie l'*indicatif* après toutes ces expressions.

Exercices

N. Remplacez le tiret par une forme de *n'importe — qui* convient. Il y a parfois plus d'une réponse possible.

1. Je vais partir. J'irai _____, mais je vais partir.
2. Achetez ces disques à _____ prix.
3. _____ pourrait trouver la solution.
4. Il ferait _____ pour ne pas perdre sa situation.
5. Vous pourrez me téléphoner à _____ heure du soir.
6. C'est curieux! Il travaille _____ mais les résultats sont souvent très bons.
7. Qu'est-ce que tu veux comme boisson? _____.
8. Je vous aiderai _____.

O. En vous inspirant de votre expérience personnelle, écrivez des phrases qui utilisent les expressions suivantes:

n'importe qui   n'importe où
n'importe quoi   n'importe comment

n'importe quand
n'importe quel(le)

L'arrivée à Marseille

Simone de Beauvoir (1908–) est une des femmes écrivains de ce siècle les plus connues du monde. Philosophe étroitement liée à Sartre et à l'existentialisme, elle a également participé de manière engagée au mouvement féministe en France. Dans ce passage extrait de *La Force de l'âge* qui fait partie de la série de récits autobiographiques, Simone de Beauvoir vient de terminer ses études de philosophie. Elle est nommée professeur dans un lycée de Marseille, époque dont elle garde un vif souvenir.

Je me rappelle mon arrivée à Marseille comme si elle avait marqué dans mon histoire un tournant° absolument neuf.

J'avais laissé ma valise à la consigne° et je m'immobilisai en haut du grand escalier. «Marseille», me dis-je. Sous le ciel bleu, des tuiles° enso-
5 leillées, des trous d'ombre°, des platanes° couleur d'automne; au loin des collines et le bleu de la mer; une rumeur montait de la ville avec une odeur d'herbes brûlées et des gens allaient, venaient au creux des° rues noires. Marseille. J'étais là, seule, les mains vides, séparée de mon passé et de tout ce que j'aimais, et je regardais la grande cité inconnue où j'allais sans
10 secours tailler° au jour le jour ma vie. Jusqu'alors, j'avais dépendu étroite- ment d'autrui°; on m'avait imposé des cadres et des buts; et puis, un grand bonheur m'avait été donné. Ici, je n'existais pour personne; quelque part, sous un de ces toits, j'aurais à faire quatorze heures de cours chaque semaine: rien d'autre n'était prévu pour moi, pas même le lit où je dor-
15 mirais; mes occupations, mes habitudes, mes plaisirs, c'était à moi de les inventer. Je me mis à descendre l'escalier; je m'arrêtais à chaque marche, émue° par ces maisons, ces arbres, ces eaux, ces rochers, ces trottoirs qui peu à peu allaient se révéler à moi et me révéler à moi-même.

Sur l'avenue de la gare, à droite, à gauche, il y avait des restaurants aux
20 terrasses abritées° par de hautes verrières°. Contre une des vitres, j'aperçus un écriteau: «Chambre à louer.» Ce n'était pas une chambre selon mon cœur: un lit volumineux, des chaises et une armoire; mais je pensai que la grande table serait commode pour travailler, et la patronne me proposait un prix de pension° qui me convenait. J'allai chercher ma valise, et je la
25 déposai° au Restaurant de l'Amirauté. Deux heures plus tard, j'avais rendu visite à la directrice du lycée, mon emploi du temps était fixé; sans con- naître Marseille, déjà j'y habitais. Je partis à sa découverte.

J'eus le coup de foudre°. Je grimpai sur toutes ses rocailles°, je rôdai° dans toutes ses ruelles°, je respirai le goudron° et les oursins° du Vieux-
30 Port, je me mêlai aux foules de la Canebière, je m'assis dans des allées, dans des jardins, sur des cours paisibles où la provinciale odeur des feuilles

un tournant: *turning point*
la consigne: *baggage room*
des tuiles: *roof tiles*
des trous d'ombre: *pockets of shade*
des platanes: *plane trees*
au creux de: *in the hollow of*

tailler: *to cut out*
autrui: *others*

émue: *moved, touched*

abritées: *sheltered*
verrières: *glass canopies*

pension: *room and board*
déposer: *to drop off*
le coup de foudre: *love at first sight*
les rocailles: *rock-work*
rôder: *to prowl*
les ruelles: *narrow streets*
le goudron: *tar*
les oursins: *sea urchins*

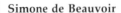

mortes étouffait celle du vent marin. J'aimais les tramways brimbalants°, où s'accrochaient des grappes° humaines, et les noms inscrits à leur front: la Madrague, Mazargue, les Chartreux, le Roucas-Blanc°. Le jeudi matin,
35 je pris un des autobus «Mattéi» dont le terminus se trouvait tout près de chez moi. De Cassis à La Ciotat°, je suivis à pied des falaises cuivrées°; j'en éprouvai° de tels transports° que lorsque je remontai, le soir, dans un des petits cars verts, je n'avais plus qu'une idée en tête: recommencer. La passion qui venait de me mordre° m'a tenue pendant plus de vingt ans,
40 l'âge seul en est venu à bout°; elle me sauva cette année-là de l'ennui, des regrets, de toutes les mélancolies et changea mon exil en fête.

Simone de Beauvoir, *La Force de l'âge* © Editions Gallimard

brimbalants: *wobbling*
les grappes: *bunches (usually, of grapes)*
la Madrague...le Roucas-Blanc: sections of Marseille
Cassis, la Ciotat: towns on the Mediterranean Coast
des falaises cuivrées: *copper-colored cliffs*
éprouver: to experience
transports: *bursts of emotion*
mordre: *to bite*
en venir à bout: *to get the better of*

Compréhension

A. Répondez à ces questions portant sur l'ensemble du passage.

1. Quelle est l'importance de cet événement (l'arrivée à Marseille) pour Simone de Beauvoir?
2. De quels détails pratiques s'est-elle occupée d'abord?
3. Comment a-t-elle fait connaissance avec la ville?
4. Qu'est-ce qu'elle a fait son premier jeudi à Marseille?
5. Quel sentiment éprouvait-elle à l'égard de la ville? Pourquoi?

B. En relisant le passage, faites les exercices suivants.

1. La plupart des verbes de cet extrait sont au passé littéraire (le passé simple). Pour chacun des verbes suivants, donnez l'infinitif: je m'immobilise, je me dis, je me mis, j'aperçus, j'allai, je partis, j'eus, je m'assis, je pris, je suivis, je remontai.
2. Trouvez un exemple des pronoms relatifs suivants: *ce que, où, qui, dont.* Donnez-en les antécédents.
3. Le mot *en* peut jouer le rôle grammatical d'un pronom ou d'une préposition. Dans les deux dernières phrases de l'extrait (l. 36–l. 41), *en* apparaît quatre fois. Pour chaque exemple, indiquez si c'est un pronom ou une préposition et donnez l'équivalent anglais de la phrase dans laquelle *en* se trouve.

C. Relisez le passage et essayez de répondre aux questions suivantes:

1. Qu'est-ce que Simone de Beauvoir a fait dès son arrivée à Marseille? Quelles images, quels sentiments ont marqué ce premier contact avec la ville?
2. Comment ce moment de sa vie différait-il de ce qui l'avait précédé? Quel sentiment marque ce moment pour elle? Quels exemples en donne-t-elle?
3. Quels rapports se sont développés entre elle et la ville?

4. Comment a-t-elle trouvé une chambre? Cette chambre correspondait-elle à ce qu'elle avait imaginé? Pourquoi l'a-t-elle prise?
5. Pourquoi est-elle allée voir la directrice du lycée? Quel sentiment avait-elle après ce rendez-vous?
6. Qu'est-ce qu'elle veut dire par «J'eus le coup de foudre»? Par quels moyens a-t-elle essayé de connaître la ville?
7. Jeudi matin, comment est-elle allée de Marseille à Cassis? de Cassis à la Ciotat? Quel désir avait-elle en rentrant à Marseille le soir?
8. Pourquoi aimait-elle tant faire des excursions? Pendant combien de temps cette passion a-t-elle duré? Pourquoi Simone de Beauvoir a-t-elle dû y renoncer?

Discussion

A. Pour Simone de Beauvoir, l'arrivée à Marseille présente quelque chose de spécial. Cet événement marque pour elle «un tournant absolument neuf». A votre avis, quelle est la nature de ce tournant? Que pouvez-vous déduire de ce passage sur la personnalité de l'auteur?

B. Sujet d'exposé ou de rédaction: Racontez «un tournant neuf» dans votre vie. Si c'est possible, associez cet événement à une arrivée.

La France en bicyclette

1. La fin de l'année universitaire

1. Quel moment de l'année est-ce?
2. Où sont Francine et Robert? Comment sont-ils habillés? Que font-ils?
3. Comment Francine veut-elle passer les vacances?
4. Robert a-t-il les mêmes idées? Pourquoi ou pourquoi pas?
5. Comment savez-vous que les projets de Francine l'ont emporté sur ceux de son ami?
6. Décrivez le patron du magasin de vélos.
7. Quelles différences y a-t-il entre les deux bicyclettes? Pourquoi Francine a-t-elle acheté le modèle super?
8. Robert a-t-il l'air enthousiaste?

La fin de l'année universitaire

Au café
> **une rue piétonne** street reserved for pedestrians
>> **des lampadaires** *(m. pl.)*
>> **la terrasse d'un café**
>> **la serveuse** waitress

> **l'étudiant (Robert)**
>> **être intellectuel**
>>> **tourné vers la lecture**
>> **faire des lettres** to study humanities
>> **passer l'été à** + *inf.*
>>>> **s'instruire**
>>>> **travailler à la bibliothèque**

> **l'étudiante (Francine)**
>> **établir un itinéraire**
>> **être active**
>>> **très à la mode**
>> **porter un bandeau autour de la tête pour relever ses cheveux**
>> **passer l'été à** + *inf.*
>>>> **visiter la France en bicyclette**
>> **regarder une carte de France**

Au magasin de vélos
> **le magasin**
>> **une bicyclette (un vélo)** bicycle (bike)
>> **la devanture** front of store
>> **un vélo suspendu dans la vitrine**
> **le patron**
>> **une blouse de travail**
>> **une clé à molette** wrench
>> **vendre** *qqch.* **à** *qqn*

> **Francine**
>> **acheter le modèle super**
>> **payer** *qqch.* **beaucoup plus cher**
>> **l'emporter** to win out
>> **prendre le haut de la gamme** to take the top of the line
>> **le vélo**
>>> **la chaîne**
>>> **les freins**
>>> **les pneus** *(m. pl.)* tires
>>> **les roues** *(f. pl.)* wheels
>>> **la selle** seat
>>> **les vitesses** *(f. pl.)* speeds

> **Robert**
>> **acheter une bicyclette en promotion**
>> **ne pas être convaincu (que** + *subjonctif***)**
>> **hésiter à** + *inf.*
>> **manquer d'enthousiasme pour** *qqch.*

2. En route!

1. A quel moment de la journée Francine et Robert partent-ils en vacances?
2. Prennent-ils le train?
3. Comment savez-vous qu'ils sont près de Paris?
4. Que portent Robert et Francine sur le dos? et sur les vélos?

5. Pourquoi Robert ne s'amuse-t-il pas?
6. Pourquoi Francine a-t-elle l'air heureuse?
7. Qu'est-ce qui est arrivé à Robert? Où étaient-ils?
8. Qu'est-ce qu'il doit faire?
9. Pourquoi a-t-il du mal à le faire? Comment Francine l'aide-t-elle?

En route!

Les vacances commencent
    le départ de Paris
        une borne kilométrique mileage marker
        être à … km de …
        indiquer la distance de … à …
    partir en bicyclette
            à vélo
            très tôt le matin
    voir la silhouette de la ville
        la Tour Eiffel
        la Tour Montparnasse

Francine
    avoir l'habitude (de + *inf.*)
    pédaler tranquillement
    prendre plaisir à *qqch.* ou à + *inf.*

Robert
    ne pas avoir l'entraînement to not have
      the practice
    avoir de la peine à + *inf.*
    ne pas être en bonne forme to not be in
      shape
    souffrir

Un contretemps mishap
    un petit village
        un château
        une église
        un mur de pierre

Francine
    encourager *qqn*
    tenir
        la pompe à vélo

Robert
    avoir un pneu crevé to get a flat tire
        un trou
    ne pas avoir les outils nécessaires
    faire une réparation
        démonter la roue
        mettre une nouvelle chambre à air
        remonter la roue
        sortir la chambre à air

3. La descente de la Garonne

1. Comment Francine et Robert font-ils cette étape de leur voyage?
2. Où va la péniche?
3. Que fait le capitaine?
4. Où est Robert?
5. Apprécie-t-il le paysage? Pourquoi ou pourquoi pas?
6. Que fait Francine?
7. Comment est-elle habillée?
8. Qu'est-ce qu'on voit au bord de la rivière?
9. Où se trouve la famille avec le petit garçon? Les reconnaissez-vous?
10. Pourquoi la mère de l'enfant s'inquiète-t-elle?
11. Comment se sent son mari?

La descente de la Garonne

une péniche
    le capitaine
      piloter le bateau
    descendre la rivière
    passer à travers les villages
    un voyage assez lent
              pittoresque
              tranquille

Francine
    se bronzer
    des lunettes *(f. pl)* de soleil
    se mettre en deux pièces to put on her two-piece swimsuit
    mettre de la crème solaire
    une serviette de bain

Robert
    appuyé contre la cabine
    ne pas faire attention au paysage
    se perdre dans ses lectures

la famille Bellœil
    le fils, Mathieu
      monter à l'avant de la péniche
    Mme Bellœil
      avoir peur que + *subj.*
      s'inquiéter (au sujet de)
      réprimander *qqn*

    M. Bellœil
      avoir le mal de mer
      être sur le point de vomir

4. A Saintes-Maries de la Mer

1. Dans quelle région de la France se trouvent les deux étudiants?
2. Pour quelle occasion?
3. Comment célèbre-t-on cette fête?
4. Que porte le couple gitan?
5. Où habitent-ils?
6. Que font-ils maintenant?
7. Qu'est-ce que Francine regarde?
8. Que fait la diseuse de bonne aventure?
9. Quelle est la réaction de Robert? A votre avis, pourquoi a-t-il cette réaction?
10. Est-ce que vous reconnaissez les touristes?

A Saintes-Maries de la Mer

Saintes-Maries de la Mer
> **la Camargue** swampy and sandy delta of the Rhone, west of Marseille
> **une église fortifiée**
> **dans le Midi** in the South of France

la fête
> **le pèlerinage des gitans** gypsy pilgrimage
>> **les 24 et 25 mai**

les gitans *(m. pl.)* gypsies
> **danser la farandole sur une musique de flamenco**
> **la diseuse de bonne aventure** fortune teller
>> **lire dans les lignes de la main**
>> **prédire l'avenir**
> **le gitan**
>> **avoir les cheveux crépus** to be frizzy-haired
>>> **le teint mat**   dark-skinned
> **la gitane**
>> **porter**
>>> **des bracelets** *(m. pl.)*
>>> **un caraco** blouse
>>> **des colliers** *(m. pl.)*
> **la roulotte** house on wheels

Francine
> **regarder** *qqch.* **ou** *qqn* **avec intérêt**

Robert
> **être apeuré**   } to be frightened
>> **effrayé (de** *qqch.***)** } (by)

les touristes *(m. pl)*
> **assister à la fête** to attend the festival
> **s'habiller en gitans**

5. Dans le bois

1. Quel temps fait-il?
2. Où sont Francine et Robert?
3. Pourquoi se sont-ils arrêtés à un château où ils ne connaissent personne?
4. Quelle impression avez-vous du château?
5. Qu'est-ce que Francine vient de faire?
6. Qui a ouvert la porte?
7. Qu'est-ce qu'elle lui a demandé?
8. Comment lui répond-il?
9. Que fait Robert? Comment est-il?
10. Qu'est-ce qu'on voit à la fenêtre du château? A votre avis, qui est-ce?

Dans le bois

dans le bois
    un château
        en bon état
        lugubre gloomy
        triste
    à la fenêtre
        épier
        tirer les rideaux
    les voyageurs
        s'abriter to take refuge
        chercher refuge chez l'habitant
        être surpris par l'orage *(m.)*
    la pluie
        il pleut à grosses gouttes

Francine
    demander l'hospitalité à *qqn*
    toquer à la porte to knock at the door

Robert
    claquer des dents to have his teeth chatter
    être frigorifié to be frozen
        trempé   soaked
    grelotter to shiver
        de froid
        de peur

le beau-frère
    dire à *qqn* de + *inf.*
        déguerpir to scram
        s'éloigner
        partir au plus vite
    faire des menaces *(f. pl.)*
    refuser à *qqn* l'hospitalité

6. Dans les montagnes

1. Où Francine et Robert passent-ils la nuit?
2. Est-ce qu'ils descendent dans un hôtel?
3. Où ont-ils planté leurs tentes?
4. De quoi se sont-ils servis pour les planter?
5. Qu'est-ce qui s'est passé pendant qu'ils dormaient sous leurs tentes?
6. Quelle a été la réaction de Robert?
7. Que pense Francine de cet incident?
8. Qu'est-ce que Robert sera obligé de faire?
9. A votre avis, Francine lui donnera-t-elle un coup de main?
10. Qu'est-ce qui reste du repas du soir?

Dans les montagnes

le camping
  le feu de camp
    éteint gone out
    la vaisselle de la veille the previous day's
      dishes
  planter les tentes (*f. pl.*)
    au bord d'un chemin
    près d'une rivière
    près d'un pont en bois
  la tente
    une corde
    un piquet stake
    une sardine pin

le berger shepherd
  garder les moutons (*m. pl.*)
  porter
    une cape
    un chapeau plat
  regarder les campeurs

le mouton
  entrer dans la tente
  faire des dégâts to cause damage
  mettre la tente par terre
  renverser *qqch.* to knock over
  réveiller *qqn*

Francine
  s'amuser de la scène
  donner un coup de main à *qqn* to help
  dormir bien
  prendre la situation à la rigolade to take the
    situation lightly
  sorter de la tente en riant

Robert
  être réveillé
  remonter sa tente
  sortir de la tente en hurlant

L'EXPANSION PAR RELATION

7. Aux vendanges

1. Comment Francine et Robert passent-ils le mois de septembre?
2. Où dorment-ils?
3. Pourquoi Robert ne veut-il pas se lever le matin? Qu'est-ce que Francine est obligée de faire?
4. Que font-ils dans les vignes?
5. Pourquoi ce travail est-il dur?
6. Que font-ils après avoir cueilli le raisin?
7. Aiment-ils ce travail?
8. Que font-ils au lieu de se coucher de bonne heure?
9. Francine et Robert s'amusent-ils tous les deux?
10. Reconnaissez-vous les deux autres femmes?

Aux vendanges

faire les vendanges (*m. pl.*) to harvest grapes
  un dortoir dormitory
  Francine
    se réveiller tôt
          toute seule
    réveiller *qqn* **en lui montrant le soleil**
  Robert
    avoir du mal à se lever
    lire très tard la veille
      une lampe de poche
    vouloir faire la grasse matinée to want to
    sleep late

dans les vignes
  Francine et Robert
    couper le raisin
      un sécateur pruning scissors
    cueillir le raisin to pick the grapes
    déverser le raisin dans un contenaire
    récolter les grappes to harvest the
      bunches (of grapes)
    vendanger to harvest (grapes)
  un travail pénible hard work
    avoir le dos courbé
    être baissé
    il fait très chaud
    porter une hotte sur le dos
    le soleil
      taper to beat down

la pression
  une cuve en bois wooden vat
    écraser le raisin avec les pieds
    le jus de raisin
      sortir par le robinet
  système archaïque
  Francine et Robert
    avoir l'air de s'amuser
    ne pas apprécier de se salir les pieds to
    not like getting his feet dirty
    être pieds nus

Après une dure journée de travail
  la salle principale de la ferme
  les vendangeurs
    boire du vin
    fêter la fin des vendanges
    raconter des histoires
    se reposer
  Francine
    s'amuser énormément
    prendre plaisir à + *inf.*
    se tordre de rire
  Robert
    avoir l'air fatigué
    s'ennuyer
    être dans un coin
    ne pas participer
  Nancy
    avoir l'air furieuse
      les bras croisés
    être debout
    froncer les sourcils
  Anne
    participer à la fête
    rire de bon cœur to laugh heartily

8. Dans la vallée du Rhône

1. Cette fois, où Francine et Robert ont-ils planté leurs tentes?
2. Où est Francine? Qu'est-ce qu'elle vient de faire?
3. Que fait-elle maintenant?
4. Pourquoi Robert ne mange-t-il pas?
5. Qu'est-ce qu'il vient de faire?
6. Qui arrive? Les reconnaissez-vous?
7. Qu'est-ce qu'ils sont en train de faire?
8. Quelles différences remarquez-vous entre le père, la mère et les enfants?
9. Qu'est-ce qui se passe près du fleuve? Qu'est-ce qu'on voit au loin?

Dans la vallée du Rhône

sur les bords du Rhône
    des vaches *(f. pl.)* cows
      qui paissent (paître) that are grazing (to graze)
    sur le Rhône
      faire du kayak
    le TGV (Train à Grande Vitesse)
      rouler à toute vitesse
          à travers la campagne entre Paris et Marseille

Francine
    être assise au pied d'un arbre
    boire à une gourde de peau
    manger des sardines *(f. pl)*
      une boîte ouverte
      un canif pocket knife
    planter une hache dans l'arbre

Robert
    attendre *qqch.* **avec impatience**
    avoir mal aux pieds
    enlever ses chaussettes
          ses chaussures
    être exténué to be exhausted
    se mettre par terre

les marcheurs *(m. pl.)* hikers
    faire de la marche à pied
        de la randonnée } to go hiking

M. Tiger, le ménager
    un bâton de marche walking stick
    être essouflé to be out of breath
    porter le bébé sur son dos

Mme Tiger
    avoir l'air épanouie

9. De retour à Paris

1. Comment savez-vous que Francine et Robert sont de retour à Paris?
2. Qui attend l'autobus?
3. Que fait la femme en pantalon et en bottes?
4. Devant quoi Francine s'émerveille-t-elle donc?
5. Où est la moto?
6. A quoi rêve-t-elle sans doute?
7. Quelle est la réaction de Robert? A quoi pense-t-il sans doute?
8. Reconnaissez-vous le vendeur de ballons? Comment expliquez-vous qu'il vende maintenant des ballons?

De retour à Paris

le quartier Saint-Germain
  Rive Gauche
  un arrêt d'autobus
    un militaire
      un béret
      un uniforme
  une femme habillée à la mode
    promener son chien en laisse to walk her
      dog on a leash
  un vendeur de ballons
    quitter son travail
    trouver un nouvel emploi

Francine
  faire toute l'Europe to go all over Europe
  une moto à vendre
    stationnée au bord du trottoir
  repartir

Robert
  avoir horreur de *qqch.* ou de + *inf.*
  être effrayé à l'idée de + *inf.*
  ne penser qu'à *qqch.* ou à + *inf.*
  retrouver le calme de la bibliothèque

Communication

Activités

A. Avec un(e) camarade, préparez-vous à jouer une scène semblable à celle du dialogue. *Suggestion:* La femme du ménager *(Chapitre 4)* téléphone à la maison pour savoir si tout va bien; son mari lui raconte de façon amusante les événements de la journée.

B. La phrase qui ne finit pas: Utilisez des pronoms relatifs pour inventer des phrases aussi longues que possible. Modèle: *Hier, dans les grands magasins, j'ai vu une femme qui est allée au rayon des chapeaux où elle a acheté un chapeau sur lequel il y avait un oiseau dont les ailes étaient d'une couleur que j'avais vue pour la première fois quand j'étais allée à Paris avec ma cousine qui...*

C. Le jeu des catégories: Vous vous divisez en petits groupes. Le professeur choisit quatre ou cinq lettres, et un nombre égal de catégories. Il s'agit de trouver pour chaque lettre un mot qui puisse entrer dans la catégorie nommée. En plus, on essaye de trouver une réponse qui est différente de celle des autres groupes. Par conséquent, si on trouve plusieurs mots pour une lettre, il faut choisir celui qui est le plus rare. (Si on veut compter les points, plus il y a de groupes avec la même réponse, moins chaque groupe gagne de points.) *Suggestions pour les catégories:* animaux, outils, objets qu'on trouve à la cuisine, expressions négatives, verbes conjugués avec **être,** expressions suivies du subjonctif, vêtements de femme, articles de sport, parties du corps, etc.

D. Narration: Vous êtes Francine ou Robert. Racontez les vacances que vous avez passées ensemble de votre point de vue. N'oubliez pas d'identifier les personnages des autres Histoires en images que vous avez recontrés au cours de votre voyage.

APPENDIX

Verbs

Simple tenses

The Present Tense (Le Présent)

Infinitives Ending in **-er**

Stem	English Equivalent	Endings		Conjugation	
regardér	I look,	-e	-ons	je regarde	nous regardons
	do look,	-es	-ez	tu regardes	vous regardez
	am looking	-e	-ent	elle regarde	ils regardent

Infinitives Ending in **-ir**

Stem	English Equivalent	Endings		Conjugation	
choisir	I choose,	-is	-issons	je choisis	nous choisissons
	do choose,	-is	-issez	tu choisis	vous choisissez
	am choosing	-it	-issent	elle choisit	ils choisissent

Infinitives Ending in **-re**

Stem	English Equivalent	Endings		Conjugation	
répondré	I answer,	-s	-ons	je réponds	nous répondons
	do answer,	-s	-ez	tu réponds	vous répondez
	am answering	–	-ent	elle répond	ils répondent

The three patterns shown above represent regular verbs. For irregular verbs, see tables pp. 414–420.

The Imperfect Tense (L'Imparfait)

Stem	English Equivalent	Endings		Conjugation	
nous regardons	I looked,	-ais	-ions	je regardais	nous prenions
	used to look,	-ais	-iez	tu choisissais	vous sortiez
	was looking	-ait	-aient	elle allait	ils vendaient

Exception: être   **Stem:** ét-   j'étais

The Future Tense (Le Futur)

Stems	English Equivalent	Endings		Conjugation	
regarder	I will look	-ai	-ons	je regarder**ai**	nous chanter**ons**
choisir		-as	-ez	tu choisir**as**	vous permettr**ez**
répondré		-a	-ont	elle prendr**a**	ils s'amuser**ont**

Irregular Future Stems

aller: ir-	faire: fer-	savoir: saur-
courir: courr-	falloir: faudr-	valoir: vaudr-
devoir: devr-	pleuvoir: pleuvr-	vouloir: voudr-
envoyer: enverr-	pouvoir: pourr-	venir: viendr-
être: ser-	recevoir: recevr-	voir: verr-

The Conditional Tense (Le Conditionnel)

Stem	English Equivalent	Endings		Conjugation	
regarder	I would look	-ais	-ions	je regarder**ais**	nous chanter**ions**
choisir		-ais	-iez	tu finir**ais**	vous permettr**iez**
répondré		-ait	-aient	elle prendr**ait**	ils s'amuser**aient**

The irregular conditional stems are the same as the irregular future stems.

The Present Subjunctive (Le Présent du Subjonctif)

Stem	English Equivalent	Endings		Conjugation	
ils regard**ent**	I look, do look,	-e	-ions	*que* je regard**e**	*que* nous sort**ions**
	am looking,	-es	-iez	*que* tu choisiss**es**	*que* vous dis**iez**
	may look	-e	-ent	*qu'*elle répond**e**	*qu'*ils se lèv**ent**

Irregular Subjunctive Forms

aller: *que* j'aille	faire: *que* je fasse	savoir: *que* je sache
avoir: *que* j'aie	falloir: *qu'*il faille	vouloir: *que* je veuille
être: *que* je sois	pouvoir: *que* je puisse	

Stem changes (nous *and* vous *forms*)

aller: j'aille, nous allions	prendre: je prenne, nous prenions
avoir: j'aie, nous ayons	venir: je vienne, nous venions
être: je sois, nous soyons	vouloir: je veuille, nous voulions

Compound tenses

For each simple tense, there is a corresponding compound tense formed by conjugating the auxiliary verb **avoir** or **être** in the appropriate simple tense and adding the past participle. The choice of auxiliary verb is dictated by the main verb.

1. Most verbs are conjugated with **avoir.**
2. All pronominal verbs are conjugated with **être.**
3. The following verbs (for the most part, verbs of motion) are conjugated with **être** when used alone (without an object) or with a preposition (with an indirect object):

aller	monter	passer	revenir
arriver	mourir	rentrer	sortir
descendre	naître	rester	tomber
devenir	partir	retourner	venir
entrer			

When the verbs of this latter group have a direct object, they are conjugated with **avoir:**

Je suis monté.   **But:** J'ai monté l'escalier.

Il est sorti de la maison.   Il a sorti son mouchoir.

Formation of the Past Participle

Past participles of regular verbs

Infinitives ending in *-er:* regardeŕ → regardé
Infinitives ending in *-ir:* choisiŕ → choisi
Infinitives ending in *-re:* répondŕé → répond**u**

Past participles of some irregular verbs

s'asseoir: assis	dire: dit	mourir: mort	recevoir: reçu
boire: bu	écrire: écrit	naître: né	savoir: su
connaître: connu	faire: fait	ouvrir: ouvert	venir: venu
courir: couru	falloir: fallu	pleuvoir: plu	vivre: vécu
craindre: craint	lire: lu	pouvoir: pu	voir: vu
croire: cru	mettre: mis	prendre: pris	vouloir: voulu
devoir: dû			

The Passé Composé

Formation: Present tense of auxiliary verb + past participle
English equivalent: I looked, did look, have looked

j'**ai** regardé	nous **sommes** arrivés[1]
tu **as** choisi	vous **avez** écrit
il **est** parti	elles se **sont** levées

The Pluperfect (le Plus-Que-Parfait)

Formation: Imperfect tense of auxiliary verb + past participle
English equivalent: I had looked

j'**avais** regardé	nous **étions** arrivés
tu **avais**choisi	vous **aviez** écrit
il **était** parti	elles s'**étaient** levées

The Future Perfect (le Futur Antérieur)

Formation: Future tense of auxiliary verb + past participle
English equivalent: I will have looked

j'**aurai** regardé	nous **serons** arrivés
tu **auras** choisi	vous **aurez** écrit
il **sera** parti	elles se **seront** levées

The Conditional Past (le Passé du Conditionnel)

Formation: Conditional tense of auxiliary verb + past participle
English equivalent: I would have looked

j'**aurais** regardé	nous **serions** arrivés
tu **aurais** choisi	vous **auriez** écrit
il **serait** parti	elles se **seraient** levées

The Past Subjunctive (le Passé du Subjonctif)

Formation: Present subjunctive of auxiliary verb + past participle
English equivalent: I looked, did look, (may) have looked

que j'**aie** regardé	*que* nous **soyons** arrivés
que tu **aies** choisi	*que* vous **ayez** écrit
*qu'*il **soit** parti	*qu'*elles se **soient** levées

---

[1] See p. 408 for a discussion of past participle agreement in compound tenses.

Formation of Literary Verb Tenses

The Past Definite (le Passé Simple)

For a complete discussion of this tense, its formation, meaning, and irregular forms, see pp. 177–178.

Le Passé Antérieur (no corresponding tense in English)

Formation: *Passé simple* of auxiliary verb + past participle
English equivalent (the pluperfect): I had looked

j'**eus** regardé	nous **fûmes** arrivés
tu **eus** choisi	vous **eûtes** écrit
il **fut** parti	elles se **furent** levées

Verbs with Spelling Changes

There are certain regular verbs which undergo spelling changes in certain forms. These spelling changes are linked to pronunciation. Once the basic sound problems have been recognized, these verbs should pose no difficulty.

1. c → ç
   The letter **c** is pronounced like an **s** before the vowels **e** and **i** and like a **k** before **a, o,** and **u.** Therefore, in order to maintain the **s** sound in verbs ending in **-cer,** a cedilla is added to those forms whose endings begin with **a** or **o.** Some verbs in this category are **commencer, effacer, menacer, s'efforcer:**

   je commence, nous commençons
   je commençais, nous commencions
   je commençai, ils commencèrent

2. g → ge
   The letter **g** is pronounced like the **s** in *measure* before **e** and **i** and like the **g** in *game* before **a, o,** and **u.** Therefore, in order to maintain the soft sound of verbs ending in **-ger, g** becomes **ge** in those forms whose endings begin with **a** or **o.** Some verbs in this group are **changer, manger, plonger, songer:**

   je mange, nous mangeons
   je mangeais, nous mangions
   je mangeai, ils mangèrent

3. **y → i**

   Verbs ending in **-yer** maintain the **y** sound (as in *yes*) only if the following syllable is pronounced. When the following syllable contains a mute **e**, **y** becomes **i**. The most common verbs of this sort are **balayer, employer, s'ennuyer, essayer, nettoyer, payer**[2]:

   > j'emploie, nous employons
   > qu'il emploie, que vous employiez
   > j'emploierai, nous emploierons

4. **e → è**

   When an infinitive ends in **e** + *a consonant* + **er**, the first **e** is mute when the verb ending is sounded. However, if the syllable following this **e** also contains a mute **e**, then the first **e** is written **è** and is pronounced. Common verbs in this group include **acheter, se lever, mener, se promener**: .

   > je me lève, nous nous levons
   > qu'il se lève, que vous vous leviez
   > je me lèverai, nous nous lèverons

5. **é → è**

   A verb whose infinitive ends in **é** + *a consonant* + **er** follows the same pattern as the verbs in Group 4 with one exception. These verbs maintain the **é** in the future and conditional; however, the forms are pronounced as if the **é** had become **è**. Verbs in this group include **espérer, préférer, répéter, suggérer:**

   > j'espère, nous espérons
   > qu'il espère, que vous espériez
   > **but:** j'espérerai, nous espérerons

6. **t → tt, l → ll**

   Certain verbs—such as **jeter** and **(s)'appeler**—double the consonant if the following syllable is not pronounced. This again allows for the pronunciation of the **e** preceding the consonant:

   > j'appelle, nous appelons
   > qu'il appelle, que vous appeliez
   > j'appellerai, nous appellerons

---

[2] Verbs ending in **-oyer** and **-uyer** must make this change. Verbs ending in **-ayer** may make it, but it is not obligatory. Consequently, one may write either je **paie** or je **paye**.

Imperative Mood

Direct Commands

Formation: Present tense (**tu, vous, nous**)
English equivalent: Look! (**tu, vous**) Let's look! (**nous**)

Regard**e**!	Chois**is**!	Sor**s**!	Va!
Regard**ez**!	Choisis**sez**!	Sort**ez**!	Allez!
Regard**ons**!	Choisis**sons**!	Sort**ons**!	Allons!

Notice that the **tu** form of **-er** verb commands drops the **-s** unless followed by the pronouns **y** or **en**:

Monte!   *But:* Montes-y!
Donne!   Donnes-en!

Special Case: Pronominal Verbs

Lève-**toi**!	Ne **te** lève pas!
Levez-**vous**!	Ne **vous** levez pas!
Levons-**nous**!	Ne **nous** levons pas!

Notice that the pronoun follows the verb in an affirmative command but precedes the verb in a negative command.

Indirect Commands

Formation: Present subjunctive (**il, elle, ils, elles**)
English equivalent: Let him look! Have him look!

Qu'il regard**e**!	Qu'elle choisis**se**!
Qu'ils s'en **aillent**!	Qu'elles part**ent**!

Agreement of the past participle

Under certain circumstances, the past participle of verbs used in compound tenses must agree in number and gender with another word in the sentence. The word with which it agrees varies according to the following rules:

1. If the verb is conjugated with **avoir,** the past participle agrees with a *preceding direct object.* This situation usually occurs with:
   a. A direct object pronoun:

      Où sont les autres? Je **les** ai vu**s** hier.

   b. The relative pronoun **que:**

      Où sont les jeunes filles **que** nous avons rencontr**ées**?

c. The interrogative adjective **quel** (**quelle, quels, quelles**):

    Quels livres ont-elles lus?

If the verb does not have an object, if the object is indirect (including **en**), or if the direct object follows the verb, there is no agreement:

  Elle a **fini.**
  Voilà Marie. Je **lui** ai **parlé** hier.
  As-tu des fleurs? Oui, j'**en** ai **acheté.**
  Ils ont **trouvé une** jolie **bague.**

2. If the verb is conjugated with **être,** the past participle agrees with the *subject*:

    Elle est parti**e.**
    Nous sommes arrivé**s.**
    Marie, es-**tu** allé**e** à Paris?
    Elles sont descendu**es.**

3. Although pronominal verbs are conjugated with **être,** the past participle does not always agree with the subject:
  a. The past participle of a **reflexive** or **reciprocal verb** (see p. 265) agrees with a *preceding direct object*:

    Elle **s'**est regardé**e.**
    Ils **se** sont lavé**s.**
    Voilà la voiture **que** nous nous sommes acheté**e.**

    If the reflexive or reciprocal pronoun is an indirect object, there is no agreement:

    Elle **s'**est **lavé les mains.** (les mains = *direct object*)
    Ils **se** sont **parlé.** (parler *à qqn*)

  b. The past participle of a pronominal verb in which the pronoun does *not function as an object* (see p. 266) agrees with the *subject*:

    Ils se sont douté**s** de lui.
    Elle s'était attendu**e** à quelque chose de nouveau.

The Present Participle

Stem	English Equivalent	Ending		
nous regard~~ons~~	looking	-ant	regard**ant**	pren**ant**
			choisiss**ant**	voy**ant**
			répond**ant**	conduis**ant**

Exceptions: avoir: ayant
          être: étant
          savoir: sachant

The present participle is used, either alone or (more frequently) after the preposition **en,** to indicate the circumstances (time, condition, cause, etc.) associated with an action. It usually refers to the subject of the sentence:

Elles marchent dans la rue **en chantant.**
Ne sachant pas la réponse, il n'a pas dit un mot.
En conduisant la voiture de son père, il a eu un accident.
Ayant oublié sa clé, elle a dû attendre le retour de ses amies.

Verbs Followed By An Infinitive

Verbs Which Require à Before an Infinitive

aboutir à	avoir à	s'habituer à	résoudre à
aider à	chercher à	hésiter à	réussir à
s'amuser à	commencer à	inviter à	servir à
apprendre à	continuer à	se mettre à	songer à
arriver à	employer à	parvenir à	tarder à
s'attendre à	enseigner à	renoncer à	tenir à

Verbs Which Require de Before an Infinitive

accepter de	craindre de	interdire de	refuser de
accuser de	décider de	mériter de	regretter de
s'arrêter de	se dépêcher de	négliger de	remercier de
avoir envie de	douter de	offrir de	rêver de
avoir peur de	empêcher de	oublier de	se souvenir de
cesser de	essayer de	persuader de	tâcher de
se charger de	s'étonner de	prier de	tenter de
choisir de	finir de		

Verbs Which Require à Before a Person and de Before an Infinitive

commander à qqn de	dire à qqn de	permettre à qqn de
conseiller à qqn de	écrire à qqn de	promettre à qqn de
défendre à qqn de	ordonner à qqn de	reprocher à qqn de
demander à qqn de		

Verbs Which Are Followed Directly by an Infinitive

aimer	devoir	oser	sembler
aller	écouter	pouvoir	sentir
avoir beau	entendre	préférer	valoir mieux
compter	espérer	prétendre	venir
croire	faire	regarder	voir
désirer	falloir	savoir	vouloir
détester	laisser		

Verb Tables

Regular Verbs

	parler	finir	vendre
présent	je parle	je finis	je vends
	tu parles	tu finis	tu vends
	elle parle	elle finit	elle vend
	nous parlons	nous finissons	nous vendons
	vous parlez	vous finissez	vous vendez
	ils parlent	ils finissent	ils vendent
impératif	parle	finis	vends
	parlez	finissez	vendez
	parlons	finissons	vendons
imparfait	je parlais	je finissais	je vendais
	tu parlais	tu finissais	tu vendais
	elle parlait	elle finissait	elle vandait
	nous parlions	nous finissions	nous vendions
	vous parliez	vous finissiez	vous vendiez
	ils parlaient	ils finissaient	ils vendaient
futur	je parlerai	je finirai	je vendrai
	tu parleras	tu finiras	tu vendras
	elle parlera	elle finira	elle vendra
	nous parlerons	nous finirons	nous vendrons
	vous parlerez	vous finirez	vous vendrez
	ils parleront	ils finiront	ils vendront
conditionnel	je parlerais	je finirais	je vendrais
	tu parlerais	tu finirais	tu vendrais
	elle parlerait	elle finirait	elle vendrait
	nous parlerions	nous finirions	nous vendrions
	vous parleriez	vous finiriez	vous vendriez
	ils parleraient	ils finiraient	ils vendraient

présent du			
subjonctif	*que* je parle	*que* je finisse	*que* je vende
	tu parles	tu finisses	tu vendes
	elle parle	elle finisse	elle vende
	nous parlions	nous finissions	nous vendions
	vous parliez	vous finissiez	vous vendiez
	ils parlent	ils finissent	ils vendent

passé			
simple	je parlai	je finis	je vendis

passé			
composé	j'ai parlé	j'ai fini	j'ai vendu

plus-que-			
parfait	j'avais parlé	j'avais fini	j'avais vendu

futur			
antérieur	j'aurai parlé	j'aurai fini	j'aurai vendu

conditionnel			
passé	j'aurais parlé	j'aurais fini	j'aurais vendu

passé du			
subjonctif	*que* j'aie parlé	*que* j'aie fini	*que* j'aie vendu

participe			
présent	parlant	finissant	vendant

Auxiliary Verbs

	avoir	**être**
présent	j'ai	je suis
	tu as	tu es
	elle a	elle est
	nous avons	nous sommes
	vous avez	vous êtes
	ils ont	ils sont
impératif	aie	sois
	ayez	soyez
	ayons	soyons

imparfait	j'avais	j'étais
	tu avais	tu étais
	elle avait	elle était
	nous avions	nous étions
	vous aviez	vous étiez
	ils avaient	ils étaient
futur	j'aurai	je serai
	tu auras	tu seras
	elle aura	elle sera
	nous aurons	nous serons
	vous aurez	vous serez
	ils auront	ils seront
conditionnel	j'aurais	je serais
	tu aurais	tu serais
	elle aurait	elle serait
	nous aurions	nous serions
	vous auriez	vous seriez
	ils auraient	ils seraient
présent du subjonctif	*que* j'aie	*que* je sois
	tu aies	tu sois
	elle ait	elle soit
	nous ayons	nous soyons
	vous ayez	vous soyez
	ils aient	ils soient
passé simple	j'eus	je fus
passé composé	j'ai eu	j'ai été
plus-que-parfait	j'avais eu	j'avais été
futur antérieur	j'aurai eu	j'aurai été
conditionnel passé	j'aurais eu	j'aurais été
passé du subjonctif	*que* j'aie eu	*que* j'aie été
participe présent	ayant	étant

Irregular Verbs

KEY

infinitif

présent		passé composé (autres temps composés) imparfait futur (conditionnel)	présent du subjonctif participe présent passé simple
impératif			

---

aller

je vais	nous allons	je suis allé(e)	j'aille, nous allions
tu vas	vous allez		
elle va	ils vont	j'allais	allant
va, allez, allons		j'irai	il alla

---

apercevoir (concevoir)

j'aperçois	nous apercevons	j'ai aperçu	j'aperçoive, nous apercevions
tu aperçois	vous apercevez		
elle aperçoit	ils aperçoivent	j'apercevais	apercevant
aperçois, apercevez, apercevons		j'apercevrai	elle aperçut

---

s'asseoir

je m'assieds	nous nous asseyons	je me suis assis(e)	je m'asseye, nous nous asseyions
tu t'assieds	vous vous asseyez		
elle s'assied	ils s'asseyent	je m'asseyais	s'asseyant
assieds-toi, asseyez-vous, asseyons-nous		je m'assiérai	il s'assit

---

battre

je bats	nous battons	j'ai battu	je batte
tu bats	vous battez		
elle bat	ils battent	je battais	battant
bats, battez, battons		je battrai	elle battit

---

boire

je bois	nous buvons	j'ai bu	je boive, nous buvions
tu bois	vous buvez		
elle boit	ils boivent	je buvais	buvant
bois, buvez, buvons		je boirai	il but

conduire

je conduis	nous conduisons	j'ai conduit	je conduise
tu conduis	vous conduisez		
elle conduit	ils conduisent	je conduisais	conduisant
conduis, conduisez, conduisons		je conduirai	elle conduisit

connaître

je connais	nous connaissons	j'ai connu	je connaisse
tu connais	vous connaissez		
elle connaît	ils connaissent	je connaissais	connaissant
connais, connaissez, connaissons		je connaîtrai	il connut

courir

je cours	nous courons	j'ai couru	je coure
tu cours	vous courez		
elle court	ils courent	je courais	courant
cours, courez, courons		je courrai	elle courut

craindre (atteindre, éteindre, peindre)

je crains	nous craignons	j'ai craint	je craigne
tu crains	vous craignez		
elle craint	ils craignent	je craignais	craignant
crains, craignez, craignons		je craindrai	il craignit

croire

je crois	nous croyons	j'ai cru	je croie, nous croyions
tu crois	vous croyez		
elle croit	ils croient	je croyais	croyant
crois, croyez, croyons		je croirai	elle crut

cueillir (accueillir)

je cueille	nous cueillons	j'ai cueilli	je cueille
tu cueilles	vous cueillez		
elle cueille	ils cueillent	je cueillais	cueillant
cueille, cueillez, cueillons		je cueillerai	il cueillit

devoir

je dois	nous devons	j'ai dû	je doive, nous devions
tu dois	vous devez		
elle doit	ils doivent	je devais	devant
		je devrai	elle dut

dire

je dis	nous disons	j'ai dit	je dise
tu dis	vous dites		
elle dit	ils disent	je disais	disant
dis, dites, disons		je dirai	il dit

écrire

j'écris	nous écrivons	j'ai écrit	j'écrive
tu écris	vous écrivez		
elle écrit	ils écrivent	j'écrivais	écrivant
écris, écrivez, écrivons		j'écrirai	elle écrivit

envoyer

j'envoie	nous envoyons	j'ai envoyé	j'envoie, nous envoyions
tu envoies	vous envoyez		
elle envoie	ils envoient	j'envoyais	envoyant
envoie, envoyez, envoyons		j'enverrai	il envoya

faire

je fais	nous faisons	j'ai fait	je fasse
tu fais	vous faites		
elle fait	ils font	je faisais	faisant
fais, faites, faisons		je ferai	elle fit

falloir

il faut

il a fallu
il fallait
il faudra

il faille

il fallut

fuir

je fuis	nous fuyons
tu fuis	vous fuyez
elle fuit	ils fuient

fuis, fuyez, fuyons

j'ai fui

je fuyais

je fuirai

je fuie, nous fuyions

fuyant

elle fuit

haïr

je hais	nous haïssons
tu hais	vous haïssez
elle hait	ils haïssent

hais, haïssez, haïssons

j'ai haï

je haïssais

je haïrai

je haïsse

haïssant

il haït

lire

je lis	nous lisons
tu lis	vous lisez
elle lit	ils lisent

lis, lisez, lisons

j'ai lu

je lisais

je lirai

je lise

lisant

elle lut

mettre (permettre, promettre)

je mets	nous mettons
tu mets	vous mettez
elle met	ils mettent

mets, mettez, mettons

j'ai mis

je mettais

je mettrai

je mette

mettant

il mit

mourir

je meurs	nous mourons
tu meurs	vous mourez
elle meurt	ils meurent

meurs, mourez, mourons

je suis mort(e)

je mourais

je mourrai

je meure, nous mourions

mourant

elle mourut

naître

je nais	nous naissons	je suis né(e)	je naisse
tu nais	vous naissez		
elle naît	ils naissent	je naissais	naissant
nais, naissez, naissons		je naîtrai	il naquit

ouvrir (couvrir, offrir, souffrir)

j'ouvre	nous ouvrons	j'ai ouvert	j'ouvre
tu ouvres	vous ouvrez		
elle ouvre	ils ouvrent	j'ouvrais	ouvrant
ouvre, ouvrez, ouvrons		j'ouvrirai	elle ouvrit

paraître (apparaître, disparaître)

je parais	nous paraissons	j'ai paru	je paraisse
tu parais	vous paraissez		
elle paraît	ils paraissent	je paraissais	paraissant
parais, paraissez, paraissons		je paraîtrai	il parut

partir (dormir, mentir, sentir, servir,[1] sortir)

je pars	nous partons	je suis parti(e)	je parte
tu pars	vous partez		
elle part	ils partent	je partais	partant
pars, partez, partons		je partirai	elle partit

plaire

je plais	nous plaisons	j'ai plu	je plaise
tu plais	vous plaisez		
elle plaît	ils plaisent	je plaisais	plaisant
plais, plaisez, plaisons		je plairai	il plut

pleuvoir

il pleut		il a plu	il pleuve
		il pleuvait	pleuvant
		il pleuvra	il plut

---

[1] Dormir, mentir, sentir, and servir are conjugated with avoir.

pouvoir

je peux	nous pouvons	j'ai pu	je puisse
tu peux	vous pouvez		
elle peut	ils peuvent	je pouvais	pouvant
		je pourrai	elle put

prendre (apprendre, comprendre)

je prends	nous prenons	j'ai pris	je prenne, nous prenions
tu prends	vous prenez		
elle prend	ils prennent	je prenais	prenant
prends, prenez, prenons		je prendrai	il prit

recevoir

je reçois	nous recevons	j'ai reçu	je reçoive, nous recevions
tu reçois	vous recevez		
elle reçoit	ils reçoivent	je recevais	recevant
reçois, recevez, recevons		je recevrai	elle reçut

rire

je ris	nous rions	j'ai ri	je rie
tu ris	vous riez		
elle rit	ils rient	je riais	riant
ris, riez, rions		je rirai	il rit

savoir

je sais	nous savons	j'ai su	je sache
tu sais	vous savez		
elle sait	ils savent	je savais	sachant
sache, sachez, sachons		je saurai	elle sut

suivre

je suis	nous suivons	j'ai suivi	je suive
tu suis	vous suivez		
elle suit	ils suivent	je suivais	suivant
suis, suivez, suivons		je suivrai	il suivit

valoir

je vaux	nous valons	j'ai valu	je vaille, nous valions
tu vaux	vous valez		
elle vaut	ils valent	je valais	valant
		je vaudrai	il valut

venir (devenir, revenir, tenir[2])

je viens	nous venons	je suis venu(e)	je vienne, nous venions
tu viens	vous venez		
elle vient	ils viennent	je venais	venant
viens, venez, venons		je viendrai	elle vint

vivre

je vis	nous vivons	j'ai vécu	je vive
tu vis	vous vivez		
elle vit	ils vivent	je vivais	vivant
vis, vivez, vivons		je vivrai	il vécut

voir

je vois	nous voyons	j'ai vu	je voie, nous voyions
tu vois	vous voyez		
elle voit	ils voient	je voyais	voyant
vois, voyez, voyons		je verrai	elle vit

vouloir

je veux	nous voulons	j'ai voulu	je veuille, nous voulions
tu veux	vous voulez		
elle veut	ils veulent	je voulais	voulant
veuille, veuillez, veuillons		je voudrai	il voulut

[2] **Tenir** is conjugated with **avoir.**

Pronouns, Adjectives, Adverbs

Possessive Adjectives and Pronouns

Possessive Adjectives

Singular	Plural
mon, ma	mes
ton, ta	tes
son, sa	ses
notre	nos
votre	vos
leur	leurs

Possessive Pronouns

Singular	Plural
le mien, la mienne	les miens, les miennes
le tien, la tienne	les tiens, les tiennes
le sien, la sienne	les siens, les siennes
le nôtre, la nôtre	les nôtres
le vôtre, la vôtre	les vôtres
le leur, la leur	les leurs

Demonstrative Adjectives and Pronouns

Demonstrative Adjectives

ce (cet), cette
ces

Demonstrative Pronouns

celui, celle
ceux, celles

Indefinite Adjectives and Pronouns

Indefinite Adjectives

chaque
tout, toute, tous, toutes
quelque, quelques

Indefinite Pronouns

chacun, chacune
tout, tous
quelqu'un, quelqu'une,
    quelques-uns, quelques-unes

1. **Chaque** and **chacun(e)** express the idea of *each* or *each one*; they are always used in the singular:

   Chaque élève a répondu à une question.
   Chacun des garçons a bien répondu.
   Chacune des jeunes filles a réussi l'examen.

2. The indefinite adjective **tout** (**toute, tous, toutes**) expresses the idea of *all* or *the whole*; it is always followed by a definite article. The indefinite pronouns **tout** expresses the idea of *everything*. **Tous** and **toutes** express the idea of *everybody*:

Tout le monde est satisfait.	*Everybody is satisfied.*
Il a réveillé **toute** la ville.	*He woke up the whole city.*
As-tu **tout** compris?	*Have you understood everything?*
Ils sont **tous** fatigués.	*They are all tired; all of them are tired.*

3. **Quelques** and **quelques-un(e)s** express the idea of *a few* and are always used in the plural. **Quelqu'un** is the equivalent of *someone* or *somebody*. **Quelqu'une** is used rarely, and only when it is clear that the person referred to is female:

> Il a acheté **quelques** vêtements.
> Il en a acheté **quelques-uns.**
> **Quelques-unes** de mes chaussettes ont des trous.
> **Quelqu'un** est à la porte?

Adverbs

Formation of Adverbs

1. Many adverbs are formed by adding **-ment** to the *feminine* form of the adjective.

> léger → légère → **légèrement**
> heureux → heureuse → **heureusement**

2. If the adjective ends in a *vowel*, the adverb is formed by adding **-ment** to the *masculine* form of the adjective:

> simple → **simplement**
> poli → **poliment**

3. Most adjectives ending in **-ent** or **-ant** become adverbs ending in **-emment** or **-amment** (both endings are pronounced **-amment**):

> évident → **évidemment**
> élégant → **élégamment**
> *Exception:* lent → lente → **lentement**

4. Some adverbs end in **-ément**:

> précis → **précisément**
> énorme → **énormément**
> aveugle → **aveuglément**

5. Some adverbs are irregular:

> gai → **gaiement**
> gentil → **gentiment**

Position of Adverbs

Adverbs can modify either a verb, an adjective, or another adverb.

1. Adverbs modifying an adjective or another adverb *precede* the word they modify:

    Elle est **assez** sportive.
    Ils étaient **complètement** perdus.
    J'ai travaillé **très** diligemment.

2. Adverbs modifying a verb *follow* the verb in a *simple tense*; however, in *compound tenses*, the adverb often goes *between* the auxiliary verb and the past participle. In general, *long adverbs* (that is, those ending in **-ment**) can go *either before* or *after* the past participle; *short adverbs* must *precede* the past participle:

    Nous parlons **rapidement.**
    Elle comprend **mal** le français.
    Elles ont **bien** compris.
    Tu as **longuement** parlé.   *or:* Tu as parlé **longuement.**

3. Adverbs of *time* and *place* are usually found at the beginning or the end of the sentence:

    Demain elle ira chez le médecin.
    Nous l'avions fini **le lendemain.**
    Nous avons laissé la voiture **là-bas.**
    Ici on parle espagnol.

    Exceptions: déjà, souvent, toujours:

    Ils sont **déjà** partis.
    Elle a **toujours** oublié de le faire.

Comparison of Adjectives and Adverbs

1. The comparative of adjectives and adverbs is formed by placing **plus** or **moins** before the adjective or adverb and **que** after it:

    Il est **plus** heureux **que** son frère.
    Elles sont **moins** conservatrices **que** leurs parents.
    Je travaille **plus** rapidement **que** mes amis.
    Les Américains parlent **moins** vite **que** les Français.

2. The superlative of adjectives is formed by placing a definite article (**le, la, l', les**) before **plus** or **moins**. If the adjective usually follows the noun, it also does so in the superlative; an adjective which normally precedes the noun also precedes it in the superlative. After a superlative, the preposition *in* is always expressed by **de**:

> C'est la cathédrale **la plus** ancienne **d'**Europe.
> Nous sommes **les plus** vieux joueurs de tennis **du** pays.

3. The superlative of adverbs is formed by placing **le** before **plus** or **moins.** Remember that adverbs are invariable:

> Elle lit **le plus** rapidement **de** tous les élèves.
> Nous avons **le moins** souvent gagné **de** tous les joueurs.

4. A comparison of equality is indicated by **aussi** before the adjective or adverb:

> Braque est **aussi** célèbre **que** Matisse.
> Tu nages **aussi** facilement **que** ton frère.

5. Certain adjectives and adverbs have special comparative and superlative forms:

bon(ne)(s): meilleur(e)(s), le (la, les) meilleur(e)(s)
mauvais(e)(s): plus mauvais(e)(s), le (la, les) plus mauvais(e)(s) *or* pire(s), le (la, les) pire(s)[3]
petit(e)(s): plus petit(e)(s), le (la, les) plus petit(e)(s) *or* moindre(s), le (la, les) moindres[4]
bien: mieux, le mieux
mal: plus mal, le plus mal *or* pis, le pis

> Ils sont **meilleurs que** les nôtres.
> Ce roman est **le plus mauvais que** j'aie lu[5] cette année.
> Ses petits frères sont des terreurs, mais elle est sans doute **la pire.**
> C'est **la plus petite** montagne **de** France.
> C'est **le moindre de** ses défauts.
> Marguerite chante **mieux que** sa sœur.
> Il joue **plus mal que** moi[6], mais toi, tu joues **le pis de** tous.

The comparative of equality of these adjectives and adverbs is regular:

> Ils sont **aussi bons que** les nôtres.
> Margot chante **aussi bien que** sa sœur.

---

[3] **Pire** is stronger than **plus mauvais.**
[4] **Plus petit** indicates size; **moindre** indicates importance.
[5] The subjunctive is often used after a superlative expression.
[6] After comparisons, a disjunctive pronoun (**moi, toi, lui,** etc.) is used.

Prepositions and Articles with Geographical Names

1. The definite article (**le, la, l', les**) is used with names of continents, countries, provinces, states, bodies of water, and mountains:

l'Europe	**les** Etats-Unis	**la** Seine
la France	**la** Californie	**le** lac d'Annecy
la Provence	**l'**océan Atlantique	**les** Alpes

   It is *not* used with names of cities:

Paris	Londres	Moscou

   Exceptions: **le** Havre, **le** Caire, **la** Nouvelle-Orléans

2. Geographical names ending in **-e** are usually feminine; all other names are masculine:

Feminine		Masculine	
l'Amérique du Sud	**la** Floride	**le** Portugal	**le** Minnesota
la Belgique	**la** Loire	**le** Canada	**le** Massif Central
la Normandie	**les** Pyrénées	**le** Midi	**le** Mississippi

   Exceptions: **le** Mexique, **le** Cambodge, **le** Rhône

3. To express *in, to,* or *at* with continents, countries, regions, provinces, and states, use:
   a. *En* with feminine names:

en Europe	**en** Provence
en France	**en** Californie

      And with masculine names beginning with a vowel:

      en Iran

   b. **Au(x)** with masculine names:

au Canada	**au** Pérou
au Mexique	**aux** Etats-Unis

   c. **Dans** + *definite article* with American states whose names are masculine:

dans le Minnesota	**dans le** Michigan

      Exception: **au** Texas

      With regions of France whose names are masculine:

      dans le Midi

      And with names modified by an adjective or adjectival phrase:

      dans la belle France
      dans l'Angleterre du seizième siècle

Exception: When the adjectival phrase is considered part of the place name:

en Amérique du Nord   **en** Afrique occidentale

  d. **A** with cities:

    à Paris   **à** New York   **à** Copenhague

    Exception: Cities with an article in their names:

    au Havre   **au** Caire   **à la** Nouvelle-Orléans

    And with islands whose names are masculine:

    à Cuba   **à** Madagascar

4. To express *from* use:
  a. **De** with feminine names:

    de France   **de** Floride
    d'Australie   **de** Champagne

    With masculine countries whose names begin with a vowel:

    d'Iran

    With cities:

    de Paris   *But:* **du** Havre
    de Pékin   **de la** Nouvelle-Orléans

    And with islands whose names are masculine:

    de Cuba   **de** Madagascar

  b. **Du** with masculine names:

    du Canada   **du** Midi
    du Mexique   **du** Michigan

Numbers and Dates

Cardinal Numbers

1–100

1	un, une	16	seize	52	cinquante-deux, etc.
2	deux	17	dix-sept	60	soixante
3	trois	18	dix-huit	61	soixante et un
4	quatre	19	dix-neuf	62	soixante-deux, etc.
5	cinq	20	vingt	70	soixante-dix
6	six	21	vingt et un	71	soixante et onze
7	sept	22	vingt-deux, etc.	72	soixante-douze, etc.
8	huit	30	trente	80	quatre-vingts
9	neuf	31	trente et un	81	quatre-vingt-un
10	dix	32	trente-deux, etc.	82	quatre-vingt-deux, etc.
11	onze	40	quarante	90	quatre-vingt-dix
12	douze	41	quarante et un	91	quatre-vingt-onze
13	treize	42	quarante-deux, etc.	92	quatre-vingt-douze, etc.
14	quatorze	50	cinquante	100	cent
15	quinze	51	cinquante et un		

100–1 000 000 000 000

100	cent	1200	mille deux cents, douze cents
101	cent un	2000	deux mille
102	cent deux, etc.	2100	deux mille cent
200	deux cents	10 000	dix mille
201	deux cent un	100 000	cent mille
1000	mille	1 000 000	un million de
1001	mille un	1 000 000 000	un milliard de
1100	mille cent, onze cents	1 000 000 000 000	un billion de

1. In French, a space or a period (rather than a comma) is used to indicate ten thousands, hundred thousands, etc:

   10 000   *or:* 10.000

2. From 200 on, **cent** has an **s** when followed directly by a noun; however, the **s** is dropped if there is a number between **cent** and the noun:

   deux cents soldats   *But:* deux cent vingt-cinq soldats

3. **Mille** is invariable:

   deux mille soldats   quarante mille soldats

4. **Mille** becomes **mil** in dates; however, very frequently a form with **cent** is used to express the year:

   mil neuf cent quatre-vingts   *or:* dix-neuf cent quatre-vingts

Ordinal Numbers

1$^{er(e)}$	premier, première	9^e	neuvième	16^e	seizième
2^e	deuxième, second(e)	10^e	dixième	17^e	dix-septième
3^e	troisième	11^e	onzième	18^e	dix-huitième
4^e	quatrième	12^e	douzième	19^e	dix-neuvième
5^e	cinquième	13^e	treizième	20^e	vintième
6^e	sixième	14^e	quatorzième	21^e	vingt et unième
7^e	septième	15^e	quinzième	22^e	vingt-deuxième
8^e	huitième				

1. When a combination of a cardinal and an ordinal number is used, in French (unlike in English) the cardinal always precedes:

> les **trois** premiers chapitres (*the first three chapters*)
> les **dix** premières voitures (*the first ten cars*)

2. In dates and titles, an ordinal number is used only for "the first." All other dates and titles use cardinal numbers:

> le 1er **(premier)** avril   François Ier **(Premier)**
> le **3 (trois)** juin   Henri **IV (Quatre)**
> le **22 (vingt-deux)** mai   Louis **XIV (Quatorze)**

Fractions and Decimals

1/2	un demi, une demie	1/6	un sixième, etc.	0	zéro
1/3	un tiers	2/3	deux tiers	0,1	un dixième
1/4	un quart	3/4	trois quarts	0,2	deux dixièmes
1/5	un cinquième	4/5	quatre cinquièmes	4,1	quatre et un dixième

1. In French, a comma (rather than a period) is used to indicate a decimal place.
2. When **demi** is used as an adjective, it is always singular. If it precedes the noun, it is joined to it by a hyphen and does not agree; if it follows the noun, it agrees with it in *gender* only:

> une demi-heure   une heure et demie
> trois demi-litres   trois mois et demi

3. When **demi** does not modify a noun indicating weight (**un kilo**) or time (**une heure**) or space (**un kilomètre**), it is expressed by the noun **la moitié**:

> **la moitié de** cette tarte
> **la moitié de la** nuit
> **la moitié des** étudiants

VOCABULAIRE

à:

~ bout de souffle out of breath;
~ contre-cœur against one's
will; **~ l'avance** early; **~ l'é-
tranger** abroad; **~ la mode** in
fashion; **~ tout prix** at all
costs; **~ travers** through
abattu(e) downcast; depressed
l'abeille (f.) bee
aborder to land; **~ qqn** to approach someone
aboyer to bark
s'abriter to take refuge
s'accommoder de to get used to
accomplir to accomplish, complete
l'accord (m.) agreement
s'accouder sur to lean on (with
elbows)
accrocher to hang
accueillir to welcome
s'acharner (à) to insist
l'achat (m.) purchase
acheter to buy
l'action en bourse (f.) stock
l'activité (f.) activity
actuel(le) present
actuellement at the present time
adieu farewell
admettre to admit, allow
l'adresse (f.) skill
s'adresser à to speak to
l'aéroport (m.) airport
l'affaire (f.) deal; **les ~s** busi-
ness; belongings
l'affiche (f.) poster
s'affoler to panic
afin (de, que) in order to, so as
to
l'agent de police (m.) policeman
agir to act, to do; **s'~ de** to be
a question of
agiter to wave
l'aigle (m.) eagle
aigu(uë) sharp, pointed
l'aiguille (f.) hand (of clock); **~
à tricoter** knitting needle

ailleurs elsewhere; **d'~** moreover
aîné(e) oldest
ainsi thus; **pour ~ dire** so to
speak
ajouter to add
l'allée (f.) alley
allonger to stretch
allumer to light, turn on
l'allumette (f.) match
amarré(e) à anchored to
l'ambiance (f.) atmosphere
aménager to set up
amener to bring along
l'amour (m.) love
amoureux(se) in love
l'amoureux(se) lover
s'amuser (à) to have a good time
(by)
ancien(ne) former, old
l'âne (m.) donkey
l'anorak (m.) parka
l'anse (f.) handle
l'apéritif (m.) before dinner
drink
apeuré(e) frightened
l'appareil (m.) **(de téléphone)** receiver (telephone)
l'appartement (m.) apartment
applaudir to applaud
apporter to bring
apprécier to appreciate, like
l'approbation (f.) approval
s'approcher de to approach
approuver to approve
s'appuyer to lean
après after, next; **d'~** according
to
l'arbre (m.) tree
l'arbuste (m.) bush, shrub
l'arche (f.) arch
l'argent (m.) money, silver
l'armée (f.) army
l'armoire à glace (f.) dresser
with mirror
l'arrêt d'autobus (m.) bus stop

arrêter to stop; **s'~ de** (+
inf.) to stop
assez enough
l'assiette (f.) plate
assis(e): être ~ to be sitting
assommer to overwhelm
l'assurance (f.) insurance
assuré(e) confident
assurer to insure
l'atelier (m.) workshop
attacher to tie
s'attendre à (qqch) to expect; **~ à**
(+ inf.) to expect to
atterrir to land (plane)
attirer to attract
attraper to catch
aucun(e) no, not any
au-dessus (de) above
aussi also, too; therefore
autant (de) as much, so much
l'autobus (m.) bus
autour (de) around
autre other
s'avancer to go forward
l'avenir (m.) future
avertir to warn
aveuglé(e) blinded
avoir to have; **~ l'air** to seem; **~
de la peine à** (+ inf.) to have
difficulty; **~ des ennuis** to
have problems; **~ envie de** (+
inf.) to feel like; **~ l'habitude
de** (+ inf.) to be accustomed
to; **~ l'intention de** to plan on;
~ peur to be afraid

la babouche Turkish slipper
le baby-gros (dors-bien) sleeper
les baffles (f. pl.) speakers
la baie vitrée bay window
la baignoire bathtub
le bain bath
baiser (la main) to kiss (the
hand)
baisser to lower
le balai broom
la balance swing

balayer to sweep
la balayette small broom
le ballon ball
la balustrade railing
le banc bench
les bandes dessinées (*f. pl.*) cartoons, comics
bandolière: en ~ slung across the shoulder
la banquette seat
le baratin (*pop.*) chatter
la barbe beard
le bas stocking
bas(se) low
la basilique basilica
le bassin pool
le bateau boat; **~ à voile** sailboat; **~ mouche** excursion boat
le bâton stick; **~ de ski** ski pole
le battement de cœur heartbeat
la batterie de cuisine set of kitchen utensils
le batteur drummer
battre to beat
bavarder to chat
le beau-frère brother-in-law
le beau-père father-in-law, stepfather
le bébé baby
la béquille crutch
le berger shepherd
le beurre butter
la bibliothèque library
la bicyclette bicycle
bien well; **~ coiffé(e)** with a nice hairdo; **~ des** many; **~ entendu** of course; **~ que** although
le/la bienfaiteur/trice benefactor
le bijou jewel
la bille marble
le billet bill, ticket; **~ doux** love note, love letter
le biscuit cookie
bizarre strange, odd
les blasons (*m. pl.*) coats of arms
le blé wheat
le/la blessé(e) wounded person
blesser to wound
se blottir

la blouse smock; **~ (en cuir)** (leather) jacket
le bocal jar
boire to drink
le bois woods; **~ à brûler** firewood
la boisson drink
la boîte de bonbons box of candy
le bol bowl
bon marché cheap
le bonheur happiness
le bonhomme de neige snowman
la bonne maid
le bord: au ~ de la mer at the seashore; **~ de l'eau** edge of the water
border to trim
la borne kilométrique mileage marker
la botte boot, bunch (of flowers)
boucher: se ~ (les oreilles) to plug
le bouchon cork
la boucle buckle; **~ d'oreille** earring
bouder to pout
la bougie candle
bouillir to boil
le bout: à l'autre ~ (de) at the other end (of)
la bouteille bottle
brancher to plug in
le bras arm; **avoir les ~ chargés de qqch.** to have one's arms full of something
briller to shine
le briquet cigarette lighter
la brochette skewer
se bronzer to get a tan
la brosse à dents tooth brush
se brosser (les dents) to brush (one's teeth)
brûler to burn
la bulle bubble
le bureau desk, office; **~ de change** bureau of exchange

la cabane à outils toolshed
le cacahuète peanut
se cacher to hide

le cadre setting
le cafard: avoir le ~ to have the blues
la cafetière coffeepot
la caisse cash register
le/la caissier(ière) cashier
calculer to figure up, reckon add up
le caleçon undershorts
le calendrier calendar
le camion truck
le camionneur truck driver
la campagne country, countryside
le canapé couch
le cancre dunce
le caniche poodle
le canif knife
la canne cane; **~ à pêche** fishing rod
le canot pneumatique rubber raft
le capuchon hood
car (*conj.*) for, because
le car bus
la carafe pitcher
carré(e) square
le carreau diamond (card symbol)
la carte map
le carton cardboard box; crate
le casque helmet
la casquette cap
le casse-croûte (*fam.*) snack, lunch
le casse-pieds (*fam.*) nuisance
casser to break; **~ les oreilles à qqn** to hurt someone's ears; **se ~ (le bras, la jambe)** to break (one's arm, leg)
la casserole pot
causer to chat
la cave cellar
la ceinture belt
le cendrier ashtray
le cerceau hoop
le cerveau brain
c'est-à-dire that is (to say)
chacun(e) each
la chaîne stéréo record player
la chaise roulante wheelchair
le châle shawl
chaleureusement warmly

la chambre (à coucher) bedroom; ~ à air inner tube
le champ field
le champignon mushroom
la chandelle candle
changer d'avis to change one's mind
le chantier construction site
le chapeau hat; ~ haut-de-forme top hat
charger (la voiture) to load (car)
le chariot wagon, cart
la charrette cart
le château en ruines castle in ruins
chauffer to heat up; faire ~ qqch. to heat up something
le chauffeur driver
la chaumière thatched hut
la chaussette sock
la chaussure shoe
chauve bald
la chauve-souris bat
le chef cuisinier cook
le chemin road, way
la cheminée fireplace
la chemise shirt
le chemisier blouse
chétif(ve) sickly; wretched
cher(ère) expensive
chez at; at the home of
le cheval horse
le chevalet easel
le chien dog
le chignon bun (of hair)
le choix choice
choquer to shock
chuchoter to whisper
le ciel sky
la circulation traffic
les ciseaux (m. pl.) scissors
clandestinement secretly
claquer des dents to have one's teeth chatter
le clavier informatique keyboard
la clef (clé) key
le clerc clerk
climatisé(e) air-conditioned
le clin d'œil wink
le clochard bum, vagrant
le clou nail
le cochon pig

le cochonnet target ball (in *pétangue*)
le cœur heart
le coffre trunk
le coffre-fort safe
la coiffe de chef chef's hat
la coiffure hairdo
le coin corner
le col collar
coller à to stick to
le collier necklace
la colonne column
la combinaison corset
la commande to take the order
commencer to begin
comment how; what; ~? what did you say?
la commode dresser
le/la compagnon (compagne) companion
le complet-veston suit
le complice accomplice
le complot plot, conspiracy
comploter to plot
comprendre to understand
le comptoir counter, bar
le concessionnaire dealer
conduire to drive
conférer à qqn to bestow upon someone
la confiture jam
le conseil advice
le conservateur de musée museum curator
les conserves (*f. pl.*) preserves
conspirer to plot
construire to build
consulter to look at
contracter (des dettes) to acquire (debts)
contre against; par ~ on the other hand
la contrebande to smuggle goods
le/la contrebandier/ère smuggler
le contretemps mishap, inconvenience
la contusion bruise
convaincre to convince
le/la copain/copine pal
la corbeille à papier wastebasket
la corde rope
costaud(e) robust

le costume suit
le côteau hill
le cou neck
se coucher to go to bed; to set (sun)
le coucou cuckoo clock
le coude elbow
couler to flow; faire ~ (de l'eau) to run (water)
le couloir corridor, hall
le coup d'œil glance
le coup de soleil sunburn
coupable guilty
couper to cut
la cour courtyard; faire la ~ to court
courbé(e) bent over
courir to run; ~ à toute vitesse to run very fast
le courrier mail
le cours du change exchange rate
court(e) short
le coussin pillow
le couteau knife
coûter to cost; ~ à qqn les yeux de la tête to cost an arm and a leg
couvrir to cover
se cramponner à to cling to
le crâne skull
le crapaud toad
la cravate tie
le crayon pencil
le créancier creditor
créer to create
la crémaillère pothook
la crème solaire suntan lotion
la crêpe pancake
crépu(e) frizzy
creuser to dig
creux(se) hollow
crever (*fam.*) to die
crier to scream
la crise crisis; ~ de logement housing shortage
croire to believe, think; se ~ seul(e) to believe one is alone; ne pas en ~ ses yeux not to believe one's eyes
croiser to cross
le croissant crescent-shaped roll
la croix cross

la crosse de golf   golf club
le croupier   attendant at a gaming table
la cruche   pitcher
cueillir   to pick
la cuillère (cuiller)   spoon
le cuir   leather
cuire   to cook
la cuisine   kitchen; faire la ~   to do the cooking
le/la cuisinier(ère)   cook
la cuisinière (à gaz)   (gas) stove
la fourchette   fork
la culbute   somersault
la culotte courte   short pants
la cuve   vat
le cyprès   cypress tree

d'occasion   second-hand, used
de bonne heure   early
déborder   to boil, run over (for a liquid)
déboucher   to uncork
debout   standing; être ~   to be standing up
le décalage horaire   time difference
le décès   death
décevoir   to disappoint
déchirer   to tear
décider (de + inf.)   to decide
déclouer   to pull nails out
décontracté(e)   relaxed
la décoration intérieure   interior decorating
décourager   to discourage
découvrir   to discover; to catch
décrire   to describe
décrocher   to pick up (telephone receiver)
défendre   to forbid; to defend
défense d'entrer   no entrance
dégager de   to loosen, free (from)
les dégâts (m. pl.)   damage
déguerpir   to get out fast
le déguisement   disguise
se déguiser (en)   to disguise oneself (as)
dehors   outside; en ~ de   beside
déjà   already
demander   to ask; se ~   to wonder

démarrer   to start (car)
déménager   to move
démonter   to take apart
le dénouement   ending
la dent   tooth
la dentelle   lace
le dentifrice   toothpaste
le départ   departure
dépaysé(e)   homesick
se dépêcher (de + inf.)   to hurry (to)
dépenser   to spend
déposer (qqch.)   to put (something) down
déprimé(e)   depressed
déranger   to bother
se dérouler   to unfold, take place
derrière   behind
descendre   to come down
la descente de lit   throw rug
désert(e)   desert
le désespoir   despair
se déshabiller   to undress
déshériter   to disinherit
le désir   desire, wish
désolé(e)   very sorry
le dessin   drawing
le dessinateur   cartoonist
dessiner   to draw
se détendre   to relax
les détritus (m. pl.)   garbage
la dette   debt
devant   in front of
la devanture   storefront
devenir   to become
déverser   to pour
devoir (qqch. à qqn)   to owe (someone something)
les devoirs (m. pl.)   homework
le diable   devil; ~ à ressort   jack-in-the-box
le digestif   after-dinner drink
digne de   worthy of
diriger   to direct; se ~ vers   to head for
le discours   speech
discuter   to discuss
la diseuse de bonne aventure   fortuneteller
le disque   record
distingué(e)   distinguished, classy
distraire   to distract

distrait(e)   absent-minded
le doigt   finger
donc   then, therefore, consequently
donner   to give; ~ sur   to look out on, face
le dortoir   dormitory
le dos   back
le dossier   file
le douanier   customs officer
la douche   shower
draguer   to pick up
le dragueur   pickup artist
le drap   sheet
le drapeau   flag
dur(e)   hard
durer   to last

l'eau (f.)   water
s'écailler   to peel off
échanger   to exchange
s'échapper (de, à)   to escape (from)
l'écharpe (f.)   scarf
l'échelle (f.)   ladder
échouer à   to fail
éclairer   to light
écouter   to listen to
l'écouteur (m.)   earphone
l'écran (m.)   screen
écraser   to crush
s'écrouler   to collapse
l'édifice (m.)   building
effacer   to erase
effet: en ~   indeed, as a matter of fact
effrayé(e)   frightened
égard: à l'~ de   with respect to
l'église (f.)   church
s'éloigner   to go away
embêter   to bother
l'embouteillage (m.)   traffic jam
embrasser   to kiss
s'émerveiller   to marvel
emmener   to take away
empêcher   to prevent
encore du (de la, des)   (some) more
s'endormir   to fall asleep
l'enfant (m. et f.)   child
enfin   at last, finally
s'enfuir   to flee

engueuler (*fam.*) (qqn) to yell at someone

enlever to take off, away; to kidnap

enneigé(e) covered with snow

ennoblir to make noble

ennuyé(e) bothered

s'ennuyer to be bored

ennuyeux(se) boring

en plein air outdoors

en solde on sale

ensoleillé(e) sunny

ensuite next, then

enterrer to bury

entourer (de) to surround (by)

l'entraînement (*m.*) training

entraîner to drag along

entre between

l'entrée (*f.*) entrance

envers: à l'~ inside out

envoyer to send

épais(se) thick

épanoui(e) in full bloom; beaming

l'épaule (*f.*) shoulder

l'épée (*f.*) sword

l'épicier(ère) grocer

épier to spy on

l'épingle (*f.*) pin; ~ **à nourrice** safety pin

épouser to marry

épousseter to dust

s'éprendre de to fall in love with

épuiser to wear out; **épuisé(e)** worn out

l'équilibre (*m.*) balance

l'escalier (*m.*) stairway, stairs

s'esclaffer to guffaw

l'escrime (*m.*) fencing

l'espace (*m.*) space

espiègle mischievous

l'espoir (*m.*) hope

essayer to try (on)

essouflé(e) out of breath

s'essuyer to dry oneself

l'estivant(e) summer resident

établir to establish

l'étage (*m.*) floor

l'étagère (*f.*) shelf

l'étalage (*m.*) display

l'état (*m.*): **en bon ~** in good condition

éteindre to turn off

s'étendre to stretch out

l'étoile (*f.*) star

étonné(e) astonished

étrange strange

être: ~ à l'aise to be at ease; **~ amoureux(se) de** to be in love with; **~ en train de** (+ *inf.*) to be in the act of; **~ fâché(e) contre** to be mad at; **~ sur le point de** to be about to

étroit(e) narrow

l'événement (*m.*) event

l'évêque (*m.*) bishop

l'évier (*m.*) sink

éviter to avoid

exigent(e) demanding

exposer exhibit

l'express expresso coffee

exprimer to express

exténué(e) exhausted

la face: en ~ de in front of, facing, across from

fâcheux(se) unfortunate

la facture bill (for payment)

faire to do, to make; **~ attention** to pay attention, watch out; **~ les courses** to do errands; **~ des études** to study; **~ un geste** to gesture; **~ la grasse matinée** to sleep late; **~ l'idiot (l'innocent)** to act foolish (innocent); **~ un investissement** to invest; **~ des projets** to make plans

le fait fact; **en ~** in fact

la farandole folk dance

se farder to put make up on

la farine flour

fatigué(e) tired

fauché(e) broke

la faute mistake

le fauteuil armchair

faux (fausse) fake

le favori sideburns

le fer à friser curling iron

la ferme farm

le festin banquet

la fête feast, holiday

le feu fire; **~ de camp** campfire

la feuille leaf; sheet (of paper); **~ du malade** patient chart

feuilleter (un livre) to leaf through (a book)

les fiançailles (*f. pl.*) engagement

se ficher (de) (*pop.*) not to care a thing about

fier (fière) proud

le fil thread; **~ téléphonique** telephone wire

la file (de voitures) line (of cars)

filer à l'anglaise to leave without notice (to take French leave)

le filet shopping sac

fixer to attach

le flacon de parfum bottle of perfume

le flanc side

la fois time

le fond background, bottom; **au ~ de** at the bottom of, at the end of

le formulaire form

le fou fool, madman

le fouet wire whip

fouiller dans to search in, ransack

le foulard scarf

la fourche pitchfork

fournir to furnish, provide

la fourrure fur

frisé(e) curly

les frites (*f. pl.*) french fries

froisser to wrinkle

froncer (les sourcils) to frown

le front forehead

se frotter to rub

fuir to flee

la fuite (d'eau) leak

fumer to smoke

furtivement furtively

le fusil rifle

gagner to win, earn; **~ sa vie** to earn one's living

le gant glove

le garagiste auto mechanic; garage owner

le garçon de café waiter

garder to keep

le gardien de musée museum guard

la gare   railroad station
le gâteau   cake
la gaufre   waffle
le gaz   gas
le gendarme   policeman
le gendre   son-in-law
gêner   to embarrass
le genou   knee; être à ~x   to be kneeling
les gens (m. pl.)   people
le gilet   vest
le/la gitan(e)   gypsy
le gland   tassel
la gomme   eraser
le goulot (d'une bouteille)   neck of a bottle
la gourde en peau   wineskin
le goût   taste
goûter   to taste
goutter   to drip
la grâce   grace; ~ à   thanks to
la grappe   bunch
se gratter   to scratch
grelotter   to shiver
la grille   fence
grimper   to climb
grincer   to gnash
gros(se)   fat, big
grotesque   silly
la grue   crane
guère: ne ~   scarcely, hardly
la guérite   shelter
la gueule   animal's mouth
le guichet   ticket window

s'habiller   to get dressed
s'habituer à   to get used to
la hache   ax
hair   to hate
haut(e)   high
le haut de la gamme   top of the line
le haut-parleur   loudspeaker
l'herbe (f.)   grass
hériter   to inherit
hétéroclite   disparate
le hibou   owl
hilare   very amused
le hochet   rattle
l'horloge (f.)   clock
la hotte   basket, sack
l'humeur (f.)   mood

humilier   to humiliate
hurler   to scream
l'île (f.)   island
illuminer   to light up
l'immeuble (m.)   apartment building
s'impatienter   to get impatient
l'imperméable (m.)   raincoat
l'impôt (m.)   tax
imprévu(e)   unexpected
l'inconnu(e)   stranger, unknown person
l'inconvénient (m.)   draw back, inconvenience
indiquer   to indicate; ~ qqch. du doigt   to point out
inégal(e)   unequal
l'infirmier(ère)   nurse
s'inquiéter (au sujet de)   to worry (about)
insérer (dans)   to insert
insouciant(e)   careless
l'inspecteur(trice)   inspector
l'interlocuteur(trice)   interlocuter
s'instruire   to learn
insu: à son ~   without one's knowing
s'intéresser à   to be interested in
interroger   to question
interrompre   to interrupt
l'investissement (m.)   investment
l'invité(e)   guest
isolé(e)   isolated

jaloux(se)   jealous
la jambe   leg
la jambière   leg sweater
le jardin   garden
le jardinage: faire du ~   to garden
le jardinier   gardener
jeter   to throw; ~ un coup d'œil   to glance
le jeton   chip
le jeu   game
la joie   joy
jouer   to play; ~ (de + instrument)   to play; ~ à   to play (a game)
la roulette
le jouet   toy
le joueur   player

le journal   newspaper
jucher sur   to perch on
la jupe   skirt
jurer   to swear
le jus   juice
justement   rightly, exactly

le kayak   Eskimo canoe
le képi   French military cap
le kiosque à journaux   newstand
là-bas   over there
la laisse   leash
laisser   to leave; ~ tomber   to drop
le lait   milk
la lame de rasoir   razor blade
le lampadaire   lamppost
la lampe: ~ à pétrole   oil lamp; ~ de chevet   reading lamp; ~ de poche   flashlight
lancer   to throw; ~ un regard plein de colère à qqn   to glare at someone
le landau   carriage
large   wide
laver   to wash, clean; se ~ (les mains)   to wash one's (hands)
lécher   to lick
la lecture   reading
le légume   vegetable
lent(e)   slow
la lessive   washing; faire la ~   to do the laundry
la lettre   letter; faire des ~s   to study humanities
lever   to raise; se ~   to get up; to rise (sun)
le lever du soleil   sunrise
le levier   crowbar
la liaison amoureuse   love affair
se libérer (de qqch.)   to get free
lier   to link
lieu: avoir ~   to take place; le ~ du crime   scene of the crime
le linge   linen
lire   to read
lisse   smooth
le lit   bed
livrer   to deliver
le livreur   delivery man
la location   rental

le logement   housing
lorgner   to leer at, stare at
lors de   at the time of
lorsque   when
le losange   diamond (shape)
la louche   ladle
louer   to rent
lourd(e)   heavy
le loyer   rent
lugubre   gloomy
la lune   moon
les lunettes (*f. pl.*)   glasses; ~ **de soleil**   sunglasses
le lustre   chandelier

macabre   gruesome
la machine: ~ à calculer   adding machine; **~ à écrire**   typewriter; **~ à laver**   washing machine
mâchonner   to chew on
le magasin de souvenirs   souvenir shop
maigre   very thin, skinny
le maillot de bain   swimsuit
le maire   mayor
la mairie   city hall
le maître   owner, master
le mal   pain, evil; **avoir ~ à**   to ache; to hurt; **~ de mer**   seasickness
malade   ill, sick; **le/la ~**   patient
maladroit(e)   clumsy
malin   clever, sly
la manche   sleeve; (in a game) set
manger   to eat
manquer de   to lack; **~ qqch.**   to miss
le manteau de fourrure   fur coat
se maquiller   to put make up on
le/la marchand(e)   vendor
marchandise de contrebande   smuggled goods
le marché   market
la marche   step; **~ à pied**   hiking
marcher   to walk
le mariage   marriage, wedding
marier qqn   to marry (perform the ceremony); **se ~**   to get married
le marin   sailor

marre: en avoir ~ de (*fam.*)   to be fed up with
le marteau   hammer
le masque   mask
la masse d'armes   mace
mat(e)   checkmated
le matériel   equipment; **les matériaux** (*m. pl.*)   materials
mauvais(e)   bad
mécontent(e)   unhappy, angry
le médecin   doctor
le médicament   medicine
méfiant(e)   mistrustful
se méfier de   to mistrust
le mégot   cigarette butt
menacer (de)   to threaten
le ménage   housework
la ménagère   housewife
le mendiant   beggar
mendier   to beg
méridional(e)   southern
le mètre-couturier   tape measure
se mettre en colère   to get angry
mettre en valeur   to bring out
le meuble   piece of furniture
le meurtre   murder
le/la meurtrier(ière)   murderer
le Midi   southern France
le miel   honey
la miette (*f.*)   crumb
mince   thin
le miroir   mirror
miser sur   to bet on
le mobilier   furniture
monotone   monotonous
la montagne   mountain
monter   to go up, get in; **~ une pièce**   to put on a play; **~ à bord**   to get on board
la montre   watch
se moquer de   to make fun of
la mort   death; **le ~**   the dead man
le mot   a written note
mou (molle)   soft
la mouche   fly
le mouchoir   handkerchief; **~ en papier**   tissue
la mousse à raser   shaving cream
le mouton   sheep
le mur   wall
le musée   museum

nager   to swim
la nappe   tablecloth
la nature morte   still life
navré(e)   very sad
le nénuphar   water lily
neuf (neuve)   brand new
le neveu   nephew
le nœud papillon   bow tie
le nombre: ~ pair   even number; **~ impair**   odd number
le notaire   notary
la note   bill
nouer   to tie
nouveau (nouvel, nouvelle)   new
la nouvelle   piece of news
nu(e)   naked, bare
le nuage   cloud

obéir   to obey
obscur(e)   dark
l'obscurité (*f.*)   darkness
s'occuper de   to take care of
l'océan (*m.*)
l'œil (*m.*) **faire de l'~ à qqn**   to make eyes at someone
l'œillet   carnation
l'œuf (*m.*)   egg
offrir   to offer
ondulé(e)   wavy
s'opposer à   to be opposed to
l'orage (*m.*)   storm
l'ordinateur (*m.*)   computer
l'oreille (*f.*)   ear
l'oreiller (*m.*)   pillow
l'os (*m.*)   bone
oublier   to forget
l'ourlet (*m.*)   hem
l'ours (*m.*) **en peluche**   teddy bear
l'outil (*m.*)   tool
l'ouvrier (ouvrière)   worker

la paille   straw
le pain   bread
paître   to graze
le palmier   palm tree
la pancarte   sign
le panier   basket; **~ à provisions**   shopping bag, basket
le panneau   sign
le pantalon   pants
la pantoufle   slipper
le papier peint   wallpaper

le papillon   butterfly; ~ de nuit
   moth
le paquet   package, pack
par terre   on the ground; on the
   floor
le paradis   paradise
le parapluie   umbrella
le parc   park
le parfum   perfume
parler   to speak
le parquet   floor
le/la partenaire   partner
partout   everywhere
le pas: à ~ déterminés   deter-
   minedly; à ~ feutrés   softly,
   with noiseless tread
le passage clouté   crosswalk
le/la passant(e)   passerby
passer   to pass; ~ devant   to
   pass by; ~ du temps à   to
   spend time; ~ l'aspirateur   to
   vacuum; ~ un examen   to take
   an exam
la passoire   colander
la pâte à gâteau   cake dough
la pâtisserie   pastry, pastry shop
le pâtissier   pastry maker
le/la patron(ne)   boss
payer en liquide   to pay cash
le paysage   landscape
le/la paysan (paysanne)   peasant
le pêcheur   fisherman
le peigne   comb
se peigner (les cheveux)   to comb
   one's hair
peindre   to paint
le peintre   painter; ~ du dimanche   amateur painter
la peinture   paint; painting (art
   of)
le pèlerinage   pilgrimage
la pelle   shovel
la pelote de laine   ball of yarn
la pelouse   lawn
pencher   to bend
pendant(e)   hanging
pendre à   to hang from
la pendule   small clock (with
   pendulum)
pénétrer dans   to go into
pénible   difficult, boring
la péniche   barge

penser   to think
le penseur   thinker
perdre   to lose; ~ connaissance   to faint
la perruque   wig
le personnage   character (in a
   drama)
le pèse-bébé   baby scale
peser   to weigh
la pétanque   game of *bocce* or
   boules
le petit déjeuner   breakfast
pétrir (la pâte)   to work the
   dough
le peuple   people
la pièce: ~ (de monnaie)   coin; ~
   d'identité   identification; ~ de
   théâtre   play
pieds nus   barefoot
la pierre   stone
le/la piéton(ne)   pedestrian
le pilier   pillar
la pince   pliers
le pinceau   paintbrush
le pique-nique   picnic
le piquet   stake
la piqûre   injection, shot
la piste de ski   ski slope
le pistolet   pistol
le placard   cupboard
le plafond   ceiling
la plage   beach
se plaindre   to complain
plaire à   to please
le plaisir   pleasure, enjoyment
la planche à découper   cutting
   board
la planche à voile   surfboard;
   faire de la ~   to go surfing
le plancher   floor
le plat   dish
le plateau   tray
le plâtre   cast (plaster)
pleurnicher   to whimper
se plier   to bend, fold
plissé(e)   plaid
la pluie   rain
le plumeau   feather duster
le pneu   tire
la poche   pocket
la poêle   frying pan
le poids   weight

le poids-lourd   tractor trailer
le poignard   dagger
le poing   fist
la poire   pear
la poitrine   chest
la politique   politics
polluer   to pollute
la pomme   apple; ~ de terre
   potato
la pommette   dimple
la pompe à vélo   bicycle pump
le port   harbor; ~ de plaisan-
   ce   resort port
le porte-bouteilles   wine rack
le porte-cigarettes   cigarette
   holder
le porte-manteau   cot rack
le portefeuille   wallet
porter   to carry, wear
le porteur   porter
pousser   to push; faire ~   to
   grow
la portière   door (of car)
le portrait   portrait
le pot de confiture   jar of jam
la poubelle   garbage can
la poudre   powder; ~ à laver
   soap powder, detergent
se poudrer   to powder one's nose
le poudrier   compact
la poulie   pulley
le pouls   pulse
pourtant   however
pourvu que   provided that
pousser   to push
la poussette   stroller
la poussière   dust
pouvoir: n'en ~ plus   to be exhausted
précieux(se)   affected
préciser   to specify, make clear
prédire   to predict
prendre   to take; to have; ~ la
   situation à la rigolade   to take
   the situation lightly; ~ le parti
   de   to take the side of; ~ le soleil   to sun-bathe; ~ un coup
   de soleil   to get sun-burned
préoccupé: être ~ par   to be concerned with
préparer   to prepare

près: ~ de near; de ~ closely, carefully
la pression pressure
prêt(e) ready
le prétendant suitor
prétendre (que) to claim (that)
prévoir to plan
la prise de courant wall plug
le prix price
le produit laitier dairy product
profiter de to take advantage of
la promenade walk
promener qqn to walk; se ~ to walk
propre clean; own
le/la protagoniste main character
les provisions (f. pl.) food supplies
la publicité: faire de la ~ pour qqch. to advertize something
puisque since
puissant(e) strong, loud
le pull à col roulé turtleneck sweater
le pupitre desk (school)
le pyjama pajamas

le quai dock
qualifié(e) modified
quand when; ~ même nevertheless
quant à as for
le quartier neighborhood
quelque some; ~ s few
quelque chose something
quelquefois sometimes
quelqu'un somebody
la quête search, collection
la queue tail; faire la ~ to stand in line
quitter to leave
quoique whatever

raccommoder to darn
raconter to tell
raide stiff, straight
le raisin grape
ramener to bring back
ramer to row
la rame oar
la rampe en fer forgé iron railing
la randonnée hike, outing

rapiécé mended
rappeler (à) to remind; se ~ to remember
la raquette racket
se raser to shave
le rasoir razor
le rateau rake
rater to miss (a train); to fail
rattraper to catch up with
ravi(e) delighted
la rayure stripe
la recette recipe
recevoir to receive
se réchauffer to get warm
la recherche: faire de la ~ sur to do research on
récolter to harvest
reconnaître to recognize
le regard look
regarder to look at; ~ par to look through; ~ fixement to stare at
la règle ruler
relever to pick out
relier to link
remonter (la roue) to put back on
remplir to fill
remuer to wag
se rendre chez to visit
se rendre compte (que) to realize (that)
rendre visite à to visit someone
le renne reindeer
le renseignement piece of information
se renseigner (sur) to get information (on)
le renversement reversal
renverser to knock over, spill, overturn
répandre to spill; to spread
se reposer to rest
reprendre to go back to; to regain; to take up again, resume
ressembler à to look like
rester to stay
les restes (m. pl.) leftovers
le retour return
retroussé(e) turned up
se réunir to meet, to gather
réussir (à) to succeed (in)

rêvasser to daydream
le réveil alarm clock
le réveille-matin alarm clock
réveiller (qqn) to awaken (someone); se ~ to wake up
la révérence bow
le rez-de-chaussée ground floor, first floor
ricaner to sneer
la richesse wealth
le rideau curtain
rien nothing
la robe dress; ~ de chambre dressing gown; ~ du soir evening gown
le robinet faucet
le roi king
le roman policier detective novel
le rosier rosebush
la roue wheel
le rouge à lèvres lipstick
rougir to blush
rouler to roll
le routier truck driver
rugueux(se) rough
ruiné(e) devastated, ruined

le sable sand
le sac bag
saigner to bleed
saisir to grab
sale dirty
se salir to get dirty
la salle room; audience; ~ à manger dining room; ~ d'armes weapons room; ~ de bains bathroom; ~ de séjour living room
le salon living room
le sang blood
le sanglier wild boar
sans: ~ bruit noiselessly; ~ que without
le sapin fir tree
satisfait(e) satisfied
sauter to jump; faire ~ to blow up
le savon soap
la séance session, show
sec: à ~ broke
le sécateur shears

se sécher (les cheveux) to dry (one's hair)

le séchoir à cheveux hair dryer

le sein breast

le séjour stay, visit

la selle saddle

selon according to

semblant: faire ~ de to pretend

le sens way, direction

le sentier path

le seringue syringe

le serpent snake

serrer (les poings) to clench (one's fists)

la serrure de sûreté lock

la serviette towel; briefcase; **~ de bain** bath (beach) towel

servir to serve

seul(e) alone

seulement only

si if, whether; so

le siège: ~ avant (arrière) front (back) seat

signe: faire ~ (à qqn de + *inf.***)** to signal (someone to)

la silhouette figure; skyline

le ski de piste downhill ski; **~ de fond** cross-country ski

le/la skieur (skieuse) skier

le smoking tuxedo, dinner jacket

soi oneself

le soldat soldier

les soldes (*f. pl.*) sales; **en solde** on sale

le soleil sun

sombre dark

la somme (d'argent) amount (of money)

le sommelier wine steward

le sommet top

la belle-sœur sister-in-law

songer (à) to think (about); to dream (of)

sonner to ring

la souche stump (of a tree)

soucieux(se) worried

la soucoupe saucer

soudain suddenly

souffrir to suffer

le soulier shoe

souligner to underline; to stress

le soupçon suspicion

le sourcil eyebrow

le sourire smile

sourire to smile

la souris mouse

sous under

sous-marin underwater

le sous-vêtement undershirt

la soute à bagages bagage compartment

soutenir to support

le souvenir memory

le/la spectateur (spectratrice)

la station: ~ de sports d'hiver winter sports resort

stationné(e) parked

la statuette small statue

stupéfait(e) amazed

le sucre sugar

le sucrier sugar bowl

suivre to follow; **~ un cours** to take a course

le supermarché supermarket

sur on; over

surprendre to surprise

surveiller to keep an eye on, watch

suspect(e) suspicious

suspendre to hang

la table de chevet night table

le tableau painting; **~ noir** blackboard

le tablier apron

le tabouret stool

la taie d'oreiller pillowcase

tailler to trim

le tailleur tailor

se taire to be quiet

le talon heel

tamponner to stamp

tant que so long as

taper to strike, tap, hit

le tapis carpet, rug; **~ de bain** bath mat

la tarte pie

le teint complexion; coloring

tel que such as, like

le télé-siège chair lift, ski lift

le temps time; weather; tense

les ténèbres (*f. pl.*) darkness

tenir to hold

le tennis: faire du ~ to play tennis; **les ~** sneakers

le terrain site

la terre earth

le testament will

la tête head; **faire la ~** to frown at

la théière tea kettle

timide shy

le tire-bouchon corkscrew

tirer to pull, draw

le tiroir drawer

la toile canvas; **~ d'araignée** spider web

le toit roof

le tonneau (de vin) cask (of wine)

toquer to knock

se tordre de rire to die laughing

tordu(e) twisted

le torse torso, chest

tôt early

toucher (un chèque) to cash (a check)

la toupie top

la tour tower

le tour: faire un ~ to take a walk

le tourne-disque record player

la tournée a round of drinks

le tournevis screwdriver

la toxicologie toxicology

la trace footprint

le traîneau sleigh

traîner to drag, pull

transpirer to sweat

le travail (*pl.* **travaux**) work; job

travailler to work

traverser to cross

trébucher (sur) to trip (on, over)

trempé(e) soaked

le tricot sweater

tricoter to knit

trinquer to clink (glasses)

le trognon core (of pear or apple)

tromper to deceive; to cheat on

le trottoir sidewalk

le trou hole

la troupe (de théâtre) group of actors

le trousseau de clefs bunch of keys

trouver to find

tuer to kill

utile   useful

les vacances (*f. pl.*)   vacation
la vache   cow
vaincre   to conquer
la vaisselle   dishes
la valise   suitcase; **faire sa ~**   to pack one's suitcase
se vanter de   to brag about
la veille   day before
le vélo   bike
vendanger   to harvest grapes
les vendanges (*f. pl.*)   grapes harvested
le/la vendeur (vendeuse)   salesperson
vendre   to sell; **à ~**   for sale
venir de (+ *inf.*)   to have just
le vent: dans le ~   fashionable

le ventre   stomach, belly
vérifier   to check, verify
la vérité   truth
le verre   glass; **~ à pied**   stemware
le verre mesureur   measuring cup
verrouiller (la porte)   to bolt (door)
verser   to pour
la veste   jacket; **~ d'intérieur**   smoking jacket
le vestibule   entrance hall
le vêtement   piece of clothing
se vêtir   to dress
le vieillard   old man
vieux (vieille)   old
les vignes (*f. pl.*)   grapevines
la ville   city
le vin   wine

le visage   face
le/la visiteur(se)   visitor
la vitesse   speed
la vitrine   store window
la voie   way, track
voir   to see
la voiture   car
le vol   flight
volage   fickle
le volant   steering wheel
voler   to steal
le voleur à la tire   pickpocket
vouloir   to want; **~ bien** (+ *inf.*)   to be willing to; **en ~ à qqn**   to hold a grudge against someone
le voyage   trip
la voyelle   vowel

INDEX

Note: *App.* = Appendix

Your opinion of this book

We need your advice. In order to improve further editions of *Qu'est-ce qui se passe?*, we would very much appreciate your completing this questionnaire and mailing it to:

Robert Balas and Donald Rice
c/o College Marketing Services
Houghton Mifflin Company
One Beacon Street
Boston, MA 02108

College or University name _____

Is your school on a quarter _____ or semester _____ basis?

Other books used in the course if any: _____

_____

Please check one: Student _____ Instructor _____

1. What is your overall opinion of this book?

   Presentation: _____ clear _____ fair _____ confusing

   Level: _____ easy _____ normal _____ difficult

   Comments: _____

   _____

2. Were all sections and chapters used in the course? _____ Yes _____ No

   If no, please comment: _____

   _____

3. How do you rate each section of this book?

   a. *Dialogue*

      Did you find the dialogues: a good introduction to chapter _____ Yes _____ No

      no apparent relation to chapter _____ Yes _____ No

      Comments, if any: _____

      _____

   b. *Structures grammaticales*

      Are the grammar topics clearly organized? _____ Yes _____ No

      Are the explanations understandable? _____ Yes _____ No

      Comments, if any: _____

      _____

c. *Expressions idiomatiques*

Are the presentations and exercises in this section useful? _____ Yes _____ No

Comments, if any: _____

_____

d. *Lecture*

Did you enjoy the readings? _____ Yes _____ No

Did you find the comprehension and discussion sections helpful? _____ Yes _____ No

Comments, if any: _____

_____

e. *Histoires en images*

Did they provide you with an effective means of learning vocabulary? _____ Yes _____ No

a good vehicle for conversational practice? _____ Yes _____ No

Did you find the stories interesting? _____ Yes _____ No

humorous? _____ Yes _____ No

Which Histoire en images did you like most? _____

least? _____

Did you like the art? _____ Yes _____ No

Comments, if any: _____

_____

f. *Activités*

Did you find this section effective? _____ Yes _____ No

Did it provide good oral practice in class? _____ Yes _____ No

4. Is there any material you would like to see added to this book? _____ Yes _____ No

If yes, please comment: _____

_____

5. Did you use the components of this book?

The workbook: _____ Yes _____ No

The tapes: _____ Yes _____ No

Comments, if any: _____

_____